TACTIQUES
DU
CHANGEMENT

RICHARD FISCH
JOHN H. WEAKLAND / LYNN SEGAL

TACTIQUES
DU
CHANGEMENT

THÉRAPIE
ET TEMPS COURT

TRADUIT DE L'ANGLAIS
PAR CHRISTIAN CLER

PUBLIÉ AVEC LE CONCOURS
DU CENTRE NATIONAL DES LETTRES

ÉDITIONS DU SEUIL
25, bd Romain-Rolland, Paris XIV

Titre original : *The Tactics of Change. Doing Therapy Briefly*
Éditeur original : Jossey-Bass Inc., Publishers
© Original : 1982, Jossey-Bass Inc., Publishers San Francisco
ISBN original : 0-87589-521-2

ISBN 978-2-02-009354-5

www.seuil.com

à Milton H. Erickson, M. D.,
pour son talent et son métier

Préface

L'objet de ce livre, bien qu'il prête à de plus vastes implications concernant notamment la résolution des problèmes thérapeutiques grâce à la production délibérée du changement, est essentiellement celui-ci : comment parvenir à faire de la psychothérapie en un temps *court*. Faire de la psychothérapie en un temps *court* ne revient pas nécessairement à la même chose que faire de la « psychothérapie *courte* [1] ». Cette expression a fini, en effet, par revêtir de multiples significations : elle implique souvent l'idée que le raccourcissement du traitement n'est jamais qu'un expédient – une solution de rechange, qui s'impose à cause de la limitation de la durée du traitement ou de limitations en matière de personnel thérapeutique disponible; ou parce que le patient ne possède pas toutes les capacités jugées nécessaires à la poursuite d'un traitement à long terme (comme par exemple la capacité d'*insight* [2]); ou en raison d'obstacles d'ordre financier interdisant tout traitement long. « Thérapie courte » est aussi devenu synonyme d'« intervention de crise », terme qui laisse entendre que le traitement court ne conviendrait qu'aux problèmes aigus, brutalement apparus : là encore, ce type de traitement est vu comme une espèce de pis-aller. De même, la plupart des articles et des livres consacrés à la psychothérapie courte ne traitent que de la possibilité de limiter la durée du traitement conventionnel à long terme, principalement en modifiant sur certains points les techniques habituelles et en restrei-

1. C'est pourtant cette expression que les auteurs emploient par la suite pour qualifier leur propre thérapie *(brief therapy)*. Nous l'avons donc conservée en français *(NdT)*.
2. *Insight* : « terme de la langue anglaise utilisé souvent comme tel dans le vocabulaire psychologique et psychanalytique français et désignant l'aptitude de l'individu à une connaissance familière de son propre inconscient » (P. Fédida, *Dictionnaire de la psychanalyse) (NdT)*.

gnant les objectifs thérapeutiques. Tout en étant attachés à l'idée de limiter la durée du traitement, beaucoup de défenseurs de la thérapie courte ont donc le sentiment que cette forme de thérapie pourrait ne convenir qu'à certains patients et à certains problèmes, et pensent que, lorsque les approches courtes échouent, la raison en est que le problème du patient exige un traitement intensif, à long terme.

Nous croyons que cette dichotomie entre thérapie courte et thérapie à long terme est illusoire et, ce qui est plus important, qu'elle fait obstacle au développement d'une thérapie efficace et dynamique. Elle est, à nos yeux, liée à des tentatives d'abréger le traitement qui ne procèdent à aucun réexamen sérieux de la façon dont on conçoit la nature des problèmes et leur résolution. Tant que les praticiens de la thérapie courte expliqueront les problèmes humains en termes de pathologie personnelle et interpersonnelle, celle-ci risquera de ne rester qu'une approche secondaire par rapport au « courant majeur » que serait la thérapie à long terme.

Les *Tactiques du changement* sont un manuel à la fois clair et détaillé qui explique comment pratiquer une thérapie efficace et dynamique. Bien que cet ouvrage traite avant tout de technique, la technique ici décrite s'appuie sur une conception de la nature des problèmes humains qui rompt avec les modèles traditionnels : notre modèle, que nous avons plus complètement développé dans *Changements : paradoxes et psychothérapie* [1], est essentiellement non pathologique. Les *Tactiques du changement* sont pour nous le complément de *Changements*. Ces deux ouvrages représentent l'aboutissement de plus de quinze ans de recherche au Centre de thérapie courte du Mental Research Institute (MRI) de Palo Alto, recherche qui est née elle-même d'études antérieures du MRI consacrées à la thérapie familiale interactionnelle, et à laquelle les travaux novateurs de Milton Erickson ont apporté un stimulus précieux.

Le projet de *thérapie courte* visait originairement à explorer une forme de traitement qui, tout en étant axé sur le changement, emploierait des techniques nouvelles et se concentrerait sur la plainte principale du patient. Il a ensuite, de façon inattendue, débouché sur une nouvelle manière de regarder les problèmes

1. Paris, Éd. du Seuil, 1975, pour la traduction française *(NdT)*.

humains. Nous avons, dans *Changements,* explicité la logique sous-jacente à nos conceptions fondamentales; dans *Tactiques du changement,* nous allons maintenant décrire et présenter les techniques qui en découlent. Depuis la publication de notre premier ouvrage, nous avons travaillé à affiner et codifier notre approche thérapeutique, afin de la rendre plus claire et plus accessible aux thérapeutes intéressés.

Si nous voyons ce livre comme le complément de *Changements,* nous sommes bien conscients également que toute œuvre doit faire la preuve de sa propre valeur. Puisque nous insistons beaucoup sur l'importance de la relation qui unit le technique et la théorie, nous avons décidé de commencer cet ouvrage par un exposé concis de notre perspective théorique, et l'on pourra donc lire au chapitre I un exposé succinct de nos prémisses et hypothèses. Afin de rendre les soubassements théoriques de notre approche plus immédiatement utilisables, nous avons donné de nombreux exemples, qui illustreront de façon concrète et détaillée comment nous considérons la pratique. Chaque description de tel ou tel élément technique de notre approche globale sera accompagnée d'un ou plusieurs exemples pris dans nos cas cliniques et textuellement retranscrits à partir d'enregistrements de séances; lorsque c'était impossible, nous avons pris la liberté de paraphraser et résumer les transactions les plus pertinentes qui s'étaient déroulées au cours du traitement. Les chapitres IX, X et XI contiennent en outre de longs extraits de cas, auxquels nous avons adjoint quelques commentaires et explications.

Nous nous sommes efforcés d'avoir un style clair, et cela de plusieurs façons. On trouvera dans ce travail un minimum de jargon technique psychiatrique ou psychologique, celui-ci étant d'ailleurs en grande partie étranger à notre schéma conceptuel. Nous avons décidé d'éviter la gaucherie qui découle inévitablement de l'emploi de « il/elle »; qu'il soit dit ici une fois pour toutes que les thérapeutes, tout comme les patients, sont bien évidemment tantôt des hommes, tantôt des femmes; c'est cette dualité que le lecteur (la lectrice) est convié(e) à avoir à l'esprit lorsque nous emploierons le pronom générique « il ». Pour des raisons du même ordre, nous avons évité, bien que nos séances puissent impliquer une ou plusieurs personnes, la graphie disgracieuse « client(s) » et nous sommes le plus souvent servis du singulier « client » pour faire référence au cas général, et du mot

11

« clients » lorsque nous évoquions explicitement une situation plurielle. Nous avons aussi essayé d'éviter certaines distinctions verbales que nous tenons pour irréalistes ou désobligeantes. Nous employons donc aussi bien les termes de « client » ou de « plaignant [1] » que de patient et, si, par habitude, nous écrivons le « thérapeute », nous aurions tout aussi bien pu dire le « conseiller ».

Entre le chapitre I, qui est donc centré sur la théorie, et les chapitres IX, X et XI, où nous présentons des cas, la description de notre technique en elle-même est structurée de manière à suivre le déroulement chronologique du traitement. Puisque notre approche thérapeutique est stratégique, le chapitre II traite du problème général du contrôle du traitement par le thérapeute – de la « marge de manœuvre du thérapeute ». Puis, dans « Mise en place de la scène du traitement », nous évoquons les problèmes stratégiques spécifiques qui peuvent apparaître avant que le traitement commence formellement, très souvent à l'occasion du coup de fil que le client passe pour obtenir un rendez-vous. Nous avons placé ces deux chapitres au début de notre livre pour deux raisons : d'une part parce que, si le thérapeute ne contrôle pas le traitement, celui-ci risque d'aller à vau-l'eau, d'autre part parce que le problème du contrôle effectif peut se poser dès le premier contact téléphonique avec le client, ou les premières minutes de la première séance.

Après ces chapitres de « base », nous décrivons dans le chapitre IV comment se déroule le plus souvent la première séance – le premier entretien. Ce chapitre traite pour l'essentiel de l'information spécifique dont le thérapeute a besoin pour résoudre rapidement les problèmes, ainsi que des méthodes dont il dispose pour obtenir cette information. Le chapitre V est centré sur cette information si importante pour notre approche que constitue la sensibilité du client (ou son cadre de référence) – autrement dit, la « position du patient ». Cette « position du patient » a un rapport étroit avec le problème général de l'influence du thérapeute, puisque c'est sur elle que celui-ci s'appuiera pour accroître par ses interventions la coopération du patient et diminuer sa résistance.

---

1. Les auteurs emploient trois termes distincts : *client, patient, complainant*. Les distinctions faites plus loin nous ont contraints d'user également en français de trois mots différents : « client », « patient », « plaignant » *(NdT)*.

Mais le thérapeute ne peut intervenir délibérément et efficacement sans reconsidérer l'information stratégiquement utile, imaginer un objectif thérapeutique et élaborer une stratégie qui lui permette d'atteindre cet objectif. Le chapitre VI, « Planification du cas », aborde donc la question des procédures à suivre en ce domaine. Une fois que le thérapeute se sera formulé un objectif thérapeutique et aura imaginé une stratégie de base, il aura besoin de lignes directrices – de tactiques – sur lesquelles s'appuyer pour mettre en œuvre cette stratégie. A cet effet, le chapitre VII, « Interventions », décrit les suggestions générales et spécifiques, les injonctions et les attitudes auxquelles le thérapeute peut avoir recours pour résoudre le problème du patient tout autant que pour conserver un avantage tactique dans le traitement. La partie descriptive de notre travail se termine avec le chapitre VIII, qui a pour objet la fin du traitement.

Les chapitres IX, X et XI montrent comment notre approche globale nous a servis dans notre propre travail clinique. Nous y présentons de longs extraits de dialogues tirés de trois cas, qui devraient permettre au lecteur de voir comment tous ces différents éléments « s'emboîtent » les uns dans les autres. Nous avons également assorti ces extraits de commentaires qui mettront en lumière la logique qui guide les mouvements spécifiques du thérapeute – nous nous sommes livrés à une sorte d'« élaboration à voix haute » qui, nous l'espérons, éclairera l'évolution du traitement décrit.

Notre vision des problèmes a pour effet d'estomper la distinction habituelle entre les problèmes cliniques et les problèmes qui se rencontrent dans d'autres sphères de l'activité humaine. Bien que ce livre traite de psychothérapie, nous lui avons par conséquent ajouté un chapitre final (chapitre XII) où nous nous interrogeons sur la pertinence de notre approche pour des problèmes qui se situent au-delà des frontières traditionnelles de la psychothérapie. Nous pensons que ce chapitre contribuera à rendre plus clairs nos concepts de base, et que sa lecture stimulera ces lecteurs que leur travail peut mettre parfois en contact avec des problèmes d'ordre non clinique.

Comme le lecteur l'aura constaté, notre travail reflète une orientation qui évoque bien plus celle du jeu d'échecs que celle à laquelle renvoie la traditionnelle insistance sur la « relation thérapeutique ». Nous n'ignorons pas que la littérature psychothérapeutique spécialisée met traditionnellement davantage l'accent sur les « besoins » du patient que sur les tactiques spécifiques du thérapeute. Le fait est que la question du contrôle du traitement par le thérapeute est presque totalement absente des discussions entre psychothérapeutes. Nous sommes conscients du risque que l'on encourt lorsque l'on déclare explicitement avoir une approche stratégiquement orientée – quand, pour ainsi dire, on expose les « trucs du métier » : on s'expose alors à être taxé d'insensibilité. Mais c'est là, à notre avis, un risque qu'il faut savoir prendre. Si nous nous référons à notre propre éthique, à partir du moment où une approche stratégique est en mesure d'abréger la souffrance du patient ou de lui faire économiser du temps et de l'argent, la position qui se réclame de cette approche n'a rien d'immoral. Nous estimons en outre que l'attitude qui consiste à éviter d'étudier et de discuter explicitement la manière dont les thérapeutes agissent réellement face à leurs patients a contribué à entourer le traitement d'une regrettable aura d'obscure complexité et magie, qui, inévitablement, a fait considérer comme un art la capacité de résoudre les problèmes des patients. Nous avons pour notre part le sentiment que la pratique de la thérapie est, ou du moins devrait être, ce que l'on peut appeler un métier, même si c'est un métier auquel chaque thérapeute peut prêter tout le talent qu'il possède. Si, dans la thérapie, n'est en jeu que le génie artistique, on ne peut éprouver, devant le thérapeute « doué », qu'une sorte de crainte admirative; si l'on voit, au contraire, cette activité comme un métier, on peut apprendre à reproduire des techniques efficaces de résolution des problèmes.

Ici et là dans ce livre, nous avons fait mention d'autres approches thérapeutiques. Ces évocations ne se veulent pas des descriptions rigoureuses de ces thérapies; il ne faut les prendre que comme des comparaisons, que nous n'établissons que pour rendre nos propres conceptions aussi claires que possible. Enfin, nous ne considérons pas notre travail comme un point final. Parce qu'il y a toujours du changement dans une vie humaine, celle-ci ne peut jamais s'écrire. Notre but, en écrivant ce livre tout comme au cours de nos séances de formation, n'a pas été de donner à notre approche un caractère définitif, mais de l'expliciter suffisamment pour qu'elle puisse constituer un socle à partir duquel chaque thérapeute sera libre de construire et développer

PRÉFACE

de nouvelles améliorations et de nouveaux perfectionnements. Toute œuvre de ce type reflète les contributions de nombreuses autres personnes que les auteurs : à cet égard, notre dette est importante. Outre les premiers collaborateurs que nous avons nommés dans *Changements* ainsi que dans notre premier article sur ce travail (cf. Weakland *et al.*, 1974), il nous faut tout particulièrement citer ces membres actuels du Centre de thérapie courte qui, par leur travail, nous ont considérablement aidés à clarifier nos positions passées et présentes : Paul Watzlawick, Eldon Evans, Neil Brast, James Coyne, Vincent Moley; et ces autres encore qui ont dernièrement travaillé à nos côtés en nous faisant utilement part de leurs perspectives personnelles : Allen VanderWell, Varda Salomon et Renée Sabourin.

Nous adressons également nos remerciements aux membres de nos ateliers et aux lecteurs de *Changements* qui, en nous interrogeant sur notre technique et en nous demandant des conseils plus explicites pour transformer les principes généraux exposés dans *Changements* en lignes directrices précises pour le traitement, nous ont stimulés dans la rédaction de ce travail.

Enfin, nous ne saurions trop remercier Sharon Lucas, qui s'est montrée inestimable pour sa retranscription si efficace du matériel enregistré sur bandes magnétiques, et la façon dont elle a transformé les parties trop illisibles de ce manuscrit en un texte impeccablement dactylographié.

Palo Alto, Californie
avril 1982

Richard Fisch
John H. Weakland
Lynn Segal

Les auteurs

Richard Fisch, M. D., exerce la psychiatrie dans le privé à Palo Alto, Californie. Directeur et principal chercheur du Centre de thérapie courte du Mental Research Institute (MRI), il est aussi associé de recherche dans notre institut. Il est enfin expert psychiatrique à temps partiel au Département des adolescents en liberté surveillée du comté de San Mateo et professeur clinicien assistant de psychiatrie à la faculté de Médecine de l'université de Standford.

B. A. en 1949 au Colby College et M. D. en 1954 à la faculté de Médecine de New York, Fisch a achevé son internat en 1955 à l'hôpital Beth El (aujourd'hui Brookdale) de Brooklyn, New York. Il a exercé comme psychiatre de 1955 à 1958 à l'hôpital Sheppard et Enoch Pratt de Towson (Maryland) et, en 1962, obtenu son certificat de spécialisation de la Commission américaine de psychiatrie et de neurologie.

Après avoir été, de 1957 à 1958, chef de service assistant à l'hôpital Sheppard et Enoch Pratt et, de 1958 à 1959, directeur associé du service psychiatrique des malades hospitalisés de l'hôpital du comté de San Mateo, il a commencé, en 1959, à exercer dans le privé. Son association avec le MRI remonte à 1962, année au cours de laquelle il est devenu membre du Comité de formation à la thérapie familiale. Tout au long de ces années, il s'est intéressé à la thérapie familiale et, à partir de 1965, aux méthodes permettant d'abréger le traitement. En 1981, l'Association américaine de thérapie familiale l'a distingué pour l'originalité des nouvelles directions que son œuvre ouvrait à la thérapie familiale. Parmi ses publications en rapport avec le sujet de ce livre, on peut citer : « Resistance to Change in the Psychiatric Community », *Archives of General Psychiatry,* octobre 1965 [trad. fr., « Résistance au changement dans les milieux de la psychiatrie », in *Sur l'interaction,* Paris, Éd. du Seuil, 1981] ; « On Unbecoming Family Therapists », écrit en collaboration avec J. Weakland, P. Watzlawick et A. Bodin, in *The Book of Family Therapy,* collectif, dirigé par A. Ferber *et al.,* New York, Science House, 1972 ; « Brief Psychotherapy : Focused Problem Resolution », écrit en collaboration avec J. Weakland, P. Watzlawick et A. Bodin (*Family Process,* juin 1974) [trad. fr., « Thérapie courte : résolution d'un problème circonscrit », in *Sur l'interaction, op. cit.*] ; *Change : Principles of Problem Formation and Problem Resolution,* écrit en collaboration avec P. Watzlawick et J. Weakland, New York, Norton, 1974 [trad. fr., *Changements : paradoxes et psychothérapie,* Paris, Éd. du Seuil, 1975] ; « Hyperactivity Resolved by Brief Psychotherapy », écrit en collaboration avec J. Weakland, in *Hyperactivity : Theory, Research and Action,* collectif, dirigé par D. M. Ross et S. A. Ross, New York, Wiley, 1976 ; « Sometimes it's Better for the Right Hand Not to Know What the Left Hand is Doing », in *Family Therapy : Full Length Case Studies,* collectif, dirigé par P. Papp, New York, Gardner Press, 1977 ; « The Impact of Milton Erickson on Brief Psychotherapy », in *Ericksonian Approaches to Hypnosis and Psychotherapy,* collectif, dirigé par J. K. Zeig, New York, Brunner/Mazel, en cours d'impression.

John H. Weakland, conseiller conjugal, familial et pour enfants, licencié, possède un cabinet privé à Palo Alto, Californie. Il est aussi associé de recherche au MRI, directeur associé du Centre de thérapie courte de cet institut et professeur clinicien assistant au Département de psychiatrie et de sciences du comportement de la faculté de Médecine de l'université de Stanford.

Weakland a d'abord reçu une formation de chimiste et d'ingénieur chimiste à l'université de Cornell, où il a passé ses diplômes en 1939 et 1940. Après avoir travaillé six ans comme ingénieur dans la recherche et l'étude de matériel, il a étudié, de 1947 à 1952, l'anthropologie et la sociobiologie à la Nouvelle école pour la recherche sociale et à l'université de Columbia ; sa recherche ayant pour centre, d'une part, les rapports de la culture et de la personnalité et, d'autre part, la famille et la culture chinoises, il a travaillé sous la direction de Gregory Bateson, Margaret Mead et Ruth Benedict.

En 1953, il est arrivé à Palo Alto pour travailler, en même temps que Jay Haley, Don D. Jackson et William F. Fry Jr., sur des projets de recherche de Gregory Bateson relatifs à la communication humaine. Cette recherche a donné naissance à la théorie de la double contrainte *(double bind)* comme cause de la schizophrénie, permis le lancement de la thérapie familiale sur la côte Ouest et entraîné la fondation du MRI par Jackson.

Weakland est membre de l'Association américaine d'anthropologie et de la société d'anthropologie appliquée, et fait partie du comité de rédaction de *Family Process.* En 1981, l'Association américaine de thérapie familiale l'a également récompensé pour l'originalité de ses travaux dans le domaine de la thérapie familiale. Il est l'auteur ou le coauteur de cinquante articles spécialisés et de quatre livres : *Changements : paradoxes et psychothérapie, op. cit. ; The Interactional View : Studies at the Mental Research Institute, Palo Alto, 1956-1974,* écrit en collaboration avec P. Watzlawick, New York, Norton, 1977 [trad. fr., *Sur l'interaction, op. cit.*] ; *Counseling Elders and Their Families,* écrit en collaboration avec J. J. Herr, New York, Springer, 1979 ; et

Rigor and Imagination : Essays from the Legacy of Gregory Bateson,
collectif, codirigé par Carol Wilder-Mott, New York, Praeger, 1981.

Lynn Segal est travailleur social clinique licencié, associé de recherche
au MRI et membre du Projet de thérapie courte de cet institut. B. A.
en psychologie en 1966 à l'université de Hofstra et M.S.W. en travail
social en 1968 à l'université d'Adelphi, il a été en 1977 lauréat du prix
commémoratif Don D. Jackson. Il a été l'un des organisateurs et des
codirecteurs du Programme de recherche sur la douleur de l'hôpital
d'El Camino, et a présidé le Comité de formation du MRI. Il partage
actuellement son temps entre la formation de thérapeutes à la thérapie
courte et au travail sur les systèmes familiaux, sa recherche dans le
domaine de la psychothérapie et son cabinet privé de Palo Alto. Il dirige
des ateliers de formation un peu partout en Europe et aux États-Unis.

Parmi les plus récentes publications de Segal, on peut citer : « Focused
Problem Resolution », in *Models of Family Treatment,* collectif, dirigé
par E. Tolson et W. J. Reid, New York, Columbia University Press,
1981 ; « The " D " Family : A Failure to Assess Customership », écrit en
collaboration avec P. Watzlawick, in *Failures in Family Therapy,* collectif, dirigé par S. B. Coleman, New York, Guilford Publications, en
cours de publication.

Segal s'intéresse à l'étude de l'application de la théorie générale des
systèmes à la pratique clinique (à l'utilisation, pour faciliter l'enseigne-
ment de la thérapie courte et de l'approche interactionnelle, d'exemples
enregistrés sur vidéo, tirés de films, de spectacles ou de la télévision) et
aux possibilités d'intégrer la thérapie courte aux modèles de traitement
plus « traditionnels ».

1

Pratique – et théorie

Ce livre est un ouvrage pratique, qui traite de la manière de promouvoir délibérément des changements utiles, notamment en psychothérapie. Il est spécifiquement centré sur *ce que* l'on peut faire et *comment* on peut faire pour contribuer, de façon efficace, opérante, à résoudre des problèmes humains persistants.
Un tel sujet n'est pourtant ni simple ni limité. Certains détails de notre technique ne sont pas évidents en eux-mêmes. Ils ne s'expliquent que par une certaine logique thérapeutique, qu'il faut connaître pour pouvoir comprendre et apprécier nos procédures. Vu notre approche du traitement, et dans la mesure même où les *quoi* et les *comment* que nous proposerons ici sortiront souvent de l'ordinaire, comprendre cette logique est de la plus haute importance. Réfléchissons par exemple à cet échange, qui eut lieu à la fin de notre second entretien avec une femme de trente-quatre ans qui exerçait une profession libérale :

LA PATIENTE : Mon gros problème, c'est que, la plupart du temps, je suis déprimée. J'ai des hauts et des bas, mais, au pire, je suis tout juste capable de travailler et rien d'autre, et, même quand ça va mieux, je ne me sens jamais vraiment bien.
LE THÉRAPEUTE : Votre gros problème, dites-vous, c'est votre état dépressif. Il n'y a rien d'autre?
LA PATIENTE : Oui. Mes relations avec les hommes ne durent pas. Elles sont toutes passagères et insatisfaisantes.
LE THÉRAPEUTE : Pourriez-vous être un peu plus précise?
LA PATIENTE : Eh bien, quand je me sens relativement en forme, je m'arrange pour faire des rencontres. Il peut m'arriver par exemple d'aller dans un bar, et d'y rencontrer un homme.
LE THÉRAPEUTE : Et puis?

21

LA PATIENTE : Ensuite, on fait connaissance et, éventuellement, je le ramène chez moi. Mais ça ne dure jamais longtemps. Au bout de quelques jours ou d'une semaine – deux mois au maximum –, je n'entends plus parler de lui. Et, si je l'appelle pour le revoir, il dit qu'il n'est pas libre. Alors, je me demande ce qui, chez moi, ne va pas, et je suis à nouveau déprimée. Et c'est sans cesse comme ça.

LE THÉRAPEUTE : En ce moment précis, vous êtes déprimée?

LA PATIENTE : Oui – et j'aimerais bien aller mieux.

LE THÉRAPEUTE : Je comprends. Mais je dois aussi vous dire ceci : ne croyez pas que, si immédiatement vous commenciez à vous sentir mieux, moins déprimée, ce serait forcément une bonne chose. Je voudrais vous expliquer pourquoi, car je sais que, dans la mesure où vous êtes venue ici pour sortir de votre dépression, cela peut vous paraître contradictoire. Vous avez, voyez-vous, un autre problème : d'une certaine façon, en ce moment, vous ne savez pas (pour l'instant, on ne sait pas encore le pourquoi du comment), vous ne savez pas comment faire dans vos relations avec les hommes pour être satisfaite. En ce domaine précis, vous devez manquer de savoir-faire. Par conséquent, si, dès maintenant – c'est-à-dire avant que vous ayez eu le temps de découvrir ce qui vous manque pour mieux mener votre barque –, vous étiez moins déprimée, vous risqueriez fort de vous trouver engagée dans une relation avec un autre homme, qui, à nouveau, tournerait mal. Et vous vous sentiriez encore plus déprimée.

LA PATIENTE : Oui, c'est bien ce qui se passerait, même si j'aimerais tout de même me sentir mieux.

LE THÉRAPEUTE : Bien sûr que vous aimeriez, mais, en ce moment, pour vous, ce serait trop dangereux. En fait, ce dont j'ai peur, c'est que, réussissant malgré tout à vous sentir ne serait-ce qu'un tout petit peu mieux, vous soyez tentée de sortir, et retombiez dans une mauvaise relation, en dépit de tout ce que je vous ai expliqué. Permettez-moi donc de vous suggérer un moyen d'éviter cela. Au cas où il vous arriverait d'éprouver le besoin ou la violente envie de sortir, allez-y, faites-le. Mais, alors, vous feriez bien de faire quelque chose pour vous rendre moins séduisante, afin de contrecarrer ou au moins de freiner votre tendance à vous engager aussi vite dans des relations – jusqu'à ce que nous soyons en mesure de nous faire une idée de ce qui vous manque pour qu'elles marchent mieux. Vous n'avez pas grand-chose à faire. Si vraiment, vous ne pouvez vous empêcher de sortir, vous pourriez simplement vous faire une petite marque noire quelque part sur le visage – juste pour avoir un défaut.

Si on ne leur rapportait que ce passage, la plupart des gens, y compris les thérapeutes professionnels, trouveraient probablement les dernières remarques du thérapeute particulièrement étranges – peut-être plus encore que le comportement de nombreux patients. Dire à une femme déprimée de ne pas se sentir mieux, et lui conseiller délibérément d'enlaidir son apparence heurte le sens commun, et va à l'encontre de certaines idées très ancrées en matière de psychopathologie et de thérapie – par exemple la croyance que les patients ont besoin de soutien et d'encouragement. Un tel comportement thérapeutique a donc de fortes chances d'être tenu pour simplement illogique et provocateur, et en conséquence écarté – si ce n'est censuré.

On pourrait pourtant aller plus loin, et observer la manière dont la patiente en question rapporta, la séance suivante (deux semaines plus tard), avoir réagi à l'intervention du thérapeute :

LE THÉRAPEUTE : Peut-être pourriez-vous me dire où vous en êtes.

LA PATIENTE : D'accord. Eh bien [*d'une voix claire*] je ne sais pas si j'étais arrivée au bout de ma dépression ou quoi, mais le conseil que vous m'avez donné il y a deux semaines d'être très prudente dans mes relations parce que je ne savais vraiment pas ce que je faisais, et aussi – si ça s'avérait nécessaire – de faire quelque chose pour m'obliger à ne pas me précipiter autant... Bon, je ne me voyais pas comme ayant réellement besoin d'une espèce de défaut particulier, quelle que soit la manière dont vous appelez ça, pour me mettre à l'abri des relations, parce que je ne me vois pas comme ayant réellement besoin d'agir ainsi pour éloigner les gens. Je me vois comme quelqu'un qui, sans vouloir rien créer de spécial, simplement fait du bon boulot. Tel n'était peut-être pas votre propos, mais c'est comme ça que j'ai interprété ce que vous m'avez dit. De toute façon, cette simple pensée – que je ne savais pas du tout ce que je faisais, et que je devrais peut-être bien être plus prudente – euh – a eu pour effet que je me suis vraiment sentie mieux – et je me suis dit comme ça : « Je ne suis pas obligée [*elle rit*], vous savez, de rencontrer quelqu'un; je ne suis pas obligée d'avoir une relation avec un grand R, je peux me contenter de prendre soin de moi et – euh – c'est comme les ordres du docteur pour que je me tienne à l'écart de ça – de la chose. Et donc, ces deux dernières semaines, je me suis sentie assez bien. Et ça m'a plutôt surprise; je ne savais pas que ça me ferait cet effet. Mais, comme je disais, je ne sais pas; peut-être étais-je arrivée au bout de quelque chose – peut-être au bout de ma dépression. Mais, ce que je sais, c'est que, quand je pensais à ce que vous m'aviez dit, vous savez, à votre mise en garde, d'une certaine façon, je me sentais plutôt soulagée qu'en manque.

LE THÉRAPEUTE : Ça vous a soulagée de penser : d'accord, peut-être ferais-je bien d'y aller plus doucement...

LA PATIENTE : Oui.

LE THÉRAPEUTE : ... avant d'engager de nouvelles relations...

LA PATIENTE : Oui.

LE THÉRAPEUTE : ... ou d'en renouer d'anciennes?

LA PATIENTE : Oui. Je me suis demandé, sur le moment et maintenant encore, si, « aller doucement », j'étais bien sûre de savoir ce que cela voulait dire... euh... mais ça ne me semblait pas important... par rapport à la réaction que j'avais par rapport à... euh... la chose.

LE THÉRAPEUTE : Mm-mmm.

LA PATIENTE : Et donc...

LE THÉRAPEUTE : Bien... euh... deux questions. D'abord, vous m'avez dit que vous ignorez si c'était déjà fini ou quoi, mais que, depuis, vous vous sentiez soulagée... depuis cette séance... je pense que ce sont les mots que vous avez employés.

LA PATIENTE : Mm-mmm.

LE THÉRAPEUTE : Alors, est-ce à dire que vous ne vous sentez plus déprimée?

LA PATIENTE : Euh...

LE THÉRAPEUTE : Ou que vous allez mieux?

LA PATIENTE : Eh bien, je ne me sens plus aussi déprimée qu'avant. C'était plutôt... euh... dur de travailler, de manger, de me déplacer d'un endroit à l'autre – et je n'en avais plus envie. Je reprends mon ancienne façon de vivre

– qui n'est pas, comme vous savez, maniaque ou... ça se pourrait que les gens, en me regardant, me trouvent déprimée, mais, moi, j'ai l'impression d'être dans mon état normal.

Si l'on en croit ces paroles de la patiente, il apparaît que, en dépit de l'étrangeté de l'intervention du thérapeute, ce qu'il a dit lors du premier entretien a eu un effet positif. Il se pourrait donc que son approche, en dépit de son incompréhensibilité, mérite d'être imitée. Une telle conclusion, dans la mesure où elle prend plus de données en considération, serait déjà un progrès par rapport au pur et simple rejet dû à l'incompréhension; mais elle risquerait aussi de ne mener qu'à une imitation aveugle – ou, plus vraisemblablement, à une tentative d'imitation, dans un domaine où il n'y a jamais deux cas ni deux situations qui soient exactement semblables. Seule la compréhension des conceptions générales des problèmes et du traitement – autrement dit, de la théorie – auxquelles nos pratiques spécifiques sont liées peut permettre de dépasser cette sorte de réaction aveugle, que ce soit pour rejeter notre approche thérapeutique, ou pour l'accepter et la mettre en application.

On ne saurait trop insister sur l'importance de la relation qui unit théorie et pratique. Tout comportement humain intentionnel dépend largement des conceptions ou prémisses de ses auteurs, car elles gouvernent son interprétation des situations, des événements et des relations. En ce qui concerne ce champ bien spécifique du comportement qui est dénommé *psychothérapie*, cela veut dire que les idées ou prémisses qu'un thérapeute a sur la nature des problèmes et du traitement influenceront fortement le type de données auxquelles il prêtera attention, son choix des personnes qu'il verra au cours du traitement, et de ce qu'il dira et fera – autant que de ce qu'il ne dira ou ne fera pas – face à son patient et aux autres personnes impliquées, et influenceront aussi, bien évidemment, la manière dont il évaluera les résultats progressifs du traitement.

En d'autres temps ou en d'autres lieux, une conduite bizarre a souvent été interprétée comme le résultat d'une possession démoniaque; elle était par conséquent traitée à l'aide de quelque rituel d'exorcisme. Aujourd'hui, dans notre société, un tel comportement est plus susceptible d'être considéré comme dénotant l'existence d'une maladie mentale – par exemple d'une schizophrénie –, ce qui nous fera conclure à la nécessité de quelque thérapie médicale ou psychologique. Mais la conception précise que l'on se fera de la nature de cette thérapie – hospitalisation, chirurgie du cerveau, médicaments, psychothérapie individuelle, thérapie familiale – variera également selon que la « maladie », dans son origine et sa nature, sera conçue comme physiologique, biochimique, psychologique ou interactionnelle. Il est clair que de tels désaccords dans la manière de concevoir le problème entraînent aussi de considérables divergences dans le pronostic : non seulement sur le type de thérapie qui est approprié, mais aussi sur sa durée et sur le caractère plus ou moins drastique qu'il convient de lui donner. Enfin, l'évaluation des résultats du traitement dépendra également de la conception que l'on aura du problème : la schizophrénie peut, par exemple, être conçue chez un individu comme un défaut intrinsèque et fondamental, de telle sorte que, même si le comportement étrange prend fin, le patient sera au mieux étiqueté à jamais comme « schizophrène en rémission » – alors que, selon une autre théorie, il ne serait désormais plus considéré comme schizophrène. La schizophrénie est naturellement un exemple limite mais, dans tous les autres problèmes, même ceux qui paraissent les moins graves ou les plus simples, les vues personnelles du thérapeute sont tout aussi importantes.

Nous considérons donc, bien entendu, la théorie comme importante et nécessaire à la pratique de la thérapie. Pourtant, la théorie peut également aboutir à des difficultés et à des erreurs, et ceci de deux façons différentes (Weakland, 1978; Whitaker, 1976; Haley, 1978). Tout d'abord, la théorie peut être surélaborée ou prise trop au sérieux – réifiée – au point d'en arriver à gêner l'observation directe et la simple interprétation du comportement; afin d'éviter un tel risque, la présentation de notre théorie sera aussi brève et simple que possible, et volontairement limitée dans sa portée et ses concepts. (Pour en savoir plus sur nos vues thérapeutiques et leur signification, cf. Weakland *et al.*, 1974; Watzlawick, Weakland et Fisch, 1974; Herr et Weakland, 1979.) Nous ne voyons pas la théorie comme devant être nécessairement quelque chose d'élaboré, de complexe ou de définitif – ni comme une plus haute vérité ou une réalité ultime, quelque chose qui serait au-delà de ce qui est directement observable –, mais plutôt comme un ensemble d'idées ou de vues relativement générales, utiles pour intégrer dans un ensemble systématique et compréhensible des éléments de l'observation et de l'action. En outre, même si l'on peut toujours spéculer sur les éventuelles implications de notre approche, nous ne sommes pas plus que d'autres en train d'essayer de présenter une théorie complète de la nature humaine, de l'humaine existence ou de l'« esprit »; nous exposons seulement ici notre conception générale de la nature des problèmes que les patients soumettent aux thérapeutes, et, partant de là, notre conception de ce que peut être une intervention efficace, susceptible de résoudre de tels problèmes – une théorie aussi proche que possible de la pratique.

Bref, notre théorie n'est rien de plus qu'une carte conceptuelle de la façon dont nous comprenons et traitons les types de problèmes que les thérapeutes rencontrent dans leur pratique quotidienne. Comme toute carte, elle est fondamentalement un outil qui permet à quelqu'un de trouver son chemin d'un endroit à un autre – dans ce cas précis, de la rencontre du thérapeute avec les problèmes du patient à la résolution de ces mêmes problèmes. En tant qu'outil, une carte n'est jamais la réalité, elle est toujours provisoire et doit avant tout être jugée à partir des résultats qu'elle permet d'obtenir. Il n'empêche qu'une bonne carte peut être très utile si elle éclaircit la configuration du terrain et permet de ne pas se tromper de chemin au milieu de ce brouillard, de ces marais et de ces fourrés qui sont si fréquents dans la contrée des problèmes humains.

Parce que la non-explication de la théorie constitue un autre danger, nous aspirons également à rendre nos conceptions fondamentales (nos prémisses et hypothèses) aussi explicites que possible. Exactement comme l'on ne peut pas *ne pas* communiquer dès lors qu'en société le silence lui-même est message, on ne peut pas *ne pas* théoriser. Nous avons tous des idées générales, qui constituent le contexte et donc le guide de la pensée et du comportement qui nous caractérisent. Mais il arrive que ces conceptions générales soient implicites et considérées comme chose établie : elles ont alors d'autant plus d'influence qu'elles sont moins ouvertes à l'examen, au questionnement et à une éventuelle révision. Quand, en thérapie, en suivant une carte implicite, on perd son chemin (encore faut-il bien sûr être capable de s'apercevoir que l'on s'est égaré) on n'a pour seule ressource, si l'on ne veut pas d'autre part étiqueter le patient comme « incurable », que d'essayer, plutôt au hasard, des tactiques, les unes après les autres. Nous nous attacherons donc à rendre nos prémisses et hypothèses, ainsi que les relations qu'elles entretiennent avec nos pratiques, aussi claires et explicites que possible. Ceci est d'autant plus important que beaucoup de nos prémisses, et beaucoup de nos pratiques, seront peu familières et inhabituelles.

Nous croyons que nos prémisses, prises dans leur ensemble, constituent une vue unifiée et logique de la nature des problèmes et de leur résolution. Pourtant, une telle conception n'est pas venue au jour en nous toute constituée, pas plus qu'elle ne nous est particulière sauf sur certains points significatifs – notamment sa structure cohésive et l'accent qu'elle met sur le rôle des tentatives de résolution des problèmes. Elle a plutôt été la conséquence d'une modification, sur une longue période, par l'expérience, la réflexion et le changement, de l'ensemble de nos conceptions initiales. Un bref résumé du développement de cette toile de fond, mettant l'accent sur les premières conceptions que nous avons abandonnées ou modifiées, peut contribuer à rendre, par contraste, nos positions actuelles plus claires et plus accessibles.

De par notre formation et notre expérience, nous avons d'abord baigné dans les concepts psychodynamiques et les pratiques qui leur sont liées. La théorie psychodynamique a pour principal objet le patient considéré en tant qu'individu, et plus particulièrement ses structures et processus intra-psychiques. Par conséquent, elle ne s'intéresse pas principalement à tel ou tel comportement entraîné par le problème, mais aux enjeux supposés sous-jacents. De plus, ce point de vue considère le présent comme étant avant tout la résultante du passé, le pense en termes d'enchaînements linéaires de causes et d'effets allant des origines aux conséquences : il est donc amené à privilégier ce qui se trouve derrière et dessous, loin dans le temps et la distance, plutôt que ce qui se passe ici et maintenant. Cet accent mis sur les origines cachées, plutôt que sur ce qui est présentement observable, conduit nécessairement à une investigation approfondie du passé et à un usage pesant de l'inférence. De surcroît, cette vision des choses tend fortement, quoique souvent de façon implicite, à considérer les problèmes comme la conséquence de déficits *(deficits)* de la constitution individuelle – déficits résultant (sauf en ce qui concerne les déficiences innées posées parfois en principe) soit d'un manque d'expériences infantiles positives, soit d'expériences infantiles ou tardives négatives. Pour ce qui est de la pratique, il s'ensuit que le thérapeute doit d'abord obligatoirement parvenir à démêler ces enjeux aussi complexes qu'enfouis avant d'aider le patient, par ses interprétations, à les comprendre à son tour de manière satisfaisante. Enfin, si le soutien et le guidage visant à vaincre ou compenser un déficit présumé peuvent aussi avoir de l'importance dans certaines formes de traitement individuel, il est toujours néanmoins postulé que le facteur thérapeutique fondamental est l'*insight;* la prémisse de base est la très intellectuelle formule : « Connaître délivre. »

Par la suite, nous avons cependant tous participé au mouvement de la thérapie familiale. Et la thérapie familiale ne se définit pas seulement par des pratiques spécifiques différentes – la volonté de considérer des ensembles familiaux plutôt que des individus isolés. Cette forme de thérapie se caractérise par une vision des problèmes et des traitements qui diffère point par point des positions psychodynamiques que nous venons d'évoquer. La thérapie familiale se concentre évidemment sur le membre de la famille étiqueté comme « patient » en le prenant, non pas comme un individu isolé, mais comme un élément de son contexte social originel, la famille. L'accent ainsi mis sur la communication et l'interaction au sein de la famille conduit à attacher beaucoup plus d'importance aux comportements actuels, que l'on peut observer se dérouler dans le présent, qu'au passé et à toutes ces données intra-psychiques auxquelles on ne peut avoir accès que par déduction. Le fait de considérer le comportement qui fait problème non de manière isolée mais dans sa relation à son contexte immédiat – le comportement des autres membres de la famille – signifie bien plus qu'un simple changement spécifique de point de vue, si important soit-il. Une telle orientation témoigne d'un changement bien plus général, de nature épistémologique : au lieu de rechercher une chaîne linéaire de causes et d'effets, c'est désormais un point de vue cybernétique ou systémique qui est adopté; il s'agit de comprendre et d'expliquer tout élément sélectionné du comportement par sa place à l'intérieur d'un système de comportement plus vaste, en développement, organisé, impliquant d'un bout à l'autre l'existence de mécanismes rétro-actifs et de renforcement réciproque. Un tel déplacement de l'axe des problèmes vers les défauts d'un système, dans son organisation et dans son fonctionnement, implique également que l'on croie moins aux déficits individuels. Dans la pratique, cette conception implique que le travail du thérapeute ne se borne pas seulement à comprendre le système familial et la façon dont le problème se situe à l'intérieur de ce cadre, mais vise également, par une action appropriée, à changer un système qui fonctionne mal, de manière à résoudre le problème du patient.

A mesure que s'est approfondie notre expérience dans le domaine de ce que l'on pourrait désormais appeler la « thérapie familiale conventionnelle », nous nous sommes cependant aperçus que cette technique ne prêtait explicitement que peu d'attention aux différentes méthodes que les thérapeutes peuvent utiliser pour promouvoir le changement. Bien que chaque thérapeute eût son style personnel et qu'un certain nombre de techniques particulières fussent décrites indépendamment les unes des autres, le débat portait peu sur le problème général de savoir comment changer délibérément un comportement dans des systèmes humains. En ce qui concernait la question de savoir sur quel comportement au juste devaient porter les efforts de changement, la situation était largement comparable. On avait bien l'idée de base que, pour que le comportement qui fait problème soit modifié, il était nécessaire que des changements se produisent ailleurs (au sein du système familial), mais le problème de savoir où le thérapeute devait centrer son action pour promouvoir le changement n'était abordé que de manière fragmentaire et contradictoire. Cette idée de base nous a, quant à nous, amenés à la constatation suivante : pour résoudre les problèmes, une révision assez radicale de l'organisation et du fonctionnement de la famille est nécessaire – ce qui implique la pratique de ne considérer ordinairement rien de moins que la famille dans son ensemble et, par conséquent, l'élaboration d'un traitement durable de la famille dans son ensemble.

Le Centre de thérapie courte a commencé à fonctionner il y a quinze ans de cela, à partir de quelques idées simples qui allaient à l'encontre des tendances que nous venons d'exposer. Nous avions pour objectif de voir ce qui pouvait être fait au cours d'un laps de temps strictement limité – dix séances d'une heure au maximum – à partir du moment où l'on se concentrait sur le principal sujet de plainte du malade, où l'on utilisait au maximum toutes les techniques productrices de changement que nous connaissions personnellement ou tenions d'autres thérapeutes (tels Milton Erickson, Don Jackson et Jay Haley) et où, plutôt que de viser à la restructuration de l'ensemble de la famille, l'on recherchait le changement *minimal* nécessaire eu égard au problème qui se présentait. Dès le début, nous avons travaillé en équipe. Chaque membre de cette équipe se voyait, en tant que thérapeute, attribuer un cas; les autres observaient toutes les séances à travers une glace sans tain. Les observateurs avaient la possibilité de présenter leurs commentaires ou suggestions à l'aide d'un interphone, ou même en pénétrant un moment dans la pièce où se tenaient les séances. Pour qu'il soit possible de les étudier en détail, toutes les séances étaient enregistrées. C'est de l'expérience que nous avons acquise à travailler ainsi, des longues discussions que nous avons eues et de nos efforts pour généraliser et expliciter ce que nous faisions dans notre pratique, que proviennent les prémisses qui sont maintenant les nôtres. Pour nous, bien que d'autres puissent considérer qu'elles s'en écartent, nos conceptions actuelles constituent un développement et un approfondissement de quelques-unes des idées les plus fondamentales de la thérapie familiale.

C'est notre travail que de faciliter la compréhension de ces conceptions et des relations qu'elles entretiennent entre elles, mais nous ne pouvons y arriver sans la coopération de nos lecteurs. Nous les prions de bien vouloir suspendre provisoirement leur jugement. Nous ne pouvons décrire nos idées et pratiques que petit à petit, pas à pas. De même, le lecteur pourrait céder à la tentation, bien naturelle, d'examiner ce que nous avançons morceau par morceau, notamment en faisant des comparaisons ou en traduisant nos propositions en des termes qui appartiennent à d'autres conceptions des problèmes et de la thérapie. Cela ne ferait que rendre plus ardues la compréhension, *puis* l'évaluation de notre approche en tant que telle. Le plus difficile pour nous, dans cette tentative de formuler nos vues, a été de nous détacher des conceptions déjà existantes. La tâche du lecteur sera peut-être plus facile, si, au moins au début, il voulait bien considérer ce que nous allons décrire comme la carte chimérique d'une nouvelle *terra incognita* plutôt que comme la description de quelque pays bien connu. Voici, donc, notre carte.

Notre proposition la plus fondamentale – une métaproposition en vérité, puisque toutes nos autres conceptions lui sont subordonnées – a déjà été suggérée dans ce que nous avons dit plus haut de la théorie et des cartes en général. Cette proposition diffère de ce que les spécialistes, non seulement, professent implicitement, mais encore formulent explicitement dans des domaines allant de la théologie aux sciences (bien que, de nos jours, la science se remette de plus en plus en question). Nous ne craignons donc point de nous répéter : nous parlons *seulement* des propositions qui sont les nôtres et non de la réalité ou de la vérité, parce que nous sommes persuadés que ces propositions constituent tout ce que nous possédons ou posséderons jamais. La question n'est même pas de savoir si nos propositions sont plus ou moins vraies ou si, peu à peu, elles s'approchent de la vérité. Le fait que certaines propositions, par rapport à un but choisi, puissent s'avérer d'une plus grande efficacité ou utilité ne constitue qu'un critère pragmatique, qui ne permet en rien de juger de leur « réalité ». On peut, pour contribuer à éclaircir ce point fondamental, user d'une analogie. Il y a de nombreuses langues; toutes articulent un rapport à l'observation et à l'expérience tout en étant pourtant en même temps des systèmes conventionnels largement arbitraires. L'une peut être meilleure pour ceci – l'anglais pour le discours scientifique moderne – et l'autre pour cela – l'esquimau pour distinguer les différents types de neige. Mais aucune n'en est pour autant plus réelle ou plus vraie que l'autre.

Nous pouvons, pour présenter notre conception de la nature des problèmes et de l'aide utile, recourir au Martien proverbial. Autrement dit, qu'est-ce qu'un observateur intelligent mais naïf percevrait comme commun et caractéristique s'il considérait un échantillon exact (notamment les premiers entretiens) de quelques séances de psychothérapie moderne? Si superficielle que puisse paraître cette approche, elle présente néanmoins l'avantage d'être simple, concrète et de réduire au minimum les présuppositions et les déductions. Nous suggérons que cet observateur ne manquerait pas de noter les éléments suivants :

1. Un client fait part de l'inquiétude que provoque en lui tel ou tel comportement (pensées, actions ou sentiments) – les

siens ou ceux de quelqu'un d'autre avec qui il a un lien significatif.

2. Ce comportement est décrit comme déviant (inhabituel ou
inapproprié au point d'être anormal) et angoissant ou dangereux,
de façon immédiate ou potentielle, pour celui qui se comporte
ainsi (le patient), ou pour d'autres personnes.

3. Il est fait état d'efforts qu'ont faits le patient ou les autres,
mais qui se sont avérés infructueux.

4. Donc, aussi bien le patient que les autres personnes concernées demandent au thérapeute de les aider à changer la situation,
qu'ils n'ont pas été capables de changer tout seuls.

Tant notre conception de la nature de la thérapie que notre
approche générale de la pratique découlent directement de cette
conception des problèmes.

Tout d'abord, parce que, pour nous, les problèmes consistent
en un comportement présentement non désiré; nous ne donnons
que peu d'importance aux facteurs passés supposés sous-jacents,
ou aux profondeurs de l'esprit du patient. Nous n'attachons
vraiment d'importance qu'à l'identification claire du comportement qui constitue un problème – ce en quoi il consiste, ce
en quoi il est considéré comme un problème, et par qui; ainsi,
également, qu'à la façon dont ce comportement qui constitue
un problème a lieu et persiste. Un comportement n'existe pas
en lui-même, indépendamment; il consiste en des actes accom-
plis par une personne. Nous reconnaissons qu'une personne peut
très bien faire ou dire quelque chose et le nier, et que des
distinctions du type de celles qui opposent les aspects « volontaire » et « involontaire » du comportement ne doivent pas être
ignorées des thérapeutes, ne serait-ce que parce qu'elles ont
une valeur aux yeux des clients. Mais, en ce qui nous concerne,
nous ne croyons pas à l'utilité de tels distinguos : c'est sous le
même éclairage que nous considérons tout comportement, même
les actes ou les paroles les plus bizarres des patients schizophrènes.

De plus, pour constituer un problème, un comportement doit
se répéter : un événement unique peut avoir des conséquences
malheureuses ou même catastrophiques, mais il ne peut à lui
seul constituer un problème, puisqu'un problème est par définition
une difficulté qui se répète. Inversement, une inquiétude provoquée par l'idée qu'un événement fâcheux risquerait de se répéter

pourrait constituer un problème – d'autant plus qu'une telle répétition serait improbable.

L'existence (notamment la répétition) de comportements spécifiques est donc une question majeure, qui demande à être explicitée. Nous considérons que tout comportement – qu'il soit normal ou problématique, et quelle que soit la nature des relations qu'il entretient avec les facteurs du passé ou de la personnalité de l'individu – est avant tout continuellement façonné et maintenu (ou modifié) par des renforcements qui se développent au sein du système d'interaction sociale dans lequel est pris l'individu particulier agissant. Au premier rang de ces systèmes vient la famille, bien que d'autres systèmes d'interaction, comme par exemple les organisations de l'école et du travail, puissent aussi avoir leur importance. Ce qui revient à dire que le comportement d'une personne suscite et structure le comportement d'une autre personne, et *vice versa*. Si ces deux personnes sont tout le temps en contact, des modèles répétitifs d'interaction apparaîtront. C'est la raison pour laquelle nous attachons beaucoup d'importance au contexte des autres comportements dans lequel se manifeste le comportement identifié comme problématique. Quels sont donc ces comportements, mis en œuvre par le patient ou les autres personnes concernées, qui sont susceptibles de provoquer et, en le faisant se répéter, de maintenir le comportement problématique ? En même temps, naturellement, le comportement problématique a toutes chances de provoquer les comportements qui lui sont liés – l'interaction est fondamentalement circulaire et non univoque : le mari recule « parce que ma femme me harcèle », tandis que sa femme l'asticote « parce que mon mari recule », et c'est ainsi qu'un modèle de comportements typiques se maintient. Nous tenons le contexte interactionnel du comportement pour si essentiel que, non seulement nous ne tenons pas pour fondamentaux les facteurs historiques ou personnels présumés être à la source du comportement problématique, mais encore nous n'attachons pas beaucoup d'importance aux supposés déficits organiques, à moins qu'ils ne soient définitivement établis et manifestement significatifs. Et, même alors, nous donnerons une importance considérable à la façon dont ils sont pris en compte par le comportement.

Ensuite, il y a la question centrale de la persistance des problèmes (non seulement du comportement ordinaire, mais encore

34

du comportement non désiré) en dépit de l'insatisfaction qu'ils entraînent et des tentatives de changement. Les conceptions que nous avons déjà exposées suggèrent que, pour qu'un problème surgisse et persiste, il faut qu'existent et se répètent, au sein du système d'interaction sociale du patient, des comportements déclencheurs. Mais quels sont ces comportements qui font que le problème se maintient, comment se manifestent-ils, pourquoi enfin persistent-ils, de façon apparemment paradoxale ?

Arrivés à ce point de notre exposé, il faut, si nous voulons être plus précis, que nous complétions nos conceptions générales du comportement et de l'interaction par notre expérience clinique. Celle-ci nous a maintes et maintes fois montré – cela pourrait sembler ironique – que ce qui contribuait le plus à maintenir et à exacerber le problème était quelque chose qui se trouvait justement dans les « solutions » qu'essayaient les patients – dans les manières mêmes dont ils s'y prenaient pour essayer de modifier les données d'un problème. Nous pouvons résumer ainsi nos conceptions de l'origine et de la persistance des problèmes : les problèmes naissent de l'une de ces difficultés ordinaires de la vie que personne ne saurait éviter. La difficulté en question peut surgir à l'occasion d'un événement inhabituel ou fortuit. Mais elle est le plus souvent banale, et c'est son association à l'un de ces moments de passage si fréquents dans la vie (un mariage, la naissance d'un enfant, son entrée à l'école, etc. ; voir Weakland *et al.*, 1974 ; Haley, 1973) qui constituera l'élément déclencheur. Dans ce type de situation, la plupart des gens manœuvrent de façon suffisamment raisonnable (il n'est ni habituel ni même nécessaire de s'en sortir parfaitement) : ceux-là ne viennent pas nous consulter. Mais, pour qu'une difficulté devienne un véritable problème, il suffit que deux conditions seulement soient réunies : *(1)* que la difficulté soit mal négociée et *(2)* que, quand la difficulté n'est pas résolue, un *plus* de la même « solution » soit appliqué. Alors, la difficulté d'origine s'intensifiera selon un processus de cercle vicieux (voir Maruyama, 1963 ; Wender, 1968) qui engendrera un problème dont l'ampleur et la nature pourront finalement ne ressembler que peu à la difficulté première.

L'extrait de cas qui suit montre par exemple comment, à la suite d'une simple conversation avec ses amies, une jeune femme a commencé à s'inquiéter au sujet de sa sexualité – qui, auparavant, était raisonnablement satisfaisante – et comment son inquiétude s'est maintenue et exacerbée au point de devenir le centre d'une préoccupation alimentant son interaction avec son mari :

LA PATIENTE : Avant mon mariage, je ne crois pas que... Ou alors je ne me rendais pas compte que je n'avais jamais eu d'orgasme, et je n'y pensais jamais. Vous savez, j'avais essayé le sexe, et c'était bien, mais, juste avant que je me marie, des amies à moi m'ont appris que je n'avais jamais eu d'orgasme. En somme, nous nous sommes mises à en parler, et je me suis rendu compte que ça ne m'était jamais arrivé. Et...

LE THÉRAPEUTE : J'allais le dire, elles vous ont parlé de...

LA PATIENTE : C'est ressorti de nos discussions. Je me suis aperçue que je n'en avais jamais eu. Et alors, c'est devenu un problème. Et je n'ai plus pu trouver le sexe vraiment agréable. Parce que, vous savez, je ne cessais d'attendre que ça se passe autrement, ou bien, à partir d'un certain moment, ça devenait si scientifique que c'était comme s'il n'y avait plus de plaisir. Ça s'est passé petit à petit – au point que, pendant plusieurs mois, nous n'avons plus eu aucun rapport sexuel.

LE THÉRAPEUTE : Si l'on pouvait avancer de manière plus progressive, vous savez... Vous avez donc découvert que vous n'aviez pas d'orgasmes. Qu'avez-vous essayé ?

LA PATIENTE : On a essayé d'examiner vraiment mon corps et d'arriver à comprendre où tout se trouvait, ça a été la première étape. Comprendre ce qu'il fallait manipuler, découvrir le clitoris... Mais ça n'a pas marché. On était tous les deux... enfin moi, surtout, j'étais préoccupée par le fait de ne pas arriver à avoir d'orgasme, et par ce que nous faisions, un geste après l'autre et encore après l'autre. C'est à ce moment-là que c'est devenu rien de moins qu'une souffrance. Je veux dire par là qu'il n'y avait plus aucune spontanéité. Il n'y avait plus aucune joie là-dedans. C'était juste un processus au bout duquel nous essayions d'arriver. Et, ensuite, nous en avons parlé à des amis. Nous étions intimes avec un autre couple. Ils nous ont dit qu'il était très possible que nous fassions mal certaines choses, et ce que ça pouvait être. Ils nous ont vraiment beaucoup aidés, ils nous ont parlé de positions différentes, de choses qui pourraient être plus faciles – mon mari est vraiment plus gros que moi –, qui feraient que je pourrais m'ouvrir plus facilement – et, effectivement, ça m'a aidée un petit peu. Je pense que, comme ça, ça va un peu mieux, plus aussi mal qu'avant.

LE THÉRAPEUTE : Qu'est-ce qui a bien pu vous donner l'idée, quand vous avez discuté avec vos amies, que vous n'aviez pas d'orgasmes?

LA PATIENTE : Eh bien, ça ne prenait pas et il n'y avait pas cette grande... Quand elles en parlaient, c'était comme si, lorsque ça arrivait, elles ressentaient, je ne sais pas, elles parlaient d'une série de... sommets... elles disaient que ça partait, puis que ça retombait, et qu'il arrivait quelque chose à leur corps et, moi, je savais que ça ne m'était jamais arrivé. Je savais qu'une fois, ça m'est resté, vous savez, j'avais vraiment eu l'impression d'en être très près, une fois où j'avais arrêté de ressasser mes expériences précédentes. Mais je n'étais pas parvenue au bout. Je ne fais que deviner à partir de ce qu'elles m'ont décrit, car ça ne correspondait pas à ce que j'avais vécu. Mon expérience ne correspondait pas à ce qu'elles décrivaient.

LE THÉRAPEUTE : C'est ça, ce qu'elles vivaient était différent de votre expérience à vous.

LA PATIENTE : Oui.

Une vision des problèmes aussi simple est compréhensible, encore que difficile à accepter. On conçoit sans mal que la plupart des gens ne se sortent pas bien des difficultés qu'ils affrontent dans l'existence, mais comment est-il possible qu'un grand nombre de personnes non seulement fassent de telles erreurs, mais encore persistent dans ces erreurs en dépit de l'expérience qu'ils font de l'échec de leurs solutions? Une question aussi complexe exige un schéma explicatif. En fournir un est l'une des principales fonctions du concept de « maladie mentale », selon lequel, si les individus agissent « irrationnellement » et se comportent de façon bizarre et inefficace, c'est parce qu'ils ont tel ou tel défaut ou déficit. C'est également, encore plus expressément, la fonction des théories relatives à la motivation inconsciente, aux bénéfices secondaires tirés des symptômes et aux fixations caractérielles à un âge précoce; et, dans le domaine de la thérapie familiale, l'importance attachée à l'homéostasie, aux

37

avantages interpersonnels liés aux comportements qui constituent des problèmes, etc., répond au même objectif.

Notre point de vue est tout à fait différent. Nous ne croyons pas que le fait de persister à ne pas savoir faire face aux difficultés de la vie implique des défauts fondamentaux au sein de l'organisation familiale ou des déficits mentaux chez les sujets concernés. Nous croyons plutôt que, si les gens persistent dans des actions qui maintiennent leurs problèmes, c'est par méconnaissance, et souvent en croyant bien faire. Ils peuvent, en fait, se trouver pris dans ces comportements répétitifs même lorsqu'ils ont conscience de l'échec de leurs actes. C'est ce que montre l'exemple suivant qui met en scène une enfant délinquante et ses parents qui essaient de la mettre au pas :

LE THÉRAPEUTE : J'aimerais vérifier quelque chose : vous m'avez dit qu'en ce qui concerne l'heure à laquelle elle devait rentrer à la maison, vous aviez fixé des limites à Jennifer.

LA MÈRE : Oh, absolument, oui.

LE THÉRAPEUTE : Pourriez-vous me donner une idée de la manière dont vous vous y êtes pris ?

LA MÈRE : Eh bien, on a bien précisé à Jenny – et c'est pareil pour tous nos gosses, vous savez, à moins qu'il n'y ait quelque chose de particulier, c'est-à-dire s'il se passe quelque chose de spécial – qu'elle doit passer le week-end à la maison. En fait, je ne laisse pas les enfants sortir pendant la semaine, sauf s'il y a une activité scolaire, ou si c'est l'anniversaire d'un de leurs amis, ou quelque chose comme ça. Sauf, vous voyez, s'il y a une occasion spéciale. Dans ce cas, s'ils doivent vraiment sortir, il faut qu'ils rentrent à dix heures. Le week-end, le couvre-feu est à minuit, à moins, encore une fois, qu'il y ait quelque chose de particulier et dont je sois au courant, et qu'il leur soit impossible de rentrer à minuit. Maintenant, à Jenny on lui a enfoncé ça dans le crâne pour très longtemps. Ça lui a fait du bien, mais il a vraiment fallu le lui faire entrer dans le crâne.

LE THÉRAPEUTE : Quand vous dites que vous lui avez enfoncé ça dans le crâne, quel genre de mesures disciplinaires avez-vous prises pour y parvenir ?

LA MÈRE : Elle ne doit absolument pas... Eh bien, ce que je

veux dire, c'est qu'elle n'a absolument pas le droit de sortir de la maison; et elle ne peut plus prendre de libertés avec le téléphone; je pense qu'à la base, c'est comme ça qu'on le lui a enfoncé dans le crâne.

LE THÉRAPEUTE : Et quand elle ne respecte pas ces règles, qu'est-ce qui se passe? Comme quand elle se sert du téléphone quand même, ou quand elle sort malgré ces règles que vous lui avez enfoncées dans le crâne? Comment est-ce que vous manœuvrez?

LA MÈRE : J'essaie simplement de les lui inculquer encore davantage, je ne vois pas ce que je pourrais faire d'autre avec elle.

LE THÉRAPEUTE : Bien. Pourriez-vous me donner un exemple précis d'une fois où Jennifer n'a pas respecté l'une de ces règles? Est-ce que par hasard vous en parlez avec elle? Comment cela se passe-t-il?

LE PÈRE : En général, non. Seulement si je suis là – et la seule règle qui me concerne et qu'elle ait enfreinte pour autant que je sache, c'est... c'est la règle du téléphone. Le plus souvent, ça me fait piquer des crises, et je lui dis de ne pas le faire. Elle insiste pour se servir du téléphone qui se trouve dans notre chambre à coucher, alors que je lui ai bien demandé de ne pas y toucher. En fait, je lui ai spécifié : « Ne t'en sers pas. » Il y a deux autres appareils dans la maison, elle n'est pas obligée de se servir du nôtre. Or, elle l'a fait pas plus tard que la nuit dernière. Je lui suis tombé dessus : « Jenny, lui ai-je dit, je te l'ai déjà dit cent fois, ne te sers pas de ce téléphone. Et ça veut dire : " Ne te sers pas de ce téléphone. " » C'est comme ça que ça s'est passé.

LE THÉRAPEUTE : Et, lorsque vous lui dites ça, qu'est-ce qu'elle vous répond?

LE PÈRE : « D'accord. »

LE THÉRAPEUTE : Elle se contente de vous dire : « D'accord? »

LE PÈRE : Oui. Ou alors, si je lui demande : « Jenny, qu'est-ce que tu fais là avec ce téléphone? Je te l'ai déjà dit cent fois, ne te sers pas du téléphone », elle me répondra : « J'en sais rien. J'ai oublié. » Le plus souvent, ça s'arrête là. Tous nos enfants nous font toujours la même réponse : « J'en sais rien », et on finit par l'accepter.

LA MÈRE : Vous savez, que peut-on faire d'autre? On peut seulement leur dire non et essayer de leur enfoncer ça dans le crâne, quel que soit le temps que ça demande. Et elle le sait bien. En fait, elle se fiche qu'on lui fasse des remarques parce que, de toute façon, elle dégage et puis elle fait ce qu'elle veut. C'est pourquoi, en ce moment, pour elle, tout cela ne signifie absolument rien.

LE PÈRE : Tout cela ne donne aucun résultat. On se joue des jeux les uns aux autres, c'est ridicule.

Pour nous, un tel entêtement dans la répétition s'explique le plus souvent par une erreur logique, au sens le plus littéral du mot. Le problème n'est pas tant que les gens sont illogiques, mais qu'ils continuent en toute logique dans une direction qui découle de prémisses inexactes ou inapplicables, et cela même lorsque leurs prémisses ne marchent pas dans la pratique. Ils suivent très scrupuleusement de mauvaises cartes, ce qui n'est pas surprenant si l'on pense à l'angoisse que peuvent provoquer les difficultés qu'ils rencontrent. La confiance qu'ils placent en ces cartes peut également leur rendre difficile de s'apercevoir qu'elles ne sont pas des guides efficaces; il leur est toujours aisé de rationaliser leur expérience directe de la continuation d'un problème en se disant : « Ce sont les efforts que je fais en ce moment qui font que ça ne va pas encore plus mal. » De plus, notre réserve de mauvaises cartes – ou de cartes qui s'appliquent dans certains cas et non dans d'autres apparemment semblables – est bien approvisionnée, et en permanence à notre disposition. Pire encore, bon nombre de ces cartes semblent tout à fait logiques ou sont vigoureusement approuvées par la tradition et la sagesse conventionnelles. Peut-être la plus banale et la plus traditionnelle se rapporte-t-elle à l'argument selon lequel « si, du premier coup, on ne réussit pas, il faut continuer d'essayer ». Pour notre part nous pensons que si, du premier coup, on ne réussit pas, on peut peut-être réessayer une seconde fois, mais que, si, cette fois-là, on ne réussit toujours pas, il faut alors tenter quelque chose de *différent*.

Un exemple de caractère général nous aidera à mieux comprendre ces points étroitement associés. Quand une personne se sent découragée et déprimée, il est à la fois humain et logique de lui offrir notre soutien et de l'encourager – de lui faire passer un message dans le genre : *Un peu de courage, ça ne va pas aussi mal que ça en a l'air, tout ira mieux demain.* Un tel procédé peut donner des résultats et, si c'est le cas, c'est tant mieux. Mais il peut aussi ne pas marcher, et pour plusieurs raisons. La personne déprimée peut, par exemple, rejeter ce type d'encouragement en se disant : « Ils ne comprennent pas ce que je ressens réellement », et se sentir, en fin de compte, encore plus déprimée. Autrement dit, le fait que quelque chose marche ou ne marche pas (ce qui constitue les réponses observables) devrait avoir priorité sur ce qui est abstraitement vrai ou logique.

Notre conception du traitement et de la résolution des problèmes est la contrepartie de notre conception de la nature et de la persistance des problèmes. Si l'on regarde la formation et le maintien d'un problème comme faisant partie d'un processus de cercle vicieux au sein duquel les comportements bien intentionnés visant à apporter une « solution » maintiennent le problème, il est alors logique de penser qu'une modification de ces comportements devrait interrompre le cercle et amorcer une résolution du problème – c'est-à-dire, dans la mesure même où le comportement problématique ne serait plus provoqué par d'autres comportements faisant partie du système d'interaction, mettre fin à ce comportement même. (Dans certains cas, le thérapeute pourrait considérer qu'il vaut mieux viser à changer le jugement négatif qui est porté sur le comportement en question et qui constitue lui-même naturellement un autre élément du comportement; il peut estimer que son client fait une « affaire d'État » d'un problème mineur.) De plus, il y a toujours la possibilité que l'introduction d'un changement minime à l'origine dans l'interaction en forme de cercle vicieux puisse, en étant convenablement et stratégiquement dirigée, amorcer un cercle bénéfique dans lequel un moins de la « solution » conduirait à un moins dans le problème, ce qui conduirait à un moins de « solution » et ainsi de suite. Nous considérons donc que le but premier du thérapeute ne doit pas nécessairement être de viser à résoudre toutes les difficultés, mais plutôt d'enclencher un renversement de ce type. Ce qui signifie également que les problèmes graves, complexes et chroniques eux-mêmes sont potentiellement susceptibles de trouver une solution dans le cadre d'une thérapie courte, limitée dans le temps.

Une telle conception des problèmes et de leur résolution implique que le thérapeute doit être un agent actif du changement. Il doit non seulement parvenir à une vision claire du comportement qui constitue un problème et des comportements qui ne font que le maintenir, mais encore réfléchir à ce que pourraient être les changements les plus stratégiques par rapport aux « solutions » du malade, et prendre des mesures permettant d'amorcer ces changements – en dépit du considérable attachement que les patients ont pour leurs « solutions ». Telle est donc la manière dont nous concevons le travail du thérapeute; nous discuterons dans la suite de ce livre des méthodes qui peuvent lui permettre d'atteindre un tel objectif.

2

La marge de manœuvre du thérapeute

S'il existait un patient idéal pour la thérapie courte, il dirait essentiellement : « Je vous donnerai toute l'information que vous demandez, sous une forme qui vous sera facile à comprendre, je considérerai très sérieusement toute nouvelle idée que vous aurez sur mon problème, j'essaierai en dehors de la séance de thérapie tous les comportements nouveaux que vous me proposerez et travaillerai dur à faire participer à mon traitement toute personne, parent ou ami, pouvant m'aider à résoudre mon problème. » Malheureusement, les personnes qui pourraient se reconnaître dans cette description viennent sans doute rarement en psychothérapie. Et, inversement, les patients réels n'acceptent généralement aucun des points de ce programme. C'est en ce sens que l'on peut dire qu'ils résistent, volontairement ou involontairement, aux tentatives des thérapeutes pour diriger le traitement. Pour nous, si les patients entravent l'effort thérapeutique, c'est le plus souvent parce qu'ils sont désespérés, ou ont peur que leur problème n'empire. C'est donc une chose que de savoir comment procéder au mieux dans le traitement; c'en est tout à fait une autre que d'avoir la *liberté effective* de procéder de la façon que l'on croit la meilleure – c'est-à-dire d'être capable de faire, tout au long du traitement, ce que l'on juge être le plus approprié. Si nous appelons cette liberté « marge de manœuvre du thérapeute », c'est parce que le mot « liberté » évoque un état relativement passif, et qui demeure constant. La notion de « marge de manœuvre » implique, elle, la possibilité d'entreprendre des actes réfléchis en dépit d'obstacles ou de limitations variables. Un thérapeute doit, au fur et à mesure que la thérapie progressera, pouvoir conserver toutes ses possibilités de choix, et modifier ses options au gré de l'évolution du traitement.

Parler de moyens de contrôler le processus du traitement peut sembler d'un esprit froid et calculateur, mais nous croyons qu'il est évident, quand on y réfléchit un peu, que le patient n'est pas lui-même en position de savoir quelle approche convient à son problème : s'il l'était, pourquoi rechercherait-il l'aide d'un professionnel? Presque toutes les thérapies comportent donc des tactiques visant à donner au thérapeute le contrôle du processus du traitement. Mais ces aspects « directifs » des thérapies sont souvent passés sous silence, comme s'ils faisaient simplement partie du processus du traitement. Dans la psychanalyse, par exemple, le patient qui est couché sur le divan n'a pas la possibilité d'observer son analyste, tandis que l'analyste qui est assis derrière le patient peut, lui, selon qu'il le désire ou non, l'observer à son gré. Ces positions respectives sont cependant considérées comme nécessaires au processus analytique. De même, le concept de « défenses » permet à l'analyste de disqualifier toute opposition du patient à ses interprétations; bien plus, en étiquetant cette opposition comme « résistance », l'analyste peut l'utiliser pour légitimer la pertinence supposée de son interprétation. Ainsi la théorie analytique donne-t-elle à l'analyste la possibilité de métacommuniquer à propos du comportement du patient, tandis que l'analysant, pour des raisons plus ou moins légitimes, se voit refuser cette liberté.

Notre intention, ici, n'est pas de déprécier les autres thérapies, puisque nous croyons qu'*aucune* approche thérapeutique ne peut éviter d'avoir recours à des techniques directives. Une telle position ne s'explique pas par la volonté arbitraire de contrôler pour le plaisir de contrôler. Nous pensons que la direction du traitement relève de la responsabilité inhérente du thérapeute, d'une responsabilité à laquelle il ne renoncerait qu'au détriment du patient : il y a là une logique éthique. Or il est beaucoup plus difficile d'user de ces techniques avec efficacité et compétence quand, plutôt que d'être pleinement affirmées comme des actions délibérées et intentionnelles, elles sont laissées implicites dans la « philosophie » de l'approche. Et c'est la raison pour laquelle nous espérons, en abordant dans ce chapitre le problème du maintien de la marge de manœuvre du thérapeute et du contrôle du traitement, parvenir à bien expliciter nos propres tactiques. C'est pour tout traitement, et notamment pour la thérapie courte, un facteur fondamental, et c'est pourquoi nous avons placé ce chapitre ici, au début de notre livre. Comment, par conséquent, le thérapeute peut-il s'y prendre pour accroître au maximum sa marge de manœuvre? D'abord, dans la mesure où la marge du thérapeute dépend d'une absence correspondante de marge chez le patient, le thérapeute – pour parler sans ambages – doit *pouvoir* maintenir sa propre possibilité d'option tout en limitant celle du patient. La condition de possibilité de la marge du thérapeute, c'est que le thérapeute reconnaisse que le patient a plus besoin de lui que lui-même n'a besoin du patient. Tout ce qu'un thérapeute peut faire, qu'il s'agisse d'intervenir dans un problème ou de diriger l'évolution du traitement, repose simplement sur la possibilité qu'il a de pouvoir mettre fin au traitement. S'il n'est pas prêt, au cas où cela s'avérerait nécessaire, à choisir cette ultime solution, le thérapeute est dans l'incapacité de lutter efficacement contre la résistance du patient. S'il y est prêt, il s'apercevra qu'il n'aura que rarement besoin de faire un tel choix. Mais il y aura aussi des moments dans le traitement où ce principe de base devra absolument devenir explicite : quand le client, par exemple, essaiera d'imposer des conditions qui, limitant la liberté du thérapeute, interdiraient toute issue favorable :

LE CLIENT : Je suis venu ici juste pour une fois, pour vous parler de l'état de ma femme. Elle ne veut avoir affaire à aucun psychothérapeute et, dans sa folie, elle croit qu'elle n'a rien d'anormal. Alors, je ne veux pas lui demander de venir ici; ça ne déboucherait que sur une scène pénible. Non, la seule façon de l'engager dans le traitement, c'est que je vous invite à dîner et que je vous fasse passer pour un copain de travail. Ainsi, quand vous serez chez moi, vous pourrez juger de son état mental et voir à quel point elle est malade. J'espère que vous pourrez gagner sa confiance; et que, après quelque temps, vous pourrez la soigner et la remettre sur pied.

Un thérapeute ne saurait accepter un tel arrangement fondé sur une connivence aussi éhontée. S'il le faisait, c'en serait fini de presque toutes ses possibilités de choix – où et quand voir qui, dans quel cadre ou contexte, quelle fréquence donner aux rendez-vous et à quelle heure les fixer, etc. Pendant ce temps, le mari contrôlerait intégralement le déroulement du traitement, puisque ce serait lui qui prendrait toutes ces décisions. Un tel arrangement vouerait presque sûrement le traitement à l'échec; pire encore, l'échec d'un « traitement » pratiqué dans de telles conditions pourrait permettre au mari, dans la mesure où il serait en droit de clamer bien haut qu'il a fait tout ce qu'il fallait, de définir l'état de sa femme comme « désespéré ».

D'autre part, si le thérapeute se refuse à engager un traitement avec un handicap aussi rédhibitoire, il n'a pratiquement pour seul recours que de menacer d'en terminer là.

> LE THÉRAPEUTE : Bien que j'apprécie la prudence avec laquelle vous cherchez à aider votre femme, je ne saurais, à tort ou à raison, me permettre de faire quelque chose qui, j'en suis sûr, vous ferait du mal à tous les deux. Avec un tel subterfuge, les risques d'effet boomerang sont trop élevés. Je serais heureux de voir ce que je peux faire pour votre femme, mais, si vous insistez pour que je suive votre plan, je ne suis pas la personne qu'il vous faut, et vous feriez mieux d'aller voir quelqu'un d'autre, qui accepte davantage de prendre des risques avec la santé de votre femme et la vôtre.

Si le mari accepte de renoncer aux conditions qu'il essaie d'imposer, il aura reconnu au thérapeute le droit de contrôler la thérapie et ce dernier pourra procéder avec une marge de manœuvre accrue. Si le mari refuse, le thérapeute, en en terminant là, aura évité de participer à une entreprise condamnée et peut-être destructrice. Enfin, le mari continuerait-il avec un autre thérapeute et découvrirait-il que son approche, comme prédit, conduit à l'échec, il y aurait plus de chances qu'il tente par la suite un nouvel essai de traitement sur la base d'un moindre contrôle.

Les moyens d'augmenter la marge de manœuvre

Savoir choisir son moment.

En partie, la marge de manœuvre du thérapeute reposera sur sa capacité de savoir se dégager d'une position qu'il aura déjà prise par rapport au patient, ou d'une stratégie qu'il aura commencé à exécuter, plutôt que de s'accrocher à tout prix à cette position ou à cette stratégie. Il devra en général faire un tel choix quand il s'apercevra que le patient lui oppose une résistance significative. Si, au lieu de cela, il s'entêtait à employer une stratégie qui ne marche pas, il courrait le risque de voir s'accroître la résistance du patient à ses suggestions, ou sa propre crédibilité diminuer. Dans la pratique, il est souhaitable que le thérapeute n'attende pas que la résistance devienne forte et manifeste; mais qu'au contraire il change de tactique dès qu'apparaissent des indices précis, si ténus soient-ils, de l'échec de sa stratégie. Pour éviter de « trop se tromper », il peut commencer par rechercher certaines informations – « tâter le terrain », pour ainsi dire – avant de choisir une ligne d'approche. En outre, il vaut mieux qu'il vérifie tout au long du chemin son évaluation de l'acceptation ou du refus de chacun des pas qu'il tente. Il devra donc, en d'autres termes, *choisir le moment opportun* pour ses interventions, en se guidant sur les réactions du patient. (On peut comparer cela à la procédure progressive qui est employée en hypnose : l'hypnotiseur fait une petite suggestion, puis vérifie la réponse du patient avant d'élaborer à partir de cette suggestion ou de donner une suggestion supplémentaire.)

Quand un client entre pour la première fois dans son cabinet, le thérapeute ne sait la plupart du temps que peu de chose des valeurs, opinions et priorités de celui-ci, qui toutes peuvent avoir une incidence sur la façon dont il faudra traiter le problème qui conduit cette personne en thérapie. La marge de manœuvre peut être sérieusement réduite quand, ayant pris prématurément une position bien déterminée, le thérapeute finit par découvrir qu'elle ne fait que heurter la sensibilité du patient, ses valeurs ou quelque conception à laquelle il tient profondément. Dans une telle situation, la crédibilité du thérapeute aussi bien que la coopération du client seront sensiblement diminuées. Il faudra, pour sauver le traitement après une telle bévue, travailler encore plus, ce qui entraînera une perte de temps, et cela d'autant plus que l'erreur aura été commise plus tôt dans le traitement.

LE THÉRAPEUTE : Il faudrait que je vous pose quelques questions concernant votre problème et ce à quoi vous espérez aboutir dans votre thérapie. Mais je crois que, si l'on s'en tient juste au présent et qu'on se concentre sur les éléments comportementaux du problème, la thérapie peut être considérablement écourtée. Donc, d'abord, que vous arrive-t-il actuellement qui vous amène à venir me voir?

LA PATIENTE : Eh bien, j'aimerais vous donner l'information que vous désirez, mais ça fait des années que j'ai cet ennui et ça a tellement perturbé la façon dont je me vois que je supposais que vous m'aideriez à apprendre, à comprendre pourquoi je me sens comme je me sens. Je me sens mal depuis si longtemps que je ne vois pas comment mon problème pourrait trouver une solution en peu de temps. Je suis vraiment désolée; je ne savais pas que vous n'étiez pas intéressé par le genre de problème que j'ai, et je vous serais reconnaissante de me diriger vers un thérapeute qui travaille sur ce genre de chose.

LE THÉRAPEUTE *(à des parents et à leur fils adolescent) :* Je sais que vous êtes ici parce que chacun de vous, à sa manière, fait l'expérience de la souffrance et que vous aimeriez comprendre cela, ainsi que vous comprendre les uns les autres.

LE FILS : J'aimerais dire quelque chose.

LE THÉRAPEUTE : Oui, allez-y.

LE FILS : Ma seule souffrance, c'est eux. [*Il montre ses parents du doigt.*] Ils prétendent toujours que je fais des choses stupides : ma coupe de cheveux, la manière que j'ai de rester à la maison tout le temps, la manière stupide dont je fais mes devoirs... Mon Dieu! Ils pensent toujours que je suis un nourrisson et, maintenant, ils veulent que je voie un psy! [*Il sombre dans un silence maussade, tout en lançant des regards furieux à ses parents.*]

LE THÉRAPEUTE *(aux parents) :* Scott me paraît être en train de vous dire à quel point il souffre; il se plaint de ne pas avoir obtenu de vous la reconnaissance de ce qu'il est un individu ayant ses propres droits. Et sa colère est un message qui veut dire qu'il a sacrément besoin que l'on reconnaisse son individualité. Je me pose la question de savoir si cette reconnaissance vous menace quelque peu l'un et l'autre?

LE PÈRE : Reconnaître son individualité? Docteur, vous n'avez pas idée de ce que notre maison est devenue! Il n'y a pas de pièce dans laquelle il n'ait semé son bric-à-brac. Il entre et il sort comme il veut. Il ne donne jamais un coup de main. Ma femme et moi travaillons et faisons l'impossible pour joindre les deux bouts. On lui a donné pratiquement tout ce qu'il voulait et, soit il casse, soit il perd les choses, et il vient se plaindre que nous ne faisons jamais rien pour lui! Ça fait maintenant presque un an que nous n'avons pu recevoir de visite; la maison est en pagaille, ou alors il a ses amis chevelus qui nous cassent les oreilles avec leur musique, si fort que c'en est inimaginable. Notre maison ne nous appartient plus et, si ça ne se passe pas comme il veut, il nous fait des scènes de tous les diables. Nous n'avons pas d'autorité dans cette maison, voilà pourquoi nous sommes ici.

Dans le premier exemple, ce qui intéresse le thérapeute, c'est de faire une thérapie courte orientée vers le comportement, mais il a fait une erreur de calcul; il a annoncé précipitamment son orientation, avant de se rendre compte que les vues de la patiente sur les conditions dans lesquelles elle pourrait résoudre son problème étaient différentes. Par conséquent, aux yeux de cette patiente, le thérapeute semble impatient et indifférent tant à la gravité de son problème qu'à sa souffrance profonde. Elle en conclut qu'il n'est pas à même de l'aider, ou que cela ne l'intéresse pas. Dans le second exemple, le thérapeute énonce immédiatement que les parents et leur enfant sont sur un pied d'égalité; en fait, en permettant à l'enfant de parler le premier et en entérinant ses plaintes, il met réellement le fils en position de supériorité (nous ne sommes, en ce qui nous concerne, d'accord avec aucune de ces positions). Ensuite, il apprend que les parents – pour le père, c'est certain – ont une conception très différente du traitement. Ils sont là pour obtenir un certain contrôle sur leur fils et ce qui se passe dans leur maison, et non pour le « comprendre » ou céder du terrain.

Dans ces deux exemples, le thérapeute, en affirmant fermement sa position avant de prendre en compte celle des patients, ou bien a perdu la partie, ou bien a sérieusement compromis la possibilité d'un travail ultérieur productif. Savoir « contenir son feu » jusqu'à ce que les vues personnelles du patient aient été vérifiées, avancer pendant tout le traitement à petits pas et évaluer la manière dont le patient reçoit chacune de ces avancées, voilà tout ce à quoi nous faisions allusion quand nous parlions de savoir choisir le « moment opportun ».

Chose ironique, dans presque toutes les autres situations que l'on rencontre dans la vie, nous examinons automatiquement comment se présente l'affaire avant de foncer. En thérapie, bizarrement, tout semble se passer comme si on admettait implicitement que les pratiques normales dans notre vie de tous les jours doivent être suspendues, et que les thérapeutes peuvent opérer sans les précautions sociales dont ils font habituellement preuve dans les autres aspects de leur vie.

S'il respecte les procédures de rassemblement des données, le thérapeute a, dès la première séance, l'occasion de vérifier quelle est la sensibilité du client. Puisqu'il « ne fait que poser des questions » afin de parfaire son information et de comprendre le client, il n'a pas à prendre prématurément position. Dans ce contexte, un certain nombre de questions peuvent aider à mettre au jour la position du client. Elles peuvent être formulées comme suit : *(1)* « Vous m'avez mis au courant de votre problème et, maintenant, j'apprécierais que vous me disiez votre propre opinion sur le *pourquoi* de ce problème ? » *(2)* « Je sais que certains thérapeutes disent [telle chose] de votre problème. Avez-vous eu des pensées similaires, ou considérez-vous que, en pensant cela, ils se trompent ? » *(3)* « Je ne veux pas dire que cela conviendrait à votre problème, mais je me demande simplement si vous avez essayé [telle chose] ? » De telles questions permettent au thérapeute non seulement d'obtenir des informations sur la façon dont le client voit son problème et sur la nature de ses objectifs thérapeutiques, mais encore de déterminer quelle approche il est susceptible d'accueillir favorablement et, inversement, à laquelle il risque de résister, et dans quelles limites. En même temps, ces questions ne compromettent pas le thérapeute et lui permettent de maintenir sa marge de manœuvre, dans la mesure où, ayant ainsi lancé quelques sondes, il peut aisément faire marche arrière s'il se heurte à des résistances de la part du client.

Prendre son temps.

La marge de manœuvre du thérapeute dépend également de sa capacité de ne pas être pressé de jouer son rôle. Face à la pression du client, il est nécessaire qu'il protège son choix de prendre son temps pour penser et dresser ses plans. Ce n'est pas forcément à dessein que les patients font pression sur le thérapeute. Pourtant, souvent, de par leur détresse et leur désespoir, ils créent un climat qui pousse le thérapeute à faire « quelque chose tout de suite ». Or, pour que le travail de la thérapie avance de manière efficace et constructive, il est indispensable que le thérapeute ne soit pas poussé à prendre trop rapidement des décisions thérapeutiques. A long terme, le temps passé à éviter de tels pièges réduira la durée globale de la thérapie, ce qui correspond donc à l'objectif de la thérapie courte.

Savoir *comment* prendre son temps ne demande aucune astuce ni compétence particulières. C'est quelque chose qui nous est familier et, pour indiquer à autrui que nous ne nous sentons pas enjoints de nous exécuter instantanément, nous usons tous de reparties telles que : « Bien, laisse-moi y penser un moment », « Je crains de ne pas avoir immédiatement réponse à cela », « Je n'y suis vraiment pas, aujourd'hui. Je serai peut-être plus réveillé demain ». La difficulté, ici, est de reconnaître *quand* le client fait pression sur le thérapeute, puisque ses demandes sont bien plus souvent implicites qu'explicites.

> LE CLIENT : Je sais bien que ça doit paraître ridicule, mais je n'arrive pas à m'enlever ce fichu truc de la tête. Je ne cesse d'en faire le tour, et ne peux penser à rien d'autre. [*Le client a l'air agité.*] Je sais que, d'une manière ou d'une autre, il faut que je prenne une décision, mais je continue encore à tourner en rond. [*Frottant la paume de sa main contre le bras du fauteuil et se penchant en avant.*] J'ai un sacré dilemme. Si je prends le boulot, je laisse tomber ma famille, mais, si je ne le fais pas, je laisse tout bonnement passer cette occasion, que je cherchais. Si j'avais tout le temps du monde, je pourrais trouver quelle est la bonne décision, mais je viens d'apprendre qu'ils veulent ma réponse pour vendredi – c'est seulement dans deux jours. [*Il regarde le thérapeute en ayant l'air d'attendre une réponse.*]

Ici, le client fait subtilement pression sur le thérapeute pour que celui-ci l'aide à prendre une décision immédiatement, et peut-être aussi pour qu'il fasse durer la séance plus longtemps que d'habitude. Si le thérapeute se lance dans cette entreprise sous une telle pression, il finira vraisemblablement par perdre son sang-froid tout autant que le patient, ce qui n'est jamais bon. Pour éviter cet inconvénient, il faut que le thérapeute sache prendre son temps :

> LE THÉRAPEUTE : Oui. Je vois quel est votre dilemme. [*D'un ton compatissant :*] Hum. [*Pause.*] Non, je ne vois pas le moyen d'y échapper. [*Pause.*] Je vais vous dire. Laissez-moi y penser deux minutes, puisque, tout de suite, je n'ai aucune idée brillante qui me vienne. [*Longue pause.*] Je suis désolé, Bob, mais rien ne me vient. Comme vous m'avez dit devoir prendre une décision vendredi, le mieux que j'ai à vous offrir, c'est de vous rencontrer demain. Mais, même alors, il se peut que je ne vous sois d'aucune aide et qu'il vous faille jouer la décision à pile ou face.

Même quand la pression est plus explicite, le contexte peut faire qu'il soit difficile au thérapeute de prendre son temps.

> LA CLIENTE *(au téléphone) :* Vous savez, quand, aujourd'hui, je suis sortie de séance, je me suis sentie vraiment flottante, et je pense que rien n'a été résolu. Je me suis aperçue que j'avais oublié de mentionner quelque chose de très important et qui joue un rôle capital. Je ne peux pas attendre une semaine pour vous en parler, et je sais que vous aimeriez comprendre la situation à laquelle je suis confrontée. Voyez-vous, quand j'ai parlé à Larry des vacances, il revenait juste de chez sa mère et et – étant donné qu'il ne me dit jamais rien – je ne savais pas que cette visite avait eu lieu.
>
> LE THÉRAPEUTE : Mary, permettez-moi de vous interrompre une seconde. J'apprécie votre appel et votre idée de vouloir me mettre au courant de votre situation, mais, malheureusement, je fais partie de ces gens qui ne saisissent pas très bien ce qu'on leur dit au téléphone, et je n'ai jamais non plus été capable de faire de la psychothérapie par ce moyen. Puisque ce que vous me dites est important, cela mérite donc mieux qu'une conversation téléphonique. Je pourrais vous recevoir avant votre rendez-vous. Je pense qu'ainsi je pourrai traiter l'affaire comme elle le mérite.

Dans ces deux cas, le thérapeute a choisi de prendre son temps et se trouve donc dans une position plus favorable pour réussir à imaginer de nouveaux moyens d'aider le patient à résoudre son problème.

Parfois, lorsque le patient prend beaucoup de temps à donner des informations qui, néanmoins, restent vagues, le thérapeute peut se sentir pressé et se laisser aller à présenter des interprétations qui reposent sur des données insuffisantes ou manquantes. Il peut également arriver que, s'entêtant à poser des questions à tel ou tel sujet tout en n'obtenant que des réponses imprécises, le thérapeute travaille de plus en plus dur à amener le patient à s'exprimer clairement pendant que le patient, lui, travaille de moins en moins. Dans de telles situations, la seule manière de réussir à prendre son temps est en général de reconnaître que l'on travaille trop dur sans arriver nulle part, et que s'entêter dans cette voie ne peut que s'avérer stérile. Le thérapeute peut faire face à cette pression du patient qui le pousse à agir en adoptant une position de stupidité apparente : « Je ne comprends pas », « Je suis perdu », « Il vaut parfois mieux, quand la situation est complexe, ne pas bouger trop vite », etc. Ce refus du forcing met le patient dans l'obligation d'être plus clair et d'accomplir le travail nécessaire. Pour adopter cette position, le thérapeute devra résister à l'idée traditionnelle selon laquelle il faut toujours faire preuve d'« empathie », de « sensibilité » et de « compréhension ». En général, il devra cependant expliquer – verbalement ou non – que son manque de compréhension est dû à quelque prétendu défaut qu'il aurait. Il pourra par exemple s'excuser d'être un peu « bouché », et demander au patient de répéter ce qu'il vient de dire.

Enfin, il ne faut pas que le thérapeute soit toujours obligé de s'en tenir à la sacro-sainte séance d'une heure quoi qu'il arrive. Le meilleur moment pour arrêter peut parfois survenir au bout de vingt ou trente minutes; si l'on se sent forcé de meubler le reste de la séance, l'impact de ce qui a déjà été accompli peut s'en trouver amoindri.

Bref, tout comme nous encourageons les patients à prendre leur temps pour résoudre leurs problèmes, nous pensons qu'il incombe au thérapeute, quand il se consacre aux tâches du traitement, d'organiser judicieusement son temps.

User d'un langage réservé.

Les patients, par leurs questions, invitent souvent le thérapeute à s'engager dans une position plus tôt qu'il ne le désire, ou même à prendre une position qu'il veut absolument éviter : « Alors, est-ce que vous êtes d'accord sur le fait que mon mari est injuste avec moi? » Si le thérapeute dit « oui », il valide le point de vue de la patiente et participe avec elle à une coalition dirigée contre son mari; s'il dit « non », il est contesté, voire rejeté par la patiente. Mais, s'il sait lui faire une réponse imprécise, il peut maintenir sa marge de manœuvre sans pour autant s'engager : « Eh bien, je n'ai jamais rencontré votre mari; mais, si je m'en remets à ce que vous avez dit, je pense que j'aurais tendance à être d'accord avec vous. » Par ce genre de déclaration, le thérapeute conserve sa marge – sa liberté de préserver tous ses choix – et, en même temps, il paraît avoir pris position.

Il n'est pas rare qu'à tel ou tel moment du traitement, le thérapeute ait le désir d'intervenir sur quelque point précis ou de donner au patient une injonction quelconque, sans être certain que la stratégie sur laquelle repose son intervention marchera. Il voudra donc éviter que sa crédibilité dépende du succès ou de l'échec de son intervention. Si son intervention ne marche pas, il aura besoin de temps pour juger pourquoi il en est ainsi et formuler une nouvelle stratégie ou une nouvelle tactique qui poursuive l'ancienne stratégie. Il peut faire cette suggestion, en usant d'un langage réservé : « J'ai une suggestion à vous faire, mais je ne peux pas vous certifier jusqu'à quel point elle marchera. Cela dépendra de votre capacité de vous servir de votre imagination et, peut-être, de la mesure dans laquelle vous êtes prête à progresser. » La réserve est ici un peu plus subtile que dans le premier exemple. La seconde partie de la première phrase modifie la première partie de la même phrase. La seconde phrase atténue la pertinence ou la légitimité de la suggestion, et les mots utilisés dans les deux phrases – *ne peux pas vous certifier, jusqu'à quel point, vous servir de votre imagination* et *la mesure dans laquelle vous êtes prête à progresser* – sont autant de réserves qui laissent entendre que la suggestion qui va être faite est pertinente, mais que son succès dépendra des efforts de la patiente plutôt que de la pertinence de la suggestion elle-même.

Il existe une grande différence entre ce type de phrases et une intervention qui affirmerait par exemple, sans réserve : « Je vais vous suggérer quelque chose qui vous aidera à être plus à l'aise dans vos rapports sociaux, et je sais que vous êtes prête pour ce progrès. » Si, dans ce cas, la patiente revenait et disait que, bien qu'ayant suivi au pied de la lettre les instructions du thérapeute pour être plus détendue dans ses rapports sociaux, elle ne se sent pas le moins du monde plus calme, la crédibilité et donc la marge de manœuvre du thérapeute en seraient réduites, puisqu'il lui serait encore plus difficile d'essayer de faire accepter à la patiente une autre approche de son problème. Alors que, si le thérapeute a cadré son intervention en ménageant des réserves, il peut, au cas où son intervention n'a pas marché, soutenir que la patiente n'a pas réussi à se servir *suffisamment bien* de son imagination, ou qu'elle n'est peut-être pas prête à changer quoi que ce soit dans son problème; et si, à l'inverse, elle revient en rapportant que sa suggestion a été fructueuse, le thérapeute peut adopter une tactique du type : « Eh bien, j'étais inquiet à l'idée que cette suggestion ne vous mène nulle part, mais je sous-estimais visiblement votre imagination et votre capacité de vous en servir. » En faisant ainsi l'éloge de la patiente, il souligne *implicitement* la pertinence et l'efficacité de sa suggestion, ce qui peut amener la patiente à s'engager encore plus dans le traitement.

Nous ne sommes pas en train de dire que le thérapeute ne doit jamais prendre une position définie. Très souvent, il est important qu'il sache le faire. Ce que nous soulignons, c'est que le thérapeute devrait se garder de prendre une position explicite avant d'avoir eu le temps de rassembler assez d'informations pour pouvoir décider *quelle* position il veut prendre, et quand il veut la prendre. Savoir faire preuve de réserve est, à cet égard, un outil essentiel.

Amener le client à être précis.

Tout comme le thérapeute doit être capable de prendre une position non engagée ou fluide, le patient doit être aidé à prendre des positions non fluides ou engagées. Cela veut dire que la marge de manœuvre du thérapeute dépend de la non-marge de manœuvre du client. Si le thérapeute n'exige pas du client qu'il soit clair et précis dans ses réponses, s'il n'exige pas qu'il lui donne une information autre que brumeuse, le client pourra changer de position à sa guise; et sa marge de manœuvre s'accroîtra au détriment de celle du thérapeute, et donc du traitement. L'imprécision des informations données peut poser un problème à toute phase du traitement, et notamment lorsqu'il s'agit de demander aux patients de décrire leurs objectifs thérapeutiques. Des parents, par exemple, pourraient se contenter de dire : « Notre souci majeur, c'est naturellement le problème que John a à l'école. Notre objectif serait donc qu'il ait par rapport au travail scolaire un comportement plus satisfaisant, et qu'il s'attelle vraiment au boulot. » Un « comportement plus satisfaisant » et « qu'il s'attelle vraiment au boulot », ce sont là des propos bien vagues. Si la description de leurs objectifs en restait là, ces parents risqueraient de déprécier tout progrès que pourrait faire leur fils : « Eh bien, oui, ses notes sont passées de 4 à 11, mais nous ne voyons pas cela comme un progrès réel. Il se plaint toujours de son professeur et du travail qu'il a à faire à la maison, et nous sommes sûrs que cette attitude l'empêche d'avoir les notes qu'il pourrait avoir réellement. » Ce genre de difficulté eût été moins susceptible de se poser si le thérapeute avait coincé les parents dès le début :

> LE THÉRAPEUTE : Quand vous me parlez de votre désir qu'il se comporte de manière plus satisfaisante et qu'il s'attelle au boulot, je ne suis pas certain de voir exactement ce en quoi cela pourrait consister. Pourriez-vous m'apporter sur ce point quelques éclaircissements?
>
> LES PARENTS : Eh bien, qu'il s'applique plus; qu'il montre plus d'intérêt pour son travail.
>
> LE THÉRAPEUTE : A partir de quoi sauriez-vous que son attitude a changé? C'est le point que je ne saisis pas très bien.
>
> LES PARENTS : Eh bien, nous pensons que ça apparaîtrait dans ses notes.
>
> LE THÉRAPEUTE : Ah! D'accord. Pour le moment, il n'a que des 4. Quel genre de notes vous démontreraient que son attitude a changé?

LES PARENTS : Qu'il obtienne des notes qui lui permettent de passer dans la classe supérieure, bien sûr.

LE THÉRAPEUTE : Je crois qu'à son école il suffit d'avoir 8 pour passer dans la classe supérieure. Est-ce que vous voulez, ou des 18, ou quoi?

LES PARENTS : Oh, non. Il ne pourrait pas avoir 18. Nous serions heureux s'il obtenait une moyenne de 12 ou rien de plus bas qu'un 11 dans toutes les matières.

LE THÉRAPEUTE : Très bien. Maintenant, c'est beaucoup plus clair pour moi.

Cette fonction de la marge de manœuvre – amener le client à exprimer clairement ses souhaits – est particulièrement importante lors de la première séance, car c'est en effet durant le premier entretien que le thérapeute obtient l'essentiel de l'information qui lui est nécessaire pour dresser les plans du traitement. Elle ne se limite cependant en rien à cette phase du traitement, puisque le thérapeute aura toujours besoin d'obtenir des données claires et précises de la part des patients en ce qui concerne tant la description du problème que celle de la manière dont ils ont essayé d'y faire face, des événements qui ont eu lieu entre les séances ou de la façon dont ses injonctions ont été exécutées. Pour ce qui est de ce dernier point, il est essentiel que le thérapeute exige du patient un compte rendu clair de ses actes. Les patients qui ont des tâches à accomplir en dehors des séances peuvent revenir la séance d'après en prétendant que, oui, ils ont fait ce qu'ils étaient censés faire, mais que cela n'a guère modifié leur problème. Lorsqu'on leur demandera de préciser *comment* ils ont exécuté l'injonction qui leur avait été donnée, on découvrira souvent qu'ils se sont sensiblement écartés des instructions qu'ils avaient reçues. S'il ne tire pas cela plus au clair, le thérapeute risquera d'être induit en erreur, et le patient pourra désormais se permettre de négliger des suggestions qu'il croira inefficaces; la marge de manœuvre du thérapeute en sera donc diminuée. Par contre, s'il n'hésite pas à faire remarquer au patient qu'il n'a pas réussi à suivre les instructions qu'il avait reçues, ce dernier se trouvera davantage contraint de suivre fidèlement tout conseil qui lui aura été donné, et la marge du thérapeute sera donc maintenue et même accrue.

Adopter une position d'infériorité.

Le succès du traitement dépend très largement de l'habileté du thérapeute à obtenir du client une information stratégique, et à l'amener à coopérer avec les suggestions à suivre ou les tâches à accomplir. Certains patients peuvent mieux réagir que d'autres à une position d'autorité ou de compétence; si c'est le cas, cette position peut donc être utile. Notre expérience nous enseigne cependant que la collaboration du patient sera sensiblement réduite si le thérapeute se place dès le début dans une position de supériorité ou de pouvoir. Ce type de position intimide beaucoup de patients qui, déjà embarrassés d'avoir les problèmes qu'ils ont, répugnent à révéler une information qui, à leurs yeux, les rabaissera encore plus. De nombreux patients interprètent également une telle position comme une preuve de l'existence chez le thérapeute d'une sagesse ou d'un savoir spéciaux. Ils peuvent donc très bien s'imaginer que le thérapeute est si « perspicace » qu'il les comprendra de toute façon, et garder pour eux telle ou telle information, ou ne pas la donner clairement. On retrouve le même genre de problèmes quand on demande aux patients d'accepter des idées ou des suggestions.

On pense souvent qu'un thérapeute qui exsude la compétence inspire confiance au patient et triomphe par là même de sa répugnance à coopérer. Nous partons cependant du principe que le patient est déjà motivé par son désir de voir soulagée la détresse que fait naître en lui son problème, et qu'il est donc disposé à coopérer, à condition que le thérapeute n'y fasse pas obstacle – par exemple, en faisant savoir au patient que le fait qu'il n'ait pas déjà trouvé de solution à son problème doit être considéré comme un échec; que coopérer reviendra à obéir à ses ordres; et que la coopération du patient va dans le sens de l'intérêt du thérapeute, et pas nécessairement dans celui de son intérêt à lui. Aucun thérapeute, bien évidemment, n'a la volonté de communiquer quoi que ce soit de ce genre, mais c'est pourtant bien ce qui risque d'arriver si le thérapeute se place en position de supériorité – se laisse aller à prononcer des phrases telles que : « J'ai vu beaucoup de cas comme le vôtre », ou bien : « Je ne saurais assez vous faire sentir à quel point il est important que vous... » ; ou tente maladroitement de « faire preuve d'empathie » (« Oui, je vois bien, quand vous me parlez de ce problème, à quel point vous souffrez »). Le plus souvent, néanmoins, c'est de façon plus subtile que cette idée de la supériorité du thérapeute prend naissance dans l'esprit du patient, si bien que, dans la pratique réelle, il est difficile de déterminer si l'on s'est placé ou non en position de supériorité. Il n'est pas du tout rare qu'au cours de leur formation les thérapeutes prennent un style qui est celui de la position de supériorité. Ils ne parlent ni ne se comportent plus comme des gens qui ont une simple conversation ; avant de faire une observation, ils marquent une pause, l'air pensif et important, accompagnent leur dramatique : « Hum... parlez-moi davantage de cela » d'un hochement de tête entendu, opposent un calme impersonnel à la colère du patient, et ainsi de suite.

La relation de thérapeute à patient implique, intrinsèquement, une position de pouvoir supposé. Il faut donc, pour se retrouver en position d'infériorité, faire quelque chose, en se fondant sur l'hypothèse non que la position d'infériorité a en elle-même un pouvoir particulier, mais simplement qu'elle est le moyen le plus sûr d'éviter la position de supériorité et de neutraliser la tendance qu'a le patient à mettre le thérapeute dans une telle position. Les patients, naturellement, ne coopéreront pas nécessairement pour la simple raison que le thérapeute évitera la position de supériorité ; au moins, cependant, une position d'infériorité ne gênera-t-elle pas les patients qui sont prêts à coopérer. Quant aux patients qui continueront à manifester des résistances, le thérapeute devra tenter de se servir de ces résistances pour activer leur coopération (ce sera l'objet du chapitre v).

Bien que nous ayons mis l'accent sur la position d'infériorité, nous ne voulons pas dire que la position de supériorité doive toujours être évitée. Comme toutes les positions et interventions du thérapeute, tant la position d'infériorité que celle de supériorité devront être adaptées, à mesure qu'évoluera le traitement, aux particularités du client et à la spécificité de la situation. Travaillerait-on avec un client qui coopérerait davantage si le thérapeute se plaçait dans une position consistant à donner confiance au patient et à l'encourager, ce serait ce type de position qu'il conviendrait d'adopter. Nous avons souligné l'importance de la position d'infériorité pour deux raisons : d'une part, nous savons d'expérience qu'il est assez rare de trouver un client qui réagisse bien à une position d'autorité; d'autre part, s'il y a un doute au début du traitement sur la position qui pourrait s'avérer la plus efficace, il est plus facile de passer d'une position d'infériorité à une position de supériorité que le contraire. C'est donc la position d'infériorité qui laisse au thérapeute les plus larges possibilités de manœuvre.

Séances individuelles et séances collectives.

Bien que notre approche soit interactionnelle, la plupart de nos séances se tiennent avec des personnes seules, ou deux ou trois personnes sélectionnées, plutôt qu'avec toute la famille au complet. Les raisons d'un tel dispositif sont à la fois stratégiques et tactiques. Des observateurs de notre travail nous ont dit que, dans la mesure où ils avaient pensé que notre orientation était familiale ou systémique, ils avaient été très étonnés de découvrir que nous ne faisions que peu ou pas du tout de séances collectives. Il a fallu que nous leur expliquions qu'une approche systémique implique avant tout un cadre *conceptuel;* que, l'important, ce n'est pas de savoir si l'on mène une séance avec un seul individu ou deux membres, ou plus, d'une famille, mais la *vision* que l'on a des problèmes. Il y a par exemple des « thérapeutes familiaux » qui, bien qu'axant principalement leur pratique sur les séances collectives, conçoivent cependant le problème en termes monadiques, et considèrent les membres d'une famille comme un groupe d'individus plutôt que comme une unité interactionnelle. Le fait que ces thérapeutes organisent des séances collectives n'empêche donc pas que, pour eux, la thérapie soit fondamentalement un traitement individuel.

Pour notre part, en accord avec notre but ultime, qui est d'empêcher le comportement des participants ayant pour effet de maintenir le problème, nous nous intéressons avant tout à l'interaction qui gravite autour de l'objet de plainte. Conformément à cette conception interactionnelle, nous avons pour hypothèse que la modification du comportement de tel ou tel membre d'une unité interactionnelle – qu'il s'agisse d'une famille ou de tout autre groupe – peut influer sur le comportement des autres membres de cette unité. Nous voyons essentiellement les interactions qui maintiennent le problème comme des exemples de rétroaction positive ou de boucle amplificatrice de déviation (Maruyama, 1963; Wender, 1968). Nous pensons, autrement dit, que le comportement du membre de la famille étiqueté comme « patient » engendrera chez un autre membre de la famille un comportement qui, bien qu'essayant d'apporter une « solution », ne fera qu'intensifier le comportement du « patient » étiqueté comme tel, ce qui, à son tour, provoquera des efforts encore plus intenses, et ainsi de suite. Si l'on voit ce cycle comme une boucle, il peut être interrompu à partir du moment où le rôle de l'un ou l'autre des participants (ou de tous à la fois) est modifié.

On pourrait ici recourir à une analogie : si le spectateur d'un match de tennis considérait la passe de jeu qu'il observe comme une interaction indésirable et souhaitait y mettre fin aussi rapidement que possible, il suffirait pour cela que *l'un* des joueurs ne renvoie pas la balle. L'efficacité de l'intervenant serait réduite s'il devait se limiter à n'influer que sur un seul des joueurs, en particulier au cas où celui-ci ne désirerait pas arrêter le match; mais elle serait également réduite s'il avait à faire en sorte que les *deux* joueurs laissent tomber leur raquette en même temps. Il est par contre évident que tant la marge de manœuvre que l'efficacité de l'intervenant seraient accrues s'il avait le choix entre décider de peser sur un seul joueur ou les deux et, au cas où il déciderait de n'agir que sur l'un des deux, s'il pouvait choisir lequel pourrait être le plus facilement amené à poser sa raquette. La question : « Qui dans la famille a le plus d'intérêt à voir le problème résolu? » est donc pour nous une question importante. Ce sera vraisemblablement la personne qui sera la plus gênée par le problème – c'est-à-dire le principal plaignant. Il arrivera souvent – notamment lorsque les problèmes tourneront autour d'un enfant – que le plaignant ne soit pas le « patient ». La plupart des parents qui feront état de plaintes attendront du thérapeute qu'il soigne leur enfant, ou feront pression sur lui en ce sens. D'autres l'encourageront à voir la famille tout entière. A quelques exceptions près, nous prévoirons plutôt de travailler avant tout avec l'un des parents, ou avec le père et la mère réunis – bien que nous puissions aussi, pour rassembler l'information de base dont nous avons besoin, ou faire une intervention qui n'est possible que dans le cadre d'une séance collective, programmer quelques séances avec l'enfant et ses parents, ou une séance individuelle avec l'enfant seul.

Il existe un autre cas où les séances individuelles accroissent la marge de manœuvre du thérapeute : c'est lorsque deux membres ou plus d'une famille sont vraiment gênés par tel ou tel problème, ont à peu près le même intérêt à le voir résolu, mais sont également engagés dans un conflit caractérisé. Si les parties en conflit – prenons l'exemple d'un couple marié – se disputent pendant les séances, le thérapeute verra, au cours de la séance elle-même, se poser à lui des problèmes de direction, et sa marge de manœuvre s'en trouvera donc diminuée. De même, quand les séances collectives mettront en présence un adolescent et ses parents, l'adolescent se montrera souvent agressif à l'égard de ses parents, ou bien s'assoira d'un air renfrogné et refusera de dire quoi que ce soit. Ce sont là des situations si fréquentes qu'en règle générale nous recevons rarement ensemble les membres d'une famille qu'oppose un conflit important. La marge de manœuvre du thérapeute sera beaucoup plus grande s'il les rencontre séparément.

En outre, dans la mesure où le thérapeute souhaite obtenir la coopération de tous les membres de la famille, il devra, pendant les séances mettant en présence des participants qui ne sont pas d'accord entre eux, être attentif à ne prendre parti ni pour l'un ni pour l'autre, et cela d'autant plus que le conflit sera violent et aigu. Sa liberté de parole et l'éventail des arguments dont il pourra se servir pour amener les clients à coopérer s'en trouveront donc considérablement limités. D'autre part, il pourrait vouloir suggérer à l'une des parties en présence de faire telle ou telle chose; il est évident que, si l'action en question, plutôt que de sembler spontanée, fait l'objet d'une discussion et qu'elle est délibérément préparée pendant une séance collective, elle aura un effet différent sur les autres parties en cause. Ces limitations peuvent être évitées et la marge de manœuvre du thérapeute accrue si celui-ci est libre de travailler avec les parties en conflit en les recevant séparément. Après tout, nous sommes tous plus enclins à coopérer avec quelqu'un qui compatit à notre sort, et le thérapeute sera plus libre de compatir avec chacun s'il reçoit les patients séparément – choix qui lui est interdit s'il s'en tient uniquement à des séances collectives.

Bref, en recevant les clients séparément, le thérapeute a la possibilité de s'engager dans une coalition ouverte avec chaque personne, et peut aussi plus facilement gagner la coopération de chacun. Des stagiaires nous ont à cet égard posé une question pertinente : « Que se passe-t-il si un couple compare ses notes entre les séances? Est-ce que cela ne révèle pas les contradictions du thérapeute? » Le risque que se produise un tel événement est à notre avis minime. D'abord, les conflits qui opposent les personnes qui participent à ces séances collectives sont en général importants. Par conséquent, au cas où elles en viendraient à comparer leurs « Le thérapeute dit que j'ai raison » respectifs, chacune des parties dénigrerait très vraisemblablement les interprétations de l'autre en n'y voyant qu'un pur et simple contresens sur la position du thérapeute. Ensuite, dans la mesure où le thérapeute n'aura pas seulement compati avec le client mais lui aura également donné une injonction qui « masquera » la coalition, une telle « comparaison de notes » est peu probable. Dans le cas où la comparaison aurait effectivement lieu, et où l'une ou l'autre des parties en présence tenterait d'amener le thérapeute à confirmer ce qu'il a exactement dit à l'autre partie, le thérapeute peut toujours retomber sur ses pieds en disant par exemple : « Je n'ai aucun moyen de contrôler la manière dont les gens interprètent ce que je dis après avoir quitté mon cabinet »; la partie qui aura posé la question ne tiendra alors très probablement pas compte des paroles de l'autre partie. Une autre solution serait que le thérapeute voie ensemble les « parties belligérantes », confesse son double langage et leur explique que, s'il s'est trouvé forcé de leur mettre du baume au cœur à toutes les deux, c'est parce qu'elles s'entêtaient tant dans leur vendetta qu'il ne voyait pas comment, en les prenant par la raison, il aurait pu les amener à mettre fin à leur combat : le thérapeute peut ainsi, pour pousser les patients à coopérer avec ses suggestions, choisir la voie de l'honnêteté.

Tactiques à employer avec les patients difficiles

La marge de manœuvre du thérapeute, sinon les chances de succès du traitement lui-même, se trouve très souvent notablement réduite face à deux principaux types de patients : les patients qui commencent un traitement sous la contrainte et ceux qui tentent d'imposer d'impossibles limitations au thérapeute. Nous désignons ces deux types de patients sous le nom de « patients difficiles ». Nous ne faisons pas allusion, quand nous parlons de « patients difficiles », à ces obstacles courants, communs à beaucoup de patients et susceptibles de ralentir le traitement – comme par exemple lorsque le thérapeute a affaire à des patients qui ergotent, restent passifs ou dans le vague. Le « patient difficile », au sens où nous employons ici ce terme, profère des menaces afin d'empêcher la thérapie de se mettre en route.

Le « touriste ».

La plupart des patients consultent le thérapeute parce qu'ils sont vraiment angoissés par tel ou tel problème dont la source se trouve en eux-mêmes ou dans la relation qu'ils entretiennent avec quelqu'un d'autre, et désirent réellement que le thérapeute les aide. Mais un certain nombre de « patients » viennent nous voir avant tout sur l'ordre d'une autre personne, qui les soumet à une contrainte ou une coercition. Bien que les patients de ce type puissent exprimer une plainte, il apparaîtra clairement, quand ils élaboreront ou expliqueront pourquoi ils ont cherché à se faire soigner à ce moment précis, que ce dont ils se plaignent n'est pas tant une gêne pour eux-mêmes que pour quelqu'un d'autre. Ce quelqu'un d'autre sera en général la personne qui les aura poussés à suivre un traitement. Ces patients n'ont donc pas personnellement intérêt à voir quoi que ce soit changer dans ce qui constitue leur plainte : et, si le thérapeute ne s'en rend pas compte, il pourra perdre bien des heures à s'efforcer de mener à bien un traitement qui n'aura jamais réellement commencé.

C'est en pensant à une scène de la vie quotidienne que nous avons qualifié de « touriste » le patient qui a ce type de position. Un bon vendeur sait non seulement qu'il ne fera pas de vente avec chaque individu qui entre dans son magasin, mais encore qu'il ne fera presque jamais de vente avec quelqu'un qui y sera entré juste pour se protéger de la pluie. Les personnes qui ont ce type de motivations pourront, pour sauver la face, essayer de se comporter comme des individus intéressés, mais leurs yeux fixeront la pluie et ils attendront simplement qu'elle cesse. Ils seront dans le magasin non pas pour y acheter quelque chose, mais parce que la « contrainte » du temps les aura poussés à y entrer : ce ne seront pas de vrais clients, et ils le dissimuleront en faisant semblant de l'être. De même, les patients dont nous parlons ici n'entreront pas en traitement pour voir quelque chose changer par rapport à un sujet de plainte déterminé, mais parce qu'ils y seront contraints.

Des exemples types de ce genre de patients, ce sont l'adolescent traîné dans notre cabinet par ses parents, le mari « rétif » poussé par sa femme et le délinquant à qui le tribunal a ordonné de suivre un traitement. On peut aussi citer l'exemple courant du patient qui met en avant quelque sujet de plainte, mais dont le programme secret est de faire confirmer par le thérapeute tel ou tel handicap afin d'en tirer quelque compensation financière : « Ces six derniers mois, j'ai eu ce mal de poitrine qui m'a empêché de travailler, et le médecin de l'entreprise a le sentiment qu'il faut que je vous voie. »

Ici, l'erreur majeure pour le thérapeute est d'entamer le traitement en faisant comme si le patient, tout en étant prêt à se mettre au travail, rencontrait simplement quelques difficultés. Comme causes les plus fréquentes de ce genre de méprise, on peut citer le cas où le thérapeute néglige de s'assurer de la présence d'un élément coercitif dans la motivation du client; celui où, ce type d'élément étant présent, il l'ignore; et enfin celui où, trop déterminé à creuser le problème pour découvrir d'autres données, il oublie de se demander si le patient est très affecté par le problème dont il a fait état.

Lorsque le thérapeute s'aperçoit que le client est venu le voir sous la contrainte, il n'est pas pour autant forcé de lever les bras au ciel et de cesser de s'occuper du cas. Il peut avoir recours, pour mettre le traitement en route, à certaines tactiques.

Le thérapeute peut d'abord *renégocier le contrat*. D'expérience, nous savons que certains patients qui entrent en thérapie sous la contrainte désirent tout de même que quelque changement soit apporté à quelque chose dont ils ont à se plaindre, mais que l'objet réel de leur plainte est différent de la plainte qu'ils ont tout d'abord exposée quand on leur a demandé : « Quel est le problème? » La première chose à faire pour le thérapeute est donc d'offrir au patient l'occasion de formuler l'objet réel de sa plainte, lequel pourra ensuite devenir le foyer explicite ou implicite de tous les efforts thérapeutiques :

LE THÉRAPEUTE : D'accord. Donc, si je vous entends bien, votre femme fait beaucoup d'histoires parce que vous buvez, mais, pour vous, ce n'est vraiment pas un problème. Et, ne serait-ce tout le battage qu'elle fait à cet égard, il est probable que vous ne...

LE PATIENT : Oui, je pense qu'elle ne plaisantait pas du tout en parlant de voir un avocat.

LE THÉRAPEUTE : ... seriez pas ici, du moins dans l'immédiat. Bien, très bien, je peux comprendre que ça vous embête, mais je trouverais curieux de travailler avec vous sur quelque chose qui, pour vous, n'est pas un problème. Je préférerais employer mon temps à travailler sur quelque chose qui veuille dire quelque chose pour vous, et pas seulement pour Dorothée. Donc, permettez-moi de vous poser cette question : Y a-t-il un autre genre de problème auquel vous ayez été confronté et qui, vraiment, vous ennuie? Peut-être un problème par rapport auquel vous avez pensé qu'il faudrait faire quelque chose, mais en renvoyant toujours cela à plus tard.

LE PATIENT : C'est amusant que vous me demandiez ça. Voyez-vous... Eh bien, je ne sais pas si c'est le genre de problème sur lequel vous travaillez... Oh, zut. Je pourrais aussi bien le dire. Voilà maintenant un certain nombre d'années que, dans mon travail, je suis dans une impasse. Aucune promotion; mes attributions qui deviennent de plus en plus de la routine; quelques contrats juteux donnés à des gars dont je sais très bien qu'ils ne peuvent pas faire le travail que je fais. Et, jusqu'ici, nom de nom, je ne vois pas du tout quelle est la cause de tout ça, et je ne sais pas quoi faire.

LE THÉRAPEUTE : Et ça, ça vous chiffonne beaucoup plus que vos problèmes de boisson?

LE PATIENT : Oh oui! Vous travaillez sur ce genre de problème?

C'est ici le patient lui-même qui a offert un « contrat renégocié ». Ce n'est pas de travailler sur son alcoolisme qui l'intéresse, mais de travailler sur sa situation professionnelle. Il n'est donc plus un « touriste » mais un « client ». Le thérapeute ne s'est pas engagé à travailler sur ce nouveau problème. Il peut, par exemple, décider en cours de traitement d'intervenir sur le problème de la boisson en prenant le problème du travail comme contexte pour une telle intervention. Nous n'employons donc pas l'expression « renégocier le contrat » dans son sens le plus courant, qui est celui d'expliciter complètement le centre et l'objectif du traitement pour les faire agréer par le client. Nous la prenons plutôt au sens d'offrir au « touriste » l'occasion d'avancer un autre objet de plainte, à propos duquel il aimerait bien que quelque chose change.

Si le patient ne réussit pas à proposer un problème sur lequel il désire travailler, le thérapeute peut suggérer un problème de remplacement. Il peut, par exemple, proposer un problème qui ne peut guère prêter à controverse – le fait que, si le client est là, c'est parce que quelqu'un l'oblige à commencer un traitement. Ce type d'intervention peut convenir face non seulement aux membres d'une famille contraints par d'autres membres de leur famille (conjoint ou parents) à entrer en thérapie, mais encore aux délinquants à qui le tribunal et le délégué à la liberté surveillée ont ordonné de suivre un traitement :

LE THÉRAPEUTE : D'accord. Vous avez l'impression de ne pas avoir réellement de problème qui vous gêne, ou qui requière un traitement. Pourtant, vous avez vraiment un problème.
LE PATIENT : Lequel?
LE THÉRAPEUTE : Eh bien, vous avez le délégué qui vous harcèle. Son travail consiste à s'assurer que vous venez ici, et il y a peu de chances qu'il se contente d'une séance.
LE PATIENT : Oui, c'est vrai.
LE THÉRAPEUTE : Très bien. Ça peut ne pas vous intéresser de travailler sur ce que votre délégué ou le tribunal considèrent comme important, mais cela vous intéresserait-il d'arriver à faire en sorte que votre délégué ne vous harcèle plus?
LE PATIENT : Bon sang, oui, que ça m'intéresserait.

Le patient serait-il d'accord avec ce « contrat », cela n'impliquerait pas que le thérapeute se limite à cet objectif ou même soit forcé de s'y tenir. De toute façon, il est probable que, si ce délinquant en liberté surveillée menait sa vie de telle sorte que le délégué puisse se sentir plus détendu et lui faire davantage confiance, ce dernier cesserait probablement de le « harceler ». Ce délinquant pourrait, par exemple, travailler sur les difficultés qu'il rencontre dans le domaine professionnel, social, peut-être même sur le problème du mariage; et tous ces domaines font partie intégrante de la thérapie.

Un second niveau d'intervention – c'est celui dont nous nous servons le plus et que nous trouvons le plus efficace – suppose que le thérapeute *travaille avec le plaignant*. Un point important de notre conception globale des problèmes, c'est l'idée que, à peu d'exceptions près, le problème est maintenu et intensifié par les *interactions* particulières qui ont lieu entre le membre de la famille étiqueté comme « patient » et les autres personnes prises dans le problème. Ces interactions consistent avant tout en ces efforts qui, visant à l'origine à résoudre le problème, ne réussissent en fait qu'à l'entretenir. Les tentatives de « résolution du problème » ne sont donc pas seulement le fait du « patient » étiqueté comme tel, mais également d'autres personnes de son entourage. Lorsque telle ou telle autre personne sera plus perturbée par le problème du « patient » que ce dernier ne l'est lui-même, il y aura de fortes chances pour que ce soit cette autre personne qui fasse la plupart des efforts visant à résoudre le problème. Ce sera donc cette personne-là qui sera le vrai plaignant; et le thérapeute pourra, dans ce cas, changer de tactique et travailler avec elle plutôt qu'avec le « patient ». Le plaignant sera donc en général la personne qui a contraint le « patient » à entrer en traitement.

LE THÉRAPEUTE : Si je vous comprends bien, la seule chose qui vous ennuie vraiment, c'est tout le battage que Dorothée fait à propos de votre alcoolisme et...
LE PATIENT : Oui, elle en fait vraiment une affaire d'État.
LE THÉRAPEUTE : ... à part ça, tout serait parfait.
LE PATIENT : Oui. C'est exact. Je souhaiterais qu'elle ne me harcèle plus à ce sujet.
LE THÉRAPEUTE : Eh bien, je trouverais désagréable que nous perdions notre temps à quelque chose qui ne constitue pas pour vous un vrai problème. Ce serait une perte de temps pour nous deux. Si elle fait tout un plat d'une petite chose, la seule démarche qui aurait alors un sens, ce serait

que je puisse la voir pour éventuellement l'aider à prendre de façon plus décontractée votre problème de boisson. Est-ce que ça vous intéresserait?

LE PATIENT : Oh, oui. Ça pourrait tout changer.

Dans un tel cas, le thérapeute appellerait donc l'épouse du patient, lui fixerait rendez-vous pour la voir seule et commencerait ainsi : « Quel est le problème? Comment avez-vous essayé d'en venir à bout? Quel objectif thérapeutique minimal vous suffirait? » Dans la mesure où, selon toute probabilité, la femme considérera que c'est son mari et non pas elle qui a besoin de voir le thérapeute, il sera nécessaire, au téléphone tout comme au début de l'entretien, de bien cadrer sa visite de telle sorte qu'elle accepte sa présence comme une requête logique. Il serait également très utile que ce cadrage impliquât que le thérapeute pût désirer la rencontrer plus d'une fois : « Pourriez-vous venir me voir, au moins une fois, pour m'aider à mieux comprendre l'ampleur réelle du problème de votre mari? »

Une troisième tactique consiste à *mettre le touriste au travail*. Dans certains cas (par exemple, lorsque le plaignant sera un délégué à la liberté surveillée ou un juge), il pourra s'avérer difficile ou impossible de le faire se déplacer. Quand, dans une telle situation, le « patient » n'offrira pas de lui-même un contrat « renégocié », le thérapeute pourra néanmoins tenter de l'amener à s'intéresser au traitement. Mais il ne s'agira *pas* pour autant de l'exhorter à prendre son problème au sérieux, à s'attacher au traitement et autres recommandations du même genre : ce sera même le piège à éviter. Pour avoir une chance de réussir, le thérapeute devra manœuvrer différemment – en d'autres termes, prendre par rapport au « client » la position que le traitement est probablement à déconseiller. Une telle intervention aura pour effet de pousser le « patient » à essayer d'expliquer au thérapeute pourquoi il serait dans son intérêt de faire quelque chose par rapport à *son* problème. Le thérapeute peut augmenter sa pression en développant l'argument selon lequel « il n'y a pas lieu de s'inquiéter » – peut-être en donnant au « touriste » des raisons d'éviter le traitement qui seront susceptibles de le dégoûter. Par exemple, dans le cas du « patient » qui aura indiqué qu'il se voit comme un individu bienveillant, non répressif, le thérapeute pourra redéfinir son problème en lui décrivant son attitude comme une arme habile et puissante, une arme à laquelle il ne devrait pas vouloir renoncer en suivant un traitement mais dont, au contraire, il pourrait se servir contre telle ou telle personne. Il pourra lui dire : « Votre comportement, que vous le reconnaissiez ou non, est bel et bien une manière de vous venger de votre épouse, et Dieu sait que vous avez le droit de vous " venger ". » A l'inverse, si le « touriste » exprime une vive animosité à l'égard d'une autre personne, le thérapeute peut suggérer que cette autre personne serait désavantagée si le patient devait résoudre son problème : « Non, je ne pense pas que vous devriez faire quoi que ce soit à propos de votre problème. Voyez-vous, si vous acceptiez vraiment de vous atteler à une telle entreprise, [l'autre personne] se retrouverait en position d'infériorité par rapport à vous, et je suis presque certain qu'elle en souffrirait beaucoup. »

Quand aucune des interventions qui précèdent n'est possible ou susceptible de réussir, il n'y a pas lieu d'essayer de garder le client en traitement. Un tel traitement serait une perte de temps frustrante et peut-être pire encore, puisque le client aurait plus tard la possibilité de convaincre son entourage qu'il a essayé de suivre un traitement, mais que celui-ci n'a débouché sur rien. L'arrêt est donc, dans une telle situation, le geste approprié – ce qui pose donc la question de savoir *comment* arrêter. Le thérapeute ne peut, par exemple, se contenter de dire au client qu'il ne le croit pas suffisamment sérieux par rapport à son problème pour que cela vaille le coup de commencer un traitement : le client risquerait en effet d'aller tout simplement voir un autre thérapeute et de recommencer tout son « jeu » à nouveau. Le mieux, dans ce cas, serait que le thérapeute fasse au client une prédiction qui le mette en même temps au défi : « Bon, vous dites que vous pourriez faire une tentative de traitement. Mais je sais, tout aussi bien que vous, que vous n'êtes pas prêt à vous donner le moindre mal pour résoudre votre problème. Je pense que, ce que vous préférez, c'est traverser les aléas du traitement, mais sans laisser aucun thérapeute aller nulle part avec vous. Vous les laissez essayer, mais pas plus. Je suppose que je pourrais vous laisser agir ainsi avec moi, mais je n'aime pas perdre mon temps à jouer au gardien d'enfant, et je ne vous fixerai donc pas de rendez-vous. D'ailleurs, il y a dans le coin un certain nombre de thérapeutes qui n'ont pas ce genre de scrupules. Vous pouvez vous ficher de ce que je dis, vous n'êtes pas obligé de me croire.

Vous pouvez voir qui vous voulez, vous demontrerez vous-même par votre comportement que j'ai raison. »

Le patient restrictif.

Certains clients menacent de saboter le traitement dès le début, généralement en tentant d'imposer au thérapeute des conditions qui, s'il les acceptait, limiteraient sa liberté de manœuvre. Ils n'agissent pas nécessairement à dessein; leur attitude semble en général due à des idées toutes faites sur les conditions qui conviennent à leur traitement.

Dans l'exemple qui suit, le patient tente de contrôler l'axe du traitement. Il venait de se mettre en colère contre le thérapeute, parce que celui-ci suggérait d'apporter certains changements à la relation qu'il entretenait avec son amie, laquelle occupait une place centrale dans sa plainte.

LE PATIENT : J'ai du mal à me sentir en harmonie avec vous. Je suis revenu parce que, en ce qui concerne mon propre développement, je suis sérieusement motivé. Et il exige que je reste là – que je tienne bon. Et je sais que, si j'en ai marre de vous, j'en ai marre, en fait, d'une composante de moi. Et pourtant, je me demande avec inquiétude si je suis capable de travailler avec vous à résoudre le problème pour lequel je suis venu ici. Il y a d'autres idées qui germent en moi, sur le fait de travailler avec vous, des idées qui me tiennent à cœur, et j'imagine qu'un jour elles me travailleront moins. C'est sûr, avant que je sois jamais éclairé, il faudra bien qu'elles me travaillent moins. Je veux bien essayer de les tirer au clair maintenant, dans cette série de cinq séances que j'ai avec vous, mais je suis inquiet à l'idée de ne pas être en train d'aborder ce dont j'aimerais le plus parler, qui est cette relation – une relation qui, dans le présent, est une non-relation, ou quelque chose comme ça – que j'ai avec la femme avec qui j'aime sortir. Je pourrais donc aller de l'avant et vous donner plus de données, plus d'informations, mais cela, me semble-t-il, ne va pas apaiser... cela ne va pas apaiser l'inquiétude que provoque en moi ce manque d'harmonie ou de compréhension, quelque chose comme ça. Et je ne sais pas d'où ça vient – ni ce que je devrais faire pour établir cette harmonie. Et donc, ce que je pense, c'est que je suis tout à fait désireux et heureux et ravi de continuer à travailler avec vous sur le problème que je viens de définir – l'harmonie –, ou sur ma colère à votre égard, que j'interprète comme une colère dirigée contre moi, ou sur mille autres choses auxquelles je pourrais penser. Mais je n'accepterais de le faire que si vous preniez en considération ma raison principale de venir ici, de façon à me mettre à l'aise.

Le thérapeute rencontrera notamment ce genre de difficulté face aux patients ayant déjà fait l'essai d'un traitement long : ils tenteront parfois – bien que leur visite implique en elle-même que leur précédente thérapie a échoué – d'imposer des conditions similaires pour leur nouveau traitement. (« Mon précédent thérapeute m'encourageait à hurler et à jeter des objets quand je me sentais en colère. ») D'autres patients, tout en cherchant sincèrement de l'aide, seront gênés par tel ou tel inconvénient pouvant être lié au traitement. Le thérapeute devra intervenir efficacement afin d'éviter d'avoir les mains liées par les conditions que tentent d'imposer, explicitement ou implicitement, ces patients (ce qui conduirait très probablement à l'échec du traitement). Ces conditions et ces restrictions peuvent être de plusieurs ordres – le patient peut vouloir restreindre la liberté du thérapeute de dire ce qu'il veut, sa liberté de fixer les rendez-vous et la fréquence des séances, de voir d'autres personnes faisant partie de la famille ou impliquées dans le système du problème. Puisque ces conditions peuvent constituer de sérieux obstacles, nous examinerons ici plusieurs types d'interventions qui peuvent s'avérer efficaces.

Certains patients peuvent mettre la thérapie gravement en danger en demandant au thérapeute d'entrer dans une conspiration du silence dirigée contre un autre membre de la famille, qui sera généralement le conjoint. Le patient restrictif peut par exemple, le thérapeute ayant déjà vu son conjoint ou prévoyant de le voir, lui annoncer qu'il souhaiterait lui révéler quelque chose, mais à la condition expresse qu'il lui promette de n'en rien dire à son conjoint. Le thérapeute doit, en un tel cas, immédiatement interrompre le patient avant sa « révélation » et lui indiquer clairement qu'il est indispensable qu'il reçoive son conjoint sans être limité par aucune condition.

LE THÉRAPEUTE : Avant que vous me disiez ce à quoi vous pensez, il faut que je vous précise quelque chose. Pour pouvoir vous aider à résoudre votre problème, je dois être libre de pouvoir aborder avec vous ou votre épouse tout ce que je jugerai aller dans le sens de la résolution du problème. Quand elle viendra, je l'informerai de la même chose. Donc, si vous voulez y aller et mettre sur le tapis ce dont vous désirez me parler, il faudrait que vous compreniez que je pourrais, uniquement bien sûr au cas où j'aurais le sentiment qu'il serait important que je le fasse, aborder la question avec elle. Si vous ne pouvez m'accorder cette liberté, il vaudrait mieux alors que vous ne me disiez rien, du moins avant d'avoir pris le temps d'y réfléchir.

Il arrivera parfois que, ayant déjà révélé quelque chose, le client demande malgré tout, anticipant la visite de son conjoint, que cette révélation ne soit pas répétée. Le thérapeute peut encore dans ce cas demander d'être libre d'en décider lui-même. Au cas où le patient continuerait à exiger le silence, le thérapeute aurait le choix entre deux possibilités. D'abord, il pourrait dire au patient que les avantages d'une entrevue entre lui et son conjoint seraient contrebalancés par l'obligation de participer à une conspiration du silence, et qu'en conséquence il ne verra pas son conjoint avant qu'il ait eu l'occasion de réfléchir à tout cela. Et il pourrait également lui suggérer un compromis : « Je verrai votre femme sans lui révéler ce que vous m'avez dit. Je lui dirai simplement qu'il y a quelque chose que vous m'avez dit que je ne veux pas lui répéter; et que, si elle veut le savoir, elle devra s'adresser directement à vous. »

On peut, face à ces attitudes de restriction et de menace, imaginer bien d'autres formes d'interventions; le plus important est d'éviter d'accepter de participer à une conspiration du silence.

D'autres patients tenteront d'interdire au thérapeute de voir les membres de la famille dont il estime l'implication fondamentale pour la résolution du problème. Un cas très courant, c'est celui du patient qui, après s'être plaint de son conjoint, interdit ensuite au thérapeute de le voir. Plutôt que d'accepter ce refus et de poursuivre le traitement, ou bien de questionner longuement un tel patient sur la motivation de son refus, ou encore de le presser de donner son assentiment, le thérapeute peut simplement reconnaître le désir du patient. Puis il lui fera observer que, si légitime que soit son refus, la participation de son conjoint est néanmoins importante et que, par son attitude, il diminue ses chances de voir son problème résolu : « Rome ne s'est pas bâtie en un jour, donc rien ne presse. Nous nous débrouillerons simplement de notre mieux en nous passant de la participation de votre mari. » Par cette intervention, le thérapeute fera pression sur la patiente – notamment lorsque, comme prévu, le traitement s'ensablera dans d'infructueux méandres. Mais d'autres occasions de faire utilement pression sur le patient peuvent se présenter. Le thérapeute peut, par exemple, chaque fois ou presque qu'une telle cliente fait allusion à son mari, lui proposer une heure de rendez-vous, en lui disant : « Avant d'avoir vu votre mari, je ne vois vraiment pas ce que je pourrais faire. » Il pourrait également espacer davantage les séances, en présentant à la patiente le raisonnement suivant : « La forte résistance que vous opposez à une éventuelle visite de votre mari pourrait être un indice solide de ce que vous ne devriez pas résoudre votre problème trop vite. Il se peut que votre inconscient soit en train de nous dire quelque chose à quoi nous devrions faire très attention. » Lorsque toutes ses manœuvres auront échoué, le thérapeute pourra aller jusqu'à menacer d'arrêter le traitement.

Un obstacle plus sérieux, c'est le cas du patient qui, à chaque remarque ou question du thérapeute, répond par une tentative d'intimidation. Interrogé sur les raisons de sa violence, ce type de patient se justifiera généralement en soutenant, non seulement qu'il a le droit d'exprimer pleinement ses sentiments, mais encore que cela lui est nécessaire pour venir à bout de son problème. Le thérapeute ne saurait accepter de tels arguments : le ferait-il, il en arriverait, de peur que toute question ou observation « injustifiées » de sa part provoque chez son client une colère violente, à surveiller de plus en plus ses propos. Il est évident que, dans de telles conditions, le traitement ne saurait se poursuivre de manière constructive. Le thérapeute doit absolument faire comprendre à un tel patient que toute poursuite de ses tentatives d'intimidation entraînerait l'arrêt du traitement. Son intervention pourra être très simple, par exemple : « Si vous continuez à tenter de m'impressionner avec vos bouffées de colère, je devrai mettre fin au traitement. » Ce genre de patient n'aura pas le sentiment d'être en train d'intimider le thérapeute : fort de sa croyance en la légitimité de ses manifestations, il verra les remarques du thérapeute comme une forme de tracasserie (« Pourquoi êtes-vous toujours si critique envers moi ? »). Tout ultimatum direct ne l'incitera donc qu'à pousser de nouveaux hurlements outragés, mais il existe pourtant une parade à ce genre d'attitude, susceptible d'accroître la collaboration du patient : elle consiste pour le thérapeute à lancer son ultimatum en se plaçant dans une position d'« infériorité », en déclarant par exemple : « Il y a quelque chose que vous devez savoir sur moi, et je pense que c'est fondamental, car il se pourrait que je ne sois pas le thérapeute qu'il vous faut. Je sais bien qu'il est important de pouvoir exprimer ses sentiments, et j'essaie d'en tenir compte avec tous mes patients. Pourtant, je suis très limité : je ne peux supporter les sentiments qui se manifestent trop violemment. Donc, quand vous élevez la voix et criez, cela dépasse mes capacités de manœuvre. Tout ce qui se passe alors, c'est, hélas, que je suis pétrifié et, quand je suis pétrifié, je ne suis plus bon à rien. S'il est pour vous à ce point important d'exprimer vos sentiments d'une manière si intense, vous risquez, en travaillant avec un thérapeute qui ne peut s'empêcher d'être paralysé par vos manifestations, de perdre votre temps et votre argent. Si vous voulez malgré tout travailler avec moi, il faudra que vous compreniez que les manifestations de vos sentiments doivent être moins intenses. Je sais que c'est regrettable, mais je suis comme ça. »

L'exemple qui suit illustre encore une autre manière d'attirer l'attention du patient sur ses manifestations de colère; le thérapeute s'est placé, là encore, dans une position d'infériorité :

LE PATIENT : [Mon thérapeute précédent] me demandait toujours de cesser de me mettre en colère, car il trouvait que ça le gênait dans sa pratique. Je veux dire qu'il me disait : « Vous savez, parfois votre colère est si écrasante que je ne peux rien faire – je n'arrive pas à penser clairement. Ce que je me dis, c'est qu'il faut peut-être que je me défende. »

LE THÉRAPEUTE : Je vais vous faire une remarque, et ce sera le dernier point que j'aborderai avec vous avant de passer à autre chose. La semaine dernière, vous m'avez dit : « Bon, je suis colérique, mais, aujourd'hui, je ne suis pas en colère. » J'ai fait l'expérience de la colère et me suis trouvé... Vous savez, peut-être ne faisais-je pas attention à cela, mais c'était comme si, intérieurement, je me faisais tout petit devant vous. Et, quand je me comportais ainsi, je me mettais à prendre des gants avec vous, comme si vous étiez une porcelaine fragile. Or mes collègues m'ont signalé qu'en un sens, en agissant ainsi, je vous laisse prendre le gouvernail.

LE PATIENT : Je suis d'accord, et donc la seule façon dont je peux...

LE THÉRAPEUTE : Parce que, si je me comporte ainsi, je ne m'attaque pas aux problèmes auxquels il faut que je m'attaque. J'ai donc décidé que, quitte à me tromper, je préfère encore me tromper en y allant trop fort avec vous qu'en permettant à ce sentiment de s'emparer de moi : je ne veux pas devenir trop passif par rapport à vous ni vous manier trop doucement. C'est d'accord ?

LE PATIENT : Oui, là-dessus, je suis d'accord.

Il y a un autre type de limitation par intimidation, qui est peut-être l'un des plus paralysants : la menace d'agression physique. C'est avec les individus étiquetés comme « paranoïdes » que le thérapeute risquera le plus d'être confronté à une telle menace, d'autant plus intimidante qu'elle sera implicite. Le patient ne menacera pas ouvertement; il se mettra plutôt, sans aucune explication, à s'agiter, se lèvera de sa chaise, fera les cent pas et donnera des coups de poing contre le mur ou la table. Ou alors, avec un calme plus effrayant encore, il proférera des menaces voilées : « Vous savez ce que j'ai envie de faire à l'instant ? » Lorsque de telles menaces suivront telle ou telle de ses interventions, le thérapeute effrayé risquera de se mettre à surveiller ses paroles et ses gestes. La tension pourra lui embrouiller les idées de bien des manières. Une telle situation est donc thérapeutiquement intenable et, en outre, potentiellement dangereuse. Le thérapeute devra absolument intervenir pour établir un contexte de traitement non intimidant.

Tout comme le patient coléreux, ce type de patient a besoin d'être informé que, s'il poursuivait ses menaces et ses tentatives d'intimidation, cela entraînerait l'arrêt du traitement. Mais, ici, le thérapeute devra explicitement signifier au patient qu'il réussit à l'intimider. A notre sens, dans ce type de situation, l'erreur la plus courante est de cacher sa peur. Si le thérapeute évite d'aborder le sujet et ne reconnaît pas être bel et bien intimidé, le patient volontairement menaçant verra dans l'attitude calculée du thérapeute la preuve que ses menaces ont réussi. D'autre part, lorsque les menaces seront l'expression d'une position de défense passive (lorsque le patient combattra non comme un lion mais comme un animal acculé), l'impassibilité muette du thérapeute, dans la mesure où elle sera probablement interprétée comme marquant sa désapprobation ou son désintérêt, risquera fort d'ancrer encore plus le patient dans son attitude. Dans chacun de ces cas, c'est en reconnaissant, calmement mais fermement, que le patient réussit effectivement à l'intimider que le thérapeute risquera le moins de commettre une erreur : « La vérité, c'est que, quand vous me regardez fixement et grognez, ou quand vous bondissez soudain de votre chaise et marchez de long en large, vous me faites une peur de tous les diables. Et, quand on me fait peur, je n'arrive pas à penser convenablement. Or, si je ne peux penser convenablement, je ne peux vous servir à rien. Je sais que ça peut vous sembler drôle, mais, pour que je puisse vous aider, il va falloir que vous me donniez vous aussi un coup de main. » Selon la réaction du patient, le thérapeute pourra en rester là ou, si nécessaire, menacer explicitement le patient d'arrêter le traitement.

Nous avons traité de ces quatre types de limitations que les patients peuvent tenter d'imposer à la marge de manœuvre du thérapeute parce qu'elles sont les plus fréquentes et les plus potentiellement perturbatrices; il en existe beaucoup d'autres, mais elles peuvent être traitées de la même manière.

3

Mise en place
de la scène du traitement

Ordinairement, on considère que la thérapie ne commence pas avant que le patient se présente au premier entretien, ou même plus tard si l'on estime que, les premières séances servant à établir le diagnostic, elles ne font pas partie du traitement proprement dit. On tient, en général, les transactions qui interviennent lors de la prise de contact qui précède le premier entretien pour des nécessités de routine. Nous pensons, pour notre part, que tout contact avec le client peut avoir des conséquences sur le traitement; donc qu'il est indispensable, quand on a le projet de pratiquer une thérapie efficace, de planifier toutes les étapes du traitement, et, en particulier, celle qui commence avant même que le client ait pour la première fois franchi le seuil de notre cabinet. A quelques exceptions près, la première prise de contact a lieu au téléphone, lorsque le client appelle pour prendre rendez-vous ou demander des informations sur le traitement. Ces contacts ne jouent pas dans tous les cas un rôle important. De temps à autre, pourtant, il arrive que la personne qui nous téléphone ait certaines exigences, ou tente de nous imposer certaines conditions, que nous ne saurions accepter sans risquer de voir se poser, dès la première séance ou dans la suite de la thérapie, des problèmes majeurs. Ce seront ces situations que nous décrirons dans ce chapitre, et nous montrerons comment y faire face.

Rendez-vous pour un tiers

Une personne peut appeler pour demander un rendez-vous pour une autre personne. Par exemple, un père peut téléphoner pour son fils : « Nous avons un fils de quinze ans qui nous a posé tout un tas de problèmes, et il a fini par reconnaître avoir besoin d'aide. J'ai cru comprendre que vous travaillez avec les adolescents, aussi je vous appelle pour prendre rendez-vous pour lui. Nous avons vraiment le sentiment que, puisqu'il ne peut pas parler avec nous, il a besoin de parler à quelqu'un. » Par ces quelques paroles, ce père indique clairement d'une part que, pour lui, c'est son fils qui est le « patient », d'autre part que c'est lui-même – ainsi que probablement sa femme – et non pas son fils qui est le plus gêné par le problème qui l'a conduit à téléphoner. En ce sens, le père et la mère sont donc les véritables plaignants. En règle générale, la personne qui, dans un système, est la plus gênée par un problème est aussi bien entendu celle qui s'engage le plus dans la recherche du changement. En conséquence, c'est aussi avec le plaignant qu'au cours du traitement on peut le mieux travailler.

Dans l'exemple que nous venons d'évoquer, il est probable que, si le thérapeute accédait à la demande du père et lui donnait un rendez-vous pour son fils, un certain nombre de difficultés surgiraient. Puisque, dans la meilleure hypothèse, sa motivation est très incertaine, le fils pourrait fort bien ne pas se rendre au rendez-vous; ou, s'il venait quand même, ne pas se montrer coopératif. Dans un cas comme dans l'autre, le traitement commencerait sur l'idée implicite que le fils serait soigné pendant que ses parents attendraient passivement sa « guérison », exactement comme on peut amener chez un réparateur un poste de télévision défectueux et aller le chercher une fois qu'il est réparé. Certes, le thérapeute pourrait demander plus tard aux parents de participer aux séances, mais la procédure serait plus risquée. Les parents auraient été autorisés à se représenter le problème de leur fils et son traitement comme quelque chose qui ne les concerne pas; ils pourraient considérer toute demande de participer à la thérapie comme le signe de l'échec du thérapeute à « atteindre » leur fils.

Plutôt que d'accéder à sa demande, ce qui aboutirait à réduire par là même sa propre marge de manœuvre pour la suite du traitement, le thérapeute peut proposer au père une autre solution :

LE THÉRAPEUTE : Oui, je travaille bien sur les problèmes de l'adolescence, mais, avant de vous proposer un rendez-vous, permettez-moi d'abord de vous poser une question : voir un psychothérapeute, jusqu'à quel point cela intéresse-t-il vraiment votre fils ?

LE PÈRE : Eh bien, cela fait déjà quelque temps que nous l'y encourageons et, jusqu'à hier soir, il était réticent. On s'est d'abord bien engueulés, puis on a eu une longue conversation et, maintenant, je crois qu'il a fini par comprendre. Il nous a dit que, si nous téléphonions, il pourrait accepter de voir quelqu'un.

LE THÉRAPEUTE : Bien. Dans la mesure où sa motivation est assez incertaine, je pense qu'à long terme nous gagnerions beaucoup de temps si je pouvais d'abord avoir l'occasion de vous rencontrer, vous et votre femme, au moins la première fois. Je pourrais ainsi me faire une petite idée de certains antécédents qu'il me faut absolument connaître pour pouvoir aider votre fils; mais, plus encore, je pourrais découvrir comment arriver à le motiver davantage, non seulement pour le faire venir ici mais aussi pour tirer le meilleur parti de toute séance éventuelle.

Au cas où le père accepterait cette proposition, le thérapeute pourrait commencer le traitement dans des conditions différentes, bien plus favorables. Les parents auraient implicitement consenti à démarrer le traitement, à consulter un thérapeute au sujet de leur fils et à prendre dans ce traitement un rôle actif, ce qui aurait également pour effet de renforcer leur autorité dans leur famille. Enfin, il serait plus facile de les faire participer à d'autres séances.

Si le père n'était pas d'accord, que pourrait faire le thérapeute? (Si le père disait par exemple : « Je peux comprendre votre désir de nous parler, à moi et à ma femme, mais nous éprouvons vraiment le besoin de battre le fer pendant qu'il est chaud. Il nous a fallu tant de temps pour simplement l'amener à nous faire cette concession que nous craignons, en ne saisissant pas cette occasion, de ne plus pouvoir le faire venir. ») Inutile, dans ce cas, que le thérapeute insiste pour que les parents viennent sans leur fils. Il peut aussi bien arriver à ses fins en ayant l'air d'acquiescer : « Très bien. Cela vaut peut-être mieux ainsi. Emmenez-le donc avec vous. Il est peut-être préférable que, la première fois, je vous reçoive tous en même temps. Mais, puisque vous m'avez fait comprendre à quel point votre fils est faiblement motivé, si, à la dernière minute, il refusait de venir, ne vous mettez pas dans tous vos états. Le cas échéant, n'en faites pas un problème : vous et votre femme, allez de l'avant sans lui! Il a peut-être besoin de savoir que vous vous inquiétez pour lui, et c'est bien ce que lui montrerait votre démarche d'ouvrir à sa place la porte du traitement. » Dans un cas comme dans l'autre, le traitement aura commencé sur la base du même cadrage – les parents viendront sans leur fils, comme le thérapeute le leur avait d'abord proposé, ou ils viendront avec lui, en tant que parents concernés.

Et si le père s'entêtait à exiger que le thérapeute voie son fils seul? (« Non, il a réellement besoin de pouvoir se confier à quelqu'un. Par notre présence, nous ne ferions que le gêner. Si vous pensez que c'est vraiment nécessaire, nous pourrions toujours venir plus tard. ») Là encore, inutile que le thérapeute se complique la tâche. Un principe de base de la marge de manœuvre, c'est de savoir prendre son temps. Il n'est pas nécessaire que tout soit résolu tout de suite, et le temps est du côté du thérapeute. Il pourrait donc très bien accéder à la demande du père, mais en le rendant alors responsable du résultat : « Très bien. Je comprends vos sentiments et serais heureux de lui fixer un rendez-vous. Néanmoins, je vous préviens : quand un garçon est aussi faiblement motivé que je déduis que votre fils l'est, il est rare que cela marche bien. Je me fierai à votre jugement, et j'espère qu'il saisira vraiment l'occasion de se faire aider. Je serais ravi que ce soit le cas. Mais, au cas où je m'apercevrais qu'il ne met aucune bonne volonté, perd son temps et vous fait perdre votre argent, je manquerais à tous mes devoirs si je vous laissais ignorer qu'alors, il serait indispensable que je vous rencontre, vous et votre femme. De toute façon, pour le moment, ne vous préoccupez pas de ça. Laissez-moi d'abord le rencontrer, et je verrai bien comment ça marche. » Si, contre toute attente, le fils s'avérait coopérer au traitement, tant mieux. Si, comme tout porte à le croire, il opposait une vive résistance, le thérapeute serait néanmoins en bonne position pour manœuvrer dans la mesure où, le comportement de leur fils montrant aux parents qu'il avait vu juste, il pourrait dès lors les amener encore plus facilement à coopérer.

Ces exemples mettent en lumière une facette des problèmes du prétraitement : qui faut-il voir lors du premier entretien, notamment lorsque la personne qui appelle n'est pas le « patient »? Les tactiques décrites plus haut peuvent être appliquées quand un père ou une mère téléphone pour un enfant, des enfants adultes pour un parent âgé, ou un époux pour son conjoint. Cette règle souffre cependant quelques exceptions : en particulier, quand un conjoint appelle pour l'autre, mais sur son ordre et pour de simples raisons de commodité (« Mon mari m'a demandé de prendre rendez-vous pour la semaine prochaine. Il aurait bien appelé, mais il a dû inopinément quitter la ville cette semaine. »)

Informations venant du thérapeute précédent

Une autre situation type, c'est le cas de la personne qui, nous appelant pour nous dire qu'elle aimerait prendre rendez-vous, nous propose de contacter le thérapeute qui la voyait auparavant pour obtenir des informations sur un traitement antérieur; ou même nous suggère de prendre ces renseignements et de les examiner *avant* sa première visite : « J'ai été en traitement avec le docteur X pendant trois ans, mais je viens d'arriver dans le coin et je sens que j'ai besoin de continuer ma thérapie. Je voudrais savoir si je pourrais venir vous voir, mais je pense qu'avant que je vienne, vous devriez contacter le docteur X et lui demander mon dossier. Il me connaît très bien et je crois que, si vous preniez ces renseignements, cela vous aiderait à comprendre mon problème. » Une telle demande laisse entendre que la patiente suppose que sa thérapie sera une simple continuation du traitement précédent et que les deux thérapeutes travaillent de la même manière et partagent les mêmes vues.

Le thérapeute risquerait, en accédant à cette demande, de confirmer la patiente dans ses *a priori,* ce qui laisserait le traitement s'engager sur une base très problématique. D'une part, en consultant les dossiers de l'ex-thérapeute de cette patiente pour se renseigner sur elle, il s'alignerait implicitement sur ce premier thérapeute. S'avérerait-il que la patiente en veut à son ancien thérapeute, éprouve à son égard un ressentiment qui n'apparaissait pas dans son coup de fil, il aurait beaucoup plus de mal à se dissocier plus tard de ce précédent thérapeute. Accéder à la demande de cette patiente impliquerait d'autre part que la « comprendre » pourrait être le fait des autres peut-être plus que le sien propre, ce qui pourrait l'inciter à prendre dans le traitement un rôle passif et la dégager de l'obligation d'être claire avec lui : « Le docteur X ne vous a pas expliqué ça ? Je ne vois pas pourquoi il faudrait que nous revoyions tout cela à nouveau. » La patiente serait enfin moins préparée aux différences d'approches pouvant exister entre les deux thérapeutes : « Je sais que je suis censée vous raconter mes rêves. » De telles différences sont pourtant souhaitables, puisque, après trois années de traitement, le problème de cette patiente n'avait pas été résolu.

Le thérapeute peut éviter ces pièges potentiels en engageant le traitement sur une autre base : « J'aimerais bien connaître les idées du docteur X sur votre précédent traitement, car elles pourraient m'être utiles. Mais je me suis aperçu que, pour faire bon usage de ce genre d'informations, je dois d'abord commencer par m'asseoir avec le patient, de manière à me faire moi-même une idée des dernières données du problème. Par conséquent, je serais heureux que le docteur X me fasse part de ses observations et de ses pensées, mais seulement *après* vous avoir vue. »

Thérapie par téléphone

Certains patients ayant déjà suivi un traitement (et notamment lorsque ce traitement aura particulièrement mis l'accent sur le rapport au thérapeute et l'aspect de « soutien » de la thérapie) tentent parfois de commencer leur nouvelle thérapie au cours même du coup de téléphone qu'ils nous passent pour prendre rendez-vous :

LA PATIENTE : J'aimerais, si vous acceptez de nouveaux patients, avoir un rendez-vous. C'est le docteur X qui m'a donné votre nom, et il m'a parlé de vous dans les termes les plus élogieux. J'ignore de quelles informations vous avez besoin dès maintenant, mais il y a un certain nombre de choses qu'il faudrait que vous sachiez. J'ai des épisodes de dépression depuis le lycée, mais, jusqu'à récemment, je ne savais pas que c'étaient des expressions de mon hostilité envers les hommes. Et, voyez-vous, c'est bien le problème, parce que j'ai un mari qui est très dominateur, et j'ai très peur, au cas où je ne trouverais pas de solution, de retomber dans un état dépressif. Je sais que je dois être au bord de la dépression; j'ai grossi, et je viens d'apprendre que ma tension artérielle est élevée. Est-il possible que tout cela s'explique chez moi inconsciemment, parce que j'en voudrais au docteur Y? C'est mon médecin traitant et, naturellement, c'est une figure d'autorité.

Ici, la patiente invite le thérapeute à commenter ce qu'elle vient de lui rapporter. Elle s'exprime d'une manière si confuse et si vague que le thérapeute pourrait être tenté de lui demander d'éclaircir ce qu'elle vient de dire, ou de préciser simplement quel est, actuellement, son problème majeur. Il pourrait même se laisser aller à faire quelque observation sur la question que lui a posée la patiente – lui dire, par exemple, qu'il se pourrait bien que son hypothèse soit juste. Mais répondre à ce matériel serait de sa part laisser entendre, alors que le but initial du coup de fil était de prendre rendez-vous, qu'il est possible de mener une psychothérapie par téléphone. Le thérapeute risquerait alors de cadrer la thérapie comme une sorte de discussion informelle, pouvant être conduite de façon impersonnelle, et comme une transaction dont la patiente pourrait déterminer le rythme et le tempo rien qu'en décrochant son téléphone – cela alors que, pour la patiente, entrer en traitement devrait au contraire signifier se mettre au travail et s'orienter vers l'exécution de tâches précises, en suivant un programme établi par le thérapeute.

De la part de la patiente, nous ne voyons pas nécessairement ce genre d'invite comme une tentative de manipulation. Pour nous, son attitude est la résultante de son précédent traitement, qui l'a habituée à pouvoir discuter avec son thérapeute à toute heure du jour ou de la nuit. Nous estimons donc que cette patiente doit être aidée à se réadapter à la différence des rôles et des fonctions qui, en thérapie, sont ceux du patient et du thérapeute. Ici, le thérapeute doit faire comprendre à sa correspondante que, les séances de thérapie, ce n'est pas pareil que la vie à l'extérieur et que, faire une thérapie, cela consiste à s'associer pour mener à bien le travail qu'exige la résolution d'un problème, ce qui, tant pour le patient que pour le thérapeute, implique un processus actif et non un simple « bavardage ». Le thérapeute pourrait faire passer ce message ainsi :

> LE THÉRAPEUTE *(poliment mais fermement)* : Permettez-moi de vous interrompre. Il se peut que ce que vous êtes en train de me dire soit tout à fait important. Le problème, c'est que, quand on me donne par téléphone des informations importantes et complexes, j'ai du mal à les assimiler et à les traiter comme il se doit. Je vous propose donc d'aller de l'avant et de prendre rendez-vous. Ainsi, quand vous viendrez, je pourrai donner aux informations dont vous me ferez part toute l'attention qu'elles méritent.

Réagir de cette façon à un coup de fil comme celui-ci peut faire gagner un temps considérable. Et une telle intervention prépare également le patient à ne pas tenter de diriger ultérieurement la thérapie par téléphone.

Demandes de consultation familiale

Puisque la thérapie familiale a grandi au point de devenir un mouvement considérable et a pénétré la conscience publique, il arrive aux thérapeutes de recevoir des coups de fil au cours desquels il leur est demandé de rencontrer toute la famille – soit que la personne qui appelle nous ait été adressée par quelqu'un qui lui a recommandé une « thérapie familiale », soit qu'elle estime elle-même qu'une consultation familiale est nécessaire. Il nous est déjà arrivé, par exemple, de recevoir d'un père de famille ce type d'appel : « Notre famille a eu un tas d'ennuis, et je pense que nous avons tous besoin de venir ici en consultation. Il nous faut surtout apprendre à mieux communiquer, et donc je me demandais si nous pourrions avoir un rendez-vous. »

Si le thérapeute acceptait cette demande de séance familiale, bien des problèmes risqueraient de se poser. D'abord, dans la mesure où il justifierait ainsi implicitement une thérapie menée conjointement avec la famille comme la bonne approche, une approche susceptible de conduire à la résolution du problème, il réduirait sa marge de manœuvre dans l'hypothèse où il aurait par la suite le sentiment que quelque autre technique serait plus indiquée. D'autre part, une telle séance pourrait fort bien ne se solder que par une perte de temps au cas où il s'avérerait inutile d'obtenir des informations de la famille tout entière. Le thérapeute pourrait également, en procédant ainsi, rencontrer des difficultés à mettre au jour le problème ou l'objet de la plainte : d'une part à cause de la pluralité des informations auxquelles le thérapeute est confronté quand il reçoit plusieurs personnes; d'autre part et surtout parce que le choix de ce format [1] thérapeutique rétrécit ce qui peut être légitimé comme objet du traitement aux dimensions de ce que la famille *en général* est à même de considérer comme étant le problème. Ce type de séance peut, par exemple, en obligeant le patient à formuler ce dont il se plaint en termes généraux, en le contraignant à se servir du pronom « nous », lui rendre beaucoup plus difficile de dire ce qui, précisément, le tracasse : « Nous ne communiquons pas comme une famille », ou « Nous n'avons pas l'impression d'être une famille unie ». En outre, lorsque le véritable objet de la plainte du patient est d'ordre conjugal – et surtout si sa difficulté est d'abord d'ordre sexuel –, une séance familiale peut s'avérer particulièrement mal adaptée et n'apporter aucune information. De même, quand la plainte porte sur la conduite de l'un des enfants, le contexte qu'entraîne la présence de la famille rend plus difficile au père de préciser lequel des enfants lui donne particulièrement du souci et, concrètement, ce qui chez cet enfant le tracasse. Après tout, beaucoup de gens trouvent que ce n'est pas dans un rassemblement familial qu'il convient, devant tout le monde, de faire des reproches à tel ou tel.

Le thérapeute peut éviter ces difficultés en posant au père, dès son premier coup de fil, la question : « Quel est le problème *majeur* qui vous inquiète? » S'il n'obtient qu'une réponse vague, il peut formuler plus directement sa question : « Êtes-vous avant tout inquiet pour vous-même, pour votre couple, ou pour un ou plusieurs de vos enfants? » Si le correspondant mentionne l'un ou l'autre des deux premiers domaines, le thérapeute peut alors lui suggérer de ne venir, au moins pour le premier entretien, qu'accompagné de sa femme. Si la plainte du père concerne un ou plusieurs de ses enfants, le thérapeute peut lui proposer soit

---

1. *Format (NdT).*

de ne venir qu'accompagné de sa femme, soit de n'emmener avec eux que l'enfant ou les enfants qui les préoccupent.

Nous sommes bien conscients qu'une telle pratique n'est pas dans la ligne de la thérapie familiale conventionnelle. L'un des axiomes fondamentaux de beaucoup de thérapies familiales conventionnelles, c'est que, dans la mesure où les symptômes d'un enfant sont l'expression de quelque défaut de base dans la structure ou l'organisation de l'unité familiale, exclure les autres enfants revient à identifier cet enfant comme le patient plutôt que comme celui qui porte les symptômes de la famille. Nous avons, quant à nous, des prémisses différentes, et par conséquent une pratique différente. D'abord, nous ne considérons pas que, chez un enfant, tout comportement problématique s'explique nécessairement ou essentiellement par des problèmes plus profonds qui existeraient dans le système familial; nous voyons plutôt un tel comportement comme le résultat des « solutions » essayées par les parents pour parvenir à contrôler ou aider leur enfant. Et nous soupçonnerions également ici l'idée de convoquer la famille en assemblée d'être une nouvelle forme de ce type de « solution ». D'autre part, si des parents s'inquiètent pour leur enfant – ou même s'il leur casse tout simplement les pieds –, le problème sera plus facile à traiter si cette situation est explicitée que si elle est tenue cachée ou dissimulée. Donc, pour nous, la question n'est pas de savoir si faire venir l'enfant seul revient à le « dénoncer » en tant que patient, mais que, à partir du moment où il est déjà « dénoncé », mieux vaut qu'une telle situation soit déclarée que dissimulée. La première fois que le thérapeute recevra les parents, il pourra obtenir des données supplémentaires qui l'aideront à décider qui il verra la séance suivante, et à déterminer comment cadrer le traitement de manière à pouvoir, lorsqu'il s'agira de prendre les décisions pour les séances ultérieures, garder toute sa marge de manœuvre face aux parents.

Demandes de traitement précis

Il arrive aussi que certains patients demandent que leur traitement se passe selon des modalités bien particulières : « Ce qu'il me faut, c'est l'hypnose »; « Je recherche un traitement à long terme »; « J'aurai besoin de médicaments. » Dans une large mesure, ces demandes peuvent être traitées de la même façon que les demandes de consultation familiale. Même s'il utilise certaines techniques thérapeutiques telles que l'hypnose et les médicaments, le thérapeute doit, de toute façon, mettre en place la scène du traitement de façon à conserver sa marge de manœuvre et pouvoir prendre, à mesure que le traitement progressera, toutes les décisions qu'il estimera nécessaires. A la personne qui l'appelle pour lui demander des séances d'hypnose, le thérapeute peut donc répondre qu'il utilise effectivement l'hypnose, mais seulement quand c'est la meilleure approche pour résoudre un problème; et que, par conséquent, il ne peut prendre une telle décision par téléphone, mais uniquement après un entretien en face à face. Procéder ainsi permet d'attirer l'attention du patient sur le fait qu'accepter de le rencontrer ne revient pas à lui promettre implicitement d'employer l'hypnose.

Si le correspondant demande une forme de thérapie que le thérapeute ne pratique pas – par exemple la thérapie psychanalytique –, il ne faut pas y aller par quatre chemins. Mieux vaut dans ce cas répondre sans détour : « Je regrette, mais je n'utilise pas la psychanalyse dans mon travail. Si vous recherchez précisément ce type de traitement, je peux vous proposer des noms de thérapeutes qui pratiquent l'analyse. Si, malgré tout, ce qui vous intéresse au premier chef, c'est de résoudre quelque problème précis, même si cela n'implique ni ne nécessite l'analyse, je suis prêt à vous rencontrer. » Lorsque la personne qui téléphone sera décidée à suivre un traitement psychanalytique, elle n'ira pas plus loin. Mais, si elle n'y tient pas particulièrement et s'avère suffisamment intéressée par la perspective de résoudre un problème donné, la décision qu'elle pourra prendre de travailler avec le thérapeute signifiera que c'est bien au thérapeute qu'il appartient de guider le traitement dans sa forme comme dans son déroulement.

Problèmes liés à la fixation du rendez-vous

Certaines personnes essaieront parfois d'imposer des conditions quant à l'heure et la date de leur rendez-vous :

LE CORRESPONDANT : J'aimerais prendre rendez-vous pour moi, et je me demande si, aujourd'hui, ce serait possible.
LE THÉRAPEUTE : Je regrette, mais, aujourd'hui, je n'ai pas de place. Vous allez très mal?
LE CORRESPONDANT : Non. C'est un vieux problème. L'ennui, c'est que, dans mon travail, je ne sais jamais quand je pourrai me libérer et, aujourd'hui, je me suis aperçu que j'étais libre. J'espérais donc que vous pourriez me recevoir.

Même si le thérapeute voulait bien « trouver une petite place » pour cette personne – à l'heure du déjeuner ou dans la soirée –, il accepterait alors un arrangement aux termes duquel les horaires et la fréquence des séances dépendraient entièrement de la volonté du patient; pis encore, ce type d'arrangement interdirait toute planification du traitement. Les tâches de rassembler les données requises, de déterminer le centre du traitement, de donner du travail à faire à la maison et d'évaluer l'impact de ce travail, tout cela se ferait au petit bonheur la chance, puisque le thérapeute ne pourrait jamais prévoir quand le patient reviendrait. Il ne serait pas dans l'intérêt du patient de s'embarquer dans une aventure aussi hasardeuse. Au cas où son travail lui imposerait vraiment les contraintes qu'il dit, mieux vaudrait pour lui apprendre à vivre avec son problème, ou alors qu'il trouve quelque moyen de réorganiser ses horaires de travail de façon à pouvoir prévoir les séances d'un traitement. Les horaires de travail sont rarement aussi contraignants que ce patient le laisse entendre. Le plus souvent, de telles restrictions viennent de la personne elle-même qui appelle, et peuvent faire partie intégrante du problème même pour lequel elle nous demande notre aide. Le thérapeute doit donc laisser clairement entendre qu'il ne commencera pas un traitement sur ces bases : « Je regrette de ne pas pouvoir vous donner satisfaction pour aujourd'hui. Il m'arrive parfois de pouvoir voir les gens très vite, vous pouvez m'appeler encore, au cas où j'aurais du temps, mais je pense qu'il serait honnête que je vous signale que, si vous espérez travailler sur un problème sans jamais pouvoir prévoir un programme de rendez-vous, vous posez des conditions presque impossibles. » Même si le thérapeute finissait par recevoir ce patient, celui-ci aurait été obligé, pour commencer son traitement, de trouver une solution à son problème d'horaires.

Comme autre variante de ce problème, on peut citer le cas de la personne qui, appelant pour prendre rendez-vous, nous signale qu'elle ne peut venir qu'une fois par mois. Ici encore, le thérapeute peut répondre que, bien que certains problèmes puissent être résolus dans le cadre de ce rythme de séances, beaucoup d'autres exigent une plus grande souplesse en matière d'horaires. Si c'est un problème financier, une solution de rechange peut être proposée au correspondant : qu'il rencontre le thérapeute une fois par semaine jusqu'à concurrence d'un nombre déterminé de séances (de l'ordre à peu près de cinq à dix séances) et arrête le traitement à la fin du nombre de séances convenu, même si son problème n'est pas résolu. S'il s'avérait nécessaire de prolonger le traitement, le patient suspendrait ses séances pendant deux ou trois mois, après quoi il pourrait se réengager pour un autre nombre de séances déterminé, et ainsi de suite. Notre expérience nous a enseigné que beaucoup de patients qui dressent de semblables obstacles acceptent d'entrer en traitement sur une base ainsi redéfinie.

Demandes d'informations

Parfois aussi, la personne qui nous téléphone déclare que, bien que recherchant sérieusement de l'aide, elle désire d'abord obtenir quelque information sur le thérapeute et le traitement. Les questions les plus fréquentes en ce domaine sont : « Êtes-vous psychologue, psychiatre ou travailleur social? » « Quels sont vos tarifs? » « Quelle est votre approche thérapeutique, votre principale orientation? » « A quelle heure puis-je avoir un rendez-vous, tard dans la soirée [ou très tôt le matin]? » « Êtes-vous conventionné? » Le thérapeute n'a aucun moyen de savoir si de telles questions s'expliquent par l'ambivalence des motivations de la personne qui l'appelle, ou si ces demandes d'informations reposent au contraire sur des motifs valables. Par conséquent, même si certains thérapeutes ayant certaines orientations n'aiment pas beaucoup ces questions pratiques et tranchantes, nous donnerions à un tel correspondant le bénéfice du doute, du moins au début, et lui répondrions immédiatement et succinctement. S'il cherche simplement à s'informer et décide finalement de voir le thérapeute, le traitement aura bien commencé : en répondant aussi directement à ces questions, le thérapeute aura très utilement donné un aspect de « mise au travail » à l'échange d'informations – y compris aux informations délicates que le patient se verra ensuite demander de donner sur lui-même. Quand, d'autre part, à l'occasion de ce premier coup de fil, la personne qui téléphone semblera insatisfaite des réponses qui lui auront été données et se mettra à poser d'autres questions moins spécifiques, le thérapeute pourra mettre fin à la communication aussi vite et aussi courtoisement qu'il le désire.

Au risque de nous répéter, nous illustrerons maintenant plusieurs des points clés de ce chapitre à l'aide de deux exemples de communications téléphoniques fictives. Dans le premier exemple, la correspondante, qui nous appelle pour une thérapie de couple, part du principe que son mari doit assister à la première séance, même s'il lui faut pour cela l'amener « en lui tordant le bras ».

LE THÉRAPEUTE : Allô.
LA PATIENTE : Allô, c'est le docteur French?
LE THÉRAPEUTE : Oui, c'est le docteur French.
LA PATIENTE : Bonjour. C'est Mme Cooper à l'appareil. Vous m'avez été recommandé par de bons amis à nous qui vous ont vu il y a quelques années de cela, et je voulais simplement m'assurer... Êtes-vous conseiller conjugal?
LE THÉRAPEUTE : Oui, excusez-moi une seconde... pourriez-vous parler un peu plus fort? Il y a du bruit à l'extérieur de mon cabinet, et je n'ai même pas entendu votre nom.
LA PATIENTE : Je suis Mme Cooper, et vous m'avez été recommandé par des amis à moi qui vous ont vu il y a quelques années. Êtes-vous conseiller conjugal?
LE THÉRAPEUTE : Eh bien, je travaille, vous savez, je travaille sur les problèmes du couple, mais je ne suis pas conseiller conjugal; je suis psychiatre, et donc... Je pourrai vous expliquer la différence plus tard, quand nous nous rencontrerons.
LA PATIENTE : D'accord, mais travaillez-vous sur les problèmes conjugaux?
LE THÉRAPEUTE : Oui.

LA PATIENTE : Eh bien, mon mari et moi, nous aimerions prendre rendez-vous pour venir vous voir.

LE THÉRAPEUTE : Permettez-moi de vous poser une question : Jusqu'à quel point votre mari est-il intéressé par cette idée de voir un conseiller ou un thérapeute ?

LA PATIENTE : Eh bien, nous avons vu il y a quelques années de cela un conseiller conjugal, et ça ne marchait pas très bien. Mais simplement parce que mon mari ne lui laissait aucune chance. Il n'est donc pas très impatient de venir ici. Mais, si vous me fixez un rendez-vous, je m'arrangerai pour le faire venir d'une façon ou d'une autre.

LE THÉRAPEUTE : Il faut que je vous dise quelque chose : je pense que cela nous ferait gagner beaucoup de temps si je pouvais avoir l'occasion – au moins pour la première séance – de vous recevoir seule, madame Cooper. Car, si votre mari a déjà eu une mauvaise expérience, si, une première fois déjà, il n'a pas fait ce qu'il fallait, cela pourrait bien recommencer. Par conséquent, si, au moins la première fois, je vous recevais seule, je pourrais me faire une idée plus claire de la manière dont je pourrais l'aider, compte tenu de la motivation qui est la sienne. Donc, avant tout, pourrions-nous convenir d'un rendez-vous, afin que j'aie l'occasion de vous rencontrer seule, au moins pour la première séance ?

LA PATIENTE : Alors, vous ne voudriez pas du tout voir mon mari ?

LE THÉRAPEUTE : Pas la première fois. Maintenant, si vous... J'aimerais que vous lui rapportiez que vous avez pris rendez-vous et que, sans vous expliquer pourquoi – du moins pas complètement –, j'ai voulu vous voir seule. S'il insiste pour venir, c'est d'accord. Mais, s'il garde cette répugnance que vos propos me laissent supposer, alors venez toute seule.

LA PATIENTE : D'accord, je crois que cela me va.

LE THÉRAPEUTE : Très bien. Et que diriez-vous de venir mardi, à deux heures ?

LA PATIENTE : Oui, ça irait.

LE THÉRAPEUTE : Parfait. Je serai heureux de vous voir.

Dans ce second exemple, un patient qui nous appelle pour prendre rendez-vous tente de décrire son problème par téléphone et d'obtenir une ordonnance pour des médicaments :

LE THÉRAPEUTE : Allô.

LE PATIENT : Allô, c'est le docteur French?

LE THÉRAPEUTE : C'est lui-même.

LE PATIENT : Je vous téléphone pour voir si je pourrais avoir un rendez-vous. Je viens d'arriver de Chicago, où j'ai fait une thérapie pendant quelque temps – pendant à peu près deux ans. Je voyais le docteur James. Vous le connaissez?

LE THÉRAPEUTE : Non, je regrette.

LE PATIENT : Eh bien, il m'a dit qu'il serait bon que je vienne vous voir quand je serais ici – je ne sais pas comment il a eu votre nom – et qu'il se mettrait en rapport avec vous pour vous faire savoir ce qu'il a fait avec moi. Vous avez peut-être déjà reçu sa lettre?

LE THÉRAPEUTE : Non, je n'ai rien reçu de lui. Et votre nom, monsieur, c'est comment?

LE PATIENT : Oh, mon nom, c'est Joe.

LE THÉRAPEUTE : Joe?

LE PATIENT : Joe Smith.

LE THÉRAPEUTE : D'accord, monsieur Smith. Non, je n'ai rien reçu de lui.

LE PATIENT : Ah, bon, il n'a probablement pas encore eu le temps de vous écrire. Je pensais que, à l'heure qu'il est, ce serait arrivé. De toute manière, cela fait deux ans que je souffre de ce problème et, comme je disais, j'ai été en thérapie avec lui. Et je me demandais si je pourrais venir vous voir.

LE THÉRAPEUTE : Donc j'en déduis que vous m'appelez pour prendre rendez-vous?

LE PATIENT : Oui, je pense que cela vaudrait sans doute mieux. Ce problème m'a cassé les pieds pendant longtemps, et j'aimerais... peut-être pourrais-je vous en dire un peu plus à ce sujet, afin qu'on puisse faire quelque chose avant de prendre rendez-vous.

LE THÉRAPEUTE : Bien, permettez-moi de vous interrompre. Je fais partie de ces gens qui ont des difficultés à assimiler par téléphone toute information essentielle; donc, si important que soit ce que vous voulez me dire – et je présume que ça l'est –, je ne pourrai l'apprécier à sa juste valeur que si je me trouve assis en face de vous. Je pense donc qu'il vaudrait beaucoup mieux que vous réserviez ce que vous avez à me dire pour quand nous nous rencontrerons.

LE PATIENT : Bon. Alors, je pense que j'aimerais voir si

vous pouvez me fixer un rendez-vous aussi vite que possible.

LE THÉRAPEUTE : D'accord. Le matin ou l'après-midi? Quel est votre emploi du temps?

LE PATIENT : Eh bien, le matin et l'après-midi, je travaille. Je préférerais venir le soir.

LE THÉRAPEUTE : Malheureusement, je ne reçois pas après quatre heures de l'après-midi. Je commence à huit heures et, vers cinq heures, j'ai atteint mes limites. Passé cette heure, je ne suis plus bon à grand-chose.

LE PATIENT : Alors, est-ce que je pourrais venir le week-end?

LE THÉRAPEUTE : Eh bien, je recommande d'habitude à mes patients de profiter de leurs week-ends, et... je ne veux pas être hypocrite; donc, à moins d'une urgence, je ne reçois pas le week-end. Je crains que nous ne devions nous limiter à un jour de semaine aux environs de huit heures ou pas plus tard que vers quatre heures. Si vous travaillez, le plus commode pour vous, cela devrait être en début ou en fin de journée. N'est-ce pas?

LE PATIENT : Oui, oui.

LE THÉRAPEUTE : Alors, laissez-moi consulter mon emploi du temps.

LE PATIENT : D'accord.

LE THÉRAPEUTE : Je pourrais vous donner rendez-vous soit mardi matin à huit heures, soit jeudi après-midi à quatre heures. Qu'est-ce qui, pour vous, serait le plus pratique?

LE PATIENT : Lundi, huit heures?

LE THÉRAPEUTE : Huit heures, mardi, ou quatre heures, jeudi.

LE PATIENT : D'accord; donc, je pourrais commencer la semaine prochaine?

LE THÉRAPEUTE : Oui, voyons-nous. Donc, nous disons la semaine prochaine, d'accord?

LE PATIENT : Et devrai-je téléphoner au docteur James pour voir s'il vous a envoyé ses notes?

LE THÉRAPEUTE : Vous pourriez le faire, mais je préfère obtenir les renseignements directement du patient avec lequel je vais travailler et n'avoir qu'ensuite les impressions d'autres personnes, comme les thérapeutes précédents. Je préférerais donc apprendre d'abord tous ces éléments directement de vous, parce que cela vous concerne, vous et votre problème.

Ce n'est qu'ensuite qu'il pourrait être précieux que j'aie également l'opinion de votre ancien thérapeute.

LE PATIENT : Bon. Je pense que c'est comme ça qu'il faut que je fasse, alors.

LE THÉRAPEUTE : D'accord. Je pense que vous avez mon adresse, donc sans entrer... Oh, je viens d'oublier... quel jour préféreriez-vous, le mardi à huit heures, ou le jeudi à quatre heures ?

LE PATIENT : Eh bien, en fait, je préférerais le mardi à huit heures.

LE THÉRAPEUTE : Très bien, alors fixons ce jour, et rencontrons-nous à cette date. Je serai heureux de vous rencontrer, et nous pourrons nous mettre au travail.

LE PATIENT : Je présume que, en vous voyant, j'aurai la possibilité de faire renouveler mon ordonnance pour les médicaments que je prenais avant.

LE THÉRAPEUTE : Je ne sais pas. Je pense que, avant de décider s'il convient ou non de vous donner des médicaments, il faut d'abord que je vous voie, de manière à me faire au moins une petite idée de votre problème. Vraiment, pour le moment, je n'en sais rien.

LE PATIENT : D'accord. Alors, on fait comme ça. Je vous verrai mardi.

4

Le premier entretien

Au cours du premier entretien, le principal objectif du thérapeute est de rassembler une information adéquate sur les éléments que, dans tous les cas, nous tenons pour fondamentaux : la nature de la plainte, la manière dont le problème a été affronté, les objectifs minimaux du client, sa position et son langage. Par information « adéquate », nous voulons dire une information claire et explicite, et formulée en termes de comportement – qui, plutôt que de consister simplement en des formulations générales ou des interprétations dans le genre de « Nous ne communiquons pas », « Johnny a une phobie scolaire » ou encore « Je manque de confiance en moi parce que ma mère ne s'est pas occupée de moi », décrive ce que des individus particuliers disent et font lorsqu'ils *vivent* le problème et tentent d'en venir à bout. Puisque c'est à partir des informations que nous recevons que nous planifions et exécutons nos interventions, il nous faut, pour mener à bien une thérapie rapide et efficace, commencer par obtenir une information adéquate. Acquérir cette information peut, certes, demander un temps, des efforts et une persévérance considérables, mais le jeu en vaut la chandelle. Il vaut bien mieux, au début, se hâter lentement que trop se presser d'intervenir activement – trop se presser de « faire quelque chose » – sans prendre le temps de comprendre et d'expliciter la nature du problème et la manière dont il a été affronté.

Comment obtenir une telle information? En général, il est préférable de commencer de façon simple, en demandant au patient : « Quel est le problème qui vous amène ici? » Nous voulons dire par là : quel problème *présent*? Même s'il peut être utile de savoir depuis combien de temps le problème existe et si le patient a déjà préalablement suivi un traitement – notamment parce que cela pourra influer sur ses espoirs présents –, nous

97

n'attachons que peu d'importance à l'histoire des problèmes. Par conséquent, lorsque le client nous paraîtra vouloir s'engager dans une longue explication historique, nous lui signalerons que nous nous intéressons avant tout aux données actuelles de son problème : « Pour une raison ou une autre, je comprends mieux quand on commence par m'expliquer les données actuelles de la situation, et quand seulement ensuite on remonte dans le temps, plutôt que l'inverse. » Puisque, de la part du thérapeute, ces paroles ne visent pas à dévaloriser l'importance de l'histoire passée, la plupart des patients accepteront ce type d'intervention. Quelques patients cependant tiendront absolument à fouiller leur passé. Plutôt que de se mettre à discuter avec eux, le mieux à faire alors pour le thérapeute sera d'écouter patiemment ces patients, en attendant le moment où ils voudront bien lui exposer clairement comment leur problème se manifeste dans le présent.

En plus de sa focalisation sur ce qui est présent ou actuel, notre enquête est centrée sur le principal *sujet de plainte* – ou les principaux sujets de plainte –, vu sous l'angle du comportement, des personnes qui viennent nous demander de l'aide : « *Qui* fait *quoi* qui pose un problème, pour *qui* et *comment* un tel comportement constitue-t-il un problème? » Bien sûr, le thérapeute ne posera pas dès l'abord cette question complexe; mais, en général, la meilleure façon de commencer sera la demande directe de renseignements, formulée point par point. Dans l'exemple qui suit, une mère accompagnait sa fille, le membre de la famille étiqueté comme « patient », à la première séance :

LE THÉRAPEUTE : Pourquoi ne commenceriez-vous pas simplement par me décrire le problème qui vous amène ici aujourd'hui? Je veux vous entendre toutes les deux, donc, quelle que soit celle qui préfère commencer...

LA MÈRE : C'est une longue histoire. Je ne sais pas, il me semble justement que, vraiment ça a toujours existé. Quand je considère le passé, justement je ne... je n'ai jamais... personne ne m'a jamais dit ce qui ne va pas chez Barbara. Je sais que son état ne s'améliore pas. Elle se sent en sécurité dans l'hôpital d'État où elle est soignée.

LE THÉRAPEUTE : Combien de temps y est-elle restée?

LA FILLE : Est-ce que c'était en juin ou en juillet? J'ai oublié.

LA MÈRE : Oui, pour ces douze derniers mois, je pense que c'est la seconde fois qu'elle y va. C'est toujours pour une courte période – quatre mois environ. Deux mois. Mais, alors là, elle se sent... très bien, puis elle se sent prête à sortir et... elle peut mener une vie normale à l'extérieur... bon, pendant à peu près trois mois, c'est ce dont nous nous sommes aperçus... après quoi elle entre dans un mauvais cycle. Elle devient très dépressive. Elle me dit des choses comme : « Maman, je deviens paranoïde. D'abord, j'ai l'impression que les gens me dévisagent, et qu'ils vont m'attaquer, et qu'il faut que je fasse quelque chose contre ça. » Et ce qu'elle fera alors, c'est qu'elle ramassera un couteau ou un morceau de verre, et elle se coupera.

LE THÉRAPEUTE : Elle se coupe?

LA MÈRE : Oui, très profondément. Elle... ses bras sont tout coupés. Ou alors, elle s'attaque à une autre personne, ce qui, malheureusement... Elle a provoqué à peu près trois incidents à la suite desquels la police a dû intervenir.

LE THÉRAPEUTE : En attaquant ainsi des gens, a-t-elle déjà sérieusement blessé quelqu'un?

LA MÈRE : Pas trop grièvement, mais suffisamment pour faire saigner, et c'est pour moi un perpétuel souci. Quand elle n'est pas à l'hôpital, chaque fois que le téléphone sonne, je suis angoissée, vous savez... Il y a autre chose que vous vouliez savoir?

LE THÉRAPEUTE : Qui a-t-elle attaqué?

LA MÈRE : Elle a agressé des conseillers. Elle s'est attaquée à sa sœur. Elle ne s'en est jamais prise à moi directement. Ça lui est arrivé de s'asseoir en face de moi avec un tournevis dans une main et un couteau dans l'autre, mais elle ne m'a jamais attaquée. Par contre, elle a vraiment agressé sa sœur. C'est à ce moment-là que j'ai découvert que c'était tout bonnement trop dangereux de la garder avec nous...

LE THÉRAPEUTE : Mais, la plupart du temps, elle s'en prend à elle-même?

LA MÈRE : Oui, la plupart du temps.

En cas de réponse vague et imprécise, le thérapeute ne doit pas faire comme si de rien n'était; il doit, après avoir pleinement assumé la responsabilité de son incompréhension (en disant :

« Là, je ne vois pas bien », plutôt que : « vous êtes trop vague »), demander au client de répéter. Le thérapeute doit formuler poliment ses questions, mais savoir aussi se montrer ferme et insistant. Ce sera souvent en demandant au patient un exemple du problème qu'il parviendra le plus facilement à obtenir une information précise et concrète sur son comportement. Un problème peut impliquer plus d'une *personne* (par exemple, deux enfants difficiles dans une même famille), le *quoi* d'un problème (par exemple, diverses actions inquiétantes d'un schizophrène) peut prendre différentes formes, et un comportement peut enfin constituer un problème pour plus d'une personne (pour le père et la mère d'un enfant difficile, ou pour l'ensemble du personnel qui s'occupe d'un patient hospitalisé). Mais une telle multiplicité devrait pouvoir être résumée en de simples classes de comportements et de personnes. Tant que le thérapeute ne pourra pas regrouper en un énoncé bref et clair tous les éléments de la plainte dont on lui fait part (*qui, quoi, à qui* et *comment*), cela voudra dire ou bien qu'il ne possède pas l'information adéquate sur la plainte, ou bien qu'il ne l'a pas suffisamment assimilée. Dans un cas comme dans l'autre, avancer sans parvenir à se formuler clairement le problème, ne le conduira qu'au-devant de difficultés. Fondamentalement, il travaillera sans bien voir le problème; et, puisque, plus il s'entretiendra avec le patient, plus il accumulera de nouvelles informations, il lui deviendra de plus en plus difficile de formuler le problème avec concision.

Même ces thérapeutes qui posent d'emblée la question : « Quel est le problème? » peuvent ne pas réussir à demander : « *Comment* (en quoi) la situation dont vous parlez est-elle un problème? » Parfois, il est vrai, ce *comment* une situation est un problème est tout à fait évident. Mais, dans tous les cas d'incertitude, mieux vaut pour le thérapeute paraître obtus et lent que de faire semblant de comprendre alors qu'il ne saisit pas encore très bien la situation. Par exemple, un jeune couple marié était venu nous voir pour le « problème de boisson » de la femme, alors que celle-ci buvait tout au plus un quart de vin de table par jour :

LE THÉRAPEUTE : Vous aviez commencé à me dire que le niveau de boisson auquel vous arriviez avait des conséquences sur votre vie.
LA PATIENTE : Mm-mmm.

LE THÉRAPEUTE : Et aussi votre santé. Pourriez-vous m'expliquer en quoi ce problème a des conséquences sur votre vie?

LA PATIENTE : Eh bien, le docteur m'a dit il y a un an que j'avais le foie gras et je... parfois, après une nuit où j'ai forcé sur la boisson, je peux le sentir ici, vers là, et je sais que si je recommence et si je...

LE THÉRAPEUTE : Avez-vous passé un nouvel examen, ou...

LA PATIENTE : Non, je devais y aller, et je n'y suis pas retournée. Cela fait deux ans que mes règles sont irrégulières et, depuis à peu près quatre ou cinq mois, elles se sont arrêtées. Un moment, le docteur m'avait mise sous acide folique et cela, semble-t-il, les avait fait revenir. Mais maintenant, de nouveau, je ne les ai plus, parce que je ne suis pas retournée le voir. J'ai arrêté de prendre le médicament. Et j'ai grossi de sept à dix kilos, ce qui évidemment m'a beaucoup déprimée. Donc, vous voyez, il s'agit d'un problème de santé. Je veux simplement dire que mon corps ne fonctionne pas tout à fait bien. En ce qui concerne ma vie, ça ne me gêne pas trop dans mon travail, parce que... je veux dire vraiment pas du tout... parce que je travaille seulement deux jours par semaine, et j'ai vraiment plein de temps pour... Je veux dire que ça n'a pas été réellement un problème. Mais... euh... vous savez, je sais bien que ça ennuie beaucoup mon mari, et que ça n'est pas vraiment bon pour notre vie sexuelle, parce que je me sens assez bloquée quand c'est l'heure d'aller au lit, et souvent... euh... je pense que je suis davantage... Quand je ne me sens pas bien dans ma peau... ou quand je me sens mal parce que je me suis remise à boire la nuit d'avant, ou pour une raison... je pense que j'ai tendance à être beaucoup plus sévère avec les enfants, à m'emporter plus facilement. Vous savez, simplement... Quand on ne se sent pas bien dans sa peau, on ne traite pas les autres aussi bien qu'il le faudrait; parfois, je pense, je suis trop dure avec eux.

LE THÉRAPEUTE : Bien, d'accord. Est-ce que cela vous gêne ou affecte votre vie d'une autre façon?

LA PATIENTE : Euh...

LE THÉRAPEUTE : Socialement ou...

LA PATIENTE : Eh bien, oui, de temps en temps. Il me semble que ça s'est assez bien passé pendant un moment, mais certaines fois... en fait, je pense, avant que nous soyons allés voir pour la première fois [un thérapeute précédent], puis, par la suite, de temps en temps, il y a eu certaines fois où..., des fois où nous étions allés à une soirée, ou au restaurant, et où je devenais visiblement... quand je bois, je suis très désorientée, motricement parlant... je ne sais pas si c'est le mot... je perds toutes mes capacités motrices. C'est très gênant pour mon mari, et...

LE THÉRAPEUTE : Que faites-vous ?

LA PATIENTE : Eh bien, j'ai du mal à marcher.

LE THÉRAPEUTE : Vous tombez ?

LA PATIENTE : Parfois. J'ai du mal, vous savez, à manger sans me renverser de la nourriture dessus. Ce genre de problèmes. Et...

LE THÉRAPEUTE : Et c'est embarrassant pour...

LA PATIENTE : C'est embarrassant pour moi.

LE THÉRAPEUTE : ... pour votre mari. Est-ce également embarrassant pour vos amis, ou trouvent-ils cela simplement amusant ?

LA PATIENTE : Euh...

LE THÉRAPEUTE : Parce que, vous savez, ce genre de chose peut être drôle.

LA PATIENTE : Je pense que c'est drôle de temps en temps, mais je crois aussi qu'en général c'est un petit peu embarrassant. Je pense que, bien que je n'en aie jamais discuté avec personne, ni du fait que je sois allée voir un conseiller ni de quoi que ce soit d'autre – sauf avec mon mari ou mes parents –, je pense qu'ils se rendent compte que j'ai un problème.

Ce qui semble se dégager de ce premier entretien – bien qu'une enquête plus approfondie soit nécessaire –, c'est que, au niveau de la vie quotidienne, le mari est plus embarrassé et plus gêné par ce problème de boisson que sa femme.

Il existe au moins trois situations courantes (et qui se recoupent plus ou moins) pour lesquelles cette recherche du *comment* peut s'avérer critique. Il y a, tout d'abord, le cas du patient qui fait état d'un « problème » qui peut sembler mineur. Il est alors essentiel de procéder à une enquête soigneuse pour déterminer si le comportement qui est au centre du problème ne serait pas plus grave qu'il ne l'avait d'abord semblé ; si, bien que se faisant trop de souci à tel ou tel sujet, le client pourrait être directement rassuré, ce qui est assez rare; ou, enfin, s'il n'est pas en train de « faire toute une histoire d'un petit rien ». Bien que ne posant pas les mêmes problèmes que le comportement ouvertement déviant, ce dernier type de comportement constitue un sérieux problème en lui-même, et un problème que de creuses paroles de réconfort ne feront qu'exacerber. Ensuite, il y a le cas des clients qui présentent comme des « problèmes » des difficultés que, pour graves qu'elles soient, la plupart des gens considèrent comme de simples péripéties inhérentes à la vie, qu'ils ne sauraient changer et qu'il leur faut bien accepter. Comprendre cela évitera au moins au thérapeute de s'engager dans une tentative de changer l'inchangeable. Il y a, enfin, tous ces problèmes de la vie qui ne sont pas de la compétence du thérapeute, mais nécessitent, par exemple, l'aide d'un homme de loi, d'un médecin ou d'un conseiller financier. La question : « En quoi est-ce un problème ? » permettra d'éclaircir ce point. Elle devra parfois être suivie de la question : « En quoi pensez-vous que je puisse vous aider à régler ce problème ? »

Outre la question : « Quel est le problème ? » le thérapeute devra souvent poser la question subsidiaire : « Comment en êtes-vous venu à m'appeler au moment particulier où vous l'avez fait, plutôt que plus tôt ou plus tard ? » Une fois obtenue cette information concernant les circonstances qui ont entouré ou « cristallisé » cet acte initial, la nature du problème apparaîtra souvent sous un jour nouveau.

Dans l'exemple qui suit, on s'apercevra qu'en fait la cliente ne se préoccupait guère du problème qu'elle avait mis sur le tapis, et que quelqu'un d'autre l'avait contrainte à venir consulter le thérapeute :

LE THÉRAPEUTE : Comment en êtes-vous arrivée à désirer suivre un traitement en ces circonstances particulières ?
LA PATIENTE : C'est mon père qui me l'a suggéré. Ma voiture est au garage, et je lui en ai parlé, parce qu'elle y est restée trois semaines alors qu'elle ne devait y rester que trois jours. Et je lui ai demandé si je pouvais y faire quelque chose, ou si je me faisais trop de souci à ce sujet. Et je crois qu'il pensait que je m'en faisais trop.
LE THÉRAPEUTE : D'accord, donc il vous en a donné l'idée, et votre mère a appelé. Je me demande donc...

LA PATIENTE : Je pense qu'elle a commencé par appeler, puis qu'elle lui en a parlé.

LE THÉRAPEUTE : Mm-mmm.

LA PATIENTE : Et alors il l'a suggéré. Ils ont parfois entre eux, voyez-vous, ce genre de petites discussions dont on ignore tout.

LE THÉRAPEUTE : S'ils ne vous y avaient pas fait penser, seriez-vous ici?

LA PATIENTE : Non. Je pensais chercher quelque chose toute seule.

LE THÉRAPEUTE : C'est-à-dire?

LA PATIENTE : C'est quelque chose dont ma mère m'a parlé il y a un certain temps à San Francisco. Une personne qui s'occupait de... Je veux dire, un endroit où l'on s'occupe d'enfants victimes d'une séduction, où j'aurais pu aller gratuitement. Et ma mère m'a raconté cela après – quand j'étais au lycée, quand, à l'école, une conseillère d'orientation a essayé de me séduire. J'ai fini par en parler à quelqu'un, et elle a quitté l'école. Et il y a deux ou trois autres affaires du même genre qui me sont arrivées. Par conséquent, je me disais que ce serait bien d'arriver à les débrouiller. Je me disais que cela pourrait avoir un rapport avec la façon dont se passent mes relations avec les gens. Je pense que, vis-à-vis des gens, je suis un peu méfiante.

LE THÉRAPEUTE : Mm-mmm. Vous avez raison de l'être. Bien qu'ils ne soient pas tous là à vous courir après.

LA PATIENTE : Je sais.

LE THÉRAPEUTE : Eh bien, je ne sais pas, ici, nous sommes peut-être dans une position un peu amusante, puisque, ce dont nous venons de parler... on vous a envoyée là, bien plus que vous n'êtes venue de votre plein gré.

LA PATIENTE : Oui, en ce moment, c'est ce que je ressens, parce que, bien qu'étant assise ici, j'ai le sentiment de ne pas en avoir tellement besoin.

LE THÉRAPEUTE : Eh bien, il se peut que vous ayez tout à fait raison. Et, en un sens, il se pourrait que ça soit encore pire. Ce à quoi je suis en train de penser – bien que je n'aie aucun moyen d'en être sûr, car je n'ai pas encore suffisamment d'informations pour pouvoir tirer des conclusions générales –, c'est à l'idée que quelques-unes des choses que vous m'avez racontées sonnent un peu comme... Il se peut que, bien qu'animée par les meilleures intentions du monde, votre famille vous harcèle un petit peu, en ce qui concerne ce que vous devriez faire et la manière dont vous devriez vous conduire. Ce qui fait donc qu'ici, vous êtes également sous leur égide, et par conséquent je ne suis pas sûr qu'il y ait en vous une vraie disponibilité à commencer.

LA PATIENTE : Oui, même ici, j'ai un peu l'impression d'avoir mon père après moi, en train de me dire : « Oui, tu es censée venir ici pour que le docteur te remette sur la bonne voie, et te permette de te comporter normalement, aussi bien que ta sœur », ou quelque chose comme ça.

On peut comparer le cas de cette patiente à celui des délinquants qu'un représentant de la loi nous a adressés ou du mari ou de la femme qui nous a été envoyé par l'autre membre du couple. On ne peut, dans de tels cas, manœuvrer comme on le fait avec les individus personnellement motivés (cf. le chapitre II).

L'étape suivante consiste à demander comment toutes les personnes étroitement mêlées au problème ont essayé de l'affronter ou de le résoudre. Ces personnes, outre les patients eux-mêmes, peuvent comprendre les membres de la famille, les amis, les collègues de travail, les spécialistes consultés, etc., selon les circonstances particulières à chaque cas. Là encore, la demande de renseignements devra être centrée sur les comportements présents – sur ce qui est *fait* et *dit* visant à éviter que le problème ne se répète, ou à le régler lorsqu'il se manifeste effectivement.

LE THÉRAPEUTE : Quand votre fille commence à vous sembler déprimée, à se laisser aller, etc., que faites-vous pour essayer de changer les choses?

LA MÈRE : Eh bien, tant qu'elle était à la maison, j'essayais d'avoir l'air gai, ou de parler avec elle, ce qui est impossible. Quand elle en arrive là, il est impossible de lui parler.

LE THÉRAPEUTE : Qu'est-ce qui se passe? Qu'est-ce qui...

LA MÈRE : Elle... Chaque fois que j'essayais de lui parler, elle me tournait le dos, comme ça. Vous savez, le genre : « Cause toujours, tu m'intéresses. » Et ça a continué jusqu'à ce qu'elle fasse son premier séjour à l'hôpital. Puis, j'ai vu un changement s'opérer en elle; tout à coup, elle s'est mise à m'écouter, à me parler. Elle s'est plus ou moins ouverte à moi. Elle s'est mise à me dire des choses qu'elle ne m'avait jamais dites auparavant; par exemple : « Je t'aime, maman, j'ai besoin de toi. »

LE THÉRAPEUTE : Ça, donc, c'était après sa première sortie de l'hôpital d'État?

LA MÈRE : Oui. Avant, il n'y avait pas moyen. Elle me tournait le dos, et je parlais à un mur. Mais, depuis l'hôpital, elle...

LE THÉRAPEUTE : Je ne comprends pas encore très bien. Quand elle se met à vous dire... vous savez, elle se conduit comme si elle était déprimée, et elle vous tient des propos dans le genre : « Les gens me dévisagent », ce genre de choses – que lui dites-vous, expressément? Est-ce que...

LA MÈRE : Eh bien, c'est-à-dire que... il y a très peu de temps qu'elle me dit des choses de ce genre. Je dirais que, la première fois, c'était il y a deux mois. C'était quand elle était à l'hôpital du comté, après avoir...

LE THÉRAPEUTE : Très bien, mais comment réagissiez-vous, quand elle vous disait ça?

LA MÈRE : Je me souviens que je la prenais dans mes bras, et j'essayais, vous savez, d'être douce avec elle, d'être aimante. Je ne sais quoi d'autre...

LE THÉRAPEUTE : Que lui disiez-vous?

LA MÈRE : Je lui disais que je la comprenais, que ça pouvait être très vrai, parce que je pense que l'on peut avoir ces sentiments quand les gens, vous savez, avec les gens, enfin... Parfois, j'ai du mal à la comprendre. Quelquefois, quand elle était à l'hôpital du comté, avant qu'elle aille à l'hôpital d'État, j'avais l'impression – c'était il y a deux mois – que je voulais simplement la remuer, vous savez? Lui dire juste : « Secoue-toi! » Mais, maintenant, je sais qu'elle ne peut pas. Je veux dire...

LE THÉRAPEUTE : Donc, vous ne le lui disiez pas?

LA MÈRE : Non. Je ne le disais pas. Simplement... je savais qu'elle voulait que je sois là, ce qui était plus que tout ce qui s'était passé entre nous jusque-là. Je restais simplement plus ou moins avec elle, je lui tenais la main, je l'entourais de mes bras.

LE THÉRAPEUTE : D'accord. Vous avez dit que, quand vous remarquiez qu'elle descendait la pente comme ça, vous essayiez de parler avec elle. Quel genre de conversation aviez-vous? Essayiez-vous simplement de bavarder un peu

avec elle, lui faisiez-vous des remarques sur son comportement, ou quoi?

LA MÈRE : Eh bien, quand elle était assez petite pour
s'asseoir sur mes genoux, je lui demandais de venir s'asseoir
sur les genoux de maman, pour qu'on soit juste, vous savez,
un peu tranquilles, et elle se bagarrait toujours avec moi.

LE THÉRAPEUTE : Et plus récemment? Depuis qu'elle a
grandi?

LA MÈRE : Je ne vois vraiment une différence que depuis
peu – depuis les six derniers mois –, parce qu'avant, j'avais
le sentiment qu'elle m'en voulait.

LE THÉRAPEUTE : Elle vous tournait le dos.

LA MÈRE : Je ne faisais que la contrarier, et elle ne m'écou-
tait pas, elle me tournait le dos. Et je sais que...

LE THÉRAPEUTE : Que faisiez-vous quand elle vous tournait
le dos? Lui tourniez-vous autour? L'attrapiez-vous par
l'épaule? Lui disiez-vous : « Écoute-moi? »

LA MÈRE : J'essayais tout cela, et ça ne marchait pas. Je ne
sais pas. En fin de compte, j'étais si... Je me décourageais,
ça me déprimait, et je ne savais tout simplement plus quoi
faire.

LE THÉRAPEUTE : Alors, que faisiez-vous?

LA MÈRE : Eh bien, quand elle était plus jeune, je me mettais
en colère. Puis, je me disais : « Bon, lui crier après, ce n'est
vraiment pas la bonne méthode. » Elle arrivait à me pousser
à ça; elle réussissait vraiment à m'amener à lui crier après.
Et alors, je me sentais coupable d'avoir perdu mon sang-
froid, de lui avoir même donné la fessée. Parce que je pense
que j'essayais de l'élever comme j'avais moi-même été élevée,
selon une éducation européenne très stricte.

Pour ce qui est des demandes de renseignements sur le problème lui-même, certains clients donneront assez promptement
des réponses claires et précises, mais d'autres seront vagues, trop
généraux ou fuyants ou nous présenteront des interprétations de
leur problème plutôt que des descriptions de leur comportement.
Il faudra, dans ce cas, persister à demander des renseignements.
Dans la mesure où une telle insistance risquera d'importuner le
client ou de lui donner à penser qu'il est incapable de se faire
comprendre, le thérapeute, afin d'éviter cela, ne devra poursuivre
son enquête qu'après avoir expliqué que, si « incompréhension »

il y a, il en est le seul responsable : « S'il vous plaît, soyez patient avec moi. J'ai l'esprit très concret. Donc, pourriez-vous me donner un ou deux exemples de ce que vous avez essayé ? »

Il s'avère souvent plus difficile d'obtenir des renseignements sur les objectifs minimaux du traitement que sur le problème et les manœuvres qu'il a entraînées. Mieux vaut être conscient de cette éventualité, et ne pas interpréter toute difficulté à obtenir une réponse claire et précise comme le signe d'une résistance ou d'une pathologie. Si les réponses hésitantes, vagues ou par trop générales sont monnaie courante, c'est parce que les patients nous ressemblent : nous savons mieux ce que nous ne voulons pas que ce que nous voulons vraiment. En dépit de toutes les difficultés qui pourront surgir, il est important de creuser et de continuer à creuser la question en demandant au patient : « Qu'est-ce qui pour vous, en imaginant que cela arrive, constituerait un premier signe significatif de changement – si petit soit-il ? » Dans un assez grand nombre de cas, on obtiendra, après un effort raisonnable, quelques réponses pertinentes. Même lorsque cela ne se produit pas, la question que nous venons d'énoncer a tout de même une fonction importante : elle fait comprendre au patient que, ce qui intéresse le thérapeute et constitue son objectif, c'est de provoquer un changement visible et significatif dans son comportement, si minime soit-il.

Comme nous l'avons déjà dit plus haut, cette toute première étape du traitement qu'est le rassemblement des informations sera dans de nombreux cas difficile. Nous ne pouvons traiter ici de toutes les difficultés qui peuvent apparaître. Une thérapie, ça se fait toujours avec ce que chaque client, pris dans son individualité, apporte et, cela, on ne peut jamais complètement le prédire ni le prévoir à l'avance. Il est toutefois possible de cerner quelques-unes des difficultés les plus courantes, et nous allons maintenant en débattre.

On peut, ici, centrer le débat autour de la manière dont le patient répond à la simple question : » Quel est le problème ? » D'abord, parce que cette question vient logiquement en premier ; ensuite parce qu'il y a toutes chances que les difficultés qu'entraîneront les autres questions et les moyens d'y faire face soient de même nature. Au début, beaucoup de clients – particulièrement ceux qui, psychologiquement, sont assez fins et également ceux qui ont déjà eu une expérience de thérapie

– ont tendance, plutôt que de bien spécifier le comportement qui constitue leur problème, à nous faire part des réflexions d'ordre causal ou dynamique que ce problème leur *inspire*. Ces réflexions peuvent être précises ou, comme dans l'exemple qui suit, très générales :

LA PATIENTE : D'accord, d'accord. Je pense que 90 % du problème est d'arriver à comprendre ce qu'il est. Vous savez, je ne peux pas vous le présenter comme si c'était juste une affaire de pipi au lit, ou quelque chose comme ça. Je vais simplement commencer à en parler. Euh, je pense, je pense que... Je sens que je suis à une certaine étape de ma vie, où... une étape qui, dans ma vie, vous savez, est très importante. C'est un peu un... c'est en quelque sorte un grand tournant; c'est une sorte de transition vers l'étape suivante, et c'est... J'apprends des choses sur moi-même ou sur la personne que je deviens, et beaucoup de choses qui ont été vraies pour moi, ainsi que le genre de valeurs qui dans le passé m'ont guidée, sont en train de s'écrouler ou ne me donnent plus le type de soutien dont j'ai besoin. Si bien qu'en ce moment précis, dans ma vie, vu la façon dont je vois ma vie et le genre de tâches qui m'attendent, il y a beaucoup de... il y a beaucoup d'obstacles auxquels je me heurte, qu'il faut que je comprenne... je dois comprendre comment les aborder.

LE THÉRAPEUTE : Pouvez-vous me donner un exemple de quelques-uns de ces obstacles?

LA PATIENTE : Non, je veux dire... je veux dire... Pour moi, tout se tient, d'accord? Tout, dans ma vie, a un rapport avec n'importe quoi d'autre dans ma vie, donc c'est... donc, je ne peux pas, vous savez, je veux dire...

LE THÉRAPEUTE : D'accord, mais pouvez-vous me donner tout de même un exemple d'un de ces obstacles?

LA PATIENTE : Certainement, certainement.

LE THÉRAPEUTE : Qu'est-ce qui serait un obstacle?

LA PATIENTE : Il y en a deux. Très bien, il y a deux domaines dans lesquels je sens que se trouvent des problèmes cruciaux. Et c'est mon travail et ma vie sexuelle. Mais tout... Je veux dire qu'ils sont liés l'un avec l'autre, et c'est en rapport avec mon régime alimentaire, et c'est en rapport avec mon, vous savez... Tous les aspects de mon style de vie sont liés à cela.

LE THÉRAPEUTE : Donnez-moi un exemple de la manière dont votre travail serait un obstacle; de ce en quoi il est pour vous un obstacle?

LA PATIENTE : Le travail n'est pas un obstacle. Le travail est, vous savez, un thème, et, ce que j'essaie de faire, c'est de me représenter...

LE THÉRAPEUTE : Eh bien, vous disiez que tout était un obstacle, et, ce que je suis en train d'essayer, c'est seulement de...

LA PATIENTE : Non, je ne voulais pas dire que tout était un obstacle; tout est... est un thème qui, intrinsèquement, comporte des obstacles.

Le thérapeute peut généralement tourner ce genre de difficulté en déclarant que, avant de passer à un niveau de causalité plus profond, il lui faut d'abord parvenir à comprendre clairement comment le problème se manifeste. Il peut aussi continuer à demander des exemples et des détails : « Imaginez que je sois en train de photographier une scène qui, par rapport à votre problème, soit représentative. Quelle image et quel dialogue mon appareil fixerait-il? » Il nous est parfois arrivé de demander à certains patients d'apporter le scénario d'une saynète ou d'une parodie illustrant leur problème, et dans lequel les thérapeutes joueraient les rôles des membres de la famille, tandis que le client jouerait celui du metteur en scène, soufflant aux « acteurs » leurs répliques, gestes et intonations. Bien que paraissant prendre du temps, cette procédure permet en fait, quand on a affaire à des clients dont les descriptions verbales ne sont pas claires, d'en gagner.

D'autres clients, au lieu de disserter sur les causes de leurs problèmes, commencent à exposer un problème et, du coq-à-l'âne, sautent à un autre, puis à un troisième et ainsi de suite. Dès que ce glissement devient évident, le thérapeute doit faire en sorte qu'un centre unique soit défini (ou, quand nous sommes en présence d'un couple ou d'une famille, au moins un centre par personne). Il risque sans cela de passer son temps à courir stérilement après le client, qui, lui, glissera d'un sujet à un autre jusqu'à la fin de la thérapie. Pour contourner ce type de difficulté, la méthode la plus simple, et sans doute la meilleure dans la plupart des cas, est de demander au client de définir ses priorités. Pour cela, la position d'infériorité est préférable : « Je vois bien que vous avez tout un tas de problèmes en tête, mais ma capacité de compréhension – sans parler de ma capacité de résoudre les problèmes – n'est pas grande au point que je puisse me permettre de me colleter avec une énorme masse d'informations. Ce qui se passe, en de pareils cas, c'est que je m'embrouille. Donc, voudriez-vous me dire ce qui, en ce moment, vous semble être votre principal problème, celui par rapport auquel, si c'était possible, vous tiendriez le plus à ce qu'il y ait du changement? » Une fois que le client aura choisi, il pourra, s'il recommence à glisser d'un problème à un autre, se voir rappeler son choix : « Vous avez commencé par me dire que le problème sur lequel il était pour vous le plus important de travailler, c'était le problème X. Mais, maintenant, vous semblez vous concentrer sur le problème Y. Nous pourrions, bien entendu, nous concentrer sur Y si c'est le problème qui vous semble désormais le plus important. Il nous suffirait simplement de tout reprendre à zéro. » Ce que cet exemple montre, c'est que, quand des difficultés apparaissent, la demande directe de renseignements ne suffisant plus, même le simple travail de rassemblement des informations peut devoir être pensé stratégiquement. Si le client continuait avec encore plus d'entêtement à passer d'un problème à un autre – cas plus rare quand le thérapeute aura agi dans le sens que nous venons d'indiquer –, des mouvements stratégiques encore plus énergiques pourraient s'avérer nécessaires. Le thérapeute pourrait, par exemple, suggérer que, bien qu'étant le plus important, le sujet abandonné est sans doute tel qu'il est trop difficile ou trop pénible au client d'en parler. Ou encore, il pourrait changer lui-même de sujet en devançant le client, pour faire en sorte que ce soit maintenant à ce dernier qu'il appartienne d'essayer de maintenir le thérapeute sur le problème principal.

Les objectifs thérapeutiques que les patients formulent quand on leur demande de préciser leurs espérances sont, le plus souvent, grandioses (il est stupéfiant de constater ce que certaines personnes proposent comme progrès « minimal »!), mais de tels excès peuvent même apparaître dans le simple énoncé du problème : « Tout va mal », « Je suis dans le pétrin le plus total »; ou, dans le style californien : « Je ne suis pas encore parvenu à ma pleine autoréalisation. » En général, le mieux à faire dans de tels cas est de continuer à demander des informations sur la manière dont le problème affecte la vie quotidienne, ainsi que des exemples précis. Dans les cas très difficiles, il peut être utile et nécessaire d'employer les grands moyens et de battre le client à son propre jeu, en lui suggérant qu'il ne voit pas encore assez grand – de manière, là encore, à l'amener à découvrir par lui-même qu'il est important qu'il dirige le thérapeute vers le nœud du problème.

Certains clients peuvent perturber d'un bout à l'autre le processus de rassemblement des informations. Dans la catégorie des perturbateurs actifs, on peut citer les schizophrènes qui « parlent fou » et les enfants qui dérangent en faisant du bruit ou autrement. Quant aux perturbateurs passifs, soit ils affirmeront ne pas être assez sûrs d'eux ou être trop dominés par leurs émotions pour pouvoir convenablement répondre à nos questions, soit, dans les cas les plus extrêmes, ils joueront les muets. Quand cela est possible, mieux vaut encore, dans ce type de situations, se débarrasser de l'individu qui refuse de communiquer – qui sera d'ailleurs rarement le principal plaignant – pour travailler avec les membres de la famille ou les autres personnes qui sont sérieusement concernées par le problème. (Cette importante question du choix de la personne à voir a été traitée dans le chapitre III.) Si le thérapeute doit malgré tout travailler avec un client très peu communicatif, il a toujours la possibilité de déclarer simplement mais sans détour que, pour pouvoir faire quelque chose, il a besoin d'une certaine quantité d'informations, et qu'à cet égard il est dépendant du client. Et il pourra ensuite s'installer confortablement dans son fauteuil, en évitant surtout d'encourager le client à parler ou de l'y presser activement. Le thérapeute pourrait même aller jusqu'à déclarer au client qu'il fait peut-être bien de ne pas parler plus clairement, et lui expliquer pourquoi il pourrait en être ainsi.

Le patient de l'exemple qui suit était un jeune homme d'à peine vingt ans, et c'était sa seconde séance :

LE THÉRAPEUTE : Aujourd'hui, il faudra que vous m'excusiez, car, comme vous vous en êtes probablement rendu compte à ma voix prise, je me remets d'une grippe ; il se peut donc que je sois un peu lent. Bien. J'ai repassé la bande de la dernière séance, et il y a certaines questions que je voudrais vous poser. La semaine dernière, je n'ai pas très bien compris. Je n'ai pas très bien saisi pour quel problème vous êtes venu nous voir.

LE PATIENT : [*Longue pause.*] Eh bien, je pense que, pour moi non plus, ce n'est pas évident.

LE THÉRAPEUTE : D'accord.

LE PATIENT : [*Longue pause.*] Bon, que quelqu'un pose des questions. J'ai besoin que quelqu'un me pose des questions.

LE THÉRAPEUTE : Ah, d'accord.

LE PATIENT : Des questions que je ne peux pas me poser moi-même, ou auxquelles je n'ai pas pensé. Il me faut une caisse de résonance, comme je disais. Mais, bien sûr, ce n'est pas le problème, n'est-ce pas?

LE THÉRAPEUTE : [*Pause.*] Eh bien, je pourrais vous poser certaines questions, je veux dire que je pourrais vous poser le genre de questions habituelles. Mais où croyez-vous que cela nous mènerait? Quel serait le but de cela, qu'en retireriez-vous?

LE PATIENT : [*Longue pause.*] Eh bien... [*Longue pause.*] J'en retirerais quelques éclaircissements sur ce que je suis en train de faire. Peut-être le pourquoi de ce que je fais. [*Pause.*] Oui. Un éclaircissement sur ce que je fais, et sur les motivations qui peuvent être derrière.

LE THÉRAPEUTE : D'accord. Alors, pourriez-vous me donner quelque idée de vos activités, de ce que vous aimeriez voir s'éclaircir? De ce que vous aimeriez changer, peut-être.

LE PATIENT : [*Longue pause.*] Vraiment, je ne sais pas.

LE THÉRAPEUTE : Il y a justement quelque chose dont je voulais vous parler; quelque chose qui, pendant cette séance et la dernière, a constitué un problème. J'ai remarqué que, parfois, quand je vous pose une question, vous traversez des périodes de silence. Je sais bien que vous avez le droit d'être comme ça, et je voulais seulement vous faire savoir que vos périodes de silence me mettent assez mal à l'aise.

LE PATIENT : Mmm, j'essaie de penser.

LE THÉRAPEUTE : Si vous voulez, vous pouvez penser à voix haute.

LE PATIENT : Je vais essayer. Il m'arrive de rester sec une fois que la question est posée. Il faut que je repense à tout ce que j'ai fait, à tout ce que je n'ai pas fait.

LE THÉRAPEUTE : Mm-mmm. Bon. Mes collègues qui nous observent m'ont appelé. Ils m'ont signalé qu'en ce qui concerne la tâche de me renseigner sur vous et de vous demander quel est votre problème – quel est le problème qui vous a amené ici –, je déraillais. Dans une certaine mesure, m'ont-ils dit, j'ai perdu la piste dès la première séance, quand vous m'avez parlé du suicide en des termes aussi dramatiques; mais nous devons travailler en temps limité – dix séances – et, par conséquent, il me faut revenir à la question de savoir pour quel problème vous êtes venu nous voir, vous avez pris la peine de nous passer un coup de fil et de venir ici. Quels ennuis avez-vous eus? [*Pause.*] Parce que, sans cette information, nous ne pourrons vraiment pas avancer. [*Longue pause.*]

LE PATIENT : Quels problèmes j'ai? [*Longue pause.*] Je ne sais pas quoi dire. [*Pause.*] Je souffre d'une incompétence générale à prendre ma vie en main. [*Pause.*] Quels *sont* les problèmes que j'ai?

LE THÉRAPEUTE : Pourriez-vous me donner un exemple précis de votre incapacité à prendre votre vie en main?

LE PATIENT : Eh bien, ma maison est un foutoir, je suis fauché et, tout ce que j'ai envie de faire, c'est de rester au lit toute la journée.

LE THÉRAPEUTE : En quoi est-ce un problème? Je veux dire que certaines personnes prennent leur temps et ne font que traînasser.

LE PATIENT : Mm-mmm. [*Longue pause.*] Je ne sais pas. [*Pause.*] Simplement, je fais chou blanc. [*John Weakland entre.*]

JOHN WEAKLAND : Je ne le connais pas [le thérapeute principal], mais certains d'entre nous ont aussi l'esprit un peu réaliste. C'est mon cas. Nous avons vraiment eu le sentiment que... Bon, nous vous avons entendu dire que vous étiez fauché, que votre maison était un foutoir et que votre seule envie était de rester couché toute la journée.

LE PATIENT : Mm-mmm.

JOHN WEAKLAND : Vous commencez enfin à nous dire quelque chose d'un problème que nous pouvons comprendre, au moins intellectuellement, et c'est pourquoi nous avons pensé qu'il fallait que nous vous le fassions savoir. Naturellement, plus on fait quelque chose de bien, plus on se voit demander de choses, vous savez donc où cela va vous mener.

LE PATIENT : Très bien. Des faits concrets. Ma maison est un foutoir, je suis fauché, je reste au lit. [*Pause.*]

LE THÉRAPEUTE : Bon, c'est comme ça depuis combien de temps?

LE PATIENT : Ah oui... Eh bien, depuis la fin de l'été. J'ai repris l'école fin septembre, et c'est ça qui a tout démoli pendant deux semaines. J'avais un emploi du temps tout simplement impossible. Il fallait que je travaille la nuit d'avant, puis que je sois en classe jusqu'à quatre heures trente, et c'est pourquoi j'ai décidé... Je n'ai même pas décidé... J'ai juste... Un jour, je n'ai plus pu y arriver, et ensuite le jour suivant... J'imaginais que je pourrais rattraper... et puis le jour suivant non plus. Pas même le jour d'après, je crois. Une semaine après, il y avait les travaux pratiques de microbiologie – on ne peut pas les manquer comme ça. J'essayais de rattraper, mais j'étais submergé. Donc, je n'ai même pas encore laissé officiellement tomber. Euh, je doute même que je puisse. Au point où j'en suis. Oui, ça m'a fichu par terre, je pense. C'est...

LE THÉRAPEUTE : Ça, ce sont des difficultés qui concernent vos études.

LE PATIENT : Mm-mmm. Oui.

LE THÉRAPEUTE : Bon, alors en quoi cela vous pose-t-il un problème en ce moment? Vous étiez inscrit à l'école?

LE PATIENT : Mm-mmm.

LE THÉRAPEUTE : En fait, vous êtes toujours inscrit?

LE PATIENT : Oui.

LE THÉRAPEUTE : Alors, suivez-vous les cours?

LE PATIENT : Non, non, c'était ça, le truc. Je les ai laissé tomber, mais pas officiellement. Euh... ça revient à prendre une décision sans vraiment la prendre. Euh...

LE THÉRAPEUTE : Et ainsi, si je comprends bien, vous... Ce que vous avez fait en ce qui concerne l'école, c'est de prendre une décision sans vraiment la prendre. Simplement, vous n'y êtes pas retourné.

LE PATIENT : Mm-mmm.

LE THÉRAPEUTE : Vous vous êtes mis en rapport avec l'un de vos professeurs?

LE PATIENT : Non. [*Pause.*] Ce semestre, je ne me suis pas inscrit avant le premier jour de classe. Je ne voulais pas vraiment retourner à l'école. Pourquoi l'ai-je fait? Oh, parce que ma mère ne cessait de me casser les pieds, et... je veux vraiment retourner à l'école.

Enfin, et c'est peut-être le cas le plus difficile, il y a des patients qui, tout en parlant assez facilement, s'obstinent à rester vagues :

LE THÉRAPEUTE : Quel est le problème qui vous amène ici aujourd'hui?

LE PATIENT : Fondamentalement, j'étais... j'ai lu quelque chose au sujet de votre programme dans le journal ou dans une publication de l'université de Californie – je ne me rappelle pas où. Ce qui m'a attiré vers vous, c'est le fait que, tout en voulant voir quelqu'un, je voulais borner l'exploration à un certain domaine. Vous voyez? Donc, au lieu d'entrer dans un vaste programme... ma femme l'avait fait, elle avait vu des psychiatres dans le passé. Et, l'impression que j'avais, c'était que la situation continuait encore et encore sans qu'un but soit vraiment atteint ou sans qu'elle puisse réellement se dire : d'accord, je fais des progrès ou pas... C'était plutôt nébuleux. De retour dans l'Est, avant que nous venions ici, en Californie, il y a onze ans, j'ai vu quelqu'un pendant quelque temps, un jungien. Et, parfois, j'avais l'impression que c'était un coup d'épée dans l'eau. Maintenant, ça, c'est une sorte d'introduction... Qu'est-ce qui m'a amené ici? Quel problème précis ai-je en tête? Euh, à la base, j'aimerais mieux comprendre mes buts personnels, en ce qui concerne... Puis-je établir clairement quelque chose dans mon esprit, quelque chose qui me permette de regarder ma vie et de décider si « oui, j'ai vraiment accompli quelque chose », ou alors si « j'ai juste flotté d'un endroit à un autre, j'ai lutté et essayé de faire des choses, mais en ne me représentant aucune direction vraie, ni aucun but, ni aucun objectif ». Je dois dire que, plusieurs fois, j'ai été déchiré entre mes obligations envers moi-même, mes obligations envers ma femme, mes obligations envers mes enfants, mes obligations envers ma famille qui est ici, mes obligations envers ma famille d'origine, qui est en Amérique du Sud. Et parfois... je deviens vraiment furieux contre moi-même, au sens où j'ai... j'ai l'impression que, dans le passé, j'ai fait passer trop de gens avant moi, pour ce qui est du temps que je leur ai accordé, de l'argent que je leur ai donné... Et parfois, j'ai été un peu trop gentil – j'ai tenté d'arriver à des compromis et de faire en sorte que les choses continuent, au lieu de dire : « Bon, voici ce que, moi, j'aimerais faire. » Aujourd'hui, je me trouve à un point plutôt intéressant, en ce sens que je suis en train de changer de travail, en train de prendre une autre direction dans ma carrière. Et je considère que les quinze ans à venir – les dix ou quinze ans à venir – auront, dans ma vie, une énorme importance. Et j'aimerais en arriver à un point où je puisse vraiment avoir l'impression d'avoir exploré... Qu'en est-il vraiment, quels sont mes buts? Quels sont mes différents rôles? Qu'est-ce qui est prioritaire? Comment puis-je plus ou moins compromettre ma situation, ou m'en sortir au mieux? Et, l'autre point, c'est que je ne suis pas... Je me rends compte que, si quelqu'un devait me regarder et considérer ce que j'ai fait dans le passé, il lui serait possible de me faire remarquer beaucoup, beaucoup de domaines où j'ai besoin de travailler. Je m'en rends compte. J'ai le sentiment que, ce qui m'intéresse, ce n'est pas tant de *chercher plus* que, bien plutôt, d'arriver tout simplement à pouvoir *tirer un meilleur profit* des événements. Et c'est un domaine où, ma vie et moi, avons quelques divergences d'opinion. J'ai le sentiment qu'en regardant... J'ai le sentiment qu'il y a beaucoup de gens qui arrivent à se débrouiller. Certaines autres personnes ont besoin d'être un peu aidées. Maintenant, il y en a aussi d'autres qui doivent...

LE THÉRAPEUTE : Prenons simplement cette situation et voyons ce qu'elle peut nous apprendre. Vous dites que vous avez des choses à faire en ce qui concerne votre travail.

LE PATIENT : Bon, il faut que je m'explique. Une sorte d'introduction serait sans doute nécessaire. Je suis né en Amérique du Sud. Je suis arrivé aux États-Unis en 1959. J'ai suivi des cours de comptabilité. Je me suis marié à un âge plutôt tardif, par rapport à la normale. Quand je me suis marié, j'avais trente-huit ans, et ma femme trente. De ce point de vue, au cours des années que j'ai passées ici, si je tiens compte du fait que j'ai grandi dans un environnement entièrement différent, j'ai dû faire beaucoup d'efforts pour me mettre au niveau, ce qui a impliqué plus ou moins que je change ma manière de penser. J'ai grandi... J'ai été élevé dans un environnement très, très strict, où il y avait des règles formelles très, très rigides...

Lorsque les demandes habituelles (du type : « Là, je ne comprends pas. J'ai l'esprit concret. Pourriez-vous être patient avec moi et me donner un exemple de ce dont vous êtes en train de parler ? ») ne feront pas avancer la situation, il sera inutile et même dangereux de poursuivre dans cette voie stérile : « Lorsqu'on perd, il faut savoir changer de jeu. » Une stratégie possible, bien que nous ne l'ayons que relativement peu expérimentée dans le cadre de cette situation et qu'elle demande à être davantage explorée, c'est de battre le client à son propre jeu, pour son propre bien. Le thérapeute pourrait, par exemple, faire preuve d'encore plus de confusion et d'imprécision que le patient ; ou encore, lui dire : « Ah ! Maintenant, je vois quel est le problème ! » en lui exposant d'un ton assuré quelque chose qui, dans la meilleure hypothèse, n'est certainement *pas* ce dont le client essaie de parler. En dernière analyse, il est possible que, face à ce type de problème – un problème qui, à notre avis, constitue un sérieux obstacle pour toutes les formes de psychothérapie et pas seulement pour la thérapie courte –, la meilleure méthode consiste à ignorer la partie qui reste obscure pour passer au niveau supérieur ; autrement dit, à prendre l'imprécision comme étant elle-même le problème le plus important, et à chercher comment y mettre fin.

Il est également important, lors du premier entretien, d'arriver à se faire au moins une première idée du langage et de la position du client ; mais ce type d'information, sur lequel nous reviendrons dans le chapitre suivant, est d'un ordre différent et ne s'obtient pas essentiellement par une demande directe de renseignements.

5

La position du patient

Même quand le thérapeute saura ce qu'il aimerait que le patient fasse pour résoudre son problème, ce sera pour lui une tout autre affaire que de gagner sa coopération – en particulier parce que, comme nous l'avons souligné, quand bien même la « solution » que son problème lui aura inspirée n'aura pas marché et même aura engendré de nouveaux problèmes, le patient continuera malgré tout à la voir comme la seule chose à faire, comme la seule solution qui soit raisonnable, sensée ou qui lui sauve la vie. L'étape qui consiste à amener le patient à lâcher prise par rapport à sa « solution » et à adopter à la place une approche qui pourra souvent lui sembler folle ou dangereuse est par conséquent cruciale dans la pratique de la thérapie courte, et, à cet égard, la position du patient jouera un rôle essentiel. Nous nous étendrons dans ce chapitre sur cet aspect de l'information et l'usage que nous en faisons, décrirons ce que nous entendons par « position » *(position)*, préciserons en quoi, dans le traitement, la position du patient est importante, expliquerons comment nous l'évaluons et, enfin, comment il est possible de s'appuyer sur la position du patient pour accroître sa coopération et donc renforcer les chances de succès du traitement.

Fondamentalement, la tâche majeure de la thérapie est d'amener le client à négocier différemment son problème ou ce dont il se plaint. Mais *comment* nous influons sur quelqu'un dépend en grande partie de *qui* est la personne sur laquelle nous tentons d'influer. Le problème n'est donc pas tant de savoir que différentes suggestions sont possibles, mais, bien plutôt, de savoir *comment* telle ou telle suggestion sera cadrée. Selon la manière dont nous présenterons quelque chose, nous convaincrons telle personne mais non telle autre. Par exemple : aussi bien les bons vivants que les individus qui ont le sens de l'économie peuvent acheter une Rolls Royce, mais ils y seront poussés par des raisons manifestement différentes – le bon vivant achètera la voiture à cause de son caractère et de son standing; le client économe parce que la mécanique et la solidité d'une telle voiture pourront, à long terme, lui faire économiser de l'argent. Parce que ces clients seront chacun séduits par des arguments différents, le bon vendeur devra avoir, pour chacun d'eux, des discours différents. Le cadrage qu'il donnera à son argumentation de vente pourra être un élément déterminant dans le choix du client.

Les patients sont également des êtres humains; ils sont fortement attachés à des croyances, des valeurs et des priorités personnelles qui déterminent leurs manières d'agir ou de ne pas agir. L'importance de la position du patient tient donc à ce qu'elle représente chez lui un penchant intérieur que le thérapeute pourra utiliser pour accroître sa collaboration et l'amener à exécuter les directives qu'il lui donnera. Quand le vendeur de voitures vante devant le client qui a le sens de l'économie la mécanique et la solidité de la Rolls Royce, il s'assure le concours des valeurs (de la « position ») de ce client pour l'amener à acheter la voiture. Si, par contre, il mettait en avant le standing social que cette voiture symbolise, il passerait à côté des motivations de ce client et, parce qu'il ne parlerait pas sa « langue », il le repousserait à coup sûr.

Nous aurions pu, pour désigner les croyances des patients, choisir bien d'autres mots ou expressions que ce terme de « position ». Si nous l'avons préféré, c'est parce qu'il nous a semblé le plus apte à traduire succinctement la notion d'une valeur à laquelle le client est attaché et dont il fait état, exactement comme une personnalité peut faire connaître publiquement ses « prises de position ». Une fois déterminée la position du client, le thérapeute disposera de repères à partir desquels il pourra imaginer comment exprimer – ou cadrer – ses suggestions pour porter au maximum la coopération du client. Nous ne croyons pas que la persuasion joue un rôle moindre en psychothérapie que dans tous les autres aspects de l'interaction humaine. Loin de prétendre qu'elle n'existe pas ou ne devrait pas exister dans le contexte d'un traitement, nous la tenons pour inévitable, et pensons donc qu'elle mérite d'être explicitement reconnue et encore plus méthodiquement utilisée. Dans ce chapitre, nous montrerons justement comment on peut, en se servant au mieux de la technique de la persuasion, parvenir à *utiliser* la position du patient de manière à l'amener plus facilement à coopérer et aider ainsi à la résolution du problème.

Évaluer la position du patient

En supposant donc que le thérapeute s'intéresse à l'utilisation de ce genre de levier, comment peut-il évaluer les positions qui sont celles de son patient afin d'activer au maximum le traitement ? D'abord, comme chaque fois qu'il s'agit de rassembler des données, il est important d'écouter ce que le patient *dit :* quels mots précis utilise-t-il, sur quel ton s'exprime-t-il et sur quoi met-il l'accent ? Des formulations très proches en apparence peuvent traduire des positions extrêmement différentes : le patient peut, par exemple, à la suite de telle ou telle observation du thérapeute, lui répondre aussi bien : « Oui. [*Pause.*] Je vois en quoi ça concorde avec les faits », que : « Oui, je vois comment ça pourrait concorder. » Dans le premier cas, le patient veut dire : « Je suis d'accord avec vous, et j'ai accepté votre observation. » Dans le second, il insinue : « Je ne suis pas d'accord avec vous, mais je préfère pour le moment que cela ne soit pas explicite. » C'est une manière de marquer, implicitement, au moins un certain doute ou une certaine réserve. Si, ici, le thérapeute n'accorde pas une attention suffisante aux termes choisis par le patient ainsi qu'à son ton, il risquera de prendre ses paroles pour un acquiescement et ne comprendra donc pas ultérieurement l'incapacité du patient à *donner suite* aux suggestions qu'il lui aura faites.

Il est possible d'avoir un point de vue arrêté et solidement ancré sur tout : la pluie, le beau temps, n'importe quoi. (Dans la pratique, même une solide indifférence constitue, par rapport à un problème, une position. Samuel Goldwyn a, paraît-il, répondu à quelqu'un qui lui proposait une affaire : « Je ne peux, là-dessus, vous donner un peut-être précis. ») Le patient ne peut, certes, exprimer toutes ses vues, mais, Dieu merci, il n'est pas nécessaire que le thérapeute les connaisse toutes. Les positions du client sur lesquelles il devra concentrer son attention pour les besoins du traitement seront celles qui concerneront d'une part ce dont il se plaint, et d'autre part le traitement et/ou le thérapeute. Bien que les patients puissent exprimer des positions se rapportant à leur vie – dire par exemple s'ils se considèrent comme uniques ou comme faisant partie du *vulgum pecus* – et bien que ces autres types de positions puissent également être utilisés pour activer la coopération du patient, ce sont les deux positions que nous venons de mentionner qui seront déterminantes quand il s'agira d'élaborer des stratégies pour accroître la coopération du patient. Bien que, souvent, elles se recoupent, afin de nous faire mieux comprendre, nous les aborderons séparément.

En général, la simple démarche qui consiste à venir voir un thérapeute indique en elle-même que le patient reconnaît être préoccupé par son problème, ne pas avoir réussi à s'en sortir tout seul et demander maintenant l'aide du thérapeute. Bien des patients – sinon la plupart – se feront cependant une certaine idée de la nature de leur problème ou de ses prétendues causes, et auront leur conception, générale ou précise, de la façon dont il convient de le résoudre. Ces idées, ils nous les exposent souvent en même temps qu'ils nous décrivent leur problème et en font l'historique. Le thérapeute risque, en ignorant ces « prises de position », d'appliquer à l'aveuglette une stratégie qui aura pour seul effet de développer chez le patient des résistances; des résistances qui, au mieux, lui feront perdre un temps considérable et, au pire, pourront même lui aliéner définitivement le client. Prenons, par exemple, le cas de ces deux couples qui se plaignaient du comportement de leur fils adolescent : au fond, ils se plaignaient de la même chose; mais, parce qu'ils formulaient leurs plaintes en des termes très différents, ils exprimaient en fait des positions très différentes – des positions qui appelaient, de la part du thérapeute, des « discours » différents :

PARENTS A : Nous sommes venus à cause du *souci* que nous donne notre fils, qui a quinze ans. Il a eu le plus grand *mal à s'adapter* aux *exigences* de l'école. Nous pensons que l'*agressivité* qu'il manifeste face aux autres garçons du voisinage est chez lui l'expression d'une *souffrance sous-jacente* et, parfois, nous avons *peur* qu'il puisse finir par faire une *dépression* beaucoup plus grave.

122

PARENTS B : Nous sommes venus à cause de la *frustration* complète que nous ressentons quand nous essayons de *contrôler* notre fils de quinze ans. Il *refuse* de faire *quoi que ce soit* à l'école, même quand il *décide* d'assister aux cours, et, maintenant, il *cherche bagarre* à tous les autres gosses du voisinage. Il est devenu tellement *désagréable* à la maison que nous sommes arrivés à la conclusion que nous *avions besoin* d'être un peu *aidés*.

Comme l'indiquent les mots en italiques, les parents A ont, par rapport à leur fils, une position fondamentalement bienveillante : pour l'essentiel, ils considèrent qu'il est « malade ». A l'inverse, les parents du groupe B sont furieux contre leur fils; pour eux, c'est un entêté qui ne tient pas compte des autres et, fondamentalement, il est « méchant ». Bien que, dans ces deux cas, les objectifs thérapeutiques soient vraisemblablement identiques – améliorer les résultats scolaires de l'enfant, ainsi que ses relations avec ses voisins et ses parents – et les actions spécifiques que le thérapeute recommandera probablement similaires, les stratégies et le cadrage des actions recommandées seront tout à fait différents. Même si ces deux couples demandent, l'un comme l'autre, que leur enfant se conduise mieux, ce sont des « clients » différents et, pour que le traitement réussisse, il faudra leur tenir des « discours » différents. Quelque directive que le thérapeute donnera aux parents, il cadrera ses instructions comme « thérapeutiques » pour les parents A, et comme pouvant faciliter l'établissement d'un contrôle parental « normal » pour les parents B.

Si, pour les thérapeutes conventionnels, le plus important est d'être à l'écoute du sens sous-jacent de ce que dit le patient, nous nous attachons surtout quant à nous à être particulièrement attentifs au langage du patient, car c'est son langage qui révélera ses positions.

Le patient peut ne pas être capable d'indiquer d'emblée quelle position il a par rapport à son problème. Il peut s'exprimer en des termes vagues, ou qui contiendront des mélanges de vues apparemment contradictoires – « il était manipulateur même avec le thérapeute chez qui nous l'avons envoyé ». Souvent ce sera en posant des questions que le thérapeute parviendra à faire préciser aux patients de ce type leur position. Il pourra, par exemple, leur demander : « Vous m'avez mis au courant de votre problème et de la manière dont il s'est développé; ce qui m'aiderait davantage, ce serait que vous puissiez me dire *pourquoi,* à votre avis, ce problème existe »; ou encore : « Comment expliquez-vous que ce problème se soit posé à vous et ait persisté comme il l'a fait? » Là comme ici, le thérapeute cherche à découvrir quelles sont les convictions du client sur son problème. Autrement dit, quelle est sa position.

Déterminer quelle est la position du patient ne suppose de la part du thérapeute ni une intense concentration, ni l'attente fiévreuse qu'apparaisse quelque fil directeur caché. Les positions les plus utiles à connaître étant aussi celles auxquelles le patient sera le plus attaché, il les exprimera sans aucun doute à maintes et maintes reprises dans le courant de la discussion. Pour que le thérapeute rate de tels messages, il faudra qu'il veuille activement n'en tenir aucun compte :

> Je pense que le mieux, ce serait que je vous dise d'abord quand j'ai *pour la première fois commencé à avoir des problèmes.* J'ai commencé à avoir des difficultés alors que je n'avais *même* pas encore terminé mes études secondaires, et je pense que *depuis,* c'est *toujours* allé mal. Ça *s'est aggravé* quand j'étais en terminale et, quand je suis entré à l'université, *j'ai dû voir un thérapeute.* J'ai travaillé avec lui *pendant quatre ans,* mais, après avoir obtenu mon diplôme, je suis venu ici et j'ai dû arrêter de le voir. Ensuite, je suis *entré en traitement* avec le docteur Miller, avec qui j'ai travaillé *pendant trois ans.* Puis *il a estimé qu'il vaudrait mieux* que je réduise les séances et que je ne le voie *plus qu'une fois par semaine.* Pendant un temps, j'ai eu l'impression d'aller bien, mais, par la suite, je me suis écroulé, et *j'ai fini par être hospitalisé* pendant *deux mois* à... [Je me vois comme quelqu'un de fragile et je suis pessimiste sur mes chances de jamais surmonter ce problème. Je le vois, en tout cas, comme un problème très sérieux et je pense que, même s'il peut être résolu, cela me demandera beaucoup de temps.]

> La *dépression* de John nous *affole* tant... *Nous lui avons acheté une bicyclette,* espérant que ça pourrait l'aider à *sortir de la maison* et à rencontrer d'autres garçons, mais

il s'en est à peine servi. Alors, nous l'avons inscrit à des *cours de danse,* nous imaginant que, s'il surmontait sa maladresse, c'en serait fini de sa dépression, mais il n'y est jamais allé et nous nous sommes dit *qu'il valait mieux ne pas l'obliger.* Nous avons *tout essayé* pour lui faire savoir que nous l'aimions. Mon mari s'est mis à la pêche uniquement pour *pouvoir l'emmener faire du camping,* et *nous nous sommes fait un devoir de lui réserver au moins un jour par semaine* où nous faisons *tout ce qu'il veut.* Mais tout cela n'a servi à rien. [Nous estimons que John est sérieusement malade, et qu'aucun sacrifice n'est trop grand pour l'aider.]

Il continue à *me critiquer,* surtout devant nos amis, et je me sens *constamment humiliée.* Une fois, *ne pouvant plus accepter cela,* je suis partie du restaurant, et je suis rentrée en voiture à la maison. *Vous savez ce qu'il a fait?* Il est resté chez un ami, a loué une voiture et est *rentré tranquillement* le lendemain soir, *en faisant comme si rien ne s'était passé.* Ça m'a vraiment *rendue dingue.* Je *deviens dingue* et, lui, il se contente de *rester assis là à fumer sa foutue pipe.* [Je veux qu'il me respecte, mais je suis également furieuse, et je meurs d'envie de le mettre en position d'infériorité.]

Comme je vous l'ai dit, il est très important pour moi de venir à bout de ce problème. Maintenant, il va m'être *difficile de prendre un nouveau rendez-vous,* si vous ne recevez pas le soir. En fait, j'ai eu *de la chance de pouvoir vous voir aujourd'hui,* et ça ne m'a été possible que parce qu'à mon travail il y a eu gourance, ce qui m'a laissé une heure de liberté. Mais, évidemment, je ne peux compter là-dessus et, *le pire, c'est que je dois beaucoup voyager,* et on peut m'envoyer en déplacement en ne me prévenant que très peu de temps à l'avance. Donc, nous pourrions fixer un autre rendez-vous, mais, si on se mettait d'accord, il se pourrait que, au cas où je devrais le *faire sauter,* je ne puisse pas vous prévenir plus de *deux heures avant.* Une autre possibilité, ce serait que *je ne vous appelle* qu'une fois que je serai sûr de pouvoir me libérer. *Au cas où vous auriez le temps,* je pourrais venir immédiatement. [Si j'ai dit que je tenais beaucoup à résoudre mon problème, je ne suis pas extrêmement pressé. Mes affaires, en tout cas, comptent plus pour moi que la résolution de ce problème.]

Types de positions

L'éventail des positions déterminantes par rapport au traitement est relativement étroit. Tout d'abord, les personnes que nous recevrons ou bien se définiront elles-mêmes comme les patients, ou bien désigneront quelqu'un d'autre, en général un membre de la famille. Si elles désignent quelqu'un d'autre, elles se présenteront elles-mêmes soit comme se faisant du souci, du fait de leur bienveillance, pour quelqu'un d'autre qui est « malade », soit comme étant victimes de la « méchanceté » d'autrui.

Que le client se désigne ou non comme le patient, ou bien il verra son problème comme indéniablement pénible et tiendra à ce qu'un changement rapide se produise, ou bien il estimera que, si peu souhaitable que soit sa situation, elle n'est pas particulièrement douloureuse et il ne jugera donc pas nécessaire, ou du moins pas particulièrement urgent, de la changer.

Cette seconde position sera particulièrement fréquente chez les individus qui viennent en thérapie sous la contrainte ou la coercition (par exemple, le délinquant à qui le tribunal a ordonné un traitement comme condition de sa liberté surveillée, le mari « alcoolique » menacé de divorce par sa femme au cas où il ne pourrait « obtenir de l'aide », l'enfant présentant devant les autres un comportement inquiet, ou la plupart des patients schizophrènes).

En outre, de quelque nature que soit le problème ou quel que soit l'individu qui est défini comme le patient, les personnes que nous recevrons, ou bien se montreront pessimistes sur l'espoir que leur problème trouve une solution, ou bien auront pour conviction que, quelle que soit la difficulté de leur problème, il pourra trouver une solution. Certains patients, à l'inverse du patient pessimiste, auront plus d'espoir et même adopteront une position qui sera l'inverse de la position pessimiste : ils verront le traitement comme pouvant et devant leur permettre d'atteindre

126

des objectifs tout à fait grandioses – par exemple une « entière réalisation d'eux-mêmes » ou une vie complètement libre des soucis quotidiens. Bien que cette position puisse être incluse dans la dimension pessimisme/optimisme, nous l'avons placée dans une catégorie à part, dans la mesure où elle caractérise ce groupe spécial de patients qui sont devenus les victimes de l'injonction paradoxale : « Tu *dois* être libre! »

Pour ce qui est de la thérapie elle-même, les patients se partageront généralement entre ces trois positions : ils estimeront pouvoir bénéficier passivement de la sagesse du thérapeute et de ses conseils; à l'inverse, ils penseront devoir prendre une part active dans le traitement, en se servant du thérapeute comme d'une caisse de résonance; ou bien encore, comme on peut l'espérer, ils comprendront que, s'ils sont là pour être aidés par le thérapeute, cette aide supposera une activité mutuelle et une compréhension réciproque. Sur un autre plan, les patients regarderont le processus thérapeutique soit comme demandant énormément de discussions et de perspicacité (« Je ne comprends pas pourquoi... »), soit comme exigeant telle ou telle action de leur part (« Je ne sais pas quoi faire quand... »). Cette dernière position s'accompagnera souvent de la position additionnelle qui consiste à croire que le problème sera résolu soit par la rationalité ou le bon sens, soit par des moyens inattendus. Ce sont là en fait des variations sur des thèmes bien connus, selon lesquels les choses arrivent soit grâce à la réflexion, soit spontanément.

Enfin, certaines valeurs personnelles pourront avoir une incidence directe sur le traitement et, quand le thérapeute les aura repérées, il pourra s'en servir comme leviers. Certains patients se verront par exemple comme des individus extraordinaires, au-dessus des contingences communes; ils seront donc motivés par une compétition, un défi. D'autres seront au contraire intimidés à l'idée de se distinguer et, alors qu'ils reculeraient devant une compétition, accueilleront favorablement toute tâche qui leur *semblera* ne pas exiger d'eux qu'ils se mettent en avant. Certaines personnes, enfin, qui se verront comme « donnant de l'amour » ou « prodiguant des soins », se sentiront davantage motivées par des tâches cadrées comme exigeant un sacrifice personnel constructif que par des tâches du type : « Il faut que vous pensiez à vous-même. »

Comme nous l'avons déjà signalé, les positions que le patient aura à l'égard de son problème pourront recouper partiellement les positions qu'il aura à l'égard du processus de traitement. Un patient pessimiste sur son problème le sera également sur l'évolution, la durée et le résultat de son traitement. Ces positions sur le traitement méritent pourtant à notre avis d'être examinées en détail. En y prêtant attention, le thérapeute évitera de tomber dans des pièges coûteux, ce qui ne pourra qu'accélérer la marche du traitement.

A propos du traitement lui-même, la position la plus importante est probablement celle qui consiste, pour l'individu en traitement, à se définir ou non lui-même comme un client. Nous ne voulons pas dire par là qu'il s'agit de savoir s'il se définit ou non comme le patient. Bien que les termes de « client » et de « patient », dans l'usage que nous en avons fait, soient interchangeables du point de vue du thérapeute, il est nécessaire de les distinguer dans ce contexte précis. Un « client », au sens où nous employons ce mot ici, est un individu qui demande activement de l'aide au thérapeute; c'est un « plaignant [1] ». Le terme de « patient » fait, lui, référence à l'individu que le plaignant définit comme une personne déviante ou perturbée, et qui peut donc être aussi bien lui-même qu'un autre. Quelqu'un peut donc se définir lui-même comme un client quand bien même il vient se plaindre du comportement d'un autre, qu'il identifie comme le « patient ». C'est le plus souvent le cas, par exemple, des parents qui demandent au thérapeute de les aider dans leurs rapports à leurs enfants. Se définir soi-même comme un client signifie donc que l'on est sérieusement intéressé par la perspective qu'un changement ou un soulagement soit apporté à quelque chose dont on se plaint, quelque chose qui peut concerner soi-même ou un autre. Cette définition comprend essentiellement trois éléments : (1) « J'ai lutté contre un problème qui me gêne considérablement »; (2) « Je n'ai pas réussi à le résoudre par mes seuls efforts personnels »; (3) « J'ai besoin de votre aide pour le résoudre. » On ne peut s'attendre à ce que tous les clients soient aussi clairs et aussi succincts : en général, c'est en décrivant leur problème et leurs efforts infructueux, ou en répondant à tel ou tel commentaire du thérapeute, qu'ils feront passer le message : « Eh bien, cela fait déjà un certain temps que je suis très déprimé. Cela a

---

1. Sur le choix de ce terme, voir p. 12 *(NdT)*.

commencé, je pense, voici quatre mois. Au début, j'ai essayé de traiter cela par le mépris, mais, malgré tous mes efforts pour tenter de me secouer et de m'en sortir, c'est allé de mal en pis. Et, la semaine dernière, j'ai vraiment eu la trouille. Je me suis surpris à penser aux moyens de me supprimer. Alors, là, vraiment, je me suis affolé. Je me suis rendu compte à quel point j'allais mal, et j'en ai donc parlé à mon cousin, qui a connu le même genre de problème. Comme il m'a dit qu'il vous avait vu et que vous l'aviez beaucoup aidé, je vous ai appelé dès le lendemain. » Par cette brève déclaration liminaire, cette personne s'est identifiée non seulement comme un client, mais aussi comme un patient.

Puisque, par définition, le non-client, même lorsqu'il fera état de quelque sujet de plainte, n'aura pas intérêt à voir sa situation changer, le fait de se définir ou non comme un client peut avoir une importance fondamentale. Le non-client ne sera pas vraiment gêné par le problème ou, quand il le sera, ne croira pas avoir encore essayé toutes les solutions qui sont à sa portée. Même quand il ne saura plus quoi faire, il ne sera pas convaincu que la psychothérapie soit la bonne solution. L'individu contraint par quelqu'un d'autre d'entreprendre une thérapie – par ses parents, son conjoint, les tribunaux ou ses enfants adultes – sera très souvent un non-client.

Le thérapeute constatera qu'il aura le plus grand mal à mettre le non-client au travail du traitement. Le non-client ne répondra au thérapeute que laconiquement et de mauvaise grâce, ou bien, à l'inverse, se mettra à aimablement divaguer sur tel ou tel poncif philosophique, sur les événements de l'actualité et autres sujets du même genre. Dans un cas comme dans l'autre, le thérapeute devra, pour réussir à obtenir des informations utiles, travailler plus dur. Il lui sera également très difficile de prévoir des rendez-vous : « Je ne pourrai plus venir à la même heure. Recevez-vous le soir ? » ou : « Je ne veux pas prendre tout de suite un autre rendez-vous. Je voulais simplement voir comment nous nous entendrions. La semaine prochaine, je consulterai deux ou trois autres thérapeutes pour comparer. » (Pour une discussion plus poussée de la reconnaissance du non-client et des interventions le concernant, cf. les chapitres II et IV.)

Une autre position doit être repérée et prise en compte le plus rapidement possible : c'est celle du client qui est vraiment gêné par son problème, ne sait plus quoi faire, cherche activement à suivre une thérapie, mais a néanmoins des idées tellement arrêtées sur la structure qu'il convient de donner à son traitement qu'il répugne à laisser le thérapeute prendre les décisions de procédure fondamentales. Ce type de client tentera donc d'imposer au thérapeute des conditions qui, s'il les acceptait, rendraient des plus improbables la résolution du problème; quelles que soient ses intentions, il essaiera fondamentalement de lier les mains au thérapeute : « Il faut que je prenne une décision en ce qui concerne mon mariage, mais je veux qu'il soit clair qu'en aucun cas ma femme ne devra savoir que je vous vois. » Ou encore : « Puisque, mon problème, c'est que j'ai refoulé mes sentiments, je serai incapable de travailler avec vous tant que je ne serai pas sûr de pouvoir exprimer mes émotions aussi pleinement que je les ressens. C'était ce que mon thérapeute précédent m'encourageait à faire, et je ne manquerai pas de payer la casse pour tout ce que je briserai dans votre cabinet. » Comme pour ce qui est de la position de non-client, il existe des moyens d'échapper à l'alternative qui consiste soit à devoir renvoyer ces clients, soit à tolérer un impossible arrangement (cf. le chapitre II).

Se servir de la position du patient

Une fois que le thérapeute aura déterminé quelle position son client a à l'égard de son problème et de la thérapie, comment pourra-t-il tirer parti de cette information? Tout d'abord, conformément aux objectifs de la thérapie courte, le thérapeute devra éviter toute intervention susceptible d'engendrer une résistance chez le patient – à moins qu'elle ne fasse partie d'un stratagème planifié. Ensuite, toujours parce qu'il recherchera la rapidité, il souhaitera porter au maximum l'acquiescement du patient à ses suggestions. La position du patient pourra l'aider à atteindre ces deux objectifs; en atteignant le premier, il s'évitera bien des complications et, en atteignant le second, il progressera en direction de la résolution du problème. C'est pourquoi nous aurons plus de choses à dire de ce deuxième objectif.

Éviter la résistance.

Le thérapeute pourra provoquer une résistance chez le patient en lui faisant des observations qui auront sur lui un effet explosif ou qui réduiront sa crédibilité. Dans le cas, par exemple, du patient qui se montrera pessimiste (« Ce problème dure depuis très longtemps, et le traitement que j'ai essayé avant de vous voir n'a rien donné, mais mon docteur m'a dit que vous aviez pu aider beaucoup de gens qui ont le même genre de problème que moi »), le thérapeute pourra provoquer une importante résistance en faisant preuve d'optimisme, en lui déclarant, par exemple : « Vous me semblez un peu découragé à propos de votre précédente thérapie, mais je ne vois pas pourquoi vous avez ce sentiment. Peut-être notre première tâche devrait-elle être de mettre en lumière les raisons pour lesquelles vous êtes si découragé. » Si bien intentionnées que se veuillent ces paroles, elles s'opposent au pessimisme du client, et il est prévisible qu'elles feront obstacle tant à sa coopération qu'à la réussite finale du traitement, notamment lorsque le thérapeute aura affaire à des clients ayant déjà été découragés par de précédents thérapeutes, lesquels, après avoir entamé ce premier traitement sur une note positive, optimiste, l'auront arrêté sans qu'il y ait d'amélioration. Le thérapeute pourrait éviter de se mettre dans d'aussi mauvais draps en ne répondant rien, mais le patient risquerait alors d'interpréter ce silence comme signifiant que le thérapeute a « déjà accompli des miracles ». Il vaut toujours mieux répondre – mais de façon, naturellement, à provoquer un mouvement favorable; le thérapeute devra donc plutôt abonder dans le sens du patient : « Je peux naturellement comprendre les espoirs que vous placez en moi, mais, compte tenu de tout ce que vous avez déjà vécu et de l'échec des efforts précédents, je pense que, plutôt que de commencer votre traitement avec moi sur la base d'un optimisme aveugle, il vaudrait bien mieux que vous conserviez tout votre scepticisme. Après tout, la seule chose concrète à laquelle on puisse s'accrocher, ce sont les résultats. » En prenant cette position, le thérapeute pourra, paradoxalement, atténuer le pessimisme du patient, puisqu'il lui laissera ainsi entendre qu'il reconnaît son découragement et la validité de ses sentiments, et qu'il ne l'encourage pas dans de faux espoirs. En outre, bien que le thérapeute prononce là des paroles pessimistes ou du moins prudentes, son allusion à la possibilité de *résultats* est, à un niveau implicite, et donc indiscutable, optimiste.

Dans d'autres types d'échanges, le thérapeute diminuera sa crédibilité en se laissant involontairement aller à des observations qui s'avéreront explosives :

> LE MARI *(sa femme est également présente)* : Ce gamin est la plaie de notre existence. S'il n'était pas là, nous n'aurions aucun problème. Notre couple marche bien, nous avons une belle maison et de nombreux centres d'intérêt, mais il nous rend fous.
>
> LE THÉRAPEUTE : Bien, John. Vous me dites que votre couple marche bien. Pourtant, Sandy a dit que vous faisiez chambre à part, que vous ne sortiez guère ensemble et que vous n'aviez même plus entre vous de ces désaccords qui sont naturels. Il me semble que toutes ces plaintes concernant votre fils pourraient masquer les problèmes qui existent dans votre couple.

Cette remarque du thérapeute risque d'avoir un effet provocateur sur le mari. D'abord il a dit, et devant sa femme, qu'il estimait que leur couple marchait bien; l'observation du thérapeute laisse entendre que, soit le mari ment, soit il passe sur des difficultés évidentes. De plus, puisque ce client a dit se faire du souci, non pour son couple, mais pour son fils, les paroles du thérapeute risquent de lui donner à penser qu'il a tort de se plaindre de ce dont il se plaint, et que, dans l'affaire, le thérapeute prend parti pour son fils et sa femme contre lui. Ici encore, le thérapeute pourra éviter de s'aventurer sur un terrain aussi glissant en s'abstenant de tout commentaire orientant le débat sur le couple – du moins, à ce point du traitement. Mieux encore, il pourra utiliser la position du père pour l'amener à coopérer davantage : « Dans la mesure où votre couple marche bien, je m'attendrais à ce que vous fassiez tout ce qui est en votre pouvoir pour résoudre le problème que votre fils vous pose, de manière que vous et votre femme puissiez profiter encore plus pleinement de votre entente. »

Pour éviter de créer chez le patient des résistances inutiles, le thérapeute devrait donc accepter les assertions du patient, reconnaître les valeurs qu'elles représentent et éviter tout commentaire risquant de s'avérer explosif ou de heurter les vues du patient. Naturellement, plus le thérapeute comprendra ce qu'il ne devra *pas* dire, plus il lui sera facile de savoir quoi dire, au moment où il choisira de le dire. Parfois, un simple hochement de tête suffira à montrer au patient que ses déclarations sont acceptées, et toute autre intervention sera inutile, du moins pour le moment.

Accroître la coopération du patient.

Arrivé à la phase du traitement à laquelle nous nous intéressons ici, le thérapeute se sera formulé quelque tâche ou quelque action possibles, susceptibles, au cas où le patient accepterait de suivre les directives qui lui seraient données, d'augmenter les chances de résolution du problème. Le thérapeute devra donc maintenant présenter cette tâche ou cette action au patient sans heurter ses positions. Supposons par exemple que le thérapeute ait pour clients les parents d'un enfant qui se conduit très grossièrement – qui pique des colères, n'a aucune discipline personnelle, refuse d'aider aux travaux ménagers, etc. – et que ces parents, loin de penser que leur fils cherche à les provoquer ou est tout simplement désobéissant, voient dans son comportement la manifestation de quelque problème psychologique profond, qu'ils se formulent à eux-mêmes en se disant par exemple : « Il a peu d'amour-propre », ou encore : « Il doit être ennuyé par quelque chose dont il n'arrive pas à nous parler. » Du fait de leur façon de voir, de tels clients ont essayé de modifier l'attitude de leur enfant en l'incitant à « s'ouvrir » à eux, en évitant de le pénaliser ou de se montrer fermes dans leurs exigences et en le traînant enfin chez divers spécialistes pour y glaner des diagnostics ou des conseils : toutes leurs tentatives de résolution du problème ont autrement dit reposé sur la prémisse selon laquelle leur fils est incapable de s'empêcher de se comporter comme il le fait, et ne peut se dominer. Plus ils s'en tiennent à cette stratégie, plus ils sont opposés à l'idée de le punir ou de lui faire payer d'une manière ou d'une autre sa mauvaise conduite. Étant donné enfin qu'à leurs yeux le problème de leur fils est dû à un grave conflit affectif, ils estiment inutile de faire eux-mêmes plus d'efforts et espèrent seulement trouver un spécialiste qui réussisse à prendre l'enfant en thérapie et sache « le tirer d'affaire et le débarrasser d'une manière ou d'une autre de tous les conflits qu'il peut avoir en lui ».

Le thérapeute, pourtant, estime quant à lui, d'une part, que le problème est maintenu, et par la manière dont les parents voient le comportement de leur fils, et par l'attitude que leur point de vue les a amenés à adopter; d'autre part, qu'il n'est pas nécessaire qu'ils modifient leur conception du problème : il suffit seulement qu'ils acceptent d'imposer quelque discipline à leur enfant et cessent de l'infantiliser. Le problème auquel est confronté le thérapeute se pose en ces termes : d'une part, il ne peut se contenter de dire à ces parents comment se comporter, puisqu'ils interpréteraient vraisemblablement son intervention comme une façon de leur demander d'ignorer la « maladie » de leur fils et de le punir pour des choses auxquelles il « ne peut rien »; mais, d'autre part, il se trouve que la notion de discipline et l'idée que toute action doit avoir ses conséquences sont en général bien acceptées, et reconnues comme structurantes, donnant des repères : vus sous cet angle, de tels concepts peuvent être très bien considérés comme une forme de thérapie plutôt que de punition. En outre, les parents pourraient accepter l'idée que « bien qu'un remède salutaire puisse avoir un goût désagréable, le refuser pour cette raison serait de l'irresponsabilité ». La solution pour le thérapeute consistera donc, une fois son cadrage planifié sur ce modèle, à demander à voir l'enfant seul, puis, après cette séance de « diagnostic », à rencontrer les parents pour leur faire part de ses conclusions.

LE THÉRAPEUTE : Ma rencontre avec Sean a été très utile. J'ai pu découvrir qu'il y a un certain nombre de questions dont il n'arrive pas à vous parler. D'abord, vous avez tout à fait raison de penser que quelque chose le perturbe, quelque chose – cela aussi, vous l'avez très bien deviné – qui l'a blessé dans son amour-propre. Et, le plus positif, c'est que j'ai pu comprendre ce qui l'inquiète tant, et ce qui se trouve à la base du conflit qu'il ressent. [*Le thérapeute marque alors une pause pour vérifier si les parents acceptent ce qu'il a dit jusque-là.*]
Son conflit tient essentiellement à cela : à un niveau *super-*

ficiel, il a une compulsion à n'en faire qu'à sa tête, à essayer d'obtenir tout ce qu'il veut, quand il le veut et sans se préoccuper d'autrui; mais, et c'est le plus important, à un niveau *plus profond,* cette compulsion égocentrique fait qu'il se méprise, et lui fait craindre de devenir, lui, trop puissant, et son hédonisme trop invincible. Par-dessus tout, il redoute de malmener et même éventuellement de détruire les personnes dont il dépend pour sa sécurité et son bien-être. C'est cette terreur de l'omnipotence qui est la principale cause du maintien et même du renforcement du cercle vicieux dont il est prisonnier. Son comportement doit donc être plutôt vu comme un appel, une demande : ce qu'il désire, c'est que, en mettant un frein à ses agissements, vous le rassuriez en lui prouvant qu'il n'est pas tout-puissant. [*Le thérapeute marque encore une pause, puisqu'il vient de faire une intervention majeure et veut vérifier si elle est acceptée ou refusée. En règle générale, tout ce qui est en deçà d'un « oui » précis, verbal ou non verbal, doit être considéré comme un « non », auquel cas le thérapeute doit abandonner cette voie. Dans cet exemple, nous supposerons que les parents répondent positivement.*] Je ne peux vous blâmer de ce que vous avez fait pour essayer d'aider Sean. Vous faisiez de votre mieux en fonction de ce que vous pensiez être juste. Mais, vous le reconnaîtrez, tout ce que son appel lui a rapporté, ça a été des parents dont l'affolement est allé croissant – ce qui, bien entendu, n'a abouti qu'à le terrifier encore plus. Non, le remède vital dont il a besoin, c'est que vous le tranquillisiez en lui montrant qu'il n'est pas tout-puissant, qu'il n'est pas en position de faire tourner ses parents en bourrique, et que, quoi qu'il arrive, ils contrôlent le navire d'une main ferme. Mais, pour vous, ça ne sera pas facile : pour le rassurer, vous devrez faire des choses qui, au début, pourront vous paraître arbitraires ou même sévères, bien que n'étant en rien aussi dures que le fait de le laisser se casser la figure. Ce qu'il y a de certain, c'est que cela vous demandera un sacrifice personnel.

Si, à ce point du traitement, les parents disaient : « Bon, eh bien, tout dépend de ce que vous attendez de nous », ils exprimeraient une résistance. Le mieux à faire pour le thérapeute serait alors de renoncer à sa stratégie. Une résistance à ce point serait néanmoins peu probable dès lors que les clients auraient accepté la prémisse de base du thérapeute, à savoir l'idée que leur fils a « peur d'être omnipotent ». Le thérapeute pourra donc continuer et exposer en détail aux parents la manière dont ils pourront mener à bien leur tâche de « sécurisation thérapeutique ». Il leur dira, en fait, de faire ce que, normalement, tous les parents font quand un de leurs enfants se conduit mal : il leur conseillera d'exprimer clairement leurs demandes, de lui montrer qu'il peut obéir et de faire reculer sa désobéissance par des sanctions.

Ainsi, le thérapeute se sera servi de la position des parents (pour eux, leur fils était « malade ») pour les amener à adopter une attitude efficace. Sans les avoir brusqués, affrontés ou leur avoir fait trop de concessions, il les aura amenés à changer de position. Il sera également parvenu, en dix minutes, en recadrant leur propre comportement à partir du recadrage de la « maladie » de leur fils, à obtenir leur coopération.

Un second exemple :

Une femme mariée se plaint de ce que son mari ne s'intéresse pas à elle et ne tient pas compte de ses besoins. Elle dit avoir envisagé le divorce, mais que c'est là un pas qui lui fait peur, et qu'elle préférerait de loin ne pas en arriver à cette extrémité, à condition toutefois que la « froideur » de son mari puisse être corrigée. Elle cherche donc à faire une « thérapie de couple » : « J'ai vraiment le sentiment que c'est l'indifférence qu'il me manifeste qui est la cause de la rupture de notre communication. J'essaie de lui parler, mais il prétend n'avoir rien à dire, et se cache la figure derrière son journal. Ça ne devrait pas me surprendre. Après tout, il a été élevé dans une famille où, jusqu'à ce jour, sa mère et son père ne se sont jamais témoigné d'affection – presque comme si en témoigner était un signe de faiblesse. J'espérais que vous pourriez le convaincre de venir ici avec moi, et que vous lui feriez voir à quel point son indifférence me blesse. Nous pourrions ainsi travailler tous les deux sur notre communication. »

Le thérapeute a déjà appris de cette femme que, bien qu'elle prétende exprimer ses besoins à son mari avec beaucoup de clarté, elle est en réalité très vague ou formule ses désirs de manière confuse et frustrante. Elle accompagne souvent ses « demandes » de critiques malveillantes qui mettent le doigt sur tout ce que son mari a raté dans le passé. Si elle a reconnu ne pas toujours lui expliquer avec précision ce qu'elle souhaite obtenir de lui, elle ne s'en justifie pas moins en disant : « Ce que je veux, il devrait le savoir. Après tout, on vit ensemble depuis seize ans. »

Bien que, pour cette patiente, le manque de prévenance que son mari lui témoigne s'explique par son « manque d'amour », le thérapeute estime pour sa part qu'il résulte plutôt des critiques permanentes dont elle l'accable et de son incapacité à se faire comprendre de lui. Le plan du thérapeute vise donc à amener la patiente à s'exprimer d'une manière à la fois plus précise et moins provocante. Il sait pourtant qu'il n'aurait que très peu de chance d'obtenir sa coopération en lui faisant simplement remarquer que c'est elle qui est la principale responsable de cette triste situation. A cet égard, elle a déjà fait connaître sa position : le coupable, c'est son mari. Dans le couple, c'est lui qui est imparfait. Et cette imperfection remonte à avant même qu'elle l'ait connu, si bien que, quelque défaut que son comportement dénote, elle n'en est aucunement responsable.

Le thérapeute pourra, en s'appuyant sur cette position, amener la patiente à coopérer, et accroître ainsi les chances de résolution du problème :

LE THÉRAPEUTE : La semaine dernière, comme vous le savez, j'ai vu votre mari et, en parlant avec lui, j'ai eu certaines impressions fugitives mais bien précises. Comme je n'en suis pas absolument certain, j'aimerais les vérifier avec vous, car vous le connaissez mieux que je ne le pourrai jamais. D'abord, aurais-je raison de dire que ses parents pourraient être décrits comme des gens froids et qui se contrôlent trop?

LA PATIENTE : Oh, oui. Quand ils nous rendent visite, ça m'est tellement pénible que je suis toujours pressée de les voir partir.

LE THÉRAPEUTE : C'est ce que je pensais. Par ailleurs, je sais que votre mari est ingénieur. Mais s'intéresserait-il par hasard aux activités créatrices?

LA PATIENTE : Oh! C'est ridicule. J'ai le plus grand mal à obtenir qu'il m'emmène à l'opéra ou au musée. Sa distraction favorite, c'est de regarder la télé, surtout s'il y a du football ou du base-ball.

LE THÉRAPEUTE : D'accord [*dit pensivement*]. Ça concorde. En y repensant, je me demande s'il vous est jamais arrivé de vous dire, à la suite de telle ou telle réflexion qu'il vous aurait faite, qu'il pourrait envier votre chaleur et l'intérêt que vous portez aux gens. Non que l'allusion eût été forcément très évidente, mais n'avez-vous jamais rien remarqué?

LA PATIENTE : Eh bien, maintenant que j'y pense, il lui est parfois arrivé de se mettre inexplicablement à s'intéresser à certaines choses que je faisais – comme la fois où il m'a rapporté un livre sur l'opéra, et où j'ai failli m'en évanouir.

LE THÉRAPEUTE : Mm-mmm [*dit encore pensivement, mais avec un hochement de tête exprimant une soudaine satisfaction, comme si toutes les pièces du puzzle allaient maintenant ensemble*]. Une dernière chose. Quand vous lui avez fait remarquer qu'il ne vous témoignait pas assez d'attention, est-ce qu'il ne s'est pas mis extrêmement en colère, plus en colère qu'il est normal de l'être quand on se trouve dans ce genre de situation?

LA PATIENTE : En colère? Il tempête, hurle que rien de ce qu'il fait ne trouve grâce à mes yeux et parfois, furieux, il fiche le camp de la maison pendant des heures.

LE THÉRAPEUTE : [*Hochements de tête signifiant : « Cela confirme ce que je pensais. »*] Vous savez, tout ce que vous m'avez dit confirme les impressions que j'ai eues quand j'ai parlé avec Bob. Je n'en étais pas sûr, parce que c'est le genre de choses que je n'ai constatées que chez peu d'hommes, et c'est aussi un phénomène très subtil. Mais c'est bien là, et j'espère que je vais arriver à vous l'expliquer clairement. Ce que vous m'avez confirmé et aidé à voir, c'est qu'en un sens Bob est quelqu'un qui est estropié, très probablement depuis son plus jeune âge. Mais il a une infirmité d'un genre très particulier. Il peut être, voyez-vous, quelqu'un de très brillant, mais il est néanmoins incapable de percevoir normalement les besoins des autres et leur sensibilité, et ceci d'autant plus qu'il s'agit de personnes qui lui sont très proches. C'est quelque chose que je ne comprends pas très bien moi-même, mais il peut avoir des rapports moins difficiles avec les gens qui pour lui ne comptent pas; plus intime et significative sera la relation, plus ce défaut se manifestera. Et, ce qui rend le problème encore plus délicat, c'est qu'il a du mal à prendre conscience de son problème. C'est la raison pour laquelle, quand vous l'accusez de négligence ou de légèreté, même si cette accusation est justifiée, il se met très en colère : dans son expérience à lui, il ne peut rien percevoir comme ayant besoin de se voir manifester de l'amour. Pour ainsi dire, c'est un peu comme s'il était retardé, non pas intellectuellement, mais dans le domaine de la perception. [*Là, le thérapeute marque une pause. Il vient de faire une intervention majeure et ne veut pas la développer davantage avant que la patiente l'accepte. Il a recadré l'échec du mari à faire plaisir à sa femme en le définissant non plus comme la preuve de son « manque d'amour », mais comme une forme d'« inconscience ». La patiente ne serait donc plus forcée de regarder le comportement de son mari comme un affront personnel; elle pourrait, en fait, le voir comme dénotant l'importance de leur relation, et d'une relation où elle pourrait se sentir en position de supériorité.*] Vous devez comprendre que, quel que soit l'amour qu'il vous porte, il ne sera probablement jamais capable de vous exprimer son affection avec spontanéité, comme un autre homme qui aurait une sensibilité plus normale. Et, pour cette raison, vous pourriez décider de le quitter. Si vous décidiez néanmoins de rester avec lui, vous pourriez l'aider à vous exprimer son intérêt et son amour, mais cela vous demandera un effort. Avant tout, il vous faudra être laborieusement explicite en ce qui concerne vos besoins et vos désirs. A un individu moyen, il suffit de dire : « Oh, comme les fleurs, sur ce magazine, sont belles! » Mais, face à quelqu'un d'aussi limité que l'est Bob, vous devrez être plus explicite; vous devrez lui dire : « Ce weekend, j'aimerais beaucoup que tu m'offres quelques roses. Des roses jaunes, ce serait merveilleux. »

Cette patiente se plaignait donc de ce que son mari ignorait ses désirs, à un point tel qu'elle s'en sentait humiliée et en souffrait. Elle mettait le comportement de son époux sur le compte de quelque défaut, qu'elle définissait notamment comme du « manque d'amour ». En outre, elle se sentait inférieure à son mari et supportait mal cette situation. Le thérapeute a, naturellement, vu le problème de façon différente. Pour lui, le problème serait résolu lorsque la patiente cesserait de critiquer son mari et parviendrait à lui expliquer mieux ce qu'elle attend de lui. Mais, puisque cette femme se voyait comme une victime innocente, le thérapeute ne pouvait lui faire part de son opinion sans s'opposer directement à elle. Il a donc utilisé la position de la patiente (« C'est son défaut ») mais en cadrant désormais ce défaut non plus comme le signe d'un « manque d'amour », mais comme résultant des « limites de la perception » de son mari. En étiquetant la patiente comme supérieure à son époux dans le domaine de la « perception », de la « sensibilité » et de la « créativité », le thérapeute a utilisé également son désir de se retrouver en position de supériorité par rapport à son mari (ou du moins de ne plus être en position d'infériorité). Il aura ainsi porté au maximum les chances d'obtenir la coopération de la patiente, et cela en très peu de temps.

Notre dernier exemple :
Un garçon de quatorze ans ne se conduisait pas bien à l'école : il séchait les cours, refusait de faire ses devoirs et avait de mauvaises notes. Et, comme il avait vendu des drogues illégales sur les terrains de l'école, il avait été provisoirement renvoyé. Le principal l'avait informé qu'il serait autorisé à continuer à travailler chez lui et que sa mère pourrait lui amener des devoirs à faire à la maison. Il avait ajouté que c'était pour son propre bien qu'il l'avait renvoyé – remarque qui provoquait chez ce garçon beaucoup plus d'hostilité que de reconnaissance. Les semaines qui suivirent son renvoi, il refusa avec colère de faire les devoirs que sa mère lui ramena et ne voulut pas écouter ses supplications de « profiter de ce que le principal t'a offert ». Néanmoins, la mère continua à supplier son fils, en lui faisant remarquer que, en ne travaillant pas, il coupait lui-même la branche sur laquelle il était assis, et qu'il pourrait poursuivre de son côté et rejoindre sa classe pour la rentrée. Devant de telles exhortations, l'enfant restait sourd : « Que je sois pendu si je fais le moindre brin de travail pour ce foutu principal. » En désespoir de cause, la mère consulta un thérapeute.
Après plusieurs séances au cours desquelles le thérapeute réussit rapidement à identifier et à utiliser sa position, la mère se rendit compte qu'en tentant de faire ainsi appel au « simple bon sens » de son fils, elle se rangeait involontairement aux côtés du principal, ce qui envenimait encore plus la situation. Elle comprit également que l'intransigeance de son fils s'expliquait par la rancune qu'il gardait contre son principal, et que son refus autodestructeur du travail scolaire exprimait un désir de ven-

geance. Avec l'aide du thérapeute, la mère décida, au lieu de résister à son fils comme elle l'avait fait jusque-là, de se servir de sa position. Elle lui dit donc que, étant donné ce qu'elle avait appris sur le principal, il se pourrait vraiment que ce soit une grosse erreur pour lui que de travailler. Elle lui raconta que, aux réunions de parents d'élèves et ailleurs, le principal avait dit que les élèves ne pouvaient arriver à rien en dehors de l'école, et qu'il leur fallait absolument assister régulièrement aux cours. Par conséquent, si son fils arrivait à faire le travail qu'on voulait bien lui donner et si ses résultats étaient *au moins aussi bons* que quand il suivait les cours, le principal ferait une drôle de tête. Et, pire encore, s'il réussissait vraiment *mieux* qu'à l'école, le principal passerait carrément pour un imbécile : « J'aimerais te voir passer dans la classe supérieure. Mais il vaudrait peut-être mieux pour toi sacrifier tes études que de faire passer un principal respecté pour un idiot aux yeux des autres élèves et des professeurs. »

Comme espéré, le garçon ne put résister à cette offre de revanche qui était bien supérieure à sa tentative de vengeance autodestructrice. Cette revanche exigeait qu'il travaillât dur. Il se mit furieusement au travail et obtint des notes meilleures que jamais, qui lui permirent de rejoindre aisément sa classe au second semestre. Grâce à cette victoire – due, reconnaissons-le, à son seul mérite –, il oublia sa vendetta contre le principal et poursuivit ses études sans nouvel incident.

Ce cas met en lumière un autre aspect important de la technique qui consiste à se servir de la position du patient. Nous avons tendance à supposer que, pour qu'un individu puisse être utilement et efficacement motivé, il faut qu'il ait une « attitude juste ». Et, quand quelqu'un a une « attitude erronée », nous tentons de discuter avec lui de sa position pour l'amener à développer une « motivation juste ». Selon notre cadre de référence, une telle méthode revient, au lieu de parler la langue du client et de se servir de sa position, à essayer de lui faire « parler notre langue », adopter notre point de vue et accepter notre propre position. Dans ce dernier exemple, les motivations du garçon étaient la colère et le désir de revanche – de l'aveu général, des motivations qui ne sont pas particulièrement louables. Sa mère put néanmoins utiliser sa « vilaine » attitude pour obtenir un résultat très positif – et, en toute ironie, un résultat qui, en portant ce garçon à la première place, a éteint la motivation même qui l'animait à l'origine.

Le thérapeute ne peut négliger ou rejeter *aucune* motivation susceptible d'augmenter les chances que le problème du patient trouve une solution satisfaisante – et aussi vite que possible. Il doit donc se servir de ce que le client lui apporte. Et, ici, la difficulté n'est pas tant d'ordre technique que liée à la nécessité de surmonter la tentation de tenir tête aux clients, de les « raisonner » et de discuter avec eux. Au-delà de cet impératif, il s'agit d'écouter ce que les clients disent. Les principes directeurs sont en eux-mêmes assez simples : *(1)* Quelle est, par rapport au problème, la position (attitude, opinion, motivation) principale du client ? *(2)* Comment puis-je le mieux ramener cette position à sa dynamique [1] fondamentale ou à sa valeur essentielle ? *(3)* Puisque je sais ce que j'aimerais que le client fasse pour résoudre son problème, comment puis-je le formuler en restant dans la logique de sa position ?

---

1. Le contexte nous a contraint à traduire le terme de *thrust* (impulsion, poussée) tantôt par « dynamique », tantôt par « orientation », lorsqu'il se référait principalement au sens dans lequel le thérapeute doit intervenir par rapport à l'axe qui sous-tend les comportements du patient *(NdT)*.

6

La planification du cas

La planification du cas est généralement la partie de la thérapie la moins intéressante et la plus fastidieuse, notamment quand le thérapeute travaille seul plutôt qu'en équipe. Bien que planifier n'exige pas énormément de temps, c'est néanmoins une tâche qui rebute la plupart des thérapeutes. Malheureusement, lorsqu'on veut avoir une influence sur les événements et résoudre les problèmes rapidement, la planification est une nécessité. Si l'on ne réussit pas à prendre le temps qu'il faut pour planifier, les chances de voir la thérapie aboutir sont sensiblement réduites et le traitement devient une aventure interminable, pleine de méandres et qui prend fin par lassitude. Le thérapeute finit par renoncer, ou alors c'est le patient qui perd tout intérêt pour la thérapie et abandonne. Quand nous avons examiné nos propres cas d'échecs, il nous est apparu qu'il fallait les attribuer principalement à une insuffisante planification du traitement.

Ainsi que nous l'avons décrit dans les chapitres précédents, à chaque aspect et à chaque phase du traitement – la mise en place de la scène du traitement, l'obtention des données stratégiques, etc. – correspondent des procédures particulières. Mais elles ne servent pas à grand-chose si le thérapeute fait simplement confiance à sa capacité de « tirer au jugé » et ne manœuvre qu'au coup par coup, en ne dressant aucun plan entre les séances. Ce genre de pratique est toujours une tentation, non seulement parce que la planification est une tâche ardue, mais aussi parce que la thérapie traditionnelle incite le thérapeute à attendre les mouvements du patient pour n'y répondre qu'ensuite. Sans compter que, dans un certain type de formation à la thérapie à long terme, la séance sera souvent considérée comme une entité séparée plutôt que comme un élément faisant partie intégrante d'un traitement planifié de bout en bout.

D'autres approches thérapeutiques connaissent, naturellement, la planification. Mais, dans certaines thérapies orientées vers l'*insight* ou l'expérience, elle sera le plus souvent générale – elle portera, par exemple, sur le conflit ou le « terrain » spécifiques sur lesquels le patient et le thérapeute travailleront. Dans notre approche stratégiquement orientée, la planification exige beaucoup plus de précision, notamment en ce qui concerne les objectifs thérapeutiques, la stratégie du traitement et les interventions que requiert l'application de cette stratégie. Bien évidemment, aucune planification, si poussée soit-elle, ne peut anticiper dans tous ses aspects le déroulement du traitement. Si nous présentons ici une esquisse générale de la planification, il ne faut pas oublier que tout plan peut devoir être réévalué à mesure que le traitement progressera et que surgiront des difficultés imprévues – ou même des changements positifs –, qui exigeront que le thérapeute modifie ses plans initiaux.

Comprendre la plainte du client

Il est important de commencer par bien comprendre quel sujet de plainte a amené le client à venir nous consulter. Cela peut sembler évident, mais, en étudiant après coup un certain nombre de cas qui s'étaient soldés par un échec, nous nous sommes aperçus que la plainte du client n'avait jamais été bien comprise, et que la planification du cas, dans la mesure où elle reposait sur une information inadéquate ou des formulations défectueuses, était mauvaise. Dans la plupart des cas, la plainte formulée ne sera pas difficile à cerner : « Quand je suis au volant, je panique tellement que je ne peux plus m'approcher d'une autoroute. » Mais, bien souvent également, la plainte initiale sera vague et insaisissable (« Nous ne communiquons pas l'un avec l'autre ») ou se voudra un énoncé de la cause supposée du problème (« Si notre fils a des problèmes, c'est parce que nous ne lui accordons pas suffisamment d'attention »). En règle générale, plus la finesse psychologique du client sera grande, plus il masquera le véritable objet de sa plainte. Souvent, ce type de client préférera, plutôt que d'exposer clairement son problème, nous faire part de ses spéculations personnelles sur les prétendues causes sous-jacentes de son problème. A l'inverse, il pourra aussi arriver qu'un patient moins fin, tout en nous laissant facilement comprendre ce qui constitue l'objet de sa plainte, n'élabore pas suffisamment : « Nous n'arrivons pas à obtenir de notre fils qu'il se conduise bien. Voilà. » Quand la plainte du client est vague, le thérapeute doit, avant tout, commencer par la clarifier. Puisque le but général de la thérapie est d'éliminer ou, à tout le moins, de réduire dans des proportions satisfaisantes le motif de plainte de celui qui vient nous consulter, il est fondamental de parvenir à bien comprendre de quoi il se plaint.

Comprendre la solution tentée par le client

L'une des conséquences de notre conception du problème (nous considérons que tout problème est maintenu par les efforts mêmes que le client et son entourage font pour tenter de le résoudre) est qu'il devient absolument nécessaire de parvenir à comprendre totalement et en détail en quoi consistent exactement ces efforts (ces « solutions »), et notamment les efforts qui sont faits dans le présent. Les patients peuvent avoir fait des efforts dans le passé, mais y avoir renoncé depuis : « Il y a à peu près deux ans de cela, on lui a fait prendre des médicaments pendant un certain temps. » Une telle information peut ne pas être inutile, mais c'est ce qui est fait *maintenant* qui est crucial. Il est en outre important de comprendre la *dynamique fondamentale* qui sous-tend les divers efforts qui sont en train d'être faits. Même quand le client évoquera diverses paroles ou divers actes que lui et les autres auront prononcées ou faits, ce ne seront probablement que des variantes d'une dynamique ou d'un thème centraux, que le thérapeute pourra repérer s'il veut bien y réfléchir. Un père ou une mère peuvent par exemple se plaindre de leur fils adolescent en disant : « J'ai fait à peu près tout ce qui est imaginable. Je l'ai prévenu, je l'ai privé d'argent de poche, je l'ai parfois frappé. Nous l'avons privé de sorties, nous nous sommes assis avec lui pour lui expliquer que c'est notre maison et qu'il doit se conformer à nos règles. Nous avons essayé de l'empêcher de voir ces voyous qui habitent de l'autre côté de la ville et, l'année dernière, nous avons fini par le retirer de l'école publique pour l'envoyer dans un pensionnat. Il n'y a pas tenu plus de deux mois. Donc, vous voyez, nous avons fait à peu près tout ce que des parents peuvent faire. » Ce « tout » consiste néanmoins en des variantes d'un unique thème central : « Nous exigeons que tu nous obéisses. » Un patient insomniaque pourrait également dire : « Comment ai-je essayé de m'endormir? D'abord, j'ai essayé de rester debout tard pour être vraiment fatigué. Puis, comme ça ne marchait pas, je me suis couché tôt, pensant que je pourrais être capable de m'endormir à mon heure habituelle. Puis, j'ai cessé de boire du café et ai mangé légèrement le soir. Comme rien de tout cela ne semblait marcher, j'ai pensé que je pourrais me fatiguer en faisant des exercices pénibles avant de me coucher. Je coupais la télé la nuit parce que j'avais remarqué que certains programmes m'excitaient. Puis, j'ai essayé aussi quelques-unes de ces pilules pour dormir que l'on vend sans ordonnance. Comme je ne dormais pas plus d'une heure ou deux, je suis allé voir mon docteur qui m'a prescrit des barbituriques. Grâce à ces somnifères, j'arrive à dormir trois ou quatre heures, mais parfois même pas. » Si diverses que paraissent être ces tentatives de « solution », elles sont toutes des variantes de la dynamique centrale « Je travaille à m'endormir », ou, plus succinctement, « J'essaie de me faire dormir ».

Il n'est pas toujours possible de se représenter toutes les tentatives de solution du client comme des manifestations d'une unique dynamique de base. Mais, en règle générale, la plupart des efforts du client et, en tout cas, ses efforts les plus opiniâtres pourront être facilement ramenés à une unique catégorie. Les exceptions apparentes auront en général une importance mineure, et pourront être examinées plus tard si nécessaire. Une fois qu'il aura identifié la dynamique de base qui sous-tend les efforts du patient, le thérapeute pourra passer à l'étape suivante de la planification.

Savoir ce qu'il faut éviter

L'étape la plus importante du traitement est probablement celle qui consiste à bien comprendre ce dont il faut « s'abstenir », ou, en d'autres termes, à repérer où se trouve le « champ de mines ». Une part essentielle de la planification entre les séances ou avant les séances tourne autour de la question « Qu'est-ce que je veux le plus éviter ? » La réponse à cette question est indiquée avant tout par la dynamique principale qui sous-tend les efforts que le client (et les autres) a faits pour venir à bout du problème. Pour prendre des exemples, le thérapeute doit donc éviter de dire au père ou à la mère qui demanderait régulièrement à son fils d'obéir : « Vos efforts pour obtenir son obéissance doivent être plus fermes », ou de dire à l'insomniaque : « Vous devez travailler plus fort à vous endormir. »

En sachant quoi éviter, au moins le thérapeute ne renforcera-t-il pas le problème du patient. Mais, ce qui est plus important encore, il disposera ainsi d'une information fondamentale qui lui permettra de déterminer, par contrecoup, quelle impulsion stratégique il devra, de son côté, donner au traitement.

Formuler une approche stratégique

Si savoir ce dont il faut s'abstenir évitera au thérapeute de se mettre dans de mauvais draps, seule son action personnelle, et une action déterminée par une stratégie précise, pourra faire évoluer la situation. Les stratégies qui s'avéreront efficaces seront souvent à l'opposé de la dynamique sous-jacente aux actions du patient, très souvent à 180 degrés de celle-ci. Il ne suffit pas de passer à une position de « neutralité ». Imaginons par exemple que le thérapeute recommande à des parents qui s'entêtent à exiger l'obéissance de leur fils de le laisser simplement décider par lui-même s'il veut obéir. Dans la mesure où ces parents auront déjà fait comprendre à leur garçon qu'ils désirent qu'il leur obéisse, cette orientation stratégique en apparence opposée laisserait intacte l'ancienne direction. Ces parents pourraient essayer de faire machine arrière en ne disant plus rien de leur désir, mais une telle tentative n'aurait guère de chance de marcher puisque leur fils pourrait facilement interpréter leur silence comme n'étant qu'un arrêt temporaire de leur campagne antérieure : « Ils ne le disent pas, mais ils y pensent encore. » L'orientation stratégique réellement opposée serait donc, dans ce cas, de suggérer aux parents qu'ils demandent désormais à leur fils de leur désobéir : [*le père à son fils :*] « Pendant mon absence, j'aimerais autant que tu donnes du fil à retordre à ta mère. » De même, se contenter de demander au client insomniaque de cesser de faire ce qu'il a fait jusque-là pour arriver à s'endormir et de « laisser la nature suivre son cours » ne saurait être considéré comme une orientation opposée. Ici, l'orientation opposée serait : « Forcez-vous à rester éveillé. »

En règle générale, le thérapeute ne pourra se contenter d'adopter une position ou une stratégie de « neutralité ». Ce qui paraîtra être une position de neutralité ne sera le plus souvent – ou finira par n'être – que le pur et simple prolongement de la dynamique qui aura jusque-là animé les tentatives de « solutions » du client. Les patients commettront souvent cette erreur : « Au début, je rappelais constamment à mon mari de surveiller ce qu'il buvait. Mais ça n'a servi à rien, et j'ai donc décidé de suivre la tactique opposée et de ne plus rien lui dire à ce sujet. Je ne lui en ai plus parlé. » (Le thérapeute demanderait-il : « Avez-vous jamais suivi la tactique opposée qui consiste à l'encourager à boire? » cette cliente répondrait sans aucun doute : « Grand Dieu, non! Ce serait complètement insensé. »)

Formuler des tactiques spécifiques

Jusque-là, la planification a été générale : elle n'a consisté, pour ainsi dire, qu'en une simple direction à suivre. Or, pour recommander ou suggérer quelque action au client, le thérapeute devra penser en termes plus spécifiques. Bien que, pour résoudre son problème, le patient doive abandonner la solution qu'il aura tentée, il ne pourra simplement arrêter de faire quelque chose sans faire quelque chose d'autre à la place. Pour nous servir d'une analogie, on ne peut simplement arrêter de se tenir debout. On peut s'asseoir, s'étendre, sauter, etc. C'est en faisant ceci ou cela que l'on aura arrêté de se tenir debout. Le thérapeute devra donc se poser la question : « Qu'est-ce qui, si j'amenais le client à le faire (ou à le dire), le conduirait nécessairement à renoncer à ses efforts précédents? » Si plusieurs réponses sont possibles, il devra alors se demander : « Laquelle de ces actions serait stratégiquement la plus susceptible d'interdire l'ancienne " solution "? » Dans les problèmes autoréférents – dans le cas du client qui se plaint de quelque chose qui le concerne en propre –, il sera plus aisé de formuler un centre stratégique. La gamme des « solutions » essayées ne pourra ici être aussi large que dans les problèmes relationnels. Elles seront le plus souvent répétitives, parfois ritualisées ; l'angoisse devant la tâche à accomplir en est l'un des meilleurs exemples. Dans les problèmes relationnels – conjugaux, d'éducation des enfants, « schizophrénie » –, il sera plus difficile de choisir stratégiquement un point focal. Pour y parvenir, le thérapeute devra examiner ses données, en se demandant : quelles transactions se répètent le plus dans le vécu du problème et les tentatives de solution ? Et, dans ces transactions, qu'est-ce que le client pourrait dire ou faire qui serait le plus manifestement une innovation par rapport à sa précédente position ? Pour prendre un exemple, les difficultés d'un couple marié pourront se renouveler quotidiennement, chaque fois que, appelant son mari au travail pour lui rappeler de ne pas rentrer tard à la maison, la femme installera ainsi la scène des transactions ultérieures de poursuite/retraite pour ce qui suivra son retour à la maison. Le thérapeute pourrait axer son intervention sur ces transactions ultérieures, mais l'impact de son intervention serait probablement beaucoup plus stratégique si celle-ci portait sur le premier coup de téléphone de la femme. Ici, renverser la position de cette patiente dans cette transaction pourrait consister à lui dire de téléphoner à son mari pour l'encourager à prendre son temps avant de rentrer à la maison : « Ne te précipite pas. Je sais bien que tu as besoin de te détendre. Les enfants et moi pouvons manger tôt. »

L'exemple que nous venons de citer met en lumière une autre des considérations qui nous aideront à déterminer quelle intervention spécifique nous choisirons. Nous nous demanderons : quelle action pourrions-nous le plus facilement faire entreprendre au client ? Et, en ce domaine, les circonstances seront l'un des facteurs de notre choix. Il est évident qu'un thérapeute qui pourrait choisir entre une action pouvant facilement s'intégrer aux habitudes quotidiennes du client et une action exigeant un événement spécial ou rare devrait probablement choisir la première solution. Une exception pourrait être un événement spécial à propos duquel il serait possible de faire des plans, comme par exemple un anniversaire imminent, une commémoration ou toute autre cérémonie du même ordre. Mais, en un sens, ces événements, même s'ils ne sont pas fréquents, font encore partie du train-train de la vie des gens.

Le thérapeute pourra, en demandant au patient de n'apporter que ce qui lui paraîtra ne constituer qu'une modification mineure par rapport à sa façon habituelle de prendre le problème, obtenir un résultat stratégique important. Parce qu'une telle petite modification lui apparaîtra comme un changement mineur et lui semblera pouvoir facilement s'intégrer dans ses habitudes quotidiennes, le patient acceptera facilement ce type de demande. Le thérapeute pourrait, par exemple, demander à un couple qui ne cesserait de se disputer dans une pièce précise de leur maison, disons dans la salle de séjour, de continuer à se disputer, mais en changeant de pièce. Ce couple pourrait facilement accepter cette suggestion, puisque le choix de la pièce dans laquelle ils se disputeraient ne leur semblerait pas important; mais, dans la mesure où elle ne pourrait que donner à leurs échanges un aspect emprunté, et où elle transformerait leur querelle en une sorte de jeu, cette obligation de devoir penser à aller dans une autre pièce changerait, en retour, la nature même de leur dispute. Un homme et une femme qui se plaignaient de l'encroûtement de leur mariage et de leur incapacité à être « spontanés » se virent simplement ordonner d'étudier les raisons de leur échec à prendre du plaisir. Ils devaient pour ce faire s'asseoir dans leur salle de séjour, se regarder l'un l'autre et ne rien dire ni faire qui pût être drôle. Chaque fois qu'ils le faisaient, ils se sentaient de plus en plus gênés par le « délicieux ridicule » de leur situation, se mettaient à glousser puis à rire franchement et, quand leur tension retombait, commençaient à faire l'amour.

En insistant sur les suggestions d'actions, nous ne voulons pas insinuer que les tâches verbales ne sont pas importantes. La plupart des conflits familiaux reposent principalement sur des affirmations ou des échanges verbaux, bien plus que sur des actions. La difficulté de bon nombre de problèmes d'éducation des enfants ne tient pas à ce que les parents essaient d'imposer quelque limitation ou quelque règle, mais plutôt à ce qu'ils tentent de justifier leurs injonctions devant leur enfant qui se plaint de leur injustice. Plus les parents exprimeront leur désaccord et continueront à s'efforcer d'amener leur enfant à reconnaître que ce qu'ils demandent n'est que juste et raisonnable, plus le conflit s'intensifiera. Dans de tels cas, un changement non verbal ne sera ni nécessaire ni pertinent. Le problème pourrait par contre se voir résolu si les parents pouvaient être incités à accepter l'accusation d'« injustice » : « Tu as raison. Je ne suis pas juste, et je viens de m'en rendre compte. Mais je veux que tu le fasses, un point c'est tout. »

Une dernière remarque... Dans nombre de situations si ce n'est dans la plupart, un grand nombre de personnes pourront être impliquées dans la persistance du problème. Le thérapeute devra alors se poser la question : parmi les individus impliqués, lequel pourrait être le plus sensible à mon influence? Ce sera, selon toute vraisemblance, le plaignant ou, si, comme dans les problèmes conjugaux, il y a plus d'un plaignant, les plaignants.

En résumé, le thérapeute planifiera les interventions spécifiques en déterminant quelles actions s'écarteraient le plus de la « solution tentée », quelles actions sont les plus centrales aux transactions intervenant dans le problème, quelles actions pourraient le plus facilement s'intégrer aux habitudes quotidiennes du client, et quelle personne enfin (ou quelles personnes) occupe la place la plus stratégique par rapport à la persistance du problème.

Cadrer la suggestion :
« convaincre » de la nécessité de la tâche

C'est une chose que de formuler une suggestion ou une tâche; c'en est une autre que d'obtenir que le client suive le conseil ou la directive qui lui seront donnés. Si les patients persistent dans leurs efforts, c'est en général parce qu'ils n'arrivent pas à imaginer d'autre ligne de conduite qui soit sans danger, sensée et raisonnable. Si le thérapeute se contentait de dire au client d'arrêter de faire ce qu'il a fait jusque-là et de faire désormais le contraire, celui-ci ne pourrait que résister violemment à la suggestion du thérapeute et laisserait peut-être complètement tomber le traitement. Compte tenu de son cadre de référence, il ne pourrait regarder de telles suggestions que comme folles, dangereuses ou facétieuses. Le thérapeute devra donc concevoir, dès qu'il se sera formulé la tâche à accomplir par le client, un plan qui l'amène à accepter cette tâche. Dans certaines thérapies à long terme, le thérapeute tentera souvent de modifier le cadre de référence du client pour lui opposer le sien. Mais, dans la pratique de la thérapie courte, il s'appuiera sur le cadre même de référence du client. Et, dans la mesure où la « position » du patient sera l'expression de son cadre de référence, elle constituera à cet égard un très important levier. Le thérapeute se guidera sur elle pour évaluer ce qui, par rapport au client, aura ou non un « sens ».

Le recadrage et la redéfinition jouent donc un rôle essentiel dans l'abrègement du traitement. Nous y avons très souvent recours – en même temps qu'à d'autres moyens – quand nous désirons amener les clients à adopter une ligne de conduite qu'ils refuseraient autrement d'adopter. Dans la comédie musicale *Fiddler on the Roof* [Le violon sur le toit], le jeune soupirant est trop intimidé par le père de sa bien-aimée pour lui demander la permission d'épouser sa fille. Il explique donc à l'objet de ses désirs : « Après tout, qui suis-je? Je ne suis qu'un pauvre tailleur. Je n'ai pas le droit de demander votre main à votre père. » La jeune fille pourrait lui répondre en résistant à sa position de « pauvre tailleur », et en lui disant : « Vous ne serez pas toujours un pauvre tailleur »; ou bien encore : « Oh, vous n'avez pas à avoir si peur de mon père. Je suis sûre qu'il vous donnera son consentement. » Au lieu de cela, elle accepte la position de son soupirant, mais en recadrant sa tâche : « Eh bien, c'est vrai, vous êtes un pauvre tailleur. Mais même un pauvre tailleur a le droit d'être heureux. » Et comme, dans sa subculture, cela constituait une indéniable vérité, le soupirant se dérida et osa approcher le père. En tant que pauvre tailleur, il ne pouvait légitimement lui demander la main de sa fille; mais, au nom du droit au bonheur qui, en bonne logique, exigeait qu'il l'épousât, il en avait la possibilité.

Les parents d'un enfant schizophrène abusant de leur sollicitude refuseront très probablement de suivre une suggestion qui leur proposerait de fixer des limites à son comportement quand celle-ci sera cadrée comme « Ce dont il a besoin, c'est que vous vous montriez durs avec lui ». Mais ils pourront néanmoins accepter une suggestion que le thérapeute cadrerait comme « répondant au besoin de donner une structure à sa vie autrement désorganisée ». Un mari furieux contre son épouse acceptera vraisemblablement plus facilement une suggestion cadrée comme « une manière de prendre le dessus sur elle » qu'une suggestion qui serait cadrée comme « pouvant l'aider ». Un individu qui se voit comme unique, au-dessus du commun des mortels, réagira mieux à une suggestion cadrée comme ne pouvant être exécutée que par un individu exceptionnel qu'à une suggestion présentée comme une tâche aisée que n'importe qui pourrait mener à bien. Un patient qui se voit comme « relax », comme « quelqu'un qui est dans le coup », pourra accepter une tâche qui serait simplement cadrée ainsi : « Je sais que vous comprenez l'importance de cette tâche, et donc je ne vous expliquerai pas davantage ce que vous devinez très bien. » Une personne capricieuse ou originale pourra avoir plus de mal à suivre une suggestion qui lui aura été présentée comme « raisonnable » qu'une suggestion que le thérapeute aura cadrée ainsi : « Je sais que ceci va vous sembler fou et probablement absurde. Mais vous verrez bien ce qui vous arrivera quand vous le ferez. »

Certains patients prendront plaisir à embarrasser le thérapeute, tiendront à se montrer « supérieurs » à lui, de préférence en lui coupant l'herbe sous le pied. De la part du thérapeute, presser un tel patient d'entreprendre une tâche qu'il considérera manifestement comme importante sera très certainement courir à l'échec. Ce type de client acceptera par contre plus facilement toute tâche présentée comme aventureuse et hasardeuse : « Je sais que certaines personnes l'ont fait [quoi que ce soit que le thérapeute veuille faire faire au patient], mais je ne pense vraiment pas que ce soit pour vous. Ça n'est tout simplement pas votre truc. » D'autres patients, tout en demandant à être aidés, auront des idées bien arrêtées sur la nature de l'aide que le thérapeute devra leur apporter et rejetteront ou ignoreront toute suggestion qui s'écartera de leurs idées, quel que soit son cadrage. Le thérapeute pourra, dans ce cas, s'appuyer sur leur « métaposition » en leur donnant un conseil « négatif » : « Tout de suite, je ne sais pas quoi vous suggérer pour vous aider à surmonter vos difficultés. Mais je peux, par contre, vous donner un conseil qui, au cas où vous le suivriez, aggravera très certainement votre problème. Je peux presque vous le garantir. » Le thérapeute décrira ensuite en détail au client précisément ce qu'il aura fait jusque-là pour tenter de résoudre son problème, et lui dira : « Si vous continuez à agir comme ça, vous pourrez faire en sorte que votre situation, de simplement lamentable, devienne tout bonnement insupportable. Il n'est pas nécessaire que vous me croyiez sur parole. Essayez et vous verrez. »

Il ne sera pas toujours indispensable, pour amener le client à accepter telle ou telle tâche, que le cadrage dont se servira le thérapeute soit très élaboré. Il pourra être très simple : « Je vais vous charger de quelque chose, car j'aimerais voir comment cela marche. » Mais, même ici, l'expression « vous charger de quelque chose » impliquera que l'échec pourrait être considéré comme un acte de sabotage ou de rejet dirigé contre le thérapeute. Ce sous-entendu ne serait pas présent si le thérapeute avait formulé sa demande en disant : « Je vais vous demander de faire quelque chose. »

Quand le client se signalera par une position de « défi passif », il pourra être nécessaire de rendre explicite un défi agressif implicite. Le thérapeute pourra, par exemple, dire : « Je me rends compte que j'ai été dur avec vous, et vous avez donc tout à fait le droit de vous venger en refusant de suivre la suggestion que je vais vous faire. » Dans le cas des clients qui, par passivité également, n'auront pas réussi à suivre les suggestions qui leur auront été données ou à exécuter les tâches qui leur auront été proposées (« J'ai oublié », « Cette semaine, j'ai été tout simplement trop occupé », « J'ai été incapable de me souvenir de ce que j'étais supposé faire »), le thérapeute pourra accroître leur coopération en leur prédisant toutes les façons dont ils pourront tenter d'échapper à toute nouvelle suggestion, ou en les incitant à énumérer eux-mêmes toutes les manœuvres échappatoires possibles auxquelles ils pourraient penser. (Pour une discussion plus approfondie des moyens d'utiliser la position du patient, voir le chapitre v.)

Formuler les objectifs et évaluer le résultat

L'objectif général de notre approche est de résoudre ce dont se plaint le client. Les procédures du thérapeute et l'objectif du traitement devront donc être étroitement liés. Nous examinerons donc ici *(1)* la base à partir de laquelle nous choisirons cet objectif et *(2)* le type de signes sur lesquels nous nous appuierons pour estimer si nous avons réussi ou non à atteindre un tel objectif ou pour évaluer, en cours de traitement, le progrès qui aura été fait en ce sens.

Toute psychothérapie a généralement pour point de départ une plainte – un énoncé, plus ou moins clair et explicite, de l'inquiétude qu'engendre l'existence de quelque comportement qui, si indésirable qu'il apparaisse, persiste. Beaucoup d'approches thérapeutiques s'écartent cependant vite de ce point de départ pour n'y jamais revenir; elles préfèrent s'orienter vers quelque chose qu'elles voient comme plus profond et plus significatif qu'une plainte ayant à son origine un comportement – vers une catégorie diagnostique, une cause supposée fondamentale, une « pathologie » individuelle ou familiale. Dans ces approches thérapeutiques, les objectifs sont donc formulés et le progrès évalué conformément à quelque concept explicite ou sous-entendu de « normalité », de « santé », d'« homéostasie fonctionnelle » et autres notions du même genre. Pour nous, évaluer le résultat du traitement sur une telle base risque de revenir à imposer une norme pour la vie « normale ». L'idée que le thérapeute impose *sciemment* ses opinions à son client ne nous inquiète guère, nous estimons même que ce peut être, dans certains cas particuliers, une part essentielle du traitement (comme quand, par exemple, le patient voulant faire quelque chose qui, de l'avis du thérapeute, risquerait de nettement aggraver le problème, celui-ci tentera de l'en dissuader) – et, de toute manière, exercer une influence volontaire et consciente est bien la tâche qui est *impartie* au thérapeute. Nous trouvons par contre plus dangereux que les normes du thérapeute soient considérées comme un critère objectif de santé mentale, alors qu'elles n'expriment que des valeurs personnelles, culturelles ou inhérentes à une classe sociale. Ainsi, beaucoup de thérapeutes sont issus des classes moyennes, qui ont tendance à attacher de l'importance à l'indépendance par rapport à la famille au sens large. Leurs clients se verront parfois dissuadés de continuer à entretenir une relation étroite avec leur famille au sens large, notamment quand le problème sera d'ordre conjugal. Dans certains cas, le thérapeute poursuivra sa tentative de dissuasion même après que le client lui aura fait savoir que la proximité de sa famille au sens large ne lui pose aucun problème. Le thérapeute ne croira pas imposer ses valeurs sociales au client, mais, simplement, essayer de modifier une relation « pathologique ».

Nous pensons, quant à nous, qu'aussi bien les individus que les familles peuvent mener leur vie de bien des façons, et nous ne croyons par conséquent pas qu'il existe de modèle unique et incontestable par rapport auquel tous les autres seraient faux ou anormaux. C'est donc sur la plainte du client – sur l'énoncé qu'il aura donné de tel ou tel problème qui dure, de tel ou tel complexe qui l'empêche de réussir dans la vie comme il le voudrait – que, tout au long du traitement, nous concentrons notre attention. Même quand ce critère en lui-même très simple devra être modifié, le schéma général du traitement restera néanmoins le même. Certains clients feront état de plaintes vagues ou formuleront des objectifs par trop grandioses ou contradictoires; dans ce cas, ce sera au thérapeute lui-même qu'il appartiendra d'évaluer, en s'appuyant sur les éléments dont il disposera, quelque confus qu'ils puissent être, ce qui pourrait dissiper l'incertitude ou résoudre la contradiction et aider le client à avancer. (Puisque, le plus souvent, celui qui formulera une plainte ne sera pas le « patient » désigné comme tel mais quelqu'un d'autre, le « client » signifie généralement ici le « plaignant ».)

Autrement dit, quelque contestable ou indésirable que puisse paraître tel ou tel aspect de la vie du client, nous nous refusons à intervenir à moins que ce dernier ne formule expressément quelque plainte à ce sujet – ou, naturellement, à moins que tel ou tel membre de la famille impliqué dans le traitement ne s'en plaigne. Notre *objectif thérapeutique fondamental* est donc que le client ne se plaigne plus, ou du moins qu'il ne se plaigne pas suffisamment pour entamer une autre thérapie.

Sur quels indices le thérapeute s'appuiera-t-il pour estimer que cet objectif a été atteint – ou, en cours de traitement, est en train d'être approché? En ce qui nous concerne, l'indice majeur de la réussite du traitement est que le client déclare être raisonnablement ou tout à fait satisfait du résultat du traitement – que le comportement dont il se plaignait ait changé ou qu'il ait modifié son évaluation du comportement en question au point de ne plus le considérer comme un problème important. Autrement dit, pour nous, l'indice primordial, en matière de succès, ce sont les renseignements que nous donne le client, plus certaines autres informations : puisque le patient est venu nous voir en tant que plaignant, il doit sortir de chez nous en tant que non plaignant. Bien qu'il soit tentant de chercher quelque mode d'évaluation de l'amélioration qui soit indépendant des renseignements que nous apporte le client, nous ne cherchons pas à mesurer ni à vérifier si, pour commencer, il avait « réellement » raison de se plaindre. Nous acceptons sa formulation du problème ainsi que sa description de ses traits fondamentaux. Il serait fondamentalement illogique d'accepter de croire le patient quand il dit avoir un problème, puis, changeant de critère en cours de traitement, de lui demander quelque vérification « objective » de sa guérison.

Il n'empêche que nous essaierons néanmoins de rendre ces renseignements substantiels de différentes façons. D'abord, en prenant pour base notre estimation de la dynamique principale qui, dans chaque cas, sous-tend les « solutions » qu'aura essayées le patient, nous tenterons de formuler un objectif concret de changement de comportement – d'imaginer à l'avance un comportement précis qui serait incompatible avec le maintien du problème et se prêterait, dans l'idéal, à une vérification en simples termes de « oui » ou de « non ». Par exemple, des parents qui étaient extrêmement préoccupés par le comportement prétendument incontrôlable de leurs deux fils adolescents n'avaient eu *aucune* vie sociale de couple depuis quatre ans. Le critère comportemental retenu fut que, *pour une fois,* ils aillent au cinéma, laissant leurs deux garçons à la maison.

D'autre part, nous pouvons vérifier tout changement rapporté indiquant le passage d'une position de plaignant à une position de non-plaignant en nous informant auprès du client de ce qui est à la base de cette nouvelle position : qu'est-il arrivé qui explique ce changement? Alors que notre premier critère consistait à imaginer à l'avance un certain comportement qui serait incompatible avec le maintien de la plainte, il s'agit ici de mettre un changement dans la plainte en rapport avec un changement de comportement ou de point de vue. Dans les deux cas, cependant, le poids de l'information dépendra fortement de la précision de l'énoncé et de la mesure dans laquelle il correspondra à la particularité et aux traits fondamentaux du problème. Ici, ce seront les *modifications* apportées, soit au comportement qui constitue le problème, à la solution tentée, soit à la façon dont le client définit son problème, qui constitueront notre ligne directrice majeure. Une modification tout particulièrement significative, ce serait que le client, plutôt que de simplement énoncer sur un plan général que son problème s'est atténué, rapporte qu'il a pu *faire* quelque chose dont il était incapable tant qu'il était empêtré dans son problème. Face, par exemple, à un individu déprimé, nous trouverions plus intéressant de l'entendre dire qu'il est retourné travailler que de l'entendre simplement déclarer qu'il « va mieux ».

De même, comme preuve de ce que, bien que le problème n'ait pas changé, le client ne le considère plus comme un problème, nous ne nous satisferions pas d'une affirmation dans le genre de : « Je ne pense pas avoir besoin de continuer le traitement. Je n'ai plus l'impression que mon problème me tracasse autant. » Nous préférerions que le client *redéfinisse* ce dont il se plaignait comme n'étant plus un problème : « Toute ma vie, ma graisse m'a tracassée, je me suis mise au régime, j'ai vu des thérapeutes, ai remis bien des choses à plus tard, les renvoyant au moment où j'aurai maigri. J'ai fini par comprendre que, le souci même que je me faisais à cause de cet excès de poids, c'est ce qui me faisait le plus de tort. J'ai pris une décision à mon sujet et au sujet de mon poids. Avant tout, il faut que je réussisse ma vie, et il n'y a aucune raison pour que je ne puisse pas y arriver tout en étant grosse. J'aime manger, et je pourrais simplement apprécier la nourriture au lieu de me sentir coupable ou angoissée. Le traitement n'a donc plus de raison d'être. » (Notre expérience nous a montré qu'il est tout à fait possible qu'une telle cliente puisse alors *de surcroît* perdre du poids.) Un autre exemple : « Je me suis fait violence pour réussir à garder un emploi. Mais, la pure vérité, c'est que je déteste travailler. Je suis réellement tout à fait bien quand je reste chez moi à m'occuper de la maison et à faire la cuisine, et quand j'ai du temps pour moi. Ma femme a une profession qui paie bien, et elle est tout à fait heureuse de continuer comme ça en me laissant être l'homme au foyer. Depuis que j'ai fini par le comprendre, nous avons tous les deux poussé un grand soupir de soulagement. »

Dans bien des cas, quand bien même le client redéfinira son problème comme « ne faisant plus problème », il sera des plus probables qu'il ne sera pas satisfait tant que le problème en lui-même restera inchangé; notamment, dans le cas d'une dépression sérieuse ou de difficultés dans le comportement sexuel, artistique ou professionnel. Néanmoins, que le problème puisse changer ou que le client le redéfinisse comme ne constituant plus un problème, ce seront toujours les *modifications qualitatives* qui constitueront pour nous le seul indice fiable à partir duquel nous estimerons que le problème aura été résolu à la satisfaction du client – et cela, tant dans le cas où cette modification aura été imaginée à l'avance comme objectif à atteindre que dans celui où le client en aura fait état en la reliant à des changements intervenus dans sa plainte.

Enfin, quand un client sera suivi après la fin du traitement, on pourra lui demander s'il a cherché à faire une nouvelle thérapie pour le même sujet de plainte ou pour un sujet de plainte similaire.

Bien qu'aucun de ces indices ne constitue un test incontestable et qu'ils puissent même se contredire dans certains cas (il arrive parfois par exemple qu'un client, bien que ne faisant état d'aucun changement par rapport à ce qui constituait l'objet de sa plainte, modifie néanmoins sa façon de vivre et ne cherche pas à entreprendre une nouvelle thérapie), nous croyons qu'ensemble ils constituent une bonne base à partir de laquelle on peut fixer l'objectif thérapeutique et évaluer les résultats du traitement.

7

Interventions

L'objectif de la thérapie courte est d'agir sur le client pour
faire en sorte que ce dont il se plaignait à l'origine soit résolu
de manière satisfaisante pour lui. Cet objectif peut être atteint
soit en interdisant le comportement du client (ou des autres) qui
maintient le problème, soit, dans les cas qui s'y prêtent, en
modifiant la vision que le client a de son problème de telle sorte
qu'il n'en souffre plus ou n'éprouve plus le besoin de continuer
son traitement. Dans un cas comme dans l'autre, pour qu'un tel
changement se produise, il faudra que, tôt ou tard, le thérapeute
dise ou fasse quelque chose. Il devra intervenir – ce qui ne veut
pas dire que, jusque-là, il ne sera pas déjà intervenu. Théoriquement, de même que le thérapeute ne peut pas *ne pas* agir, il ne
peut pas non plus *ne pas* intervenir. Il intervient dès son premier
contact avec le client, même quand il s'agit d'un contact téléphonique. Dans ce chapitre, nous passerons en revue les interventions *planifiées* grâce auxquelles le thérapeute met en œuvre
la stratégie de base du traitement ou lui donne son orientation
fondamentale.

Bien que, en ce qui nous concerne, il ne nous semble pas que
nos interventions reposent souvent sur des paradoxes, un grand
nombre des interventions que nous décrirons ici sembleront
complexes, indirectes ou même « paradoxales »; car c'est ainsi
que les thérapeutes traditionnels, qui utilisent ce terme de manière
bien trop imprécise et laxiste, qualifient toute intervention qui
les frappe par sa nouveauté, son ironie ou son côté contraire au
« sens commun ». *Justement parce que beaucoup de nos inter-*
ventions sont complexes et sortent de l'ordinaire, nous tenons à
affirmer clairement que nous n'attribuons aucune vertu à la
complexité ou à la nouveauté en elles-mêmes. S'il est possible
de provoquer un changement par des interventions simples et

directes telles que des suggestions ou des demandes directes de modifier un comportement, c'est encore mieux. Certains clients, bien qu'au cours de notre carrière nous n'en ayons pas beaucoup rencontré de cette espèce, peuvent se montrer aussi coopératifs que cela. Un tel esprit de coopération se rencontrera plus particulièrement dans les cas où le client aura bien compris qu'il a absolument besoin des conseils et de l'aide du thérapeute et où il se sera déjà montré coopératif – en répondant facilement aux questions du thérapeute. Mais, même dans ce type de situation, il sera fondamental de ne passer que prudemment à des suggestions comportementales directes – le thérapeute devra vérifier si le client a déjà reçu, et ignoré, des conseils similaires, ne lui proposer au début des suggestions que limitées et par rapport auxquelles il pourra faire machine arrière – et, avant tout, d'être prêt, plutôt que de vouloir forcer les événements, à reculer et à avancer plus indirectement si le client résiste à ses suggestions.

Il y a deux catégories d'interventions planifiées. La première est constituée par les *interventions majeures,* que nous ne pratiquerons qu'après avoir rassemblé suffisamment de données et les avoir formulées en un plan qui devra être « taillé sur mesure » pour chaque cas. Nous présenterons et discuterons ces interventions majeures dans le contexte des cinq « solutions » les plus fondamentales qu'il nous a été donné d'observer dans notre pratique clinique : *(1)* tenter de se contraindre à faire quelque chose qui ne peut survenir que spontanément; *(2)* tenter de surmonter la crainte d'un événement en le différant; *(3)* tenter de parvenir à un accord dans le conflit; *(4)* tenter d'obtenir l'acquiescement par le volontarisme; et *(5)* confirmer les soupçons de l'accusateur en tentant de se défendre.

La plupart des problèmes par rapport auxquels le thérapeute sera amené à intervenir seront perpétués par l'une de ces cinq solutions de base. Nous présenterons pour chacune de ces cinq solutions un certain nombre d'interventions dont nous avons pu constater l'efficacité. Nous tenons néanmoins à préciser que nous n'avons choisi ce type de présentation que pour faciliter l'exposition de nos idées. Nous ne voulons pas, par exemple, insinuer que, chaque fois que deux personnes tentent de parvenir à un accord dans le conflit, il faille amener l'une des parties, en l'occurrence le plaignant, à recourir à la technique du sabotage bienveillant. Les principes directeurs généraux qui guident nos interventions sont tout à fait clairs. Fondamentalement, nos interventions ne sont qu'un moyen de mettre fin à la « solution » que le patient a tentée jusque-là. Que le thérapeute se sente donc libre de se servir des interventions présentées dans ce livre, ou d'autres encore qu'il aura inventées ou découvertes par lui-même, à partir du moment où elles iront dans ce sens.

Contrairement aux interventions majeures, les interventions générales ont une marge d'application très large. Le thérapeute pourra les pratiquer pendant la quasi-totalité du traitement, et elles sont suffisamment générales pour convenir à une vaste gamme de problèmes. Dans certains cas, elles suffiront en elles-mêmes et d'elles-mêmes à résoudre le problème du patient.

I. INTERVENTIONS MAJEURES

1. Le patient tente de se contraindre à faire quelque chose qui ne peut survenir que spontanément

Le patient qui essaie ce type de solution se plaint de quelque chose qui le concerne en propre. On peut ranger dans cette classe de problèmes la plupart des problèmes qui relèvent du fonctionnement corporel ou du comportement. Nous citerons, pour exemple, les problèmes concernant le fonctionnement sexuel (impuissance, éjaculation précoce, anorgasmie, rapports sexuels douloureux, indifférence sexuelle), les troubles de la fonction intestinale (constipation, diarrhée), de la fonction urinaire (besoins pressants ou fréquents d'uriner, incapacité d'uriner dans les toilettes publiques), les tremblements et les tics, les spasmes musculaires, les problèmes d'appétit, le bégaiement, les douleurs opiniâtres, les difficultés respiratoires (hyperventilation), l'insomnie, la transpiration excessive, les problèmes d'humeur (dépression), les obsessions et les compulsions, les blocages de la créativité et de la mémoire.

Bien que nombre de ces troubles puissent sembler n'avoir aucun rapport entre eux, ils constituent tous des aspects du comportement humain, considéré sous l'angle des fonctions mentales ou corporelles. Normalement, ces comportements varient. Nous faisons presque tous l'expérience de perturbations temporaires qui viennent affecter notre sommeil, notre comportement sexuel, nos humeurs, etc. Généralement, ces fluctuations ne nous émeuvent pas trop; en d'autres termes, nous ne les définissons pas comme des problèmes qui exigent que nous leur prêtions une attention particulière ou que nous demandions l'aide d'un professionnel. Du reste, en un temps assez court, ces perturbations se corrigent d'elles-mêmes, *spontanément*. Le futur patient, au contraire, non seulement définira ses fluctuations comme un problème, mais encore prendra un certain nombre de mesures pour les corriger et prévenir leur éventuelle répétition, mesures qui reviendront en général à essayer de retrouver un fonctionnement normal et pleinement satisfaisant à force d'efforts et de volonté. Mais, plus il agira en ce sens, plus il s'empêtrera dans la solution pénible qui consiste à essayer de se contraindre à se comporter de telle ou telle manière, alors que le comportement en question ne peut se mettre en place que spontanément ou « sans qu'on y pense ». D'autres personnes pourront prendre part à ces efforts qui n'aboutissent qu'à engendrer un problème, et, involontairement, compliqueront encore la situation. Imaginons par exemple qu'une femme ait des difficultés à atteindre l'orgasme. Il pourra arriver que, pour essayer de l'aider à vaincre son problème, son partenaire vérifie auprès d'elle, pendant leurs rapports sexuels, si elle prend du plaisir, l'interroge sur son niveau d'excitation ou lui demande si ses techniques à lui la stimulent suffisamment. En agissant ainsi, il l'invitera implicitement à essayer encore davantage de réagir, ce qui, pour nous, n'aboutira en fin de compte qu'à aggraver le problème.

Pour résoudre les problèmes que nous évoquons ici, il suffira souvent simplement que le patient renonce à ses tentatives auto-coercitives et cesse d'« essayer trop fort ». Un jeune homme qui s'était plaint devant nous de l'angoisse qui le tenaillait chaque fois qu'il avait des contacts sociaux nous expliqua en ces termes la manière dont il avait modifié la solution qu'il avait jusque-là essayée :

LE PATIENT : ... J'ai découvert que j'ai tendance à être quelqu'un de très nerveux, et même... Bon, d'accord, voici autre chose que j'ai trouvé intéressant. Samedi, je... J'ai

164

toujours pensé que, si je portais des verres de contact, je serais beaucoup plus à l'aise; j'ai toujours pensé que ma nervosité était due à mes lunettes. Et, ce que j'ai découvert, c'est qu'il y a beaucoup de choses qui venaient de moi... Samedi, quand j'étais avec cette fille – Susan, j'étais avec Susan –, je me suis aperçu que j'avais tout un tas de sentiments qui montaient en moi. Et, dans le passé, j'avais toujours essayé de les refouler. Par exemple, mon sentiment d'être nerveux ou gauche. Et je... Cette fois-ci, en tout cas, ça s'est passé différemment; je me disais, tout simplement : « Je suis nerveux. » Je ne cessais de me le répéter. Mais, là, d'être nerveux, c'était super, ça me permettait de me sentir là, et je prenais un plaisir réel à être nerveux. Maintenant, je ne sais pas si ça a un sens...
LE THÉRAPEUTE : Bien sûr que ça en a un. Et...
LE PATIENT : ... Donc, voilà... C'est un peu comme si, tout d'un coup, je découvrais toutes ces choses qui se passent dans ma tête, vous savez, comme d'être nerveux ou d'avoir peur... Mais, maintenant, au lieu d'essayer de refouler ces sentiments, je les encourage, en me disant simplement : « J'ai peur. » Et c'est comme quand j'ai réellement peur. Et comme quand je suis réellement nerveux. Et c'est plutôt chouette. J'aime bien ne pas avoir ces sensations *tout* le temps, mais de me dire : « Maintenant, je suis nerveux », pour moi c'est presque un réconfort.

Il ne servira vraisemblablement à rien de dire au patient d'arrêter d'essayer si fort. Parce qu'il n'arrivera pas à croire qu'il puisse exister d'autre solution logique ou raisonnable que celle qu'il aura adoptée, il pensera en effet que toute autre manière d'agir se traduirait par une aggravation du problème. D'autre part, dire à quelqu'un de cesser de se comporter comme il le fait n'aboutit en général qu'à lui faire prendre encore plus conscience de son comportement, et donc à lui rendre encore plus difficile d'y renoncer. En règle générale, c'est implicitement que nous demanderons au patient de renoncer à tel ou tel de ses comportements : explicitement, nous lui donnerons seulement pour instruction de mettre en place un nouveau comportement qui lui interdise de continuer à se comporter comme il le faisait auparavant. Pour prendre un exemple, nous convaincrons le patient qui dort mal de consacrer le temps qu'il passe normalement à essayer de s'endormir à accomplir des tâches pénibles, comme de nettoyer le fourneau de sa cuisine. S'il suit cette directive, il ne pourra plus se comporter comme il le faisait auparavant – autrement dit, essayer de se forcer à s'endormir. S'il doit en effet rester éveillé pour exécuter notre injonction, il ne pourra plus essayer délibérément de s'endormir, puisque les deux ensembles de comportements s'excluront mutuellement.

En ce qui concerne les problèmes de comportement, nous emploierons souvent une même stratégie générale : nous amènerons le patient à faire marche arrière en lui donnant de bonnes raisons d'*échouer*. Les arguments dont nous nous servons sont de deux ordres. Premièrement, nous disons au patient que, pour que nous puissions établir un diagnostic, il est important qu'il soit capable de provoquer son symptôme : nous lui expliquerons que nous ne disposons toujours pas de telle ou telle information qui nous est indispensable pour pouvoir résoudre le problème et qu'il est le seul à pouvoir nous fournir; et que, dans la mesure où, chaque fois qu'il fait *involontairement* l'expérience de son symptôme, il est trop occupé à lutter contre lui pour pouvoir l'observer comme il le faudrait, il est par conséquent nécessaire qu'il puisse le provoquer *délibérément*. S'il peut parvenir à le provoquer délibérément, il aura la possibilité de noter des données subtiles mais hautement significatives qui, jusque-là, échappaient à son attention. Un exemple :

LE THÉRAPEUTE *(à un patient qui se plaint d'impuissance)* : Je pense à quelque chose qui, si vous en êtes capable, pourra accélérer le traitement. Il est à mon avis très probable que, dans votre esprit, il existe entre votre incapacité à rester en érection et la signification de la rencontre sexuelle une association mentale importante. Cette association, le moment où elle est le plus proche de votre conscience, c'est précisément quand vous êtes confronté à cette difficulté. Et c'est bien là qu'est la difficulté : quand vous êtes impuissant, vous êtes si préoccupé par vos tentatives de surmonter votre problème, et si gêné par rapport à votre partenaire, que toute association d'idées significative qui pourrait vous venir à l'esprit vous échappera. Si, au lieu de cela, vous pouviez *vous fixer comme objectif* d'être impuissant et tout faire pour que rien ne fasse obstacle à cet objectif, vous serez plus réceptif et pourrez plus facilement prendre conscience de toute idée essentielle qui pourrait vous venir, si fugitive soit-elle. Si, par quelque singulier hasard, il s'avérait que vous ayez une érection, essayez de faire de votre mieux pour ne plus être excité, car ce n'est que dans un état de totale impuissance que vous serez en situation de découvrir cette association d'idées essentielle.

Si ce patient impuissant rapportait plus tard que, malgré tous ses efforts, il n'est pas resté impuissant, qu'il est allé au bout de son rapport sexuel et y a pris plaisir, le thérapeute ne devrait pas se laisser aller à la tentation de le féliciter. Il devrait au contraire persister dans sa stratégie initiale, sermonner le patient pour son « échec » et l'encourager à essayer encore plus fort, la semaine suivante, de rester impuissant. Il se pourrait alors que le traitement prenne fin à la demande du patient, puisque naturellement celui-ci trouvera plus intéressant d'avoir une sexualité épanouie que d'essayer de comprendre pourquoi il avait ce problème.

Notre second type d'argument consiste à dire au patient que c'est en provoquant son symptôme qu'il réussira à le contrôler :

LE THÉRAPEUTE *(à un patient qui souffrait de ruminations obsessionnelles)* : Vous essayez de contrôler vos pensées. Mais vous n'y réussissez pas. Tout ce que vous pouvez faire, c'est d'attendre la venue de ces pensées qui vous perturbent tant. Et, quand elles surgissent, vous tentez de les chasser de votre esprit. Mais elles y restent jusqu'à ce qu'*elles* aient décidé de s'en aller. Non; si vous voulez réussir à les contrôler, il *vous* faut d'abord arriver à déterminer, au moins de temps en temps, quand elles vont apparaître et pendant combien de temps elles vont rester. Ces pensées, m'avez-vous dit, semblent préférer ne pas se manifester vers neuf heures du matin. En général, elles ne se déclenchent pas avant midi. Eh bien, *vous* pouvez les contrôler. A neuf heures, faites délibérément naître en vous ces pensées inquiétantes et continuez à les avoir jusqu'à au moins neuf heures et demie. Si vos ruminations tentent de vous abandonner avant cette heure, faites en sorte qu'elles se maintiennent. Si vous vous mettez à penser à autre chose, forcez-vous à revenir à vos ruminations. D'autres fois, ces ruminations s'empareront de vous spontanément. Dans ce cas, ne les laissez pas vous abandonner quand elles décideront de le faire. Continuez à ruminer pendant encore au moins cinq ou dix minutes. Elles pourront décider quand elles commenceront, mais ce sera vous qui déciderez quand elles vous quitteront.

Voici maintenant un cas apparenté : une femme perfectionniste qui se plaignait de divers problèmes de comportement, notamment dans son passe-temps favori (elle faisait de la poterie), se vit ordonner d'échouer délibérément, toujours à des fins diagnostiques :

LE THÉRAPEUTE : Permettez-moi de réfléchir à voix haute. Pour une part, mes pensées concernent... elles ont trait en partie à la discussion qu'a eue l'équipe la dernière fois, et elles découlent aussi de ce que vous me faites comprendre. Je vais peut-être trop simplifier, mais, essentiellement, vous venez ici pour faire quelque chose par rapport à votre perfectionnisme, qui atteint un degré tyrannique.
LA PATIENTE : Mm-mmm.
LE THÉRAPEUTE : Et, étant donné que nous n'avons pas le temps d'explorer sans nous presser votre apprentissage de la propreté, les expériences qui ont été celles de vos grands-parents quand ils sont arrivés sur le bateau, et ainsi de suite... il se peut donc que, pour cerner ce que vous devez comprendre, il vous faille passer par la *pratique*. Et l'une de ces *pratiques* pourra devoir impliquer... je n'en suis pas certain, mais elle pourra devoir impliquer, essentiellement, que vous vous immunisiez un peu plus contre l'imperfection. Et je dirais que le travail artistique, d'après tout ce que j'en ai entendu dire, se prête très concrètement à cela, permet très facilement d'y arriver. Je ne suis pas sûr des détails; je vais simplement vous les décrire et, si c'est impossible à faire ou quoi, nous pourrons les modifier. Car, en eux-mêmes, ils ne sont sans doute pas essentiels. Vous m'avez dit que, compte tenu de votre emploi du temps, vous avez en réalité la possibilité de tourner au moins une poterie par jour. Un jour, ce pourra être le matin, tout dépendra de votre emploi du temps; un autre jour, ce sera l'après-midi. Je préférerais que vous ne le fassiez qu'un jour par semaine. Donc, pour tourner une poterie, quel serait pour vous le meilleur jour?
LA PATIENTE : Le dimanche.

LE THÉRAPEUTE : Très bien. Le matin? L'après-midi?
LA PATIENTE : Toute la journée. Mais je pourrais... Le matin, ce serait parfait. Ou bien en début d'après-midi. En fin de matinée.
LE THÉRAPEUTE : D'accord. Donc, disons onze heures.
LA PATIENTE : Oui.
LE THÉRAPEUTE : Ce que j'aimerais, ce serait que vous fassiez cela à titre d'essai. Et c'est avant tout ce travail de... La raison pour laquelle je limite cela à un seul jour, c'est que je pense que, pour s'immuniser contre quelque chose, il vaut toujours mieux commencer lentement. J'aimerais que, dimanche matin vers onze heures, vous soyez prête à tourner une ou plusieurs poteries. Puisque vous m'avez parlé d'une heure, j'aimerais que vous arrêtiez à midi.
LA PATIENTE : D'accord.
LE THÉRAPEUTE : Je veux que vous vous débrouilliez, par le moyen que vous voudrez, pour être sûre que votre travail soit tout à fait *imparfait*. Que vous ayez fait une, deux ou trois poteries, car je connais encore mal ce travail. Vous pourriez en faire une, mais, une fois que vous en aurez fait une, vous pourriez peut-être aussi bien en faire cinq. D'accord, donc, que ce soit une ou cinq, cela n'a pas d'importance.
LA PATIENTE : Mais elles sont toutes censées être imparfaites.
LE THÉRAPEUTE : Elles doivent *toutes* l'être – quel que soit le nombre de poteries que, de onze heures à midi, vous fabriquerez; elles doivent être imparfaites. Quelle que soit la manière dont vous y parviendrez. Et, également, j'aimerais que vous ne touchiez pas au tour à d'autres moments que celui-ci.
LA PATIENTE : D'accord.

Il sera possible dans certains cas, en définissant le symptôme non désiré comme un avantage sur un plan jusque-là non envisagé par le patient, d'amener ce dernier à cesser de lutter contre tel ou tel de ses comportements ou telle ou telle de ses humeurs. Ce type de recadrage exigera une planification soigneuse, car il sera indispensable que le patient y croie à fond. L'un de nos patients déprimés se décrivait par exemple comme un « bourreau de travail ». Il reconnaissait se bousculer impitoyablement, ne jamais prendre plus de deux ou trois jours de vacances, et d'ailleurs rarement, etc. Nous pûmes recadrer sa dépression en la définissant comme une contrainte dont il pouvait tirer parti : nous lui expliquâmes que cette dépression le forçait à ne pas aller travailler et à prendre du bon temps en restant chez lui – un luxe, sinon une nécessité, qu'il ne se permettrait jamais volontairement. Ce patient jugea notre « interprétation » aussi profonde qu'utile et arrêta de se forcer à essayer d'avoir plus d'entrain et de dynamisme. Comme on pouvait le prévoir, sa dépression s'atténua.

La plupart des problèmes étiquetés comme « dépendances » nous semblent pouvoir être vus comme des problèmes de comportement, à la différence près que, dans les dépendances (ou les habitudes), le patient non seulement luttera contre tel ou tel comportement ou telle ou telle humeur, mais tentera également de ne pas penser à la substance « interdite » qu'il voudra contrôler, qu'il s'agisse de nourriture, d'alcool, de drogue ou de cigarettes; sa lutte consistera en général à tenter d'éviter, par des efforts réfléchis et continuels, la substance en question, et ses efforts auront le plus souvent pour effet de lui faire encore plus penser à la substance qu'il voudra éviter, à tel point qu'il finira par la voir comme plus puissante que lui-même. Il passera donc son temps à livrer une bataille perdue d'avance, et ne pourra s'arrêter de penser à la substance interdite (objet de tous ses désirs) qu'en cédant à ce qu'il s'imaginera être un besoin incontrôlable. Il croira que, le seul moyen de ne pas en prendre, c'est de ne pas être tenté.

Peut-être est-ce la technique auto-hypnotique que Spiegel (1970) a employée avec les fumeurs qui met le mieux en lumière ce que sont, face à ce genre de problèmes, les principes de l'intervention rapide. Dans un contexte d'auto-hypnose, le thérapeute redéfinit la tentation de fumer comme une nécessité absolue par rapport à l'objectif final, qui est de la contrôler. Ensuite, s'appuyant sur cette redéfinition, il ordonne au sujet de s'exposer délibérément et fréquemment à cette tentation, tout en lui donnant une procédure rituelle à suivre qui lui permettra en même temps d'y résister. Le thérapeute pourra, sans hypnose, employer cette stratégie pour de nombreux genres d'habitudes. Mais il devra, quels que soient la forme ou le contexte de ces habitudes, absolument éviter le piège majeur qui consiste à inciter le patient à faire appel à la puissance de sa volonté pour éviter la substance dont il est dépendant. Il ordonnera donc au patient de s'exposer à la tentation, tout en lui donnant un rituel ou en lui proposant un « mécanisme » qui lui permette d'y résister et l'empêche de lutter contre l'idée d'y céder ou même d'en délibérer.

Bien qu'un simple « mécanisme » de nature strictement rituelle tel que celui qu'utilise Spiegel suffise souvent, un rituel d'*aversion* pourra, face à certains clients, s'avérer plus efficace. Il nous est par exemple arrivé d'amener un fumeur avec lequel une approche hypnotique n'avait rien donné à passer avec lui-même un contrat simple mais inflexible : il pouvait fumer chaque fois qu'il le désirait, mais, s'il tirait ne fût-ce qu'une bouffée, il devait alors se lever au milieu de la nuit et fumer d'affilée tout un paquet de cigarettes. Un tel contrat créait chez ce client, chaque fois qu'il était tenté de fumer, une situation de « non-conflit »; à partir du moment où il se disait que, s'il « tirait une bouffée », il devrait se lever en pleine nuit pour fumer des cigarettes les unes à la suite des autres, le jeu n'en valait tout simplement plus la chandelle. La structure de non-conflit éliminait sa *lutte* contre la tentation, une lutte qui mène toujours à la capitulation. Cet exemple met en lumière un autre aspect des rituels d'aversion : pour que l'intervention soit vraiment efficace, le thérapeute devra ordonner au patient de prendre des quantités excessives de la substance dont il est dépendant et, surtout, exiger de lui qu'il le fasse à des moments gênants. Le « plaisir » deviendra alors le « traitement ».

2. Le patient tente de surmonter la crainte d'un événement en le différant

Les plaintes des patients pris dans cette contradiction auront généralement pour centre des états de peur ou d'angoisse, dont les exemples types sont les phobies, la timidité, les inhibitions à écrire, les blocages concernant telle ou telle activité créatrice, les inhibitions du comportement (peur de parler en public, trac), etc. Ici aussi, il s'agit de plaintes autoréférentielles : ce type de patient se plaint de quelque chose qui le concerne en propre. Ces plaintes diffèrent toutefois quelque peu de celles que nous venons d'évoquer plus haut en cela que les états de peur ou d'angoisse dont il est ici question pourront apparaître et persister sans le concours d'aucune personne extérieure. Ce type de patient s'affolera tout seul, dans son propre système, et sa vulnérabilité se maintiendra sans aucune intervention extérieure. Ce qui ne signifie pas que les autres ne joueront aucun rôle dans la persistance des problèmes afférents à cette catégorie : ils y participeront souvent. Nous voulons simplement dire que les problèmes de ce type n'ont besoin d'aucune « aide » extérieure pour se déclarer et persister.

Les phobies sont un excellent exemple des problèmes auxquels nous faisons ici allusion : elles montrent parfaitement comment ces états peuvent apparaître et se maintenir. La phobie commencera souvent de manière très banale. Après avoir exécuté telle ou telle tâche (le plus souvent, une tâche qui comportera un risque, si minime soit-il), le futur patient phobique rencontrera, tout à coup, des difficultés aussi inattendues qu'inexplicables dans l'exécution de cette tâche. Et, pensant à ces difficultés qu'il aura éprouvées, il commencera à prendre peur à l'idée qu'elles puissent se répéter dans des circonstances dangereuses, mortifiantes ou humiliantes. Nous appelons cela la satisfaction du *Et si?* : « Et si j'avais un étourdissement au volant, la prochaine fois, sur un pont, et sans pouvoir me ranger sur le bas-côté? » « Si l'ascenseur tombait en panne, et si, ne pouvant en sortir, je perdais tout contrôle de moi-même? » La situation ne tardera en général pas à s'aggraver : jugeant qu'il se comporte comme un idiot, le futur patient décidera de se mettre à l'épreuve, mais son appréhension fera que ses pires prophéties s'accompliront. Il ratera le plus souvent son épreuve et, toutes ses craintes se voyant confirmées, sera alors sur la voie de la phobie à part entière.

Que son problème atteigne des niveaux proprement phobiques ou ne soit qu'une simple « réaction d'anxiété », le futur patient finira par se croire incapable de dominer l'événement redouté. Pour user d'une métaphore, cet événement deviendra pour lui une sorte de dragon, un dragon qu'il devra mettre à mort, mais sans posséder l'arme « secrète » que tout le monde lui paraîtra posséder. La confrontation qu'il anticipera avec le dragon, les ascenseurs, les avions, les automobiles ou ces hommes et ces femmes inconnus à qui il aura peur de parler, sera perpétuellement suspendue au-dessus de sa tête et pourra colorer beaucoup d'aspects de sa vie. Et le fait que, pour la plupart des gens, la rencontre avec le dragon ne semble poser aucune difficulté finira par devenir partie intégrante de la tentative de « solution » du futur patient : il se dira que, si, pour les autres, la tâche qu'il n'arrive pas à accomplir est aussi simple et aussi facile que cela, il devrait en être de même pour lui. Mais, en même temps, il se sentira vulnérable et insuffisamment préparé pour réussir. (En toute hypothèse, il serait extrêmement difficile de développer une phobie à propos d'une tâche unanimement tenue pour compliquée ou périlleuse, par exemple le parachutisme. Dans ce cas, la peur serait simplement jugée justifiée et on accepterait que la bravoure a des limites.)

Ce type de patient se lancera donc dans un interminable travail de préparation qui le conduira sans cesse à différer son « face-à-face avec le dragon » tout en se préparant sans relâche à l'affronter. L'étudiant ayant peur de l'examen demandera que l'épreuve soit reportée, sans penser à tout le travail qu'il aura fait; le jeune homme timide craignant d'être éconduit ne demandera pas de rendez-vous à telle ou telle femme. Il préférera attendre d'être dans « la disposition d'esprit qu'il faut », ou bien que ses camarades qui, eux, sont, naturellement, experts en la matière, lui donnent des « tuyaux » imparables.

Fondamentalement, la solution de base qu'essaiera ici le patient sera de *se préparer* à l'événement redouté, de manière à le maîtriser à l'avance. Le thérapeute devra donc particulièrement veiller à ce que ses interprétations ou ses directives ne soient pas des variantes de cette « solution », car de telles interventions n'aboutiraient qu'à prolonger le problème du patient. Ici, la bonne technique consistera à donner au patient des directives et des explications qui le mettent en face de la tâche qu'il redoute tout en *exigeant* une absence de maîtrise (ou une maîtrise incomplète) de cette tâche. C'est ce que montreront les deux exemples qui suivent :

LE THÉRAPEUTE *(à un étudiant qui avait peur des examens)* : Dans l'examen qui approche, ce qui m'intéresse, ce n'est pas la note que vous aurez, mais d'en profiter pour mieux comprendre votre problème. En fait, je veux que vous vous débrouilliez pour ne pas avoir plus de 18 sur 20, quel que soit le travail que vous aurez fourni. Quand on vous donnera votre sujet d'examen, je veux que vous commenciez par bien regarder les dix questions, puis que vous en choisissiez une à laquelle vous ne répondrez pas, même si vous connaissez la réponse. Ce qui m'intéresse avant tout, c'est la manière dont vous vous y serez pris pour choisir cette question. Ce n'est qu'en procédant ainsi que vous parviendrez à comprendre un peu mieux votre problème.

Ou bien encore :

LE THÉRAPEUTE *(à un patient qui souffrait d'une phobie de la conduite)* : Bien que vous disiez vous préoccuper trop des dangers de la conduite, il me semble que vous les avez en fait traités bien légèrement. Si vous voulez résoudre votre problème, il faut que vous commenciez par vous sensibiliser davantage aux dangers qu'entraîne le fait de conduire. Pour vous mettre dans l'état d'esprit qui convient, je veux que vous y pensiez tout en étant assis dans votre voiture arrêtée. Vous ne devrez, sous aucun prétexte, laisser votre esprit dévier vers les plaisirs qu'il peut y avoir à conduire ou à faire de la route. Je pense qu'il faudrait que vous consacriez à cet exercice au moins une demi-heure par jour. [*Si le patient revenait et disait, comme on peut s'y attendre, qu'il a mal supporté la lenteur du procédé – par exemple qu'il n'a pu résister à la tentation de faire tourner le moteur –, le thérapeute devra persister dans sa tactique « restrictive ». Petit à petit, toute la conduite pourra être formulée de manière restrictive. Le thérapeute pourra lui déclarer par exemple :* « Je veux que vous *ne dépassiez pas* le coin de la rue »; *ou bien :* « Je veux que vous *ne rouliez pas plus loin* que le magasin le plus proche. Puis, que vous vous soyez bien débrouillé ou non, je veux que, laissant là votre voiture, vous rentriez chez vous à pied. »*]

Dans le cas du patient dont la peur sera d'être rejeté par le sexe opposé, le thérapeute lui demandera de *surévaluer* délibérément les chances d'être repoussé. Il lui suggérera, par exemple, de se rendre dans un lieu de rencontres – un bar, une salle de danse ou une patinoire –, d'y choisir la femme la plus désirable et de l'aborder avec cette simple entrée en matière : « J'aimerais faire votre connaissance, mais je suis très intimidé chaque fois que je parle à une femme. » Il lui dira aussi que, étant donné les circonstances, il s'exposera très probablement à être repoussé – après tout, il aura choisi une femme vraisemblablement très difficile, et l'aura abordée d'une manière ridiculement simple. Et il lui recommandera, au cas où, par le plus grand des hasards, il ne se ferait pas éconduire, d'éviter absolument de sortir avec cette femme ou de la revoir, car l'objectif premier de l'injonction n'est pas de lui faire faire des rencontres, mais de lui faire surmonter sa peur d'être rejeté!

Toutes les stratégies auxquelles nous avons recours dans les problèmes de peur/évitement reposent donc sur un même principe : nous mettons le patient en face de la tâche qu'il redoute, tout en l'empêchant de la mener à bonne fin; comme nous nous en sommes expliqués, c'est le principe directeur de notre stratégie, puisque la « solution » la plus fréquente du patient consiste à éviter la tâche tout en se contraignant à vouloir la maîtriser.

3. Le patient tente de parvenir à un accord dans le conflit

Les problèmes en rapport avec cette « solution » ont à leur origine un conflit né dans une relation interpersonnelle et centré sur des questions exigeant une coopération mutuelle. On peut citer comme exemple les disputes conjugales, les conflits mettant aux prises des parents et leurs enfants (qu'ils soient très jeunes ou adolescents), les conflits professionnels et les conflits qui peuvent opposer des enfants adultes à leurs parents âgés.

Il sera rare que les deux parties en conflit participent au traitement. En général, le thérapeute sera contacté par la personne qui sentira la légitimité de sa position menacée ou déniée par l'autre partie : par exemple, le père ou la mère qui aura le sentiment que l'enfant ne respecte pas son autorité, ou bien l'époux ou l'épouse qui se sentira « rabaissé » par son conjoint. En général, les efforts du plaignant pour tenter de forcer la partie « adverse » à chercher de l'aide ou à participer au traitement échoueront ou se traduiront au mieux par une unique visite de la partie « adverse ».

La « solution » dans laquelle s'engagent les plaignants confrontés à ce type de problèmes consiste, d'une part, à n'avoir de cesse que l'autre partie accepte de se comporter selon leurs désirs; et, d'autre part – ce qui à leurs yeux compte plus encore –, à demander à l'autre partie de les traiter avec le respect, l'attention ou la déférence qu'ils imaginent leur être dus. Bref, leur « solution » revient à demander à l'autre partie de les traiter comme s'ils étaient en « position de supériorité ».

En agissant ainsi, le plaignant ne réussit naturellement qu'à exacerber encore plus le comportement qu'il souhaite éliminer. Et cela, qu'il justifie sa demande de voir reconnue sa « position de supériorité » au nom de son bon droit ou en raison des responsabilités qui lui incombent, ou qu'il ait recours, pour parvenir à ses fins, aux menaces, à la force, ou aux arguments logiques.

Le thérapeute pourra, pour interdire cette solution, utiliser la technique qui consiste à amener le plaignant à adopter une position d'« infériorité » – c'est-à-dire une position de faiblesse. Compte tenu de l'intensité de la lutte interpersonnelle, le plaignant aura du mal à modifier en ce sens sa « solution » : à ses yeux, adopter une position d'infériorité équivaudra souvent à se montrer faible, à plier le genou, à faire un dernier pas vers l'abdication de son droit de parent ou de conjoint. Mais un tel renversement de position sera pourtant en général indispensable : si le plaignant se contentait d'arrêter d'appliquer son ancienne « solution » sans donner aucune explication à un tel changement, l'autre partie risquerait fort de penser qu'il fait « plus de la même chose »; autrement dit, qu'au lieu de se plaindre, le plaignant attend silencieusement son heure. L'autre partie resterait donc probablement sur la défensive, ce qui pousserait à nouveau le plaignant à revenir à son ancienne solution, celle-là même qui entretient le problème.

Puisque le client aura en général beaucoup de mal à infléchir en ce sens sa « solution », le thérapeute devra se fixer comme objectif davantage de cadrer correctement ou de savoir rendre « convaincante » son intervention que d'identifier l'action précise que le client devra accomplir, qui sera souvent très évidente. Il sera en général nécessaire d'expliquer au client qu'il peut parfaitement exprimer ses demandes de manière non autoritaire, en disant par exemple : « J'apprécierais que tu veuilles bien... », plutôt que : « Il faut que tu... », ou : « C'est vraiment le moins que tu puisses faire. »

Dans le domaine de l'éducation, et notamment de l'éducation des adolescents, les parents tentent souvent de se faire obéir en affirmant exagérément leur pouvoir : « Ici, c'est notre maison et, tant que tu habiteras là, tu devras te soumettre à nos règles! » « Bon, c'est dommage pour toi, mais tu ne sortiras pas maintenant; si tu le fais, je te priverai de sortie pendant deux semaines! » Dans la plupart des cas, les parents, ou ne peuvent pas, ou ne veulent pas mettre à exécution leurs menaces. Les mesures qu'ils prennent, comme par exemple de priver leurs enfants d'argent de poche pour une semaine ou deux, n'ont souvent aucune portée. Nous savons d'expérience que, tout en étant provocatrices, les menaces vides sont très vite percées à jour comme n'étant que de simples « tigres de papier ». Il est intéressant de constater que beaucoup de parents ne se servent pas du pouvoir réel qu'ils ont d'imposer des sanctions, de retirer des faveurs importantes, etc.

Dans ce type de cas, l'intervention commencera réellement quand le thérapeute demandera aux parents de les rencontrer d'abord seuls. Le choix de ce format thérapeutique, non seulement confirmera implicitement les parents dans leur position de plaignants, mais les placera également vis-à-vis du thérapeute dans une position de consultants, de consultants venus demander des conseils au sujet de l'éducation de leur enfant. Une telle démarche n'est pas classique : dans les traitements conventionnels, le thérapeute commencera souvent par voir l'enfant seul, ce qui aura pour effet d'en faire le centre du traitement, même lorsque les parents assisteront aux séances ultérieures.

Quand bien même le thérapeute constatera que les parents ont sur leur enfant un effet provocateur, il ne devra pas leur en parler, puisqu'il n'aboutirait très certainement, en intervenant en ce sens, qu'à les indisposer et donc à réduire leur coopération. Par rapport à leur cadre de référence, les parents s'estimeront en droit d'exiger de leur enfant l'obéissance qu'ils pensent leur être légitimement due : « Il doit comprendre que nous sommes ses parents et que nous avons le droit d'attendre de lui qu'il garde sa chambre propre. » Le thérapeute devra donc plutôt recadrer la situation familiale de telle sorte que les parents puissent prendre une position d'infériorité tout en ayant encore l'impression d'être en position de supériorité.

Un cadrage particulièrement efficace face à de tels problèmes, c'est celui qui consiste à expliquer aux parents que leur enfant ne fait jamais réellement attention à ce qu'ils lui disent; qu'ils sont pour lui devenus si prévisibles qu'il ne les écoute tout simplement plus; et que, s'ils veulent vraiment avoir de l'influence sur lui, ils doivent absolument parvenir à obtenir son attention, ce qu'ils ne réussiront qu'en devenant *imprévisibles.* Dans l'exemple qui suit, le thérapeute utilise ce cadrage pour amener l'un des parents à adopter une position d'infériorité.

LE THÉRAPEUTE : Je n'ai rien contre ce que vous avez demandé à votre fils. Si j'ai quelque chose à en dire, c'est que vous lui demandez trop peu. Quoi qu'il en soit, le plus important, c'est que vous sous-estimez à quel point, pour votre fils, vous êtes prévisibles. Après un mot ou deux de vous, il peut prédire ce que vous direz ensuite, et il cesse tout simplement de vous écouter. D'après ce que j'ai observé, à cet égard, vous ne l'avez jamais déçu. Non, pour avoir un impact sur lui, vous devez avant tout obtenir son attention, mais il vous faudra pour cela devenir imprévisibles.

L'UN DES PARENTS : Eh bien, je ne vois pas comment nous pourrions être imprévisibles [*montrant ainsi qu'il reconnaît qu'un changement est nécessaire, mais demandant* comment *y parvenir*]. Peut-être pourrions-nous...

LE THÉRAPEUTE : Eh bien, réfléchissez un peu. Voyons. Quand il sort le soir, je crois bien que vous avez l'habitude de lui dire : « Rappelle-toi, en principe, tu dois rentrer vers dix heures. Débrouille-toi pour rentrer à cette heure-là. Nous ne voulons pas te voir dehors plus tard. » Ne pourriez-vous lui parler de l'heure à laquelle il doit rentrer en changeant tout à fait de style, en devenant moins prévisibles?

L'UN DES PARENTS : Et si nous lui demandions à quelle heure il pense qu'il est honnête de rentrer à la maison?

LE THÉRAPEUTE : Ce serait différent, mais... et s'il vous répondait : « à minuit »? Non, je ne pense pas que cela marcherait, mais vous venez pourtant de me donner une idée. Vous lui diriez : « Nous aimerions que tu sois de retour vers dix heures, mais, naturellement, nous ne pouvons t'y forcer »; serait-ce inhabituel de votre part?

L'UN DES PARENTS : Oui [*riant*], il est certain que ça nous changerait. Mais, lui, comment réagirait-il?

LE THÉRAPEUTE : Eh bien, vous ne le saurez vraiment

qu'après avoir essayé. Que risqueriez-vous à faire l'essai cette semaine?

Dans ce cas plus complexe, nous avons recouru, face à une mère, à un cadrage qui insistait sur le rôle qu'elle avait à jouer pour préparer son enfant à l'âge adulte.

L'OBSERVATEUR *(entrant dans la pièce)* : Je suis entré parce que, ce que le docteur X [le thérapeute du cas, qui s'est opposé aux parents] essaie de vous dire, c'est que... nous avons eu, comme vous pouvez l'imaginer, une discussion pénible, où nous lui en avons dit de toutes les couleurs. Et je pense qu'il n'était pas juste d'essayer de lui demander de vous la rapporter, dans tous les détails. Votre commentaire – ce que vous venez de dire – montre que... Je crois qu'il se pourrait bien que vous n'ayez pas très bien compris. Au risque de répéter certains points déjà évoqués, ce que nous remarquions, c'était l'irresponsabilité de Jill, son incapacité à se prendre en charge – à la maison, dans la vie collective, à l'école. Pour autant que nous soyons à même d'en juger, à la base, elle a fonctionné et, je pense, fonctionne encore exactement comme le docteur X l'a décrit : elle se comporte comme une enfant de quatre ans, qui a dans l'idée qu'elle peut faire tout ce qui lui plaît parce que, quoi qu'il arrive, Maman la protégera. En conséquence de quoi, elle n'a pas à regarder où elle met les pieds. «Maman me tirera du danger à la onzième heure.» Pour quelqu'un qui n'a pas quatre ans, mais l'âge qu'elle a, il est bien dangereux, de plus en plus dangereux chaque jour, de fonctionner sur ce type de psychologie. Le docteur X nous a donné un excellent exemple, tout à fait juste : «Vous avez été arrêtée, placée dans un centre d'éducation surveillée, entendue par le juge, vous n'avez pas le droit de sortir de la maison, vous devez aller au tribunal pour qu'il y soit définitivement statué sur votre compte, et vous gloussez.» C'est une psychologie d'enfant de quatre ans. Elle s'accroche à l'illusion que vous pouvez et voulez la sauver en vous coinçant dans le rôle de la «bonne mère», restrictive, qui pense à tout et qui est raisonnable. Si vous persistez dans cette attitude, nous pouvons vous garantir que votre gosse court à la catastrophe.
LA MÈRE : Donc, pour l'essentiel – excusez-moi, j'espère que je ne vous interromps pas –, mais, alors, pour l'essentiel, ce

que vous êtes en train de me dire, c'est que je vais simplement devoir... baisser les bras.

L'OBSERVATEUR : Non, non. Pire que cela. Elle a besoin d'avoir peur, d'éprouver une bonne peur constructive – elle en a besoin pour réussir à découvrir que le cordon a été coupé. Pour pouvoir se dire : « Maman ne peut pas me protéger. » Et : « Je suis beaucoup plus seule que je pensais, et sans doute aussi que tu pensais toi. Et que le tribunal pensait. » Ils sont naïfs. Ils lui disent : allez à l'école et conduisez-vous bien, sinon nous vous enverrons dans un endroit où l'on vous obligera à bien vous conduire. C'est de la naïveté. A moins qu'elle soit effrayée par une prise de conscience constructive : « Il faut que je fasse attention où je mets les pieds. Maman ne peut y faire attention pour moi. Maman ne peut pas me protéger. » Ce n'est pas que Maman *ne le veuille pas.* « Maman *ne peut pas* me protéger. »

LA MÈRE : Mais comment arriver à lui faire prendre cette position?

L'OBSERVATEUR : Bon. Croyez-le ou pas, il faudrait que... Je vais commencer à vous en parler sur un plan général, et n'entrerai qu'ensuite dans les détails. Ce qu'il faudrait, ce serait que vous deveniez une « mauvaise mère ». Si vous voulez l'aider à parvenir aussi vite que possible à cette indispensable prise de conscience, il faudra que vous avanciez avec elle, que vous vous y preniez... il ne s'agit pas pour vous de baisser les bras... que vous vous y preniez comme elle imaginerait que le ferait une mauvaise mère. Par exemple, plutôt que de lui dire : « Tu as des devoirs à faire? Tu as terminé tes devoirs? », ce qui la rassure (elle se dit : « Tu vas me protéger »), au lieu de cela, il faudrait non pas que vous baissiez les bras, mais que vous lui disiez : « J'ignore si tu as ou non des devoirs à faire, mais, ce soir, il y a un programme sensationnel à la télé. Pourquoi ne viendrais-tu pas le regarder avec moi? » A ce propos, ne faites pas l'erreur de... Je pense vous avoir entendue dire que, au moins pour le moment, vous êtes légalement censée la surveiller et que, cela, Jill ne le sait pas.

LA MÈRE : Euh, elle... Je ne le lui ai probablement pas assez bien expliqué pour qu'elle comprenne que dorénavant, ou du moins pour les deux prochaines semaines, oui, je suis légalement totalement responsable d'elle. Après, quand on

180

lui aura donné un délégué à la liberté surveillée, ce sera davantage son problème à lui. Mais, ce qu'elle ne comprend pas, c'est que, dans sa vie de tous les jours à la maison, c'est moi qui devrais, vous savez, comme elle dirait, qui devrais aller cafarder ce qu'elle fait.

L'OBSERVATEUR : Cela, elle l'a appris dès les cinq premières minutes qu'elle a passées au centre d'éducation surveillée.

LA MÈRE : Non, elle ne m'en a rien dit. Mais je suis sûre que vous avez raison.

L'OBSERVATEUR : Elle l'a appris au bout de cinq minutes : la boucler.

LA MÈRE : Je n'y avais jamais pensé.

L'OBSERVATEUR : Au centre d'éducation surveillée, l'échange d'informations est très rapide. C'est bien pourquoi il faut que vous en parliez avec elle.

LA MÈRE : Oui.

L'OBSERVATEUR : Bien. Ce qui est légalement attendu de vous, c'est que vous la surveilliez; elle le sait. En la surveillant bien, vous pouvez l'aider à se casser la figure. Mais, heureusement, si vous jouez votre rôle de surveillante de façon lamentable, si vous la surveillez comme le ferait une « mauvaise mère », vous pouvez aussi l'aider à se prendre mieux en main, à mûrir et à acquérir une certaine maîtrise d'elle-même. Ne faites pas attention à elle. Oubliez. Ne vous inquiétez pas. Si elle vous dit : « Je sais que tu sais que je suis allée parler à l'un de ces amis que l'on m'a interdit de voir; je suppose qu'il va probablement falloir que tu le répètes au délégué », répondez-lui : « Sans doute, mais je ne sais pas. En fait, Jill, je ne veux pas entrer dans les détails, mais il y a un certain nombre de choses concernant le juge et le tribunal qui ne me plaisent pas tellement. Je ne te dirai pas en quoi je ne suis pas d'accord, mais je ne les aime pas beaucoup. Il m'arrive parfois de penser qu'ils ne disent que des sottises. » « Je suis une très mauvaise citoyenne. Une mauvaise mère. D'accord? »

LA MÈRE : Eh bien, ce serait... Je le ferai, parce que je pense que votre suggestion est splendide.

L'OBSERVATEUR : Ça va être très, très dur et vous vous révolterez contre ce rôle qui est si différent de celui dont vous avez l'habitude. On doit élever ses gosses et, les élever, cela suppose qu'on les guide, qu'on les contrôle, qu'on les discipline et qu'on les protège. Avec un enfant de quatre ans, on peut y arriver. Un enfant de quatre ans se laisse intimider. Et tout le monde vous soutiendra. « Que fais-tu ici? File à la maison. » Le gosse repartira au trot chez lui. On peut engueuler une bande de gosses de quatre ans, de huit ans, c'est facile. Puis, ils commencent à entrer dans l'adolescence, dans la pré-adolescence. Ils s'entendent comme larrons en foire, leurs copains les appuient, ils ont du fric, on les encourage à voler de leurs propres ailes – toutes ces idées sur l'initiation à la vie adulte. La difficulté, alors, c'est de savoir changer de vitesse, de savoir ne plus protéger son enfant, parce que l'on comprend que, hélas, *on ne le peut pas*. Où est-elle, en ce moment? A l'école? Comment pouvez-vous en être sûre?

LA MÈRE : Elle est à la maison.

L'OBSERVATEUR : A la maison?

LA MÈRE : Je suppose qu'elle y est.

L'OBSERVATEUR : Vous en êtes sûre?

LA MÈRE : Non.

L'OBSERVATEUR : Bon. A un enfant de huit ans, on peut dire : « Reste à la maison jusqu'à ce que je revienne », et il y restera. Ça les intimide. Mais c'est à cette difficile prise de conscience que je... Vous n'avez pas à cesser d'aimer votre enfant – vous l'aimerez toujours – mais, justement, l'aimer, cela implique de se modifier soi-même pour arriver à faire en sorte que, désormais, ils se protègent eux-mêmes. Et, en un sens, la maison devient un camp d'entraînement à la survie.

LA MÈRE : Oui, tout à fait.

L'OBSERVATEUR : Les troupes ne survivent pas... On veut être gentil avec ses troupes et, donc, on se demande pourquoi il faudrait les exposer aux duretés et aux risques de... Pourquoi les faire ramper à travers des fils de fer barbelé?... C'est dangereux. Et on les envoie ensuite à la bataille? Mais ils se font massacrer!

LA MÈRE : C'est vrai.

L'OBSERVATEUR : Voilà donc pourquoi, pour beaucoup d'adolescents, la maison est un camp d'entraînement à la survie, et tout particulièrement pour les adolescents qui, comme Jill, n'arrivent pas très bien à se prendre en main. Ils doivent apprendre certaines leçons, dont la plus importante est : « Le cordon a été coupé. » Vous savez que chaque fois que votre mère se conduit comme si elle était incompétente, étourdie, irresponsable... Donc, il vaut mieux pour vous ne pas trop compter sur elle pour vous protéger.

LA MÈRE : Oui. Je comprends très bien, et je vois tout à fait la logique de ce que vous dites. Je comprends parfaitement. Je le ferai.

L'OBSERVATEUR : Bien. C'est très bien. Attendez-vous à ce que cela vous soit difficile. Vous lutterez contre vos instincts... Et également Jill vous rendra parfois la partie difficile – je pense qu'il vaudrait mieux que vous vous y attendiez – en essayant de vous coincer à nouveau dans la position du « Tu ne peux pas faire cela », « As-tu fait ceci ? As-tu fait cela ? ». Elle fera tout pour recommencer à vous coincer dans ce rôle. Et, à ce jeu, elle sera probablement très forte. Pour ne plus vous laisser coincer, vous pourriez peut-être étudier la manière dont elle s'y prend.

LA MÈRE : Oui.

LE THÉRAPEUTE : Mes collègues qui sont dans l'autre pièce m'ont fait remarquer que, la première fois, cela peut très bien ne pas marcher... que cette approche peut très bien ne pas marcher du premier coup. Et peut-être pas davantage la seconde fois. Il peut très bien se passer que, après que vous lui aurez suggéré de laisser tomber ses devoirs et de venir regarder la télé, elle réagisse simplement en arrêtant de faire ses devoirs. Vous devrez faire cinq ou six tentatives. Il faudra du temps pour que se produise un changement.

L'OBSERVATEUR : Oh oui ! J'espère ne pas vous avoir laissé entendre, vous savez, que ça changera ou réussira du jour au lendemain.

LA MÈRE : Oui, je m'en rends compte.

L'OBSERVATEUR : Vous savez, vous vous lancez là dans une entreprise... une entreprise fondamentale dans laquelle vous devrez persister... qui demandera du temps.

LA MÈRE : Non, je m'en rends compte, croyez-moi. Elle a mis quinze ans pour en arriver là où elle en est. Je sais parfaitement que la situation ne va pas changer en un tour de main.

Quelquefois, les parents craindront tant de « perdre complètement le contrôle » de leur enfant qu'ils n'abandonneront pas leur position de supériorité. Le type de cadrage que nous venons de décrire ne les tranquillisera pas. Le thérapeute pourra dans ce cas leur offrir une « épée magique », c'est-à-dire leur expliquer que, pour obtenir l'obéissance de leur enfant, ils disposent d'un moyen très puissant, dont ils ne se sont jamais encore servis : donner à ses actes des conséquences imprévisibles. Il ajoutera cependant que, pour que cette « épée magique » soit efficace, il leur faudra s'exprimer à partir d'une position d'infériorité. Cette tactique, à laquelle nous donnons le nom de « sabotage bienveillant », consiste donc à demander aux parents de faire désormais en sorte que les actes de leur enfant soient suivis de conséquences bien réelles, plutôt que de simples sermons; ces conséquences devront avoir l'air « accidentelles » et, lorsque leur enfant leur posera des questions à cet égard, les parents seront censés s'excuser : « Oh, je suis vraiment désolée qu'il y ait eu hier soir des miettes dans ton lit. Quand j'ai rangé ta chambre, je devais être en train de prendre mon petit déjeuner, et j'ai dû aller et venir avec ma tartine. J'essaierai de faire en sorte que cela ne se reproduise plus. »

Pour certains parents, l'intervention pourra simplement consister à définir, et redéfinir, la position de supériorité comme une position de faiblesse et la position d'infériorité comme une position de force. Le thérapeute accusera les parents d'être trop « faibles » avec leur enfant, et leur recommandera d'adopter une position d'infériorité, c'est-à-dire une position « forte ». Bien que ne marchant pas dans tous les cas, cette tactique toute simple sera des plus efficaces lorsque les parents, comme ceux de l'exemple qui suit, reconnaîtront qu'ils ne savent plus que faire, et qu'ils sont prêts à tout essayer. Le problème de ces parents concernait leur fille, une adolescente au caractère difficile et au comportement provocateur :

LE THÉRAPEUTE : Alors, quoi de neuf?
LA MÈRE : Eh bien, nous avons eu toutes sortes d'émotions... Vous savez, nous avons fait exactement ce que vous nous aviez dit. J'ai eu Suzie en larmes toute la semaine – la frustration totale, vous savez. Par exemple, il y a deux ou trois jours, elle m'a demandé : « Si je ne mets qu'un pull-over pour aller à l'école, aujourd'hui, ça suffit? » Je lui ai dit : « Eh bien, il fait affreusement froid, Suzie. Il vaudrait sans doute mieux que tu mettes un manteau. » Et elle : « Mais peut-être qu'il va faire chaud cet après-midi; et il faudra que je le porte au retour. » Je lui ai répondu : « Dans

ce cas, sans doute qu'un pull-over, ça irait.» Et, alors, elle m'a dit : «Tu me rends malade», et : «Plus jamais je ne te parlerai.» Et elle est partie.

LE THÉRAPEUTE : Ce qui à votre avis signifie quoi?

LA MÈRE : Je n'en sais rien, ça signifie simplement que je ne veux plus discuter avec elle à propos de tout et de rien, et ça la rend folle.

LE PÈRE : Autrefois, elle [la mère] lui disait : «Mets ton manteau pour aller à l'école. Il fait froid à se geler et, si ça se réchauffe, tu le rapporteras à la maison, voilà tout.» «Eh bien, lui répondait Suzie, je ne vois pas pourquoi il faudrait que je le prenne si je ne veux pas. C'est moi qui aurais froid.» Et elle discutait. Mais, maintenant, tout ce qu'elle [la mère] lui dit, c'est : «Bon. J'y penserai, Suzie. Je verrai.» Quelque chose dans ce genre.

LA MÈRE : Bon, comme la machine à coudre, par exemple.

LE PÈRE : Elle la laisse en plan – simplement, comme ça, et Suzie ne sait pas quoi dire parce qu'elle n'a plus personne avec qui se disputer. Vous savez, elle essaie toutes sortes de manœuvres pour provoquer des discussions. Et, quand personne ne veut discuter avec elle, elle en est frustrée, vous savez, elle ne sait plus quoi faire.

LE THÉRAPEUTE : Donc, cette dernière semaine, vous avez essayé... En ne donnant aucune information à Suzie, vous avez fait du bon travail. Naturellement, ce qui serait encore mieux, ce serait que votre incapacité à lui donner des informations s'explique tout simplement par le fait que vous seriez vraiment trop déprimés et bouleversés pour cela [...] Ce que j'aimerais, ce serait que vous preniez une position encore plus forte. Et, vous allez peut-être trouver cela absurde, mais, cette position encore plus forte que j'aimerais vous voir adopter, ce serait de lui paraître désemparés et vraiment très bouleversés.

Dans les problèmes conjugaux, ce sera en général à coups de plaintes et non en exprimant des demandes précises que le plaignant essaiera de forcer son conjoint à lui témoigner de l'attention. Qui plus est, ces plaintes seront souvent formulées sur un ton particulièrement incendiaire : «Pourquoi es-tu très aimable avec tout fichu étranger, mais pas avec moi ni avec les enfants?»; ou encore : «Quand vas-tu cesser de ne penser qu'à ton propre confort, et t'apercevoir que j'existe? » Quand des demandes seront exprimées, elles seront en général vagues ou équivoques : « Tu sais, si une fois de temps en temps tu m'emmenais dîner dehors, ce serait agréable. » « Je n'ai besoin d'aucun bijou, mais ce serait quand même gentil de m'offrir quelque chose. » Le thérapeute devra interdire au plaignant non seulement de continuer à exprimer ses demandes à partir d'une position de supériorité, mais encore de persister à ne pas les expliciter. Il devra, en deux mots, exiger du plaignant qu'il cadre ses demandes de manière concrète et précise, en s'exprimant par exemple ainsi : « Je serais très contente [ou : « Vraiment, j'aimerais beaucoup »] que, demain soir, nous dînions au restaurant. » Un cadrage sera ici en général nécessaire pour que le plaignant ne s'imagine pas que le thérapeute lui demande de céder à son conjoint ou de le supplier, et le cadrage le plus facilement accepté sera en l'occurrence celui qui consiste à donner au client l'*impression* que, en changeant ses habitudes, il se retrouvera dans une position de supériorité par rapport à son conjoint. C'est ce que l'on verra dans l'exemple qui suit :

LE THÉRAPEUTE : C'est intéressant, vous savez. Vous dites que vous aimeriez que votre mari vous accorde plus d'attention. Pourtant, vu la manière dont vous vous y prenez pour lui faire connaître votre besoin, vous lui laissez la partie belle.
LA PATIENTE : Mais non. Je lui rappelle comment il m'a traitée, et à quel point la plupart des hommes qu'il connaît traitent leurs femmes mieux qu'il ne me traite. Je le lui ai carrément dit.
LE THÉRAPEUTE : Précisément! Cet effort même lui laisse entendre un désespoir qui risque de lui donner à penser qu'il est à la fois votre soleil, votre lune et vos étoiles; il peut s'imaginer que, d'une certaine manière, s'il ne rayonne pas d'attentions à votre égard, vous vous étiolerez. Vous lui donnez trop d'importance, vous le placez dans une position qui lui permet de croire que toute miette qu'il vous jette est assez bonne pour vous.
LA PATIENTE : Oui. Les rares fois où il a fait quelque chose pour moi, j'en ai entendu parler pendant cent sept ans.
LE THÉRAPEUTE : Si vous espérez sérieusement changer de rôle, il faudra commencer par le descendre du piédestal que

vous avez contribué à créer. Or, vous y parviendrez avant tout en vous débrouillant pour qu'il ait l'impression que les demandes que vous lui adressez n'ont plus à vos yeux autant d'importance. Vous devez donc être capable d'avoir assez d'amour-propre pour l'amener à reconnaître qu'il n'est pas le centre de votre univers. Si vous avez assez de cran pour cela, vous lui exprimerez vos demandes sur un ton plus détaché – un peu dans le genre de « J'apprécierais que... » – et ensuite, pour qu'il ne puisse pas chercher de faux-fuyants en venant vous dire qu'il ne vous avait pas bien comprise, vous lui préciserez bien ce que vous lui demandez.

Le thérapeute peut aussi se trouver confronté à un problème qui s'inscrit dans un contexte triangulaire : l'un des parents peut, par exemple, être en conflit avec un enfant adolescent tandis que l'autre parent essaie de jouer les conciliateurs. Ici, en général, aucun des protagonistes ne peut dire un mot, et plus particulièrement exprimer son désaccord, sans que s'ensuive rapidement une dispute orageuse qui ne prendra fin que lorsque l'un des partis en présence quittera bruyamment la pièce. En fait, celui des parents qui joue les conciliateurs maintient involontairement le problème. La mère de l'exemple qui suit souhaitait voir les deux parties belligérantes avoir de meilleures relations, d'autant qu'elle était personnellement gênée par les bruits et les rancœurs qu'entraînaient ces disputes. Elle avait pour habitude de tenter d'apaiser les différends en « raisonnant » tel ou tel des partis en présence ou les deux, le plus souvent juste après l'explosion. Mais, par ses raisonnements, elle attisait l'incendie au lieu de l'éteindre. Elle expliquait à son mari qu'il s'était montré trop impatient ou trop sévère avec leur enfant ou qu'il n'avait pas reconnu comme il fallait ses demandes ou sa position; elle prenait donc son époux à partie, révélant ainsi involontairement l'existence d'une coalition entre l'enfant et elle-même. Quant à son fils, elle lui expliquait que son père l'« aimait vraiment »; elle lui demandait d'être patient et tolérant, ce qui avait également sur lui un effet explosif, dans la mesure où de tels conseils sous-entendaient qu'elle le critiquait et indiquaient l'existence d'une coalition entre elle-même et le père.
Quelles que soient les bonnes intentions qui sous-tendent de tels efforts de conciliation, ils ne font qu'accentuer les antago-

nismes entre les combattants – chose qui, à son tour, a pour effet de convaincre le conciliateur que la situation exige l'intervention d'un spécialiste. Dans la plupart des cas de ce type, le conciliateur, qui est le principal plaignant, presse en général le thérapeute de s'interposer entre les protagonistes en jouant de façon encore plus perfectionnée son rôle de conciliateur ; il le pousse, autrement dit, à faire encore plus de la même chose, mais mieux.

Le thérapeute devra évidemment à la fois refuser de jouer ce rôle et cadrer le traitement comme exigeant la participation active du conciliateur, « du moins au début ». Il devra éviter la tentation de se contenter de dire au « conciliateur » de « cesser d'intervenir et de les laisser régler leurs différends tout seuls ». Dans le cas que nous venons de présenter, même si la plaignante avait accepté de suivre une telle suggestion, elle se serait vite rendu compte des difficultés qu'elle aurait eues à la mettre en pratique : elle n'aurait pu ignorer les bruyantes, les épouvantables disputes qui opposaient son mari et son enfant, les objets qu'ils jetaient, les bourrades et les coups qu'ils se donnaient, etc. Le thérapeute encouragea donc la mère à conserver sa position d'intermédiaire, mais en la modifiant.

LE THÉRAPEUTE : Bon. Vous pouvez essayer de rester en dehors de tout ça, mais je ne crois pas que ça marcherait. Je pense qu'ils seraient plus malins que vous. Vous vous êtes, voyez-vous, toujours interposée, vous êtes toujours allée à leur secours, et ils comptent là-dessus. De toute manière, vous avez dit que vous avez déjà essayé de ne pas vous en mêler, mais que cela n'a pas marché.

LA PATIENTE : C'est vrai. Je suis partie de la maison. Mais on pouvait les entendre hurler et crier dans toute la rue. Il a fallu que je revienne. Mais j'en ai vraiment assez de me retrouver toujours prise au beau milieu de leurs histoires.

LE THÉRAPEUTE : Je comprends, mais vous n'arriverez à vous en sortir que quand votre mari et votre fils n'auront plus besoin de vous voir jouer ce rôle.

LA PATIENTE : Ça me semble très improbable. Ils ne cessent de se bagarrer.

LE THÉRAPEUTE : Ils peuvent continuer à se bagarrer parce qu'ils comptent sur vous pour être un intermédiaire *raisonnable*. Vous êtes la voix de la raison et, à tort, ils supposent que vous pouvez négocier à leur place. Ils évitent ainsi de développer leurs propres capacités de négociation et de s'en servir. Maintenant, si je vous dis ce qu'il vous faudra faire pour que la situation change, vous allez peut-être trouver cela bien étrange : il vous faudra devenir une négociatrice *déraisonnable*.

LA PATIENTE : Déraisonnable en quoi?

LE THÉRAPEUTE : Quand, voyez-vous, vous allez vers eux et leur faites remarquer qu'ils ne se conduisent pas de manière raisonnable, ils n'entendent pas ce que vous êtes en train de leur dire, mais seulement le fait que vous vous donnez la peine d'être raisonnable à leur place. Chacun d'eux compte sur vous pour que, dans ce conflit, vous soyez raisonnable à sa place par rapport à l'autre, et attend donc que vous vous comportiez comme un porte-parole calme et pondéré. Il se pourrait donc, si vous parveniez à leur faire comprendre que vous n'êtes peut-être pas aussi pondérée que cela, qu'ils commencent à sentir qu'il leur faut mener eux-mêmes leurs négociations. Et, pour leur montrer que vous n'êtes pas aussi raisonnable qu'ils le croient, vous devez non seulement paraître d'accord avec chacune de leurs positions respectives, mais même les pousser encore plus loin qu'eux-mêmes ne l'ont fait – peut-être les pousser tellement à l'absurde qu'ils devront l'un et l'autre se montrer raisonnables en face de vous, en vous faisant remarquer que vous allez trop loin. Si vous pouviez les amener à cela, vous sauriez à coup sûr que votre tactique serait en train de marcher. Je devrais vous laisser le choix des termes, mais ça pourrait être dans le genre de : « Je ne peux pas te reprocher de te mettre en colère contre lui. En fait, je pense que tu n'es pas allé assez loin. »

Ici, le thérapeute a donc redéfini le rôle du conciliateur en le cadrant d'abord comme un rôle d'intermédiaire, puis d'intermédiaire « raisonnable » dont la « raison » a des effets négatifs. Une fois que la patiente eut accepté ces redéfinitions, le thérapeute put donner une nouvelle impulsion stratégique au traitement en amenant la mère à cesser d'exciter les adversaires et à leur témoigner de la compassion. La compassion a un effet plus apaisant que l'opposition.

4. Le patient tente d'obtenir l'acquiescement par le volontarisme

Cette solution, qui ressemble comme deux gouttes d'eau à celle qui consiste à s'efforcer d'être spontané, peut se résumer ainsi : « J'aimerais qu'il le fasse mais j'aimerais plus encore qu'il *veuille* le faire. » Elle semble refléter une répulsion à demander à autrui quelque chose qui pourrait lui déplaire ou à exiger de lui quelque effort ou quelque sacrifice. Demander directement à autrui ce que l'on veut est ici vu comme dictatorial ou comme une violation pernicieuse de son intégrité. C'est un peu comme si l'autre était perçu comme fragile, incapable de choisir son niveau d'acquiescement et, éventuellement, de dire « non »; sa « liberté » doit donc, paradoxalement, être maintenue par quelqu'un d'autre. Le dilemme dans lequel est prise cette mère [1] d'un garçon de huit ans, qui, entre autres problèmes, montrait bien peu d'empressement à faire ses devoirs, laisse voir la confusion et les contradictions que ce type d'attitude entraîne :

> Ce que je voudrais vous dire, c'est que je veux qu'Andy apprenne à faire un tas de choses, et je veux qu'il fasse un tas de choses – mais je veux que ce soit *lui* qui veuille les faire. Je veux dire qu'il pourrait les faire par obéissance bête, et ne pas vouloir les faire. Je me rends compte que je me trompe, mais je n'arrive pas à cerner ce que je fais de mal, mais enfin je ne suis pas absolument d'accord pour lui dicter ce qu'il doit faire. Pourtant, si on laissait un enfant se débrouiller complètement seul, il finirait par être enseveli dans une pièce avec ça de haut [c'est-à-dire des vêtements, jouets, etc., amoncelés par terre] ou qui sait quoi. Non, il s'agit là... il y a là deux extrêmes. Je veux qu'il *veuille* faire des choses, mais je comprends qu'il s'agit de quelque chose que nous devons lui *apprendre*.

Ce pénible paradoxe prend bien des formes cliniques – il peut se manifester aussi bien dans les problèmes conjugaux que dans les problèmes d'éducation des enfants et la schizophrénie.

1. Cf., dans *Changements...*, le chapitre VI, p. 82.

Prenons un exemple : dans ce qu'il est convenu d'appeler
« schizophrénie du jeune adulte », il n'est pas rare que des parents
s'inquiètent du comportement bizarre de leur enfant, notamment
quand il se promène dans la maison en sous-vêtements. Bien que
souhaitant voir son fils se vêtir davantage et se conduire normalement, le père préférera, plutôt que de tout simplement le
lui demander, l'amener à le faire « volontairement » : « Quand tu
déambules dans cette tenue, je sais que tu as froid. Je suis sûr
que, davantage couvert, tu serais plus à l'aise. Mais, naturellement, je ne veux que tu le fasses que si tu sens que c'est mieux.
Ce genre de décisions, c'est toi qui dois les prendre. » Si le fils
répondait à son père en allant droit au fait, en lui disant :
« Écoute, si, ce que tu me demandes, c'est de m'habiller davantage, laisse tomber. Aussi cinglé que ça puisse te paraître, il se
trouve que je me sens tout à fait à mon aise comme ça », le
problème perdrait de son importance. Mais, en général, se montrant aussi indirect que son père, il lui répliquera : « Chacun fait
ce qu'il a à faire », ou, ce qui est encore beaucoup plus inquiétant :
« Je pense que les esprits m'appellent », et ce sera l'escalade.
Dans les situations de ce genre, ce qui ne serait autrement
qu'une simple demande d'acquiescement à laquelle il serait
possible de répondre tout à fait simplement en exprimant un
refus (ou même une acceptation) deviendra un échange en lui-
même générateur de problème : un refus indirect répondant à
une demande indirecte, chacun des protagonistes sera convaincu
de l'inutilité de toute communication directe. Plus voilé ou
inquiétant sera le refus, plus le père sera convaincu de la fragilité
de son fils, ce qui renforcera encore en lui l'impression que les
échanges ultérieurs ne pourront qu'être indirects. Autrement dit,
on peut très bien *voir,* au moins partiellement, ce trouble qu'on
nomme schizophrénie comme une maladie de la surpolitesse des
participants : « Je ne suis pas réellement en train de te dire ce
que je veux que tu fasses, dit l'un. – Très bien, répond l'autre,
je ne refuse pas réellement non plus. »
Dans le cas de certains problèmes conjugaux, le paradoxe se
manifeste par des plaintes dans le genre de : « Mon mari ne
tient pas compte de mes besoins – des besoins qu'il devrait
connaître sans que j'aie à lui en parler. Si je devais lui dire ce
dont j'ai envie, ce serait terrible, parce que, alors, s'il se
pliait à mes désirs, il ne le ferait que parce que je le lui

aurais demandé, et non parce qu'il le voudrait *réellement.* »
Cette solution est enfin en jeu dans tous les problèmes dont le
principe général est qu'une personne tente d'obtenir l'acquiescement d'une autre personne tout en niant le lui demander. Ici,
la personne A, après avoir demandé à la personne B de faire telle
ou telle chose ou de prendre telle ou telle décision, tente de
contrer la résistance que sa demande a rencontrée en faisant
observer à B que la demande qu'elle vient de formuler n'est que
juste ou raisonnable. La personne A demande donc en réalité à
B d'arrêter de se plaindre et de lui résister pour faire, volontairement, ce qu'elle, A, veut.

Notre stratégie, quand nous sommes confrontés à ce type de
problèmes, consiste à faire en sorte que la personne qui demande
quelque chose le demande directement, même quand cette
demande est tout à fait arbitraire. Tout le problème est donc de
trouver un cadrage qui soit susceptible d'amener le client à
modifier en ce sens son attitude.

Les clients dont il est ici question sont souvent motivés par la
bienveillance; leur position peut se résumer par : « S'il n'est pas
vraiment heureux de le faire, je ne veux pas qu'il le fasse. » Le thérapeute pourra donc se servir de cette position pour redéfinir la bienveillance du patient, c'est-à-dire ses demandes indirectes, comme
involontairement destructrices et, inversement, ce qu'il peut juger
destructeur, c'est-à-dire les demandes directes, comme positif.

LE THÉRAPEUTE *(aux parents) :* Si je rassemble toutes les
données que vous m'avez apportées, je pense que la cause
centrale de l'inadaptation de votre fils, c'est la peur qu'il a,
tant il réussit à vous culpabiliser, d'être tout-puissant. Et,
malheureusement, quand vous faites preuve de prévenance
et de gentillesse à son égard, vous renforcez encore plus
cette peur en lui, et toutes vos intentions s'avèrent donc
avoir un effet destructeur. Il a besoin que vous le rassuriez
en lui montrant qu'il n'a pas ce pouvoir et, un moyen de le
lui faire comprendre, c'est de lui demander beaucoup en
sachant, s'il ne vous donnait pas satisfaction, faire en sorte
que son échec ne reste pas sans conséquences.

Le thérapeute pourrait ici donner un « coup de pouce » supplémentaire en disant par exemple : « Peut-être vous demandé-

je trop, mais je n'ai osé vous faire cette suggestion que parce que j'ai eu le sentiment que vous étiez prêts à faire pour votre fils tous les sacrifices qui pourraient être dans son intérêt.» Et il pourrait même aller encore plus loin : « Bien sûr, il vaudrait peut-être mieux que vous ne vous donniez pas tout ce mal. Après tout, votre fils ne vous a pas tellement récompensés, et vous auriez tout à fait le droit de choisir la voie de la facilité et de préférer continuer à faire comme avant, en le laissant payer dans sa vie le prix de son échec. »

De la même manière, les réticences d'un mari à demander ses faveurs à sa femme pourraient être redéfinies comme « une manière de la priver involontairement de ce dont elle a le plus besoin : de sentir que vous acceptez de prendre un rôle " actif " ».

5. Le patient confirme les soupçons de l'accusateur en se défendant

Ici, en général, telle personne soupçonne telle autre personne d'avoir commis un acte que les deux parties s'accordent à condamner – par exemple d'être infidèle, de boire, d'avoir commis un délit ou d'être malhonnête. Dans l'exemple type, A lance des accusations contre B, et B réplique en se défendant et en rejetant les accusations. Malheureusement, la défense de B confirme le plus souvent les soupçons de A (« il n'y a pas de fumée sans feu »). A continue ses accusations contre B, B réplique en se défendant, et en rejetant les accusations. Malheureusement, la défense de B confirme le plus souvent les soupçons de A (« il n'y a pas de fumée sans feu »). A continue ses accusations, B renforce sa défense, etc.

Nous avons donné à ce modèle interactionnel le nom de jeu de l'accusateur/défenseur. On peut l'observer aussi bien dans les problèmes conjugaux (« Je suis sûre qu'il a une liaison ») que dans les problèmes concernant l'éducation des enfants (« Nous savons qu'il est en train de s'attirer des ennuis ») et le travail (« On sait bien qu'il boit à son travail »).

Le « jeu » s'arrêterait si l'une ou l'autre des parties mettait fin à la répétition. Il suffira quelquefois pour cela de voir le défenseur seul. Le thérapeute lui expliquera que c'est l'accusateur qui se trompe ou qui est la cause du problème, et, lorsqu'il voudra arrêter le jeu, le défenseur parviendra parfois à résoudre le problème par une action unilatérale. Mais il ne s'y résoudra pas facilement : le thérapeute aura du mal à lui faire comprendre que, pour que l'accusateur réussisse à s'apercevoir de l'injustice de ses accusations, la seule solution est que lui, le défenseur, les accepte et même pousse son acceptation jusqu'à l'absurde.

Nous avons eu en traitement un couple âgé qui, trente ans durant, s'était engagé dans ce genre de jeu. La femme accusait son mari de n'être « pas drôle du tout » et de lui avoir fait vivre une existence médiocre. Le mari se défendait quant à lui en arguant qu'il avait fait de son mieux. Il lui rappelait qu'il avait abandonné la profession qu'il exerçait en Europe pour venir en Amérique l'épouser, et qu'elle méconnaissait donc les nombreux sacrifices qu'il avait faits pour elle.

Après avoir reçu pendant quelques séances les deux membres du couple ensemble pour rassembler des données et planifier le cas, nous choisîmes la stratégie de base qui sous-tendrait nos interventions : nous décidâmes de voir le mari seul et de le convaincre de répondre aux accusations de sa femme par deux phrases. Il devrait lui dire, d'une part : « Tu as raison. Je ne suis pas drôle. Le docteur m'a aidé à m'en apercevoir », et, d'autre part : « Ils m'ont dit que j'étais trop vieux pour changer. » Nous étions, naturellement, prêts à confirmer ses paroles au cas où sa femme nous demanderait quel était notre pronostic. Après quelques tours d'accusations et d'acceptation des accusations, le jeu s'arrêta.

On pourra également mettre fin au jeu de l'accusateur/défenseur en se servant d'une intervention à laquelle nous avons donné le nom de « brouillage » : son but est de réduire la valeur d'information de la communication interpersonnelle en rendant vains, dans la mesure où il n'y a plus aucun moyen de savoir qui dit *réellement* la vérité, les échanges verbaux entre les parties en présence.

Ainsi, par exemple, dans le cas de cette patiente qui accusait son mari de trop boire, ce que lui niait, le thérapeute posa les premiers jalons du brouillage en prenant une position non engagée : « Mon rôle ici n'est pas de jouer au détective pour déterminer lequel d'entre vous a raison et lequel a tort. Mon rôle se limite à vous aider tous les deux à communiquer, puisque, manifestement, la communication entre vous s'est détériorée. Je ne peux pas par conséquent m'intéresser au problème de savoir ce que, réellement, vous buvez ou ne buvez pas. » Puis, les patients ne trouvant rien à redire à cette définition du rôle du thérapeute, il commença à brouiller le « jeu ».

LE THÉRAPEUTE *(au mari)* : Que vous buviez trop ou non, il serait important, si vous voulez finir par résoudre votre problème, que votre femme arrive à beaucoup mieux deviner si vous avez bu ou non. Je crois qu'elle n'est pas aussi perspicace qu'elle désirerait l'être, et c'est un point qu'il faut que je vérifie. Vous devrez l'aider. Cette semaine, je veux que, tout en buvant chaque jour une quantité différente d'alcool, vous ne vous comportiez jamais de la même façon. Tel soir, par exemple, je veux qu'après n'avoir bu qu'un seul verre vous vous conduisiez comme si vous étiez ivre quand vous serez arrivé devant votre porte. Un autre soir, je veux que ce soit l'inverse. Et ainsi de suite. Et vous devrez également noter chaque jour ce que vous aurez bu et la manière dont vous vous serez comporté. [*Se tournant vers la femme :*] Votre tâche à vous, ce sera de voir si vous êtes assez fine pour percer à jour son comportement et arriver à évaluer de votre mieux ce qu'il aura bu. Et il faudrait aussi que vous ayez votre propre « feuille de marque ». Je ne veux pas que vous compariez vos notes : cela, nous le ferons la semaine prochaine.

En leur demandant de faire ce test, le thérapeute a placé chacun des membres de ce couple dans une position intéressante vis-à-vis de l'autre; la tâche qu'il leur a proposée a introduit une note d'incertitude au sujet du « comportement d'ivrogne » du mari : est-il réellement ivre ou, obéissant au thérapeute, fait-il simplement semblant? L'accusatrice ne pouvait donc désormais que très difficilement s'opposer à son mari. En même temps, dans la mesure où ce dernier devait, volontairement, faire semblant d'être ivre, il lui devenait moins nécessaire de se défendre : il pouvait choisir de s'accuser lui-même, mais sa femme n'avait alors aucun moyen de savoir si, en s'accusant, il ne mentait pas. En ce sens, le thérapeute a donc bien « brouillé » le jeu de l'accusateur/défenseur.

Cette intervention qui consiste à brouiller les cartes pourra servir dans le cadre d'autres problèmes, et la stratégie de base restera la même : à l'occasion par exemple d'une séance collective, le thérapeute demandera à l'« accusé » de faire quelque chose, mais en cadrant cette action de telle sorte qu'il soit impossible de savoir si l'accusé a effectivement fait ce qui lui a été demandé et si ce qu'il rapporte à ce propos est digne de foi. Il nous est par exemple arrivé de demander à un adolescent que ses parents accusaient d'être « quelqu'un à qui il n'est pas possible de faire confiance » de faire quelque chose que ses parents approuveraient tout à fait, mais sans leur dire de quoi il s'agissait ; aux parents, nous avions d'autre part recommandé d'essayer « par tous les moyens, les plus directs comme les plus subtils », de découvrir ce que leur fils avait fait de bien ; et nous avions enfin dit à l'adolescent que si, sur le point de vendre la mèche, il ne pouvait plus tenir sa position, il devait en dernier recours inventer un mensonge et dire qu'il avait fait quelque chose de répréhensible. Les parents se retrouvèrent ainsi dans l'impossibilité, même quand leur fils répondait à leurs questions en leur disant qu'aujourd'hui il avait été puni par son professeur, de savoir s'il leur disait la vérité. Ils perdirent donc toute raison de persister à faire pression sur lui pour lui tirer les vers du nez.

Une application supplémentaire : il n'est pas rare, dans le problème de l'anorgasmie, que le mari vérifie pendant le rapport sexuel le niveau d'excitation de sa femme, ou lui demande si elle a atteint l'orgasme. Pour nous, ces efforts bien intentionnés ont pour seul effet de presser encore davantage la femme d'atteindre l'orgasme. L'intervention de « brouillage » pourra ici être efficace.

Le thérapeute pourra, par exemple, dire à la femme, devant son mari, que son problème tient en partie au fait qu'elle n'a pas suffisamment conscience de ses sentiments et de ses sensations, notamment au cours des rapports sexuels ; et que, par conséquent, un premier pas vers la résolution de son problème serait que, lors de tout rapport sexuel ultérieur, *sans se soucier du plus ou moins grand plaisir* qu'elle éprouvera, elle soit tout simplement attentive à ses sensations. Et, puisque rien ne devra venir perturber ce processus, son mari devra éviter de la questionner sur son niveau d'excitation. Au cas où, pour une raison ou une autre, il oublierait cette consigne et interviendrait dans le traitement, elle devra lui dire uniquement : « Je n'ai rien ressenti. » En enlevant toute valeur informative réelle aux réponses qu'il pourra obtenir de sa femme, cette intervention rendra inutiles les vérifications du mari. En même temps, elle libérera la femme de la pression d'atteindre l'orgasme à laquelle son mari la soumettait implicitement.

II. INTERVENTIONS GÉNÉRALES

Il peut parfois arriver que, pour préparer le terrain d'une intervention ultérieure plus précise, le thérapeute veuille prendre certaines positions de portée très générale; ou qu'il souhaite déterminer si le problème du client ne pourrait être résolu par le seul effet de ces positions, sans avoir nécessairement recours à des directives plus spécifiques. Le fait de prendre de telles « positions », qui ont un champ d'application très général et ne dépendent pas du problème particulier ou de la solution spécifique du client, constitue en soi une intervention, et c'est pourquoi nous les incluons ici.

1. Avancer lentement

De toutes les interventions, c'est peut-être cette injonction d'avancer lentement dont nous nous servons le plus souvent. Dans certains cas, c'est notre seule intervention : nous ne recommandons pas au client de faire quelque chose; en tout cas rien de précis; nous ne lui donnons que des consignes générales et vagues : « Il serait très important que, cette semaine, vous ne fassiez rien qui entraîne une nouvelle amélioration. » Pour l'essentiel, cette forme d'intervention consiste à donner au client de bonnes raisons d'« avancer lentement » : nous pouvons, par exemple, lui déclarer que, même dans le meilleur des cas, tout changement requiert un temps d'adaptation; ou encore qu'il ne doit pas brûler les étapes, et qu'il lui faut avant tout déterminer, non pas quel serait le plus grand changement possible, mais lequel produirait le maximum d'effets : « Vous vous sentiriez peut-être bien mieux avec 75 % d'amélioration qu'avec 100 % »; ou bien : « Un changement lent et progressif est plus solide qu'un changement trop soudain. »

Le patient de l'exemple qui suit était en train de vendre sa maison; il s'était plaint de se sentir déprimé, d'avoir perdu son emploi et d'être en conflit avec sa petite amie. Dès la fin du premier entretien, nous lui conseillâmes d'« avancer lentement ».

LE THÉRAPEUTE : Je veux aussi vous parler d'autre chose. Ce que je comprends, à partir de ce que vous nous avez décrit, c'est que vous avez eu un certain nombre de coups durs. Je sais bien que vous parlez d'événements réels, qui se sont réellement passés, mais on peut aussi voir ça sous l'angle psychologique. Tous ces coups durs psychologiques ont été pour vous inattendus, brutaux et sont tous arrivés en même temps. Vous avez perdu votre emploi, cette relation est cuite, votre amie vous quitte, vous avez perdu vos amis, et tout cela vous perturbe complètement. Vous laissez en plan ce que vous avez à faire et n'êtes pas satisfait de vous-même. Quand on pense à tout ce qui vous est arrivé, on est étonné que vous n'alliez pas encore beaucoup plus mal – que vous ne soyez pas encore beaucoup plus déprimé que vous l'êtes – et l'on a presque envie de vous dire que vous vous rendez un mauvais service. En tout cas, on ne peut être que surpris quand on voit la manière dont vous vous en sortez.

LE PATIENT : Il y a des fois où ça va beaucoup plus mal.

LE THÉRAPEUTE : Nous n'en sommes pas surpris. Nous trouvons cela tout à fait normal.

LE PATIENT : Il y a trop longtemps que ça dure. Je dois faire attention. [*Appel venant de la pièce d'observation.*]

LE THÉRAPEUTE : Mes collègues ont vraiment le sentiment que vous voyez mal la situation, notamment que vous sous-estimez le temps de récupération – le temps dont vous avez besoin pour vous remettre. Bien que ce soit très désagréable, rien ne se fait qui ne prenne du temps. Si vous aviez été renversé par une voiture, vous ne pourriez recouvrer la santé, vous rétablir, qu'au bout d'un certain temps de convalescence. De plus, certains des coups durs que vous avez subis vous ont presque mis knock-out et, pour l'instant, vous êtes à bout de ressource. Vous l'avez bien dit : « Je n'arrive pas à m'organiser, etc. » Par conséquent, vous devez avant tout ne pas vous en faire, avancer vraiment lentement et ne pas essayer de tout résoudre immédiatement. Cette semaine, retenez-vous, n'en faites que très peu. Vous avez besoin de temps pour vous rétablir.

Quand nous avons affaire à des clients dont la principale solution a consisté à « essayer trop fort », ou encore qui pressent le thérapeute d'apporter très vite un remède à leurs maux tout en restant eux-mêmes passifs ou en ne coopérant pas, nous leur donnons très tôt (parfois dès la première séance) cette injonction d'avancer lentement. A quelques exceptions près, cette tactique est également appropriée au cas du client qui, à la suite de telle ou telle intervention spécifique du thérapeute, revient la séance d'après en faisant état d'une amélioration précise, l'ayant particulièrement satisfait. Dans ce cas particulier, même si nous ne donnons pas explicitement au patient l'injonction d'avancer lentement, nous éviterons de nous montrer optimistes et de l'encourager à progresser davantage. Après avoir pris note de la bonne nouvelle, nous prendrons l'air inquiet et lui expliquerons que, pour agréable que puisse être ce changement, il n'en est pas moins trop rapide – qu'une amélioration aussi soudaine complique la tâche du thérapeute. Et nous l'exhorterons à s'abstenir de tout nouveau progrès, du moins jusqu'au rendez-vous suivant. Nous pourrons même lui suggérer l'idée que l'amélioration est intervenue si rapidement qu'il serait souhaitable que son symptôme reprenne. Nous lui donnerons rendez-vous pour dans deux semaines plutôt que la semaine suivante, ce qui non seulement est dans la ligne de notre stratégie (avancer lentement), mais constituerait aussi pour ce patient une récompense implicite, dans la mesure où il se voit ainsi demander de consacrer moins de temps et/ou d'argent au traitement. Pour illustrer cette tactique, revenons au patient déprimé de l'exemple précédent. Une semaine plus tard, il est revenu nous voir, nous racontant qu'il se sentait « moins déprimé », et qu'il avait réussi à mener à bien certaines des affaires qu'il avait à régler :

LE THÉRAPEUTE : Je suis heureux d'apprendre que, cette semaine, vous avez pu mener à bien certaines affaires, et que vous vous sentez moins déprimé. Nous avons pourtant fondamentalement l'impression que vous êtes en train de bouger trop vite, alors que, pour vous, justement, l'important, c'est de ralentir. C'est précisément là qu'est le grand piège, pour quelqu'un qui a votre genre de problème : vous risquez d'avancer trop vite. Il est compréhensible que vous vouliez vous en sortir dès maintenant, le plus vite possible : en effet, vous ne vous sentez pas bien. Mais c'est bien là le piège, les sables mouvants, et, concernant ce problème du ralentissement, j'aurai un certain nombre de remarques à vous faire. Tout d'abord, vous êtes encore déprimé, vous n'êtes pas encore sorti de l'auberge et, par conséquent, un des pièges qu'il vous faut éviter, c'est de vous croire trop tôt tiré d'affaire. Comme nous vous l'avons déjà dit la semaine dernière, il vous est arrivé beaucoup de choses, et vous avez besoin d'une certain temps pour vous remettre. C'est l'une des raisons pour lesquelles il vous faut avancer lentement. Ensuite, vous êtes en ce moment confronté à des problèmes complexes – des problèmes professionnels, relationnels, de déménagement – et, pour l'instant, vous ne savez pas très bien où vous en êtes. Il serait donc très dangereux pour vous de faire quoi que ce soit avant d'avoir tiré tout cela au clair. Même si l'on a toujours tendance à vouloir faire quelque chose. Troisièmement, un certain nombre de mes collègues ont le sentiment que vous êtes plutôt du genre à analyser, à peser soigneusement le pour et le contre avant de bouger. Or, en ce moment, vous pouvez très bien vous casser la figure. Quand une situation n'est pas claire, il faut, avant de faire quoi que ce soit, attendre qu'elle s'éclaircisse. Bien sûr, c'est difficile, et vous allez me dire : « Je veux agir. » Si ça vous travaille vraiment, l'un de mes collègues suggère que vous fassiez quelque chose qui n'ait absolument aucun rapport avec les problèmes que vous devez résoudre.

LE PATIENT : D'accord, mais l'une des affaires que j'ai à régler en ce moment, c'est cette maison. Je dois consacrer et du temps et de l'attention à mon déménagement, qui se fera probablement vers le 20 octobre.

LE THÉRAPEUTE : Bon. Le directeur associé vient d'appeler. Il vient de dire que, s'il y a des choses que vous ne pouvez pas vous dispenser de faire, il faudra bien que vous les fassiez; mais alors, dit-il, ne faites que le strict minimum. Bien, je pense que tout ce que je vous ai dit se ramène à un thème central : la principale consigne que nous vous donnons, c'est d'avancer lentement et de vous abstenir de toute action majeure. Et, pour rester dans cet ordre d'idées et vous aider à ralentir le pas, j'aimerais vous revoir, non pas la semaine prochaine, mais dans deux semaines.

L'efficacité de cette tactique tient, à notre avis, au fait qu'en montrant au patient que le thérapeute ne se sent pas tenu par l'obligation de le transformer, en tout cas pas rapidement, elle le pousse implicitement à coopérer avec toutes les suggestions ou tous les conseils ultérieurs que le thérapeute pourra lui faire ou lui donner. En même temps, elle dégage le patient du sentiment d'urgence qui pourrait le tenailler – un sentiment qui aura probablement été le moteur de toutes ses tentatives répétées de « solution ». Autrement dit, le client qui, jusque-là, a essayé trop fort de résoudre son problème est plus susceptible de relâcher ses efforts dont le seul effet était de l'entretenir s'il entend dire que la solution de son problème dépend de sa capacité d'avancer lentement.

2. Les dangers de l'amélioration

Cette position peut, dans une certaine mesure, être considérée comme une extension ou une variante de l'intervention précédente. Comme nous l'utilisons à des fins différentes, et en particulier dans le cas de certains types de résistances, nous la présentons à part.

Il s'agit ici de demander au patient s'il a conscience de l'existence de dangers inhérents à la résolution de son problème. (Nous ne lui demandons pas s'il pourrait y avoir danger.) Le plus souvent, le patient se hâtera de répondre qu'il ne saurait y avoir de danger; que, si son problème se voyait résolu, il n'en serait que plus heureux, etc. Le thérapeute n'aura pas besoin de trop forcer sur son imagination pour mettre en avant quelque possible inconvénient pouvant être lié à telle ou telle amélioration – inconvénient, si ce n'est pour le client lui-même, du moins pour quelque personne de son entourage. Si le patient perd du poids, il devra par exemple faire retoucher sa garde-robe ou la renouveler complètement; s'il devient plus sûr de lui, les autres pourraient ne plus retenir les critiques qu'ils avaient contenues

« tant que vous étiez déprimé » ; s'il réussit à mieux fonctionner sexuellement, il pourra se sentir incité à rattraper le temps perdu et négliger ainsi d'autres activités essentielles, ou alors son partenaire ne sera peut-être plus à la hauteur, etc. Il suffira d'évoquer devant le patient un seul inconvénient qui lui semble crédible pour que la position du thérapeute – position qui consiste donc à insister sur les dangers *réels* qu'il y a pour le patient à aller mieux – se trouve légitimée. Une fois sa position justifiée, le thérapeute pourra en tirer parti de bien des façons. Il pourra prolonger l'injonction d'« avancer lentement », puisque le patient ne saurait avancer plus lentement qu'en délibérant sur les avantages d'un changement. Il pourra également en profiter pour accroître la motivation du patient : « Si vous voulez aller mieux, ce pourrait bien être au détriment de votre mari. Voyez-vous, si vous fonctionniez mieux, il lui serait impossible de continuer à vous mener à la baguette, et il pourrait en être déprimé. J'ignore si vous voulez lui faire ça. » Le thérapeute pourra de même employer cette tactique pour amener le patient qui n'aura pas suivi ses directives à coopérer : « Vous n'avez pas à vous excuser de ne pas avoir suivi l'injonction que je vous ai donnée la semaine dernière. Il se peut, voyez-vous, que votre inconscient soit en train de nous dire quelque chose. Permettez-moi donc de vous poser cette question : Voyez-vous un danger quelconque à aller mieux ? » Par ces paroles, le thérapeute indique implicitement à ce patient que, s'il néglige les « tâches » qu'il doit faire chez lui, lui-même ne fera rien pour l'aider à résoudre son problème – il lui déclare, autrement dit : « Si vous tirez sur vos rames, je tirerai sur les miennes. Je ne peux ramer pour nous deux. » Tel est le sens implicite de la question du thérapeute.

Le couple de l'exemple qui suit était venu nous voir parce que la femme avait un « problème de boisson ». La patiente n'ayant pas réussi à suivre les directives qu'il lui avait données à l'occasion d'une précédente séance, le thérapeute avait donc abordé le thème des dangers de l'amélioration :

LE THÉRAPEUTE : Mes collègues sont aussi impressionnés que moi par l'adresse avec laquelle vous avez tous deux miné, saboté ce programme. Ils se sont demandé, et je me suis aussi posé la question, s'il ne pourrait pas y avoir chez vous quelque chose qui, à un certain niveau – inconsciemment ou à la limite du conscient –, fasse que le simple fait de résoudre votre problème représente une menace ou un danger cachés. Maintenant, j'ai déjà soulevé ce problème quand je vous ai demandé jusqu'à quel point, l'un ou l'autre d'entre vous ou tous les deux, vous aviez conscience des inconvénients qui pourraient découler de la résolution de ce problème pour lequel vous êtes venus nous consulter et, avant cela, avez vu un autre thérapeute pendant à peu près un an. [*Appel venant de la pièce d'observation.*] Si le fait de ne plus voir ce « problème de boisson » comme un problème constituait un danger ou une menace pour l'un d'entre vous ou tous les deux (et, quand je vous ai interrogés là-dessus et que nous avons discuté, ils ont eu le sentiment que vous n'aviez pas suffisamment creusé la question, et qu'il vous fallait le faire avant de passer à quoi que ce soit d'autre, au programme que je suggère ou à n'importe quoi), dans ce cas, il y aurait là, nous en avons tous le sentiment, une coïncidence vraiment trop forte. Et je ne peux qu'être d'accord – avant d'aller plus loin, vous devez tous deux réfléchir très soigneusement à cette question : quelle que soit la manière dont vous régliez ce problème, qu'est-ce qui fait que, dans sa résolution même... à quoi risqueriez-vous d'être confrontés ? Quel serait le véritable impact d'une résolution du problème ? Et je dirais qu'il serait préférable que vous ne limitiez pas vos investigations à des domaines par trop concrets ou par trop pratiques, parce que vous risqueriez alors de passer à côté de certains points importants. Interrogez-vous, au contraire, en laissant libre cours à votre imagination. Si ce que vous imaginez s'avère trop extravagant, trop dingue, nous saurons bien faire le tri. Mais surtout laissez aller votre imagination, de manière à n'exclure aucune possibilité. Nous pensons tous que c'est la seule chose à faire. [*Le thérapeute évoque ensuite un autre cas, dans lequel les dangers de l'amélioration n'avaient pas été pris en compte. Le problème dont se plaignaient les patients fut bien résolu, mais il en avait résulté des conséquences funestes.*]

LE MARI : Pourriez-vous nous donner quelques idées ? Je pense que, pour nous, ça reste confus.

LA FEMME : Oui. A partir des cinq ou six conversations que nous avons eues ensemble... donnez-nous une indication...

LE THÉRAPEUTE : Je ne pense à rien de précis. Il se peut

que mes collègues et moi nous en discutions. En revenant sur les données, nous pouvons peut-être arriver à y voir plus clair. Mais, pour le moment, je ne saurais dire. Au minimum, dirais-je, si vous cessiez d'être polarisés sur ce problème de boisson, cela favoriserait certains changements de rôle. Vous la surveillez – ça, c'est le côté déplaisant. Mais vous veillez aussi sur elle – il veille sur vous – et, si cela cessait, nous ne savons ce qui en résulterait. Ce n'est pas explicite; voilà pourquoi je veux que, l'un et l'autre, vous réfléchissiez à tout ça. Vous connaissez vos vies mieux que moi. [*Appel de la pièce d'observation.*] Ils disent... je peux essayer de deviner, mais l'information dont vous avez besoin se trouve en vous. Si je tentais de la découvrir à votre place, je ne ferais que vous fausser les idées en vous influençant.

LA FEMME : Je ne vois vraiment pas.

LE THÉRAPEUTE : Vous ne voyez pas... Voilà pourquoi je vous dis de prendre deux semaines et de laisser libre cours à votre imagination. Peut-être ensuite aurez-vous une idée. [*Appel de la pièce d'observation.*] Mes collègues disent que nous vous donnons une tâche vraiment très difficile. Vous allez peut-être avoir besoin de trois ou quatre semaines.

LA FEMME : Non, ça fait trop long.

LE MARI : Je préférerais deux semaines. Et puis j'aimerais vérifier si je comprends bien ce dont nous sommes censés discuter. [*Le mari répète l'injonction.*] [LE THÉRAPEUTE *expose à nouveau l'idée principale, insistant bien sur le fait que de nouveaux problèmes pourraient surgir si le problème de boisson était résolu.*]

LA FEMME : Pensez-vous que, en raison de ce qui changera, je m'oppose inconsciemment à ce que ce problème trouve une solution?

LE THÉRAPEUTE : Il y a un risque. Peut-être avez-vous des comptes à régler. Quoi qu'il en soit, il y a un risque. Je pourrais vous donner un exemple, mais je crains de vous influencer.

LA FEMME : Vous voulez que nous écrivions tout cela?

LE THÉRAPEUTE : Vous le pouvez, mais surtout réfléchissez-y, discutez-en. J'aimerais également souligner que, pendant que vous réfléchirez à cette question, vous ne devrez ni l'un ni l'autre faire quoi que ce soit qui puisse faire évoluer votre problème de boisson. Avant tout, vous devez penser aux risques.

L'intervention sur les « dangers de l'amélioration » pourra, dans certains cas, induire un changement important, ou même suffire à elle seule à apporter une solution au problème qui est à l'origine de la plainte du patient – notamment quand il s'agira de problèmes d'angoisse, et plus particulièrement d'angoisse devant la tâche à accomplir (cf. le cas du chapitre x). A partir du moment où il parviendra à comprendre qu'une amélioration ne comportera pas que des aspects agréables, le client aura moins tendance à se torturer pour retrouver un comportement normal et sera donc plus détendu. Cessant d'essayer trop fort de changer, il aura par là même changé de « solution », ce qui, on peut presque à coup sûr le prédire, aura pour effet ou bien de diminuer l'intensité du problème qui était à l'origine de sa plainte, ou bien même de le résoudre complètement.

3. Savoir faire « demi-tour »

Nous faisons simplement allusion ici à ces moments où le thérapeute abandonne une position, une direction ou une stratégie pour en adopter une autre, tout en expliquant au patient les raisons d'un tel changement. Le demi-tour implique souvent, bien que cela ne soit pas obligatoire, un changement total de direction, exactement comme un automobiliste peut, découvrant qu'il s'est égaré, devoir repartir dans l'autre sens. Tout comme un automobiliste, le thérapeute doit, quand il s'aperçoit qu'il a fait fausse route, savoir changer de direction pour parvenir à bonne destination.

Un demi-tour sera en général indispensable chaque fois que le thérapeute se sera involontairement laissé aller à trop discuter, et n'aura pas su s'en apercevoir à temps. L'obstination du patient à négliger les tâches que le thérapeute essaie de lui faire accomplir ou à leur résister est souvent à mettre au compte de ce type d'erreur, erreur d'autant plus grave que le thérapeute risque ici de se sentir frustré par l'attitude du client. Un demi-tour s'imposera également chaque fois que le thérapeute poursuivra une tactique qui, quel que soit l'esprit de coopération dont fera preuve le patient, s'avérera ne donner aucun résultat. Ce sera parfois le client lui-même qui, en se plaignant de ce que « ça ne mène à rien », mettra le doigt sur le problème; d'autres fois, ce sera le thérapeute qui découvrira le premier que, en dépit de ses suggestions, la situation n'avance pas. Dans un cas comme dans l'autre, plus tôt le thérapeute comprendra la nécessité du demi-tour, plus il lui sera facile d'y procéder. Quand il s'en apercevra suffisamment tôt, il pourra souvent effectuer la manœuvre au cours même de la séance : un simple « Oui, je vois » pourra quelquefois parfaitement suffire à indiquer au patient mécontent que le thérapeute renonce à la position qu'il avait jusque-là adoptée. Autrement dit, le thérapeute adoptera dans une certaine mesure et plus ou moins explicitement une position d'infériorité, et fera confiance au patient pour lui faire quitter sa fausse piste et le mettre sur une meilleure voie.

Ici, une manœuvre très simple pour le thérapeute consiste à dire que, après avoir beaucoup réfléchi au problème entre les séances, il s'est rendu compte qu'il avait négligé tel ou tel point essentiel ou n'avait pas attaché suffisamment d'importance à tel ou tel aspect de la situation; qu'il comprend à présent qu'il était parti dans la mauvaise direction, et qu'un changement total d'orientation s'impose :

LE THÉRAPEUTE : J'ai eu le sentiment, au cours de la dernière séance, que nous n'avancions plus et que nous travaillions en dépit du bon sens. J'ai donc beaucoup réfléchi à cette séance et, après avoir relu toutes mes notes, j'ai découvert que j'avais manqué le coche.
LA PATIENTE : Oui, c'était justement ce que j'essayais de vous faire comprendre la dernière fois.
LE THÉRAPEUTE : Je me réjouis que vous me disiez cela, parce que j'étais convaincu que vous vous faisiez du souci pour votre mari − jusqu'à ce que je m'aperçoive que vous vous inquiétez encore bien plus pour votre fils. Je comprends maintenant qu'il ne servirait à rien de continuer à concentrer toute notre attention sur votre relation à votre mari. Le vrai problème, c'est d'arriver à voir comment vous pouvez changer votre manière d'être face à votre fils.
LA PATIENTE : Oui. Maintenant, vous saisissez la situation.

Mais le thérapeute pourra aussi, dans certains cas, s'être encore davantage fourvoyé − il pourra ne pas avoir cessé, et parfois très énergiquement, de dire « plus de la même chose », et il lui sera alors plus difficile de faire machine arrière avec élégance. Là encore, même dans une situation aussi difficile que celle-ci, il lui sera possible, quand il sera assisté par un cothérapeute ou un observateur qui sera en mesure de l'aider, de changer de tactique en pleine séance. Pour prendre un exemple, au cours d'une séance où nous recevions les parents très angoissés de deux garçons assez difficiles, la mère déclara tout de go être si intuitive qu'elle arrivait à deviner, même lorsqu'elle était très loin de ses fils, s'ils échappaient ou non « à son contrôle ». Dans la mesure où cette cliente semblait se fier à des pouvoirs télépathiques pour lui très hypothétiques plutôt qu'à l'observation des faits, le thérapeute s'alarma et essaya de discuter avec la mère de son soi-disant pouvoir télépathique. Comme on pouvait s'y attendre, le seul effet de cette intervention fut de pousser la patiente à affirmer avec encore plus de force sa foi en ses dons. Ce fut à ce moment-là que l'observateur appela le thérapeute pour lui rappeler un principe de base de la thérapie courte : il faut, plutôt que de contester les dires du client, les accepter, et réfléchir à la manière dont on peut s'en servir. Entendant le conseil, le thérapeute fit demi-tour : il dit à la mère qu'il était persuadé que certaines personnes étaient particulièrement intuitives, et qu'il ne s'était opposé à elle que pour vérifier la confiance qu'elle avait en ses pouvoirs.

Peu après cet épisode, le père se déclara lui aussi capable de deviner à distance si leurs enfants se conduisaient bien, en entendant s'ils faisaient ou non du bruit. L'observateur téléphona pour faire un nouveau commentaire.

Le thérapeute rapporta aux parents ce que l'observateur venait de lui dire. Et, ainsi que nous le verrons dans l'extrait que nous allons présenter, il poursuivit le demi-tour déjà amorcé en affirmant aux parents – notamment à la mère – qu'à son avis, non seulement ils transmettaient leur angoisse à leurs enfants, mais encore, en leur donnant des directives verbales précises, ils les poussaient en fait à mal se conduire; et que, par conséquent, s'ils parvenaient à limiter leur verbiage, leurs enfants se comporteraient certainement mieux :

LE THÉRAPEUTE : John a dit : « Nous avons un radar et un sonar. » Vous [le père] pouvez capter les sons, et vous [la mère] avez une sorte de radar.

LA MÈRE : Je pense que c'est de cette manière que nous avons pu mettre le holà sur tout cela pendant aussi longtemps. [*Note : La mère indique ici – et indiquera à nouveau par la suite – qu'elle comprend et accepte la nouvelle direction que vient de prendre le thérapeute. Quelle que soit la nature de l'intervention, de tels signaux signifient : « Vous pouvez y aller. » A l'inverse, toute absence de signaux positifs et toute forme de « Non » ou de « Oui mais » signifient que le thérapeute s'est engagé dans une direction que le patient n'accepte pas, et qu'il lui faut donc ralentir et repenser son intervention. Plus l'intervention est longue et complexe, plus il est important d'avancer progressivement, pas à pas, et de bien observer la manière dont elle est accueillie par le client.*]

LE THÉRAPEUTE : Je vais vous dire la pensée qui m'est venue. Comme c'est une idée assez tirée par les cheveux, je ne chercherai pas à vous l'imposer, mais permettez-moi tout de même de l'évoquer devant vous, quelle que soit sa valeur. Je dirais que, s'il est certain que vous avez chacun votre style, vous avez en commun des capacités de perception très développées : vous pouvez capter ce que vos enfants font, ou même sont sur le point de faire. En un sens, ce que vous nous décrivez, c'est que vous possédez l'un et l'autre un poste récepteur tout à fait au point et parfaitement réglé. Vous êtes capable de capter ce que font vos enfants. C'est très bien, mais, ce qui serait encore mieux, même si vous allez sans doute trouver cette idée vraiment folle, ce serait que vous parveniez à utiliser vos dons pour faire des émissions : vous pourriez alors vous servir, disons, de votre intuition – de la puissance de votre intuition – non plus seulement pour capter le sens dans lequel souffle le vent, mais aussi pour déterminer comment il va souffler. Et, là où ça devient très intéressant, c'est qu'en fait votre intuition me paraît être un outil bien plus puissant, face à Robby, que la méthode dont vous vous servez habituellement – la méthode des mots. Vous possédez un fabuleux...

LA MÈRE : Avec lui, les mots, ça ne marche pas... [*De nouveau, elle est d'accord.*]

LE THÉRAPEUTE : ... appareil récepteur de communication. Mais dont vous ne vous servez pourtant pas pour essayer de le contrôler.

LA MÈRE : Je pense que c'est parce que je ne sais pas comment faire.

LE THÉRAPEUTE : Bon, tout ce que je suis en train de vous dire là, ça vaut ce que ça vaut – ça a l'air complètement fou, mais on ne sait jamais –, c'est que, si ça pouvait se faire, ce serait superbe.

L'OBSERVATEUR *(entrant dans la pièce)* : Vous ne savez pas non plus comment vous recevez.

LE THÉRAPEUTE : Oui, c'est vrai. C'est exact. Je ne vous ai parlé de ça que parce que je ne voulais rien exclure – car, si vous étiez capables de vous servir de votre intuition non plus seulement pour recevoir, mais pour émettre, il serait dommage que vous n'en fassiez pas usage. Vous ne seriez plus limités par les mots, vous ne seriez plus forcés d'être aussi explicites avec Robbie – Robbie qui, même quand vous aurez été parfaitement explicites, prendra... fera de toute manière ce qui lui plaira.

LA MÈRE : Il arrangera tout à sa façon, oui. [*Elle est d'accord.*]

LE THÉRAPEUTE : Et, également, un autre avantage que ça présenterait, ce serait que vous n'auriez même plus à être présents pour l'aider à contrôler son comportement.

LA MÈRE : Oui, mais il faudrait alors qu'il soit lui-même un poste récepteur. A-t-il assez d'intuition pour cela?

LE THÉRAPEUTE : Eh bien, jusqu'à preuve du contraire, il possède un poste émetteur-récepteur...

LA MÈRE : Nous devons renverser cela.

LE THÉRAPEUTE : ... qui émet des ondes que vous pouvez capter, ce qui vous permet de savoir quand vous le contrôlez et quand vous ne le contrôlez plus. Tout ce que je dis, c'est que ce serait formidable que, désormais, ces mécanismes vous servent dans l'autre sens.

LA MÈRE : Que nous les renversions, oui...

LE THÉRAPEUTE : ... pour parler concrètement, vous pourriez vous servir de votre intuition pour dire à Robbie, sans vous servir de mots... Imaginons par exemple que vous l'ayez envoyé faire des courses. Pour l'y envoyer, vous vous serez naturellement encore servi de mots. Mais, ensuite, une fois qu'il sera parti, qu'il sera en route, vous pourrez lui transmettre à distance le message : va directement au magasin, achète des œufs...

LA MÈRE : Ce serait amusant d'essayer. [*Adhésion enthousiaste.*]

LE THÉRAPEUTE : ... va chercher le pain et reviens immédiatement.

Une autre forme de demi-tour, mais qui comporte toujours les mêmes éléments, consiste à faire allusion à un autre thérapeute, « plus expérimenté ». Cet autre thérapeute ne sera en général pas nommé, et il sera précisé au patient qu'il a trop de travail pour pouvoir le prendre lui-même en thérapie. Le thérapeute déclarera simplement être allé consulter ce spécialiste parce qu'il a beaucoup plus d'expérience que lui, notamment en ce qui concerne le problème du patient :

> LE THÉRAPEUTE : Comme vous vous en rendez peut-être compte, il y a eu, dans ce que vous essayiez de me dire, plusieurs points importants que je n'ai pas bien saisis. J'ai donc pris la décision, depuis notre dernier entretien, de consulter un thérapeute plus expérimenté. Je ne lui ai donné aucun nom ni aucune donnée permettant de vous identifier. Je lui ai seulement dit que la situation m'échappait. Il m'a expliqué les raisons de mon incompréhension, et a attiré mon attention sur un certain nombre de points que j'avais négligés. J'aimerais donc vous faire part de ce qu'il m'a dit.

L'impact de ce type de demi-tour sera encore plus grand quand le thérapeute ajoutera : « Maintenant, voici une idée que m'a suggérée ce thérapeute. Pour ma part, je ne la comprends pas très bien, mais il a dit que, pour vous, ce serait clair. » En laissant entendre au patient que ses capacités de compréhension sont supérieures à celles du thérapeute et en créant une sorte de coalition entre lui et l'éminent spécialiste, ce type d'intervention place le patient en position de supériorité par rapport au thérapeute, ce qui accroîtra la probabilité qu'il accepte l'idée qui lui sera exposée.

4. Comment aggraver le problème

Lorsqu'il propose au patient d'entreprendre telle action, le thérapeute lui laisse le plus souvent entendre qu'elle est de nature à améliorer sa situation. Mais ses suggestions pourront quelquefois avoir plus d'impact en étant cadrées comme, au contraire, potentiellement susceptibles d'aggraver la situation du patient. Le thérapeute usera en général de cette tactique lorsque le client aura résisté à l'une de ses précédentes suggestions, ou montré qu'il ne consent pas à modifier son comportement. Le thérapeute renoncera donc dans ce cas à attirer l'attention du patient sur l'« utilité » de l'action qu'il lui suggère, et commencera par exemple son intervention en lui disant : « Si vous suivez le conseil que je vais vous donner, je peux presque vous promettre que votre problème s'en trouvera aggravé. » Ou encore : « Je ne sais que vous conseiller pour vous aider, mais je peux toujours vous donner quelques conseils précis pour aggraver votre situation. » Puis, sans rien oublier, il énumérera devant le patient tous ses précédents essais de « solution », qui n'aboutirent en fait qu'à aggraver le problème. Le patient pourra ainsi plus facilement saisir ce en quoi pourrait consister l'inverse de ce qui vient de lui être décrit – c'est-à-dire ce que le thérapeute espère réellement le voir faire – et agir dans ce sens : ici, il n'est donc plus question de dire au patient quoi faire; ce n'est que sous-entendu. En même temps, le fait de lui suggérer précisément comment aggraver son problème, en soulignant le rôle *actif* qu'il joue dans le maintien du problème, pourra, au cas où il maintiendrait son comportement, l'aider à en prendre plus aisément conscience.

Le thérapeute pourra, s'il préfère, adopter la forme interrogative, s'adresser au patient en lui disant : « Savez-vous comment aggraver votre problème? » ou « Qu'est-ce qui à coup sûr aggraverait votre problème? » Cette façon de procéder pourra porter ses fruits aussi bien en début de thérapie, avec les patients qui restent vagues ou expriment des résistances, qu'en fin de thérapie, pour renforcer tout progrès réalisé.

Comme exemple de cette approche qui consiste donc à expliquer au patient « comment aggraver son problème », nous citerons le cas d'une patiente qui, après plusieurs entretiens, était devenue moins sujette aux « accès de colère incontrôlables et injustifiables » qui constituaient le principal objet de sa plainte. Mais elle s'était alors plainte de ne pas comprendre comment cette amélioration s'était produite, ce qui, disait-elle, l'avait laissée dans une incertitude désagréable. Pour nous, le besoin de « comprendre » et d'« avoir des certitudes » qu'exprimait cette patiente faisait partie intégrante de la « solution » qu'elle avait essayée, et qui l'avait conduite à venir nous consulter. Notre objectif fut donc à la fois de l'amener à ne plus attacher autant d'importance à la compréhension et à la certitude, et de l'aider à consolider les changements positifs qui étaient intervenus dans son comportement. Nous y parvînmes en lui apprenant comment aggraver son problème.

Dans l'extrait qui suit, un observateur, après avoir entendu la patiente exprimer son désir de compréhension, entre dans la pièce pour lui donner une recette qui, infailliblement, lui permettrait d'être à nouveau certaine de quelque chose : elle pourra, si elle l'applique, être certaine de se mettre en colère. Il recommande donc à la patiente d'analyser les échanges interpersonnels plutôt que de les admettre tels qu'ils sont, de toujours mettre en question, quand quelque chose de positif se passe, la motivation de l'autre personne, et de rechercher enfin les raisons négatives sous-jacentes pour lesquelles quelqu'un chercherait à lui être agréable.

L'OBSERVATEUR : Permettez-moi de vous donner quelques... Puisque notre temps est compté et qu'il se peut que vous ayez besoin de réfléchir davantage à ce problème, permettez-moi de m'appuyer sur mon expérience, et en particulier sur l'expérience que j'ai de ce problème de la colère, pour vous donner quelques tuyaux. Pour être aussi bref et clair que possible, je dirais que je suis presque certain qu'en suivant les conseils que je vais vous donner, vous n'aurez aucun mal à passer, en un rien de temps, du calme à la fureur. Ne cherchez pas à voir le négatif. La meilleure méthode, c'est que vous preniez n'importe quoi, de préférence quelque chose de positif, et qu'ensuite, afin de bien vous convaincre que le « pourquoi » de cette action est une motivation hostile inavouée, que vous l'attribuiez à du négatif. Vous *voulez* toujours chercher la petite bête, afin de pouvoir vous mettre en colère. Donc, ne recherchez plus les aspects négatifs des choses; vous pouvez, bien sûr, vous servir du négatif, mais, ce qui serait encore mieux, ce serait que vous trouviez à redire à absolument tout, et de préférence à ce qui est positif. Il vous suffit par conséquent d'attribuer au positif une intention secrète, insidieuse et maligne. Voilà la première étape.

LE THÉRAPEUTE : Là, je me permets de vous interrompre. Je ne pense pas que ce soit vraiment l'étape numéro un; je crois qu'il y en a une autre avant.

L'OBSERVATEUR : Laquelle?

LE THÉRAPEUTE : La toute première étape, c'est d'avoir l'œil sur les gens, afin de pouvoir bien mettre en question *tous* leurs actes et de ne surtout pas les prendre pour argent comptant.

L'OBSERVATEUR : Ah, oui, d'accord.

LA PATIENTE : Mais alors, je serai toujours sur mes gardes. Je veux dire que, par exemple, même quand je serai assise dans ce fauteuil, je devrai passer mon temps à vous épier et à vous guetter.

L'OBSERVATEUR : Non, je dis que c'est un moyen que vous pouvez employer quand vous le décidez, chaque fois que vous le décidez, et dont vous gardez le contrôle. Malgré tout, c'est vous qui décidez, d'accord? Et vous vous dites : bon, maintenant, il faut que j'arrête de continuer à aller mieux. Et, pour cela, il va falloir que je me mette en colère. Alors, nous direz-vous, que l'on m'apprenne au moins, pour l'amour du ciel, puisque je ne me sens pas particulièrement en colère – je me sens plutôt toute douce – que l'on m'apprenne à me mettre en colère. C'est justement ce que [le thérapeute] et moi sommes en train de faire : nous essayons en ce moment de vous aider à découvrir comment parvenir à vous mettre en colère, volontairement. Comment, après avoir commencé en faisant semblant, faire en sorte que vos sentiments suivent... Eh bien, permettez-moi – puisque nous n'avons que peu de temps – permettez-moi de vous en dire un mot sans prétendre épuiser la matière, car je ne le peux pas... Je vous conseillerais, si vous voulez également faire monter encore davantage votre colère et la maintenir à ce niveau, de prédire la manière dont Untel ou Unetelle va se comporter. Mais en choisissant de préférence un comportement susceptible de se répéter, et en lui donnant une valeur négative. Voici un exemple ridicule : « Il est probable qu'Untel ou Unetelle ne respire que pour faire des bruits qui m'agacent, et je parie que, dans quelques secondes, il, ou elle, va respirer. » C'est un exemple ridicule, mais qui me permet de bien me faire comprendre. La formule serait donc : prenez un comportement, n'importe quel comportement susceptible de se répéter, attribuez-lui une motivation,

213

une connotation ou une qualité négatives, de préférence répugnantes; puis, prédisez que ce comportement va se reproduire. Et vous verrez que cela vous aidera à vous mettre en colère. Je dirais donc qu'il y a trois points. Je ne suis pas certain de la manière dont ils pourraient s'enchaîner, mais j'aurais tendance à penser qu'en premier, il faudrait très certainement placer ce que [le thérapeute] vous a dit : ne prenez pas les choses comme elles viennent, ne les prenez pas pour argent comptant, mais dites-vous : « Je vais regarder ce qu'il y a derrière tout ça. » Ensuite, la seconde étape serait de vous dire : quel qu'il soit – quel que soit le comportement –, sa « raison d'être » doit absolument être malveillante. Je pense que, si vous faites tout cela, et suivez en plus le dernier conseil que je vous ai donné de prédire les comportements de telle ou telle personne, si vous suivez toutes ces recommandations, c'est suffisant pour que je vous garantisse que vous réussirez à vous mettre en colère et, peut-être même, à devenir folle de rage.

LA PATIENTE : J'ai un peu l'impression que, ce que vous venez de me décrire, c'est ce qui s'est passé tout ce dernier week-end.

L'OBSERVATEUR : Peut-être, mais j'essaie simplement de vous donner une formule et je pense que, comme pour tout genre de conseil, le mieux est d'en faire l'essai...

Comme une variante de ce type d'intervention, le thérapeute pourra prescrire au patient de continuer à faire ce qu'il aura fait jusque-là sans cadrer sa suggestion comme une manière d'aggraver le problème. Définissant le comportement du patient comme potentiellement nécessaire à la résolution définitive du problème, le thérapeute demandera au patient de continuer à s'en tenir à son ancienne « solution », mais en la poussant à l'extrême, de manière à provoquer chez lui une réaction d'aversion. Là encore, cette intervention – une forme de suggestion par le contraire – pourra être utilisée chaque fois que le client aura résisté à des suggestions plus directes :

LE THÉRAPEUTE : Votre fils, malgré toutes vos tentatives de lui montrer votre amour et l'intérêt que vous lui portez, continue à avoir un comportement difficile. Je pense que vous devriez faire en sorte que sa conduite ne reste pas sans conséquences.

214

LA PATIENTE : Bon, je sais que ce que vous dites est sensé, mais je ne pense vraiment pas que nous pourrions y arriver; en outre, je ne crois pas que cela servirait à grand-chose. Ne pourrions-nous pas tout simplement le récompenser?

LE THÉRAPEUTE : Écoutez. Nous ne gagnerons rien à discutailler. Je vous ai fait cette suggestion parce que je crois qu'elle pourrait l'aider. Mais je peux très bien me tromper. Je ne crois pas me tromper en l'occurrence, mais je ne suis pas le Bon Dieu. Néanmoins, si je me trompe et si la voie que vous avez adoptée est la bonne, alors, si elle n'a rien donné, c'est simplement parce que vous n'en avez pas fait *assez*. Et donc, vous devriez y aller à fond : quoi qu'il exige de vous, donnez-le-lui sans discussion ni question; s'il vous demande votre temps et votre attention, que toutes vos activités personnelles passent au second plan. Fermez les yeux sur ses manières grossières, son allure et l'état de sa chambre. Vous avez peut-être raison : il se peut qu'il ait surtout besoin de savoir que vous vous intéressez à lui et que, quoi qu'il fasse, votre capacité de l'aimer n'a pas de limite. Dans ce cas, si jusque-là vous n'avez pas réussi à le lui démontrer, c'est tout simplement parce que vous n'avez pas essayé assez fort. Je veux donc que, cette semaine, vous oubliiez tout ce que je vous ai suggéré. Je veux que vous recommenciez à vous comporter comme avant, mais en poussant votre comportement jusqu'au point que je viens de vous indiquer. Je ne pense pas que cela marchera, mais, comme je le disais, je peux me tromper. Nous verrons bien.

8

L'arrêt du traitement

Dans les thérapies longues, l'arrêt du traitement est, à juste titre, vu comme un événement très spécial : à la longue, une relation importante se sera développée entre le patient et le thérapeute, et la fin du traitement sera, en même temps, la fin de cette relation. D'autre part, les traitements de ce type reposent implicitement sur l'idée qu'une thérapie doit avoir des objectifs bien plus élevés que la résolution d'un problème spécifique, et que le thérapeute est là pour aider le patient à acquérir une connaissance approfondie de lui-même et de sa vie. Les patients pourront donc avoir ici le sentiment d'avoir à « couper les amarres » par rapport au traitement et à la sécurité qu'il leur apportait, et les thérapeutes les prépareront souvent à l'arrêt du traitement, en s'y prenant parfois de nombreuses semaines à l'avance. Quant au problème de savoir si une telle préparation est réellement nécessaire, les thérapeutes qui pratiquent la thérapie longue diront généralement qu'ils l'estiment indispensable.

Dans la pratique de la thérapie courte, l'arrêt n'est pas considéré comme un événement exceptionnel. La brièveté du traitement comme le centrage de notre approche sur la résolution d'un problème rendent peu probable le « développement d'une relation » entre le thérapeute et le patient; ce dernier, une fois abandonné à lui-même, n'a pas à se débrouiller avec des sensations d'arrachement ou de coupure. Du fait même qu'elle est centrée sur un problème et conçoit le traitement comme un moyen de résoudre un problème spécifique, notre approche dispense le thérapeute de devoir passer un temps important à résumer les résultats du traitement. Dans la thérapie courte, l'exécution de l'arrêt est donc, elle aussi, courte. Et, puisque, dans la thérapie courte, chaque étape du traitement doit être élaborée stratégiquement, nous dirons quelques mots également de la stratégie de l'arrêt.

Le plus souvent, les clients entrent en traitement parce qu'ils ont lieu de se plaindre de quelque problème, qui leur est strictement personnel (« Je suis terriblement angoissé chaque fois que j'ai des rapports sociaux ») ou qui a rapport à quelqu'un d'autre (« Mon enfant refuse d'aller à l'école »). Dans la thérapie courte, l'objectif thérapeutique est en général soit d'éliminer le problème qui est à l'origine de la plainte, soit de suffisamment atténuer ses effets pour que le client n'éprouve plus le besoin de suivre un traitement, du moins quant au problème qui était à la base de sa plainte originelle. L'arrêt du traitement une fois que se trouve résolu le problème du client est par conséquent une étape logique. Dans certaines autres approches, au contraire, le progrès du traitement et l'opportunité de l'arrêt sont évalués à partir de repères bien plus flous : les thérapies de reconstruction de la personnalité, par exemple, utilisent à cet égard des critères aussi vagues que les concepts de normalité (conçue comme « adaptation non névrotique ») ou de croissance. Lorsque les lignes directrices sont aussi lâches, l'arrêt du traitement a toutes chances d'être sans cesse ajourné, du fait simplement de la difficulté qu'il y a à évaluer le moment où de tels objectifs sont atteints.

Le thérapeute qui désire pratiquer une thérapie courte n'oubliera ni la plainte originelle du client ni l'objectif du traitement, et se fixera pour but d'atteindre cet objectif, tout en amenant le client à exprimer que le problème qui était à l'origine de sa plainte a été résolu. La suggestion d'arrêter le traitement viendra le plus souvent du thérapeute, qui en général s'attendra à ce que le client soit d'accord. Bien évidemment, le client pourra également, pour diverses raisons, prendre lui-même l'initiative de l'arrêt. Dans la meilleure hypothèse, celui-ci déclarera que son problème a été résolu, et le thérapeute, dans ce cas, acceptera vraisemblablement de mettre fin à la thérapie. Mais l'inverse peut aussi se produire : il peut arriver que, se disant très insatisfait du traitement, le client annonce qu'il veut arrêter ; ou bien encore, il pourra déclarer que certains événements imprévus lui rendent impossible de poursuivre la thérapie : qu'ayant changé de travail il doit quitter la région, ou que des problèmes d'ordre financier lui interdisent de continuer à payer des séances. Enfin, tout traitement limité dans le temps prendra automatiquement fin lorsque le nombre de séances initialement prévu sera parvenu à expiration, même si dans ce cas ce sera en général le thérapeute qui rappellera au client qu'il en est ainsi.

Quelque réduite que soit l'importance de l'arrêt dans la psychothérapie courte, il n'en reste pas moins qu'il peut donner au thérapeute l'occasion de faire certaines observations et de prendre certaines positions qui, elles, pourront être importantes. Ces observations et ces positions varieront en fonction des conditions d'arrêt qui se présentent, conditions dont nous allons maintenant discuter.

Arrêter quand ce dont se plaignait le client est résolu

C'est naturellement la meilleure base pour arrêter le traitement. Lorsque le client vient en séance et dit au thérapeute être satisfait de la manière dont a évolué son problème, celui-ci peut lui proposer de stopper le traitement. Mais, puisqu'il souhaitera également vérifier comment le client réagit à cette idée, il devra néanmoins éviter de donner à cette suggestion un tour trop affirmatif ou trop catégorique. Un certain nombre de clients, par exemple, laisseront entendre que, s'ils ont vraiment l'impression d'avoir, grâce au traitement, obtenu ce qu'ils espéraient, ils se sentent tout de même inquiets à l'idée de purement et simplement l'arrêter. D'autres, au contraire, conviendront très facilement qu'il est temps d'arrêter, et n'exprimeront que peu ou pas du tout d'inquiétude devant cette perspective.

Qu'ils formulent ou non leurs doutes, on peut raisonnablement imaginer que la plupart des clients éprouveront au moins une certaine inquiétude à l'idée que les acquis de leur traitement puissent ne pas se maintenir une fois que celui-ci aura pris fin, et quelques-uns seront à cet égard tout à fait explicites. Lorsque, dans son souci d'obtenir des résultats durables, le client essaiera trop fort de « continuer à aller bien », les risques d'une exacerbation du problème n'en seront qu'accrus. Il risquera, par son attitude, de provoquer l'accomplissement de la prophétie, sous-entendue, selon laquelle tout pourrait *ne pas* bien se passer. Le thérapeute devra donc, quand sera venu le moment de l'arrêt du traitement, prévenir une telle éventualité, ce qu'il pourra faire en aidant le patient à moins redouter la perspective d'une éventuelle aggravation de son problème. Il faut toutefois noter ici que les simples paroles rassurantes laisseront en général intacte l'appréhension du client. Pire encore, il pourra très bien interpréter de telles interventions (« Vous avez tiré des bénéfices importants du traitement », ou « Tout se passera parfaitement ») comme une façon de « nier le danger », ou craindre que le thérapeute soit en fait inconscient de la minceur des progrès qu'il aura faits, ce qui augmentera encore ses craintes d'arrêter son traitement. Le thérapeute devra par conséquent se garder de rassurer le client et, au contraire, définir l'exacerbation du problème comme un événement attendu, donc « normal », voire la redéfinir comme un événement positif. Cette intervention permettra au client en voie de terminer d'accepter plus calmement toute éventuelle réapparition de son problème.

Nous avons ordinairement recours dans ce contexte à une forme de redéfinition qui est un sous-ensemble de l'intervention qui consiste à souligner la nécessité d'« avancer lentement ». Pour l'essentiel, après avoir commencé par reconnaître la réalité de l'amélioration intervenue, le thérapeute fera remarquer que, si désirable que soit ce changement, il est survenu trop rapidement. Expliquant que les améliorations qui se mettent en place lentement et pas à pas sont celles qui ont le plus de chances de déboucher sur des changements solides, des changements qui permettent une adaptation progressive, il recommandera au client de se garder, « pour l'instant », de continuer à faire des progrès, même si le traitement touche à sa fin. Lorsqu'il aura affaire à des clients qui auront expressément fait état de leur peur d'arrêter le traitement, le thérapeute pourra aller jusqu'à ajouter qu'il pourrait même être bon qu'ils trouvent le moyen de provoquer quelque exacerbation de leur problème, « au moins de façon temporaire ». Si rébarbatives et pessimistes que puissent sembler de telles interventions, elles n'en constituent pas moins à divers égards un message implicitement optimiste. D'une part, en effet, elles reviennent à déclarer *implicitement* au client qu'il a réussi son traitement à un point inespéré, si inespéré que, dans l'immédiat, il ne devrait pas en tirer de bénéfices supplémentaires. D'autre part, du fait même qu'il aura été demandé au client de provoquer quelque exacerbation de ses symptômes, cette exacerbation aura été par là même définie, au cas où l'événement se

produirait effectivement, comme un processus que celui-ci contrôlerait. Enfin, l'exacerbation elle-même aura été définie comme
une entreprise « réussie » plutôt que comme traduisant l'incapacité du client à maintenir l'amélioration. Le but évident de ce
type d'intervention est de minimiser les risques d'une réapparition
du problème en aidant les patients à vivre de façon plus décontractée l'arrêt de leur traitement. Au pire, c'est-à-dire s'il se
produisait réellement une exacerbation du problème suffisamment
grave pour justifier la reprise d'un traitement, la crédibilité du
thérapeute serait maintenue, si ce n'est accrue, et le traitement
pourrait reprendre sur une meilleure base. Dans la pratique
réelle, les exacerbations effectives sont tout à fait rares, notamment lorsque le patient aura arrêté son traitement sur cette
injonction d'« avancer lentement ». Ce type d'intervention de
clôture n'est pas nécessaire dans tous les cas, mais au moins le
thérapeute devra-t-il éviter les adieux réconfortants du style :
« Regardez les progrès que vous avez faits; je savais que vous
pouviez y arriver, et je suis sûr que, désormais, tout ira bien
pour vous. »

Le thérapeute pourra parfois avoir du mal à s'empêcher de
manifester son optimisme, notamment lorsque le client sera
satisfait et excité par le résultat du traitement. Il lui faudra alors
faire preuve d'une considérable maîtrise de soi pour ne pas se
joindre à l'atmosphère de fête et, au contraire, exprimer une
note de doute et de prudence. Une telle attitude pourra néanmoins
être ici d'autant plus indiquée que, du fait justement de sa
satisfaction, le client aura davantage tendance à craindre une
exacerbation de ses symptômes qui risquerait de décevoir le
thérapeute. Le mettre en garde contre toute amélioration nouvelle, voire lui conseiller de provoquer quelque exacerbation, aura
pour effet d'apaiser son inquiétude.

Certaines fois aussi, tout en se disant satisfait des résultats du
traitement, le patient se déclarera inquiet à l'idée de l'arrêter et
affirmera explicitement avoir le sentiment que, sans le guidage
du thérapeute, sa situation ne saurait que se détériorer. Les
interventions que nous venons d'évoquer pourront dans ce cas ne
pas s'avérer suffisantes, tant le degré d'appréhension auquel est
susceptible d'arriver un tel patient pourra l'amener à guetter
anxieusement le moindre signe de détérioration. S'il se laisse
gagner par l'affolement, celui-ci pourra aller jusqu'à appeler le

thérapeute pour lui demander de reprendre le traitement. Pour éviter cette éventualité, le thérapeute pourra insister auprès du patient pour le revoir au moins une fois, de préférence deux ou trois semaines plus tard, et lui donner l'injonction d'être fidèle au rendez-vous « même si vous vous apercevez que vous n'avez pas réellement besoin de revenir ». (Pour user d'une analogie, un patient aura moins tendance à faire confiance à ses jambes lorsque ses béquilles seront sur le point de lui être enlevées. A l'inverse, il s'appuiera sur ses jambes avec beaucoup plus de confiance si quelqu'un non seulement lui tient ses béquilles mais encore insiste pour qu'il s'en serve plutôt que de ses jambes.) Pendant le laps de temps qui séparera la dernière séance de la toute dernière, le patient risquera moins de guetter anxieusement tout signe d'une résurgence du problème, et luttera plutôt avec l'idée d'avoir à se rendre à un rendez-vous inutile. Dans l'hypothèse enfin où le patient serait effectivement confronté à un « signe » de cet ordre, et où son problème s'exacerberait au point d'exiger la reprise d'un traitement, la crédibilité et par là l'influence du thérapeute ne pourraient qu'être renforcées.

Une autre situation classique, c'est le cas du client qui, sans aller jusqu'à dire que son problème a été indiscutablement résolu, exprime néanmoins un désir de mettre fin au traitement. Ce type de client pourra se dire relativement satisfait du résultat de sa thérapie, mais formulera son contentement en termes d'amélioration quantitative plutôt que de changement précis ou qualitatif. Il déclarera donc que, même si certains aspects du problème se posent encore de temps à autre, cela va mieux, il se sent mieux, et dira par exemple au thérapeute : « J'aimerais essayer tout seul pendant un moment et voir comment ça va. C'est d'accord ? » Quand un traitement est en passe de se terminer, les thérapeutes préfèrent en général que les problèmes soient résolus franchement, notamment lorsque leur approche est centrée sur la résolution d'un problème, et cette préférence pourra quelquefois les conduire à discuter l'opportunité de l'arrêt ; ce qu'ils feront explicitement ou, comme c'est le plus souvent le cas, en mettant en question les motivations qui poussent le client à vouloir arrêter : « Vous me dites souhaiter arrêter là le traitement, mais vous m'avez également indiqué que votre problème existe toujours. Je me demande s'il ne se pourrait pas que l'idée de réellement réussir votre thérapie vous angoisse. Après tout, comme vous le dites vous-même, cela va mieux, et il me semble étrange que ce soit précisément à ce moment que vous vouliez renoncer. » Bien qu'il soit difficile de ne pas pousser le client à rester en traitement lorsque les résultats sont minces, le thérapeute devrait cependant éviter de prendre une telle position. D'abord, il se peut que le problème ait été résolu de manière satisfaisante, mais que le client refuse de le reconnaître. Il ne convient pas, dans ce cas, de l'inciter à rester en traitement. « S'accrocher » ainsi au client serait, de la part du thérapeute, aussi inélégant qu'inefficace. D'autre part, il ne faut pas oublier que certains patients peuvent avoir réduit leurs espérances en matière d'objectif thérapeutique, et désirer s'en tenir à des changements modestes par rapport à leur problème initial. Enfin, un certain nombre de patients ont des raisons d'arrêter le traitement dont ils préfèrent ne pas parler, et formulent leur désir poliment : « Cela va mieux, j'aimerais donc essayer tout seul. » Ces raisons informulées peuvent inclure des difficultés financières, la peur de devenir trop dépendant de la thérapie, ou un changement de plans – le patient peut, par exemple, avoir décidé de divorcer plutôt que de chercher à résoudre un problème conjugal. Dans ce cas, toutes les pressions du thérapeute en vue d'obtenir qu'un tel patient n'abandonne pas le traitement ont toutes chances d'être vouées à l'échec.

D'autre part, accepter le désir du client d'arrêter le traitement a pour effet non seulement de lui permettre d'arrêter sur une note agréable, mais encore, ce qui est tout aussi important, de lui rendre plus facile de reprendre un traitement au cas où il s'apercevrait que son « essai tout seul » ne marcherait pas. Reprenant sa thérapie dans ces circonstances, le client ne pourrait que reconnaître qu'il avait sous-estimé le poids de son problème, et la marge de manœuvre du thérapeute en serait donc renforcée. Si, à l'inverse, le thérapeute réussissait à dissuader le client d'arrêter là, la thérapie se poursuivrait sur le présupposé implicite que le patient vient à ses séances non pas parce qu'elles lui sont nécessaires, mais parce que le thérapeute lui en a donné l'ordre. Dans le cas enfin où le thérapeute estimera que le problème n'a pas reçu de solution satisfaisante et que le temps et les événements amèneront le client à s'en rendre compte, il pourra accepter son désir d'arrêter le traitement, mais en redéfinissant cet arrêt comme une interruption temporaire : « En fait, je suis d'accord avec vous pour penser que ce serait le moment d'arrêter, ou du moins de prendre des vacances qui ne pourront que vous faire du bien. »

Les parents de l'exemple qui suit étaient venus nous voir pour que nous les aidions à mieux s'entendre avec leur fils. Au bout d'un certain temps, disant qu'il leur semblait que tout se passait assez bien, ils avaient proposé que les séances soient espacées et que le rendez-vous suivant ait plutôt lieu deux semaines après. Le thérapeute les soupçonnait de tenter de se dégager poliment du traitement. Au lieu d'essayer de les amener à revenir la semaine suivante, il leur proposa une interruption encore plus longue – de les revoir un mois ou six semaines plus tard. En adoptant cette position, non seulement il laissa la porte ouverte à un éventuel prolongement du traitement, mais encore il donna aux parents l'occasion d'expliciter davantage leur désir d'arrêter le traitement :

LE THÉRAPEUTE : Je pense que c'est probablement le meilleur moment pour arrêter. Au point où nous en sommes, inutile de faire du délayage. Hum, je me permets de vous faire une suggestion : et si, au lieu de nous revoir prochainement, comme vous le proposez... eh bien, nous prévoyions plutôt de nous rencontrer... oh, même après les vacances... de façon à faire le point?
LA MÈRE : Euh...
LE PÈRE : Euh...
LE THÉRAPEUTE : Il serait inutile de poursuivre alors qu'il paraît avancer à son propre rythme. Réellement, il faut que vous ralentissiez le pas. Voyons, aujourd'hui, on est... Disons dans quatre à six semaines?
LE PÈRE : Bon. Ce que nous pensions, c'était que, vu que les vacances arrivent et que l'école va se terminer, toutes ces sortes d'activités allaient probablement nous devenir moins nécessaires. Ce sera sans doute comme en février, oui. C'est parfois en février, vous savez, que se passe l'une des choses dont nous vous avons parlé. Et je pense que, s'il nous semble continuer à progresser au même rythme ou à... autrement dit, s'il ne fait pas marche arrière, ou si nous n'observons rien de tel... nous pourrions peut-être simplement vous appeler pour vous faire savoir que, eh bien, nous ne verrions pas l'utilité de revenir.

LE THÉRAPEUTE : Bien, faisons comme cela, alors. Nous avons eu quatre séances...
LE PÈRE : Mm-mmm.
LE THÉRAPEUTE : ... et nous en avons encore six en réserve. D'ordinaire, nous appelons trois mois après la dernière séance pour avoir des nouvelles. Si bien que, y aurait-il un problème, vous pourrez toujours nous appeler avant...
LE PÈRE : Mm-mmm.
LE THÉRAPEUTE : ... et nous pourrons prendre rendez-vous.

Quelquefois aussi, tout en se disant satisfaits de la solution qui a été apportée à leur problème, certains patients peuvent ajouter qu'ils aimeraient maintenant travailler sur un autre problème, ayant déjà été évoqué au cours du traitement ou tout simplement nouveau. Dans un cas comme dans l'autre, le thérapeute est confronté à un choix : il peut accepter la proposition du patient, ou la rejeter. S'il opte pour la première solution, il court le risque de rabaisser aux yeux du patient la valeur des acquis du traitement qui vient de se terminer, en n'en faisant qu'une simple étape ne prenant sens que par rapport à la tâche, peut-être interminable, de « travailler sur des problèmes ». Le traitement risquerait alors d'être considéré comme une activité en soi plutôt que comme un moyen de résoudre des problèmes qui empêchent le patient d'avancer dans la vie. Nous estimons donc qu'il n'y a guère à gagner à se précipiter dans un travail sur « un autre problème »; nous ne voulons pas dire par là que les clients n'ont le droit de résoudre qu'un seul problème, mais simplement qu'il est utile de marquer une pause entre un effort thérapeutique et un autre. Entre-temps, le client pourra, par exemple, avoir réfléchi au problème en question et jugé qu'il n'en est plus un, ou du moins ne suffit pas en tant que tel à justifier la reprise d'une thérapie, avec tout l'investissement de temps, d'efforts et d'argent que cela supposerait. Et, dans l'hypothèse où il continuerait à voir ce problème comme problématique, une telle interruption lui aura permis de développer cette forme de concentration nécessaire à la résolution d'un problème.

A propos de cette question de l'arrêt du traitement quand le problème est totalement ou partiellement résolu, nous ferons une dernière remarque : certains patients satisfaits de leur thérapie attribueront ses résultats à la sagesse, la compétence, la pénétration ou le brio du thérapeute. Ils lui déclareront, par exemple, pour lui témoigner leur gratitude : « Vous m'avez tellement aidé... Je ne saurai jamais comment vous remercier. » Si de telles louanges sont agréables à entendre, elles n'en sont pas moins, dans la mesure où elles placent le thérapeute en position de supériorité, potentiellement préjudiciables au client en voie de terminer son traitement. En dépréciant implicitement la valeur des apports propres du client pendant le traitement, elles le définissent par là même comme possédant un contrôle moindre sur les événements de sa vie, et comme étant plus vulnérable à d'autres problèmes imprévus. Un tel regard sur la thérapie peut être lourd de conséquences. Si le thérapeute ne peut empêcher les patients de lui témoigner leur reconnaissance – rien d'ailleurs ne l'exige –, il peut cependant recadrer les acquis du traitement de façon à sortir de cette position de supériorité où le patient a tendance à le placer. La méthode la plus simple pour ce faire est peut-être celle qui consiste, tout en ne rejetant pas les marques de gratitude du client, à souligner devant lui la façon dont il a contribué au succès du traitement – l'importance et la clarté de l'information qu'il a bien voulu donner, la facilité avec laquelle il a essayé à fond les tâches qui lui étaient proposées et adopté de nouveaux comportements face aux événements, la bonne volonté dont il a fait preuve en permettant que des membres de sa famille prennent part à la thérapie, etc. Et, parallèlement, le thérapeute minimisera l'importance de sa propre contribution : « Ce n'est pas que je sois brillant, je suis simplement placé à un endroit avantageux : à l'extérieur de la forêt. C'est tout. »

Arrêter sans que ce dont se plaignait le client soit résolu

Quand un problème n'a pas reçu de solution, deux cas de figure peuvent se présenter. Ou bien le traitement a été limité dans le temps et un nombre maximal de séances (le plus souvent de l'ordre de six à vingt) fixé : dans ce cas, la thérapie prendra fin lorsque le nombre de séances initialement convenu sera atteint – même quand le problème n'aura pas été résolu; s'il s'agit au contraire d'un traitement en temps non limité (c'est le cas le plus fréquent), ce sera en général le client lui-même qui, après avoir constaté que son problème n'est pas résolu, prendra l'initiative de l'arrêt. Puisque la thérapie en temps limité est moins courante, nous allons brièvement évoquer les types d'arrêt qui la concernent. La limitation de la durée du traitement peut, dans certains cas, en pressant implicitement le client à coopérer avec le thérapeute (et celui-ci à se mettre au travail) augmenter les chances de résolution du problème. Mais, dans d'autres cas, elle constituera un obstacle : il pourra arriver que, découvrant que sa stratégie ne marche pas, le thérapeute n'ait plus le temps de la réorienter. Le thérapeute pourra voir la dernière séance arriver sans que rien n'indique clairement que le problème ait été résolu. Il devra alors faire un choix : il pourra soit tenter d'utiliser cette ultime séance pour faire un dernier effort en vue de résoudre le problème, soit essayer de découvrir pourquoi sa stratégie a échoué. La seconde solution est à notre avis la moins hasardeuse, et cela pour deux raisons majeures : tout d'abord, lorsque la stratégie du thérapeute n'aura pas réussi à résoudre le problème, les chances qu'il obtienne des résultats à la onzième heure en persistant dans cette stratégie sont très minces; ensuite, il ne faut pas oublier que la plupart des interventions exigent une action du client, action dont le thérapeute devra vérifier l'exécution et les résultats à l'occasion d'une séance ultérieure. Une intervention d'un type nouveau serait-elle tentée pendant la dernière séance, le thérapeute n'aurait aucune possibilité de procéder à cette vérification de base. A cela s'ajoute enfin le fait que, quand un thérapeute stratégiquement orienté n'a pas obtenu de résultat, il est vraisemblable qu'il a plutôt travaillé trop fort que pas assez.

Mieux vaut en général commencer le dernier entretien par une entrée en matière dans le genre : « Comme vous le savez, c'est notre dernière séance. Pour autant que je puisse en juger, rien n'a réellement changé dans votre problème, et je ne pense pas vous avoir aidé en quoi que ce soit. » Devant des propos aussi directs, le patient tentera quelquefois de rassurer le thérapeute, en lui disant : « Oh non, je ne dirais pas cela. Venir vous parler m'a été tout à fait utile. » Auquel cas le thérapeute devra éviter de soutenir ce point de vue : il pourrait par exemple répondre au patient qu'il est généreux, mais que, tout bien pesé, il a tout de même le sentiment qu'il aurait pu lui être plus profitable; ce qui lui permettra de passer plus facilement à l'utile question finale : « En y réfléchissant bien, qu'est-ce qui vous paraît, dans ce qui a été fait ou n'a pas été fait, pouvoir avoir fait obstacle à la résolution de votre problème ? »

Dans la plupart des cas de non-résolution du problème, ce sera le client qui prendra l'initiative de l'arrêt ou insistera en ce sens auprès du thérapeute. Par téléphone ou en face-à-face, il se déclarera mécontent du traitement. Il formulera son insatisfaction en termes modérés (« Je ne crois pas que, ces derniers temps, il se soit passé grand-chose, et j'estime qu'il vaudrait peut-être mieux que je voie comment j'arrive à me débrouiller seul. Donc, si vous voulez bien, j'aimerais arrêter le traitement ») ou plus directs (« Je ne pense pas qu'il se soit réellement passé quoi que ce soit, et ce serait pour moi une perte de temps que de continuer. Je suis venu ici une dernière fois, pour vous dire que je veux arrêter le traitement. Naturellement, si vous voyiez une bonne raison pour que je continue, je pourrais y réfléchir »). Dans un cas comme dans l'autre, le thérapeute devra à tout prix résister à la tentation de contester la position du client et de faire pression sur lui pour qu'il reste en traitement (les tentatives de pression n'étant d'ailleurs pas forcément explicites : le thérapeute peut également faire pression en mettant en doute la décision du client, ou en suggérant qu'elle est fondée sur une certaine forme de résistance). Lorsque, contrairement aux affirmations du client, le thérapeute estimera que son état s'est manifestement amélioré, il pourra lui être très difficile de ne pas céder à ce type de tentation. Il courra alors le risque de se mettre à faire le décompte des acquis du traitement devant le client et, à mesure que celui-ci les dénigrera et s'accrochera obstinément à sa position que rien n'a changé, de devenir de plus en plus frustré.

Plutôt que de se laisser entraîner dans une lutte aussi stérile, il vaut mieux que le thérapeute accepte de bonne grâce le désir du client d'arrêter. Au moins une séparation en bons termes permettra-t-elle au client de reprendre plus facilement son traitement s'il en ressentait ultérieurement la nécessité :

LE PATIENT : Je ne pense pas que nous soyons arrivés quelque part, et j'ai tout autant de problèmes que quand je suis venu ici. Donc, si vous êtes d'accord, j'aimerais que cette séance soit la dernière.

LE THÉRAPEUTE : Oui, je pense que cela vaut mieux. Moi

non plus, je ne crois pas qu'il se soit passé grand-chose, et, quand ce genre de situation continue, cela me frustre trop. Ce n'est pas de cette façon que j'aime gagner mes honoraires.

Il peut aussi arriver, quelquefois, quand le thérapeute adopte une position souple, que le client adoucisse sa position en demandant quelque conseil ou quelque suggestion d'adieu : « Bien que ce soit ma dernière séance, je me demandais si vous auriez des suggestions à me faire. Que pourrais-je faire qui puisse s'avérer utile ? » Comme nous l'avons déjà dit, ce n'est guère le moment, lors de la dernière séance, de faire un effort de dernière minute. Même en imaginant que le thérapeute ait effectivement quelque suggestion à proposer, les chances que le client accepte un tel conseil d'adieu ou obéisse à une ultime recommandation sont minimes. Mieux vaut donc dans ce cas pour le thérapeute maintenir l'élégante position d'« infériorité » avec laquelle il a commencé : « Vu que je n'ai rien fait pour vous après tout ce temps, je suis flatté que vous ayez encore suffisamment confiance en moi pour me demander conseil. Je regrette de devoir vous décevoir, mais, tout de suite, je n'ai pas la moindre idée brillante qui me vienne à l'esprit. En outre, dans la mesure où je risquerais de ne faire que répéter mes erreurs passées, je ne me fierais à aucun conseil que je pourrais vous donner. » La même position pourra servir quand le client demandera au thérapeute le nom d'un autre confrère : « Je pense que cette idée de vous faire aider par quelqu'un d'autre pourrait être une bonne idée, mais je préférerais ne vous suggérer aucun nom, afin de ne pas permettre à mes penchants personnels d'influencer votre choix. Puisque je ne vous ai pas aidé, vous feriez réellement mieux de prendre un nouveau départ avec quelqu'un que vous choisiriez vous-même, ou au moins dont le nom vous aurait été indiqué par un autre que moi. »

La position d'infériorité pourra être abandonnée lorsque le thérapeute aura affaire à un client qui n'aura pas coopéré pendant le traitement, refusé ou « oublié » d'agir sur la base des suggestions qui lui auront été faites, ou fait encore autrement obstruction. Quand ce type de client fera état de son mécontentement et proposera de mettre fin au traitement, le thérapeute pourra accepter son désir, mais en employant cette fois un cadrage différent de celui que nous avons décrit : il pourra déclarer que, si en effet l'arrêt est souhaitable, ce n'est pas parce que trop peu de progrès ont été faits, mais plutôt parce que, si le traitement se poursuivait, le problème risquerait de se voir résolu, et résolu d'une manière qui pourrait bien entraîner un changement imprévu (pouvant concerner, par exemple, la situation conjugale du client) susceptible de porter préjudice au client. Et il pourra, si besoin est, étayer cette déclaration en citant des exemples de non-coopération de précédents clients, qu'il cadrera comme dénotant une « prudence inconsciente », qui les poussait à éviter le changement. Si dur que puisse paraître ce cadrage, son but est de porter au maximum les chances que, bien que le traitement touche à sa fin, le patient parvienne tout de même à s'accommoder de son problème. Ce type de cadrage place en effet le patient dans la position de devoir soit accepter, soit rejeter les conclusions sévères du thérapeute. S'il les accepte, il redéfinira le problème qui était à l'origine de sa plainte comme « ne constituant plus un problème », ou, du moins, n'étant plus un problème dont la gravité justifie la poursuite d'un traitement. Du fait même qu'il définira ainsi son problème, il sera moins porté à lutter contre lui, ce qui pourra avoir pour effet de diminuer l'intensité du problème. Et si, au contraire, il n'est pas d'accord avec les remarques du thérapeute, il aura donc relevé un défi implicite qui impliquera qu'il résolve son problème. Dans l'hypothèse où il poursuivrait son traitement avec un autre thérapeute, il aurait moins tendance à utiliser ce nouveau thérapeute comme un repoussoir pour justifier sa résistance passive aux suggestions utiles, et aurait donc des chances accrues de trouver une solution à son problème. Il serait plus susceptible de renoncer à son ancienne position (« Je vous mets au défi de me guérir ») et de se décider désormais à utiliser activement le traitement, en vue de la résolution d'un problème précis.

Comme exemple concret, nous allons maintenant présenter le dialogue final que nous eûmes avec un patient qui, à l'issue des dix séances que lui avait fixées le Centre de thérapie courte, ne présentait toujours aucun signe d'amélioration. La plainte initiale de ce patient était d'avoir tendance à « remettre son travail au lendemain ». Jusqu'à la fin du traitement, il s'était obstiné à essayer d'engager le thérapeute dans des discussions abstraites sur son histoire et les facteurs inconscients qui, pensait-il, expliquaient son problème. Comprenant que le patient se contentait de résister passivement à toutes les tâches qu'il lui assignait et à toutes les injonctions qu'il lui donnait, le thérapeute avait changé de stratégie, et lui avait conseillé de « ne pas changer ». Pendant les dernières minutes de la dernière séance, ce patient avait demandé au thérapeute de lui donner son avis sur l'idée qu'il commence un nouveau traitement, orienté vers l'*insight*.

LE THÉRAPEUTE : Bien qu'il nous reste encore neuf minutes, je pense que nous pourrions arrêter maintenant.

LE PATIENT : D'accord. La seule question qui reste, c'est : quel argument avancer? Peut-on avancer un argument solide en faveur d'une exploration en profondeur?

LE THÉRAPEUTE : Eh bien, je pense que tous les arguments ont déjà été évoqués. Et, avant tout, il y a cette idée à laquelle ont pensé mes collègues : l'argument essentiel, pour eux, c'est que, en ce qui les concerne, votre problème ne devrait pas être résolu. [*Appel d'un collègue depuis la pièce d'observation.*] Oui, quelque chose que j'ai oublié, c'est que, en un sens, vous avez trouvé le filon. Votre patron vous a dit : « Prenez tout le temps que vous voulez. Je suis heureux d'apprendre que vous vous faites aider par un professionnel. » Votre salaire n'est pas augmenté, mais il n'est pas non plus réduit.

LE PATIENT : Ce n'est pas le bon argument. Il attend, et je pense, mérite que... vous savez, une amélioration potentielle. [*Appel de la pièce d'observation.*] Oui, je pense qu'il est temps que j'y aille. [*Il rit.*]

LE THÉRAPEUTE : Eh bien, quelle différence y a-t-il entre dire à quelqu'un : « J'aimerais que vous le fassiez », et lui dire : « J'aimerais que vous essayiez »? Ils aimeraient bien voir cela, mais ils ne s'attendent pas complètement à ce que cela arrive. Et c'est tout ce qui fait la différence de la dernière formulation. Quoi qu'il en soit, bonne chance.

Enfin, il peut également arriver que, leur problème n'étant pas résolu, certains patients demandent à arrêter le traitement tout en se déclarant, de façon surprenante, satisfaits du résultat de leur thérapie : « Depuis un certain temps, cela va un petit peu mieux, et je me demandais donc si je ne pourrais pas réduire le nombre de séances, ou peut-être même arrêter. Je vais devoir m'occuper de certaines choses, et j'aurai moins de temps. » Il n'y a pas moyen de savoir si ce type de patient est mécontent du traitement et demande par conséquent courtoisement la permission de l'arrêter, ou s'il est au contraire suffisamment satisfait du résultat obtenu, si modeste que celui-ci puisse paraître. Dans une hypothèse comme dans l'autre, il n'y a pas lieu de s'opposer à son désir : si le client est effectivement satisfait, le thérapeute s'engagera, en prenant cette position, dans une lutte stérile; et, s'il est mécontent, toute contestation de sa décision reviendra à essayer de le convaincre de prolonger un traitement qu'il aura le sentiment d'avoir déjà terminé. En dernière analyse, dans la mesure où personne ne commence un traitement sans y être poussé par quelque important motif d'insatisfaction, nous pensons que c'est la cessation de ce niveau d'insatisfaction qui, dans tous les cas, doit être l'objectif général et ultime.

9

L'adolescente rebelle

Après avoir décrit et brièvement illustré les traits fondamentaux de notre approche, nous allons maintenant présenter – dans ce chapitre et les deux qui le suivront – de plus amples exemples de cas qui montreront comment tous les points que nous avons évoqués viennent s'agencer dans la pratique réelle. On trouvera ici transcrits les enregistrements des échanges qui eurent lieu entre le thérapeute et le patient. Ces transcriptions sont émaillées de commentaires rétrospectifs, ayant essentiellement pour objet les informations apportées par les clients et la logique stratégique sous-jacente aux formulations, questions et directives du thérapeute. Le traitement, dans les premier et troisième cas, s'était étendu sur cinq entretiens, ayant chacun duré approximativement une heure. Compte tenu du volume de ce matériel, qui pourrait facilement faire l'objet d'un livre à lui seul, nous avons décidé de ne présenter que des extraits de chaque entretien, ce qui donnera au lecteur une vision du traitement concise mais suffisamment complète. Le second cas, le violoniste anxieux, n'avait donné lieu qu'à un entretien complet, suivi d'un bref entretien de post-observation. Ce matériel sera présenté presque intégralement. Ces trois cas – le premier concernant le problème d'une adolescente, le second celui d'un adulte et le dernier celui d'une personne plus âgée – constituent un exemple de notre travail pour une large gamme de problèmes.

Dans le cas qui suit, les parents d'une jeune fille de quinze ans avaient pris contact avec le Centre de thérapie courte sur la proposition du délégué à la liberté surveillée de leur fille. S'étant enfuie de chez elle, elle avait été temporairement placée dans un centre d'éducation surveillée mais habitait à l'époque à nouveau chez ses parents. Les parents avaient la quarantaine et leur fille, Suzie, était l'aînée de quatre enfants. Selon notre habitude, nous avions demandé aux parents de venir à la première séance sans leur fille. Outre cette jeune fille de quinze ans, ils avaient trois enfants plus jeunes (de douze, dix et huit ans), que nous n'avons jamais vus. Le thérapeute principal de ce cas était Paul Watzlawick.

PREMIÈRE SÉANCE

Extrait 1

LE THÉRAPEUTE : Voudriez-vous me dire – bien que je sache que c'est à cause de votre fille et des ennuis qu'elle a avec la justice – voudriez-vous me dire ce qui vous amène ici?

LE PÈRE : Eh bien, nous avons tous les deux le sentiment – et je pense que même *elle* l'a – qu'elle fait des choses sans savoir même pourquoi elle les fait. Vous savez... Par exemple, elle dit toujours... Bon, quelques exemples. Elle pense que tout le monde est contre elle. Elle est toujours en train de dire : « Tout le monde dans cette famille est contre moi. Tout le monde me déteste », ce genre de discours, et, nous, vous savez, on ne voit pas les choses comme ça. Nous avons envie de traiter tous nos gosses de la même manière. Elle a une sorte de complexe de persécution et, nous, nous ne pensons pas qu'elle soit persécutée, vous savez. Tout ce qu'elle fait... elle est révoltée contre tout, voilà tout.

LA MÈRE : C'est un combat permanent. Un combat permanent, sans fin.

LE PÈRE : Elle discute pour la moindre petite chose. Elle déclenche une bagarre pour rien. Elle se bat avec les autres gosses, elle se bat avec ma femme. Discute pour tout. Et elle n'a fait que s'attirer des ennuis.

LA MÈRE : Mais, vous savez, elle ne s'attire jamais de gros ennuis.

LE PÈRE : Comme cette affaire avec la justice. La raison pour laquelle elle a fini au centre d'éducation surveillée, c'est qu'elle avait fait une fugue. Elle n'a pas commis d'autre délit que de s'enfuir, et c'était la seconde fois que ça arrivait. La fois d'avant, c'était l'été dernier. Elle était allée à la plage et, ayant découvert ce qu'elle y faisait, j'y étais allé aussi. Et ce type est arrivé, un de ses amis... Encore une chose sur elle : on dirait que... Chaque fois qu'un gars rapplique, elle va tout de suite vers lui, vous savez? Comme si elle était folle des hommes.

Dans ce bref échange, les parents brossent un tableau assez clair du problème, qui concerne avant tout le comportement irritant de leur fille et ses fugues. Bien que commençant à dire qu'elle ne sait pas pourquoi elle agit comme elle le fait et déclarant qu'« elle a une sorte de complexe de persécution », toutes formulations qui pourraient indiquer qu'ils la considèrent comme « malade », ils éclaircissent par la suite leur position en montrant que, pour eux, leur fille se conduit « mal » : « ...elle est révoltée contre tout, voilà tout », « C'est un combat permanent, un combat permanent, sans fin », « Elle discute pour la moindre petite chose », « n'a fait que passer d'un ennui à l'autre ».

Extrait 2

LE PÈRE : Donc, cet ami à moi vit dans une ville du Wyoming : c'est un pasteur, qui a quatre enfants, et il en avait discuté avec sa femme. Il fait vraiment du bon travail avec les enfants, je veux dire qu'il s'entend vraiment bien avec les gosses, et nous avions pensé, eh bien, que peut-être ce serait... On l'a inscrite là-bas à l'école pour un an. On a de la famille qui habite par là; mes parents y vivent – ma mère – et nous avons beaucoup de famille dans le coin. Nous avions pensé, ma foi, que ça pourrait être bien. En août, pendant les vacances, nous sommes donc allés là-bas. Elle y est restée, et elle a suivi l'école pendant deux mois. Eh bien, en octobre, j'ai dû y aller pour la ramener, parce qu'elle s'était conduite aussi mal qu'ici : un soir, elle était sortie, s'était soûlée, elle avait fichu la merde, quoi.

Extrait 3

LE PÈRE : Alors, je suis parti en vitesse, j'ai appelé la police, je suis arrivé là-bas, je l'ai dénichée et elle est restée derrière la porte. J'ai dit : « Suzie est là ? » Et l'un de ces gars m'a répondu : « Oui, elle est là, elle regarde la télé. » Et il a dit : « Suzie, ton père veut te parler. » Alors, elle est venue à la porte et m'a dit : « Je ne rentre pas à la maison, je déteste la maison. » Je lui ai répondu : « Eh bien, je n'ai jamais dit que tu allais à la maison », et j'ai ajouté : « Tu vas faire un tour avec ce policier. » Alors elle m'a dit : « Jusqu'où ? » Je lui ai répliqué : « Eh bien, là où il emmène d'habitude les gosses comme toi, au centre d'éducation surveillée. » « Je ne veux pas aller là-bas », m'a-t-elle répondu, et elle a commencé à discuter et à hurler. Finalement, elle est entrée dans la voiture, et elle était prête, elle allait y aller. Mais elle n'est allée que jusqu'à... L'officier de police me l'a ramenée à la maison. Alors, en descendant de la voiture, elle m'a dit : « Pourrais-je te parler juste une minute ? » Je lui ai répondu : « Oui. » Et la voilà qui sort de la voiture et qui me dit : « Je ne sais pas pourquoi... Je n'ai pas fait cela pour te faire de la peine. » « Qu'est-ce que ça signifie, que tu n'as pas fait cela pour me faire de la peine ? », je lui ai répliqué, et : « On t'a fait confiance plein de fois, et chaque fois tu as trahi notre confiance en n'en faisant qu'à ta tête. » « Je déteste tous les autres », elle a répondu ; « Toi, je ne te déteste pas trop fort, mais je déteste Maman. Je ne sais pas pourquoi tu ne divorces pas, je pourrais vivre avec toi. » Je lui ai dit : « Oh, ce serait vraiment bien, Suzie », puis : « Bien, au revoir », et je l'ai mise dans la voiture de police qui l'a emmenée au centre d'éducation surveillée.

Le père indique certaines des solutions que lui et sa femme ont essayées pour tenter de transformer la conduite de leur fille ; ils se sont tournés vers les « spécialistes », d'abord son ami pasteur (qui « fait vraiment du bon travail avec les enfants » et aurait pu créer un changement de décor), puis les autorités. Ce passage illustre aussi un autre point de la pratique de la thérapie courte : il faut savoir quoi prendre

236

et quoi laisser. Suzie essaie de faire alliance avec son père, contre sa mère : « Je ne sais pas pourquoi tu ne divorces pas, je pourrais vivre avec toi. » Devant la mention d'une telle tentative de coalition, le thérapeute pourrait être tenté de creuser davantage la question pour découvrir une éventuelle pathologie conjugale. Néanmoins, puisque le père a répondu à sa fille en écartant succinctement sa proposition et en maintenant son plan, qui était de permettre à la police de prendre sa fugueuse en main, le thérapeute n'a pas poursuivi dans cette voie.

Extrait 4

LE PÈRE : Autre chose : je pense qu'elle a grandi trop vite. Elle est développée comme une fille de vingt-cinq ans. Je veux dire qu'elle mesure à peu près 1,70 m, pèse 58 kilos, fait 100 de tour de poitrine; tous ces gosses qui courent autour d'elle sont de petits gosses, et cela fait, je dirais, deux ans qu'elle est comme ça. Depuis qu'elle a eu ses treize ans.

LA MÈRE : Elle *croit* qu'elle a cet âge. Je veux dire que, quand on discute avec elle, on s'aperçoit qu'elle s'imagine être capable de prendre des décisions majeures, de résoudre n'importe quel genre de problème, et aussi... Quand elle demande vraiment quelque chose – elle demande, elle passe sa vie à demander, vous savez : « Puis-je ceci? Puis-je cela? » –, c'est vrai, la moitié du temps, on répond : « Non. » C'est ce que je disais à mon mari hier soir : on pourrait croire qu'on dit trop souvent « non » à Suzie, mais, tu sais, elle demande trente mille choses par jour là où les autres enfants, à ce qu'il me semble, n'en demandent que deux ou trois. Dès le matin, elle se réveille et arrive avec un « Puis-je? » Parfois, vous savez, elle est déjà en train de faire ses plans, de prévoir ce qu'elle va faire à sept heures du soir. Ou bien, au petit déjeuner, elle se préoccupe de ce que, le lendemain soir, nous aurons à dîner. Des choses comme ça. Alors ça n'en finit jamais – ça a l'air d'être... une succession de « non ».

LE PÈRE : On dirait qu'elle ne fait absolument pas partie de la famille. Elle est comme en visite. Elle vient à l'heure du dîner, elle s'assoit, et, sitôt le dîner sur la table, elle se contente de prendre une fourchette et... Elle est comme ça, tendue comme un ressort par sa nervosité.

LA MÈRE : Elle est extrêmement nerveuse.

LE PÈRE : Et son pied... elle tape du pied quand elle mange. Et elle mange incroyablement vite. Tout le monde vient à peine de commencer, et elle dit : « Je vais voir la télévision. » Elle se lève, et elle va dans la pièce de devant.

LA MÈRE : Alors on lui dit : « Oh, non, pas question. Maintenant, tu te rassois et tu manges avec nous autres. » C'est à ce point-là qu'elle est folle, et ça fait un moment.

Les parents élaborent sur les problèmes que leur pose Suzie et, en même temps, confirment leur position : pour eux, « elle est méchante ». Même quand ils décrivent sa « nervosité », ils la définissent comme de l'impatience et insistent sur le fait qu'ils exigent qu'elle prenne son temps pour manger et ne se précipite pas hors de table pour regarder la télé.

Extrait 5

LA MÈRE : « J'ai appris que tu as séché les cours. » « Comment le sais-tu ? » Je lui ai répondu : « L'école a appelé. » Alors elle m'a dit : « Non, je n'ai pas séché les cours. » Et moi, je lui ai dit : « Oui, tu l'as fait », et : « Ils m'ont appelée pour me demander si tu étais malade jeudi. » « D'accord, je l'ai fait », qu'elle m'a répliqué. Alors, je lui ai dit : « Très bien, Suzie, maintenant j'aimerais savoir où tu étais de midi à 6 h 30. » « Nulle part. » Je lui ai donc dit, à nouveau : « Où étais-tu ? », et on a continué comme ça. Elle m'a dit : « J'étais nulle part. » Et moi : « Je veux savoir où tu étais, avec qui, et ce que tu faisais. » C'est alors qu'elle m'a dit : « J'étais nulle part, avec personne, et je ne faisais

rien.» Je lui ai répondu : « Bon, très bien. Je n'aime pas du tout
ça, mais je vais devoir en parler à ton père; lui dire que, tout
ce que j'ai pu faire, ça a été de courir lui dire du mal de toi. Il
sera bouleversé et ça explosera.» Elle m'a dit : « Vas-y, dis-lui.
Il me privera de sortie. Oui, il me privera de sortie. Et alors?»
Et moi : « Même si je ne lui en parle pas, Suzie, je te prive de
sortie. Et je pourrais te dire ça immédiatement parce que...»

Il y a là un bel exemple de « faire plus de la même chose »;
autrement dit : s'attacher à une « solution » quand bien
même elle ne marche pas. Interrogeant Suzie et ne recevant
pas de réponse qui la satisfasse, la mère continue pourtant
à l'interroger bien qu'elle n'obtienne qu'un peu plus des
mêmes réponses. Elle tente aussi d'intimider sa fille en lui
disant que son père la « privera de sortie ». Constatant que
cela ne lui fait pas peur, elle lui dit alors, sans plus de
résultat : « Je te prive de sortie.» Ce passage illustre aussi
partiellement la solution tentée – faire face à Suzie et lui
demander de s'accuser elle-même, en essayant de lui faire
reconnaître qu'elle était dans son tort.

Extrait 6

LE PÈRE : Eh bien, c'est comme pour Thanksgiving. Elle était
là. On devait dîner, on avait fait venir des parents, son frère et
sa famille venaient, tout le monde venait. Suzie nous a dit : « J'ai
besoin d'une paire de bas. Je n'ai pas de bas. Aujourd'hui, je
veux m'habiller bien.» Martha [la mère] lui a répondu : « Écoute,
pourquoi as-tu besoin d'être bien habillée? Toutes les filles
viennent, et vous serez toutes dehors et tout ça. Pourquoi ne
mets-tu pas simplement des jeans ou un pantalon, ou quelque
chose dans ce goût-là?» « Je n'en ai pas envie », qu'elle lui a
répliqué. « Aujourd'hui, c'est fête, et je pourrais au moins avoir
une paire de bas. Je n'en ai pas.» Et tout ça. Finalement, je lui
ai donné de l'argent, et elle est sortie s'acheter des bas. Le même
jour, elle les a esquintés. Puis, deux jours plus tard, elle est
venue me dire : « Je peux m'acheter une paire de bas pour
l'école?» Je lui ai répondu : « Je ne peux pas t'acheter une paire

de bas chaque jour. » Elle a continué : « Eh bien, je ne vois pas pourquoi je ne pourrais pas en avoir une paire. J'en ai besoin pour l'école, tu sais. Je ne peux pas porter une robe sans avoir de bas. Il faut que j'en aie pour l'école. » Je lui ai donc dit : « D'accord. » Maintenant, si je lui avais répliqué : « Non, c'est comme ça. Tu n'auras pas de paire de bas avant la semaine prochaine », elle se serait écriée : « Oh, mon Dieu », et aurait flanqué le téléphone par terre. Vous savez, c'est simple, elle ne peut pas accepter qu'on lui dise non. Je veux dire qu'il faut faire comme elle veut, autrement c'est la guerre civile.

Extrait 7

LA MÈRE : Nous nous disons souvent qu'elle est douée pour venir à bout de n'importe qui – les gens qui la connaissent vous le diront, même les gosses – par son obstination. Elle se met dans une telle... elle est passée maître là-dedans. Quand j'y repense, je peux me rappeler une bonne centaine de fois où je lui ai dit : « Oui, tu peux. Maintenant, laisse-moi tranquille. » Au début, je lui disais : « Non Suzie », et parfois je... je veux dire que, très souvent, je reconnais que, si je lui dis « non », c'est parce qu'elle demande un millier de choses par jour.

Extrait 8

LE THÉRAPEUTE : Puisqu'elle a la manière – une technique très, très puissante, semble-t-il – pour venir à bout de vous – apparemment, de vous deux... manifestement, ce n'est pas raisonnable. C'est quelque chose qui n'aboutit qu'à vous mettre les nerfs à vif. Ce n'est pas... Elle ne vient pas à bout de vous par la raison, elle vient à bout de vous par la déraison.

Le thérapeute décide maintenant d'intervenir. Il agit assez rapidement, dès la première moitié de la première séance.

Un certain nombre de raisons justifient néanmoins une telle rapidité : les parents ont, après que le thérapeute leur eut posé un minimum de questions, brossé un tableau succinct mais clair du problème et des méthodes par lesquelles ils ont tenté d'y faire face. Leur clarté est en partie due à la simplicité de leur langage, à leurs comptes rendus mot à mot, à leurs exemples et à leurs imitations des intonations de Suzie (que, naturellement, cette retranscription ne peut rendre). D'autre part, étant donné qu'ils définissent claire-ment le comportement de leur fille comme « méchant », ils ne risquent donc pas de s'inquiéter de « porter atteinte à sa psyché » au cas où on leur demanderait de prendre les mesures peut-être sévères qu'exige le maintien de leur contrôle parental.

Le thérapeute commence son intervention en paraphrasant leurs propres plaintes et en reprenant certains mots de leur vocabulaire (par exemple, « venir à bout de vous »), ce qui lui permet d'établir sa crédibilité. Puis il poursuit en entre-prenant de recadrer le problème : ayant noté que la « solu-tion » des parents consistait essentiellement à tenir tête à leur fille et à essayer de la faire obéir à force de harangues et d'exhortations, il commence donc son recadrage en éti-quetant le comportement de Suzie comme « déraisonnable » plutôt que comme « révolté ».

LA MÈRE : De l'obstination, c'est exact.

LE THÉRAPEUTE : De l'obstination. Vous savez, je me demande ce que, tous les deux, vous pourriez faire qui aille dans le même sens, qui lui donne, vous savez, un peu de sa propre médecine, pour ainsi dire. Manifestement, elle a un point faible : tout comme elle vous tape sur les nerfs, vous pouvez lui taper vous aussi sur les nerfs. Donnez-moi une idée – là, pouvez-vous m'aider ?

LE PÈRE : Eh bien, je pense que l'idée, c'est ce que nous avons fait la semaine dernière : lui dire tout simplement : « Non. »

Extrait 9

LE PÈRE : Elle a dit : « Qu'est-ce que tu veux dire? », et puis : « Je ne peux pas sortir après dîner; maintenant, je ne peux même pas sortir après dîner. Pourquoi pas tout simplement la prison? »

LA MÈRE : « Ma journée est fichue. »

LE PÈRE : « Ma journée est fichue », et tout ça, et elle s'est mise à hurler. Alors, je lui ai dit : « Je ne veux pas en discuter davantage. Reste à la maison. » Et j'ai raccroché le téléphone.

LE THÉRAPEUTE : Et qu'a-t-elle fait?

LE PÈRE : Elle est restée à la maison.

Il apparaît que, quand le père dit « non » sans s'empêtrer dans des « raisonnements », Suzie obéit.

Extrait 10

LE THÉRAPEUTE : Supposez une minute que vous puissiez tous deux envisager la possibilité de lui donner un peu de sa propre médecine.

LA MÈRE : J'aimerais bien; mais je ne vois pas en quoi cela pourrait consister.

LE THÉRAPEUTE : Essayer de la contrer par le raisonnement ne paraît pas vous mener bien loin, ou du moins c'est ce qu'il me semble.

LA MÈRE : Effectivement.

LE PÈRE : Cette dernière semaine, c'est ce que nous avons essayé de faire.

LE THÉRAPEUTE : C'est très bien, mais, la semaine dernière, vous avez essayé d'être stricts avec logique.

LA MÈRE : Moi, je ne m'en suis pas mêlée.

LE THÉRAPEUTE : En un sens, vous êtes encore raisonnables. Et je me demande justement, vous savez, pour les besoins de ce travail de reconnaissance que nous faisons au cours de cette conversation préliminaire... je me demande simplement si vous seriez capables d'imaginer une façon d'agir qui signifierait à ses yeux que, tous les deux, vous êtes déraisonnables... Une façon d'agir qui lui rende la vie très, très difficile, tout comme elle vous la rend difficile à vous aussi, en n'ayant rien d'autre à faire que d'être déraisonnable. Vous essayez de la raisonner, mais il n'en sort rien.

LA MÈRE : J'aimerais savoir, parce que j'aimerais...

LE THÉRAPEUTE : Eh bien, il faut que vous pensiez à quelque chose.

Sitôt après avoir recadré le problème comme étant lié à la « déraison » de Suzie, et à une « déraison » qui frustre constamment ses parents des résultats de leurs efforts, le thérapeute s'appuie sur ce recadrage pour aller plus loin. Il demande maintenant aux parents ce qu'ils pourraient faire qui puisse rivaliser avec la puissance de déraison dont leur fille fait preuve. Devant leurs tâtonnements et leurs hésitations, il leur indique mieux leur tâche : « En un sens, vous êtes encore raisonnables. Pourriez-vous imaginer une façon d'agir qui signifierait à ses yeux que vous êtes déraisonnables? » S'engager dans cette tâche équivaut pour les parents à accepter l'idée qu'être « déraisonnables » sera une méthode plus efficace que leur première approche, qui était centrée sur l'affrontement direct. Les parents, dans ce passage, donnent au thérapeute des réponses nettement affirmatives – ils lui donnent un feu vert.

LE PÈRE : Tu sais, tu pourrais simplement lui dire, plutôt que de faire comme quand elle t'a dit : « Pourrais-je avoir ce porte-monnaie? », tu pourrais simplement lui dire : « Non. » Tu sais... tu vois, elle passe à autre chose, elle me dit : « Je peux avoir ceci? » Alors je lui réponds : « Suzie, tu veux acheter ça pour en faire quoi? » Et j'essaie de lui expliquer. Je pense que tu n'as qu'à faire comme elle. Par exemple, quand elle te dit quelque chose et que, toi, tu lui réponds : « Suzie, pourquoi? Tu ne peux pas faire ceci ou cela? » Elle te réplique : « Je sais pas. » Tu n'as qu'à faire comme elle. Quand elle rentre à la maison et qu'elle te demande : « Puis-je aller voir Carole? », dis-lui seulement : « Non. » Et, si elle te dit : « Pourquoi non? », au lieu de lui répondre : « Parce que tu as des devoirs à faire, et qu'il faut que tu fasses ta chambre », tu n'as qu'à lui dire simplement : « C'est comme ça. Parce que j'ai *dit* non. »

LE THÉRAPEUTE : Ou bien vous pourriez lui dire : « Parce que c'est vendredi. » Ou quelque chose du même genre [c'était un mercredi].

LE PÈRE : Oui, fais-lui simplement les réponses ridicules qu'elle nous fait.

LE THÉRAPEUTE : Oui.

> Le père a fini par « recevoir le message » et offre un bon exemple de la manière dont lui et sa femme pourraient maintenant être moins « raisonnables » et plus arbitraires. Le thérapeute appuie cet effort en acceptant l'exemple et en en donnant une variante – ce qui est une façon de lui laisser entendre : « C'est très bien, maintenant vous êtes sur la bonne voie. » Puis, le père confirme qu'il a compris le changement que l'on attend d'eux dans leur façon de se comporter : « Oui, fais-lui simplement les réponses ridicules qu'elle nous fait. » Le thérapeute n'est pas certain de la mesure dans laquelle la mère accepte la nouvelle tactique, mais il préfère s'en tenir à un petit gain et n'essaie pas d'engager davantage la mère dans la manœuvre.

Extrait 11

LE THÉRAPEUTE : Je ne veux pas que vous agissiez différemment de la façon dont vous avez agi jusque-là. Mais je me demande si, jusqu'à mercredi prochain, vous ne pourriez pas, au moins en pensée, imaginer comment, dans une situation donnée, vous feriez pour vous y prendre différemment avec elle. Et, par différemment je veux dire avant tout de façon déraisonnable. Ne le faites pas. Mais essayez – au plus fort de la bataille – essayez de penser à la manière dont vous pourriez vous conduire différemment. Sans le faire. Contentez-vous de vous y exercer, ou de vous répéter cela en pensée.

Bien que cette dernière recommandation du thérapeute puisse sembler limiter la mise en application de la nouvelle approche, elle augmente en réalité ses chances d'être concrètement appliquée. En semblant retenir les parents, il évite le risque qu'ils rejettent l'idée après la séance, risque qui serait accru s'ils se sentaient pressés de la mettre en pratique. D'autre part, il leur dit de *penser* à la façon dont ils pourraient mettre en œuvre cette nouvelle approche, et d'y penser quand Suzie les provoque, c'est-à-dire précisément dans des circonstances où ils risqueraient d'être le plus tentés de la mettre à l'essai.

DEUXIÈME SÉANCE

A la demande du thérapeute, Suzie est venue et, dans la première partie de cette séance, le père, la mère et la fille sont présents.

Extrait 12

LE THÉRAPEUTE *(s'adressant à Suzie)* : Qu'aimeriez-vous voir changer dans votre famille? Et cela, même si vous ne deviez y penser qu'en termes très égoïstes, vous savez, ne prenant pas en compte ce qui pourrait être bon pour tout le monde, ou préférable pour tout le monde. En y pensant strictement en termes de votre intérêt personnel, qu'aimeriez-vous voir changer dans votre famille?

LA FILLE : Qu'il n'y ait plus de bagarres.

LE THÉRAPEUTE : Qu'il n'y ait plus de bagarres, d'accord. Pourriez-vous être un petit peu plus précise?

LA FILLE : C'est bien cela. Nous bagarrer, c'est tout ce que nous faisons.

> Puisque Suzie ne participe pas volontairement à la thérapie, le thérapeute engage sa participation en lui demandant ce que, personnellement, elle aimerait voir changer dans sa famille, plutôt qu'en lui posant la question : « Quel est le problème? » De façon inattendue, elle met l'accent sur les bagarres de la famille.

Extrait 13

LE THÉRAPEUTE : Vous vous êtes... je ne sais pas comment, ni au bout de combien de temps... mais vous vous êtes placée dans une position extrêmement forte. Vos parents font beaucoup de bruit – ils vous disent que vous êtes méchante, et que vous devriez changer, et que ceci est inacceptable, et que cela est inacceptable –, mais je pense que, dans l'ensemble, ils ont l'air assez désemparés. Or, pour des adultes, d'être désemparés, je pense que c'est assez extraordinaire. Et, si ça prouve quelque chose, c'est que vous êtes passée maître dans l'art de les rendre désemparés. L'impression que nous avons eue la dernière fois, c'est que la meilleure façon pour vous de maintenir votre pouvoir (ce pouvoir qu'apparemment, vous exercez sur la famille tout entière), la meilleure façon, lorsque vous demandez quelque chose et qu'ils vous répondent « non », ce serait de leur dire : « Pourquoi pas? »

LA FILLE : Il faut que je leur dise : « Pourquoi pas? »

LE THÉRAPEUTE : Exactement. Je sais que vous le faites. Je veux juste en avoir la confirmation. En disant : « Pourquoi pas? », vous allez les forcer à devoir vous donner leurs raisons.

LA FILLE : Ils ne me les donnent pas. Ils me disent... ils me disent juste : « Parce que c'est comme ça. »

LE THÉRAPEUTE : Eh bien, vous savez, par contre, la dernière fois, j'ai eu l'impression qu'apparemment votre mère voit ça différemment. Votre père aussi. Apparemment, ils sont assez impatients de vous expliquer le pourquoi de leur refus. Et c'est là que réside votre carte maîtresse. Si vous pouvez les entraîner dans une discussion d'un genre ou d'un autre (« Pourquoi pas? »), puis si vous persistez suffisamment longtemps, vos parents, mais surtout votre mère, ont toutes les chances de renoncer, en désespoir de cause ou par exaspération, et de vous dire : « Fais-le. J'en ai plein le dos. Je ne peux pas supporter ça plus longtemps. » Vous avez donc le pouvoir de les rendre dingues. Ils peuvent bien vous dire « non » au début, et après? Vous en avez vu de dures. Et vous savez comment vous y prendre avec un « non ». Et je pense que, de votre strict point de vue, vous seriez stupide d'abandonner un tel pouvoir.
Si vous insistez suffisamment longtemps, vous avez ce que vous voulez. Maintenant, c'est quelque chose qui vous coûte un certain prix. Mais rien, vous savez... Tout, dans la vie, coûte quelque chose, et cela aussi. Et le prix à payer, il se peut que ce soit votre état chronique de rage, parce que, pour avoir toutes ces choses que l'on fait pour vous, il faut que vous sembliez en colère. Et, une fois de temps en temps, vous pouvez bien finir

au centre d'éducation surveillée, dont vous allez devenir une habituée. Vous savez, c'est juste les premières fois que c'est désagréable. Mais vous pouvez vous y faire. Et, qui sait, vous pourrez peut-être développer des méthodes pour *les* rendre fous eux aussi? Ce qui me reste donc maintenant à faire, c'est d'aider vos parents à comprendre cela, à apprendre à s'en accommoder. Et, pour ça, je n'ai pas besoin que vous soyez là. Donc, voudriez-vous aller attendre dans la salle d'attente? [*Suzie part; le reste de la thérapie se passera avec les parents seulement.*]

Le thérapeute laisse temporairement de côté les plaintes de Suzie concernant les « bagarres » pour aborder son rôle : en provoquant ses parents, elle les pousse à prendre l'attitude défensive, faite d'explications et d'exhortations, qui leur est caractéristique. Il donne pour cela des exemples du type de dialogue que Suzie et ses parents ont probablement eu à la maison. Il redéfinit toutefois le rôle de Suzie comme une « aptitude » spéciale, qui la met en position de force. Il l'encourage ensuite à ne pas abandonner cette position si efficace, et, s'il évoque, avec la possibilité d'une recrudescence des bagarres, les conséquences qu'elle pourrait avoir à payer si elle essayait de maintenir une telle position, il semble les minimiser. En lui demandant donc de continuer à se comporter de la même manière, le thérapeute « prescrit son symptôme » à Suzie; il évite de s'empêtrer dans une tentative de solution qui a échoué : lui demander de mieux se conduire. En même temps, devant les parents, il redéfinit le comportement exaspérant de Suzie comme non pas simplement une preuve de son égoïsme spontané, mais comme un effort calculé visant à les contrôler et à les « rendre dingues ». Enfin, il demande à Suzie de partir, ce qui affirme implicitement sa coalition avec les parents.

Extrait 14

LE THÉRAPEUTE : Puisque vous deviez tous les deux imaginer – l'imaginer, et non le faire – comment vous feriez pour vous y prendre différemment face à Suzie, à quoi avez-vous pensé?

LA MÈRE : Je ne sais pas. Je n'arrive à penser à rien. Je suis désemparée.

LE PÈRE : Je lui dis, quand elle veut faire quelque chose, je lui dis simplement « non » sans rien lui expliquer. Il faut faire comme elle...

LA MÈRE : Oui, c'est comme ça.

LE PÈRE : Par exemple, si elle te dit « Je veux faire quelque chose », dis-lui seulement : « Non », et si elle te dit : « Pourquoi? », dis-lui : « Parce que nous allons à la plage le mois prochain. » Tu sais, fais-lui simplement une réponse ridicule, exactement comme...

> Le père indique qu'il a accepté la tactique de la « déraison » et est capable de la mettre en œuvre. La mère, cependant, semble lutter avec le concept et ne sait que faire; elle dit être « désemparée ».

Extrait 15

LE THÉRAPEUTE *(s'adressant à la mère)* : Vous avez jusqu'à présent essayé soit de lui faire entendre raison, soit, si le raisonnement ratait, de lui montrer votre force. Vous avez vous-même admis que la démonstration de force était inutile parce qu'elle pouvait... Si vous deviez l'une et l'autre en venir aux coups, ce serait probablement elle la plus forte. Maintenant, c'est exactement ce que nous ne voulons pas que vous fassiez. Ce que j'aimerais que vous fassiez, ce serait qu'en sortant de cet entretien vous prétendiez – et j'emploie ce mot sciemment – vous prétendiez que je vous ai fait passer un très, très sale quart d'heure; que j'ai pris son parti; que je vous ai reproché d'avoir été une mauvaise mère, qui a commis toutes sortes d'erreurs, et dit que, ce qui se passe, ce n'en est jamais que le résultat : voilà pourquoi il y a maintenant dans la famille un tel malaise et autant de chagrin. Vous aurez une excuse valable pour faire ensuite ce que j'aimerais que vous fassiez. Il vous faut d'abord un prétexte qui

explique pourquoi votre comportement change brusquement. Et,
ce prétexte, c'est que j'ai été très, très critique envers vous.

LA MÈRE : D'accord.

> Le thérapeute, satisfait de la réaction du père, se tourne
> maintenant vers la mère. Au lieu de la pousser à adopter
> l'approche de la « déraison » que le père est de son côté prêt
> à suivre, il redéfinit le problème un peu différemment,
> mettant l'accent sur ce qu'il appelle sa tentative ratée
> d'utilisation de la « force ».
> Ce nouveau recadrage destiné à la mère s'accorde avec le
> principe de base de la thérapie courte : se servir de ce que
> le client apporte plutôt que de lutter pour lui faire changer
> son style ou ses valeurs. La mère, contrairement au père,
> supporte mal cette tactique qui consiste à prendre une
> position franchement arbitraire. En même temps, elle agit
> confusément et reste passive. Le thérapeute a décidé d'uti-
> liser ces « qualités », puisque sa passivité et son embarras
> peuvent également être un moyen d'éviter ces affrontements
> qui ne font qu'exaspérer Suzie. Il commence donc à lui
> suggérer d'abandonner sa position de « force » et, d'adopter,
> à la place, une position de « faiblesse » apparente. La mère
> indique qu'elle accepte le recadrage.

LE THÉRAPEUTE : Puis, parce que vous serez extraordinairement
bouleversée et déprimée, vous ferez toutes sortes de choses
stupides, mais seulement en sa présence. Pas devant les autres,
pas avec vous [le père]. Chaque fois qu'elle vous demande
quelque chose, ou bien vous n'avez pas ça à la maison, ou bien
vous l'avez cassé, ou bien encore vous l'avez perdu. Je ne peux
entrer dans les détails parce que nous n'avons pas le temps, mais
il y a, naturellement, une centaine de choses pour lesquelles elle
dépend de vous. Permettez-moi ici de prendre un ou deux
exemples – comme je ne sais pas comment vous vivez au
quotidien, ces petites choses que vous ne connaissez que trop
bien, ils seront peut-être très mauvais. Je veux, par exemple,
quand elle avale à toute vitesse son dîner pour aller à un rendez-
vous – je veux que vous fassiez quelque chose de très sot, comme
de lui renverser dessus un verre de lait. Et qu'ensuite vous vous
répandiez en excuses. Maintenant, voici la partie difficile, que

vous allez probablement louper. Ne faites pas ça comme si vous vouliez la punir; ne lui donnez pas à entendre : « Eh bien, voilà tout ce que tu mérites. » Confondez-vous en excuses : « Suzie, je suis terriblement désolée. Oh, mon Dieu! qu'est-ce que nous allons faire, maintenant? Je ne sais pas ce que j'ai ces jours-ci. Je suis tellement bouleversée, tellement déprimée, que je fais tout un tas de choses stupides, tu ne voudrais pas le croire. » J'aimerais que vous continuiez à lui demander tout ce que vous pouvez raisonnablement lui demander : de faire la vaisselle, d'être à la maison à une certaine heure, de tenir sa chambre propre. Mais je veux – chaque fois que vous lui demanderez quelque chose, que vous lui ferez une demande de ce genre – je veux que vous ajoutiez : « Mais, si tu ne le fais pas, je ne pourrai pas t'y forcer. » Je vous demande donc un très gros effort : je vous demande de complètement changer d'attitude, de passer de la force à la faiblesse. Au désarroi. Je veux que vous fassiez semblant d'être très désemparée, et qu'elle ait l'impression que, justement parce que vous êtes désemparée, il y a toutes sortes de choses qui tout à coup ne marchent pas, qui tout à coup ne fonctionnent pas. Vous me comprenez? Je veux que vous... Supposez que le problème se pose qu'elle sorte, qu'elle doive sortir, et que... A-t-elle une... A quelle heure voulez-vous qu'elle rentre? Quand elle sort le soir?

LE PÈRE : Eh bien, depuis qu'elle a quitté le centre d'éducation surveillée, elle ne sort plus le soir, sauf...

LE THÉRAPEUTE : Plus du tout?

LE PÈRE : ... le week-end. Et, quand elle sort le week-end, c'est pour aller au cinéma ou à quelque endroit précis, et elle rentre tout de suite après à la maison.

LE THÉRAPEUTE : Elle rentre tout de suite après à la maison. Très bien, supposons qu'elle ne rentre pas tout de suite à la maison. « Tout de suite à la maison », supposons que ce soit onze heures. D'accord?

LE PÈRE : D'accord.

LE THÉRAPEUTE : Vous deux, à quelle heure allez-vous vous coucher?

LE PÈRE : Oh, elle, elle va généralement se coucher tôt, et, moi, je reste levé jusque vers minuit. Oui, je reste debout jusqu'à minuit ou une heure.

LE THÉRAPEUTE : Bon. Ce samedi qui vient, ou tout autre soir où elle sortira, pourriez-vous vous coucher un peu plus tôt? De manière que la maison soit complètement éteinte, et toutes les portes et toutes les fenêtres soient fermées? Est-ce faisable, ou a-t-elle une clé?

LE PÈRE : Non, elle n'a pas de clé.

LE THÉRAPEUTE : Très bien. Donc, quand viendra l'heure – disons onze heures – quand arrivera l'heure à laquelle elle sera censée rentrer à la maison, si elle n'est pas là, fermez les portes et les fenêtres et couchez-vous. Quand elle rentrera, elle devra sonner. Ou frapper. Ensuite, je veux que, tous les deux, vous attendiez très longtemps – plusieurs minutes. Et je veux que vous sortiez et demandiez qui c'est, comme si vous étiez complètement dans le cirage. Naturellement, elle vous dira : « C'est moi. » Alors, vous la laisserez entrer, sans vous soucier de l'heure. Que ce soit onze heures ou n'importe quelle autre heure, ça n'a pas d'importance. Vous la laisserez entrer, et vous vous *excuserez* de l'avoir laissée attendre si longtemps. Ou bien vous, celui qui sera levé. Puis vous retournerez vous coucher en trébuchant sans même lui demander : « Où étais-tu? Pourquoi es-tu si en retard? Tu sais que tu es en liberté surveillée. » Elle est en liberté surveillée, n'est-ce pas?

LE PÈRE : C'est exact.

LE THÉRAPEUTE : « Et tu es censée rentrer à la maison à onze heures » ou à n'importe quelle autre heure... Non. Ne faites pas ça. Et, le lendemain matin, pas un mot, à moins qu'elle ne mette le sujet sur le tapis. Et alors, vous vous excuserez à nouveau : « Je suis désolée de t'avoir laissée dehors dans le froid, mais je

252

ne tourne pas très rond. Ces jours-ci, je fais les pires bêtises. Je suis complètement retournée. »

Le thérapeute explicite un peu plus l'approche, puis, constatant qu'il ne provoque rien de plus que des « réactions positives » (des hochements de tête), éclaircit davantage l'utilisation potentielle de cette approche en donnant un exemple qui implique les deux parents. Il les a incités, surtout la mère, à abandonner leur première position d'affrontement, qui était aussi vaine qu'inefficace, pour adopter à la place une procédure que nous avons dénommée « sabotage bienveillant ». L'aspect « sabotage » de cette manœuvre, en donnant aux parents une certaine impression de pouvoir et de contrôle et en donnant à la mauvaise conduite de Suzie des conséquences réelles, n'est pas inutile, mais le plus important ici est probablement la position d'« infériorité » que les parents adoptent. L'évitement de la position de « supériorité » élimine le comportement provocateur et incitateur à la révolte dont les parents ont involontairement fait preuve.

TROISIÈME SÉANCE

Extrait 16

LE THÉRAPEUTE : Alors, quoi de neuf?

LA MÈRE : Eh bien, nous avons eu toutes sortes d'émotions... Vous savez, nous avons fait exactement ce que vous nous aviez dit. J'ai eu Suzie en larmes toute la semaine – la frustration totale, vous savez. Par exemple, il y a deux ou trois jours, elle m'a demandé : « Si je ne mets qu'un pull-over pour aller à l'école, aujourd'hui, ça suffit? » Je lui ai dit : « Eh bien, il fait affreusement froid, Suzie. Il vaudrait sans doute mieux que tu mettes un manteau. » Et elle : « Mais peut-être qu'il va faire chaud cet après-midi; et il faudra que je le porte au retour. » Je lui ai répondu : « Dans ce cas, sans doute qu'un pull-over, ça irait. » Et alors, elle m'a dit : « Tu me rends malade », et : « Plus jamais je ne te parlerai. » Et elle est partie.

LE THÉRAPEUTE : Ce qui à votre avis signifie quoi?

LA MÈRE : Je n'en sais rien, ça signifie simplement que je ne veux plus discuter avec elle à propos de tout et de rien, et ça la rend folle.

LE PÈRE : Autrefois, elle [la mère] lui disait : « Mets ton manteau pour aller à l'école. Il fait froid à se geler et, si ça se réchauffe, tu le rapporteras à la maison, voilà tout. » « Eh bien, lui répondait Suzie, je ne vois pas pourquoi il faudrait que je le prenne si je ne veux pas. C'est moi qui aurai froid. » Et elle discutait. Mais, maintenant, tout ce qu'elle [la mère] lui dit, c'est : « Bon. J'y penserai, Suzie. Je verrai. » Quelque chose dans ce genre.

LA MÈRE : Bon, comme la machine à coudre par exemple.

LE PÈRE : Elle la laisse en plan – simplement, comme ça, et Suzie ne sait pas quoi dire parce qu'elle n'a plus personne avec qui se disputer. Vous savez, elle essaie toutes sortes de manœuvres pour provoquer des discussions. Et, quand personne ne veut discuter avec elle, elle en est frustrée, vous savez, elle ne sait plus quoi faire.

> Le thérapeute veut d'abord vérifier comment les parents se sont tirés des tâches qu'il leur avait suggérées. Ils rapportent qu'ils ont pu éviter les confrontations au niveau de la « raison » dont ils avaient l'habitude avec Suzie et qu'ils ont, à la place, pris une position plus fantaisiste. Ils disent que leur attitude semble laisser Suzie frustrée et furieuse, mais cela ne les gêne pas. (Le ton de leur voix indique très clairement non seulement que la frustration de Suzie ne les dérange pas, mais encore qu'ils ont le sentiment de commencer à reprendre le dessus sur elle.)

LE THÉRAPEUTE : Donc, cette dernière semaine, vous avez essayé... En ne donnant aucune information à Suzie, vous avez fait du bon travail. Naturellement, ce qui serait encore mieux, ce serait que votre incapacité à lui donner des informations s'explique tout simplement par le fait que vous seriez vraiment trop déprimés et bouleversés pour cela. Elle veut une réponse. Et, la semaine dernière, vous lui avez dit – la plupart du temps – vous lui avez dit : « J'y réfléchirai. » Mais je pense qu'en disant : « J'y réfléchirai », vous avez encore laissé paraître une sorte de force. « Je *te* le ferai savoir quand ça me plaira. Et, entre-temps, il faudra que tu attendes. » Ça sonne encore vraiment comme de la supériorité... Vous savez, une position de supériorité – une position de force. Ce que j'aimerais, ce serait que vous preniez une position encore plus forte. Et, vous allez peut-être trouver cela absurde, mais, cette position encore plus forte que j'aimerais vous voir adopter, ce serait de lui paraître désemparés et vraiment très bouleversés. Parce que quelque chose est venu sur le tapis cette séance qui vous bouleverse tant que vous n'avez pas compris... Ce dont il s'agit, cela n'a aucune importance, vous ne le lui direz pas. Elle pourra fantasmer là-dessus. Parce que, ce dont Suzie a besoin... c'est quelque chose sur quoi mes collègues, qui n'étaient pas tout à fait satisfaits du déroulement de la dernière séance, ont très fortement attiré mon attention : ils m'ont fait remarquer que, ce dont Suzie a besoin – apparemment ça m'avait échappé –, c'est de ce genre de doute créatif et d'insécurité sans lesquels les jeunes gens ne peuvent trouver leur chemin dans la vie, leur place dans la vie. Suzie, en ce moment, se conduit comme si elle avait toutes les réponses. Et elle a aussi le pouvoir : elle peut vous rendre dingues tous les deux. Vous vous rappelez comme elle riait...

Le thérapeute est encouragé, notamment parce que la mère veut bien accepter la nouvelle approche. Il s'inquiète cependant – probablement plus que nécessaire – de ce que les parents pourraient utiliser cette nouvelle approche d'une manière trop voisine de leur ancienne position de « supériorité », qui serait trop axée sur l'affrontement. Il les complimente du travail qu'ils ont fait, mais leur déclare qu'ils pourraient être encore plus efficaces en adoptant une position d'« infériorité ». Dans l'espoir de les amener à accepter plus facilement cette suggestion, il adopte lui-même une position d'« infériorité », non autoritaire – il mentionne par exemple que ses collègues lui ont fait remarquer quelque chose qu'il n'avait pas vu. Il leur indique que, de la part de Suzie, la réaction la plus souhaitable serait la confusion. Pour faire mieux accepter son intervention aux parents, il étiquette ensuite cette confusion comme « ce genre de doute créatif et d'insécurité sans lesquels les jeunes gens ne peuvent trouver leur chemin dans la vie ».

Le thérapeute s'est servi de ce cadrage et de l'injonction de prendre une position d'« infériorité » pour introduire un autre aspect de l'approche non confrontationnelle. Il n'oublie pas que la demande de ces parents est d'arriver à *contrôler* leur fille, qu'ils perçoivent comme capable de « les avoir à l'usure ». En évitant de discuter avec elle, ils ont pris une attitude qui peut être considérée comme la première ébauche d'une capacité à la contrôler. Le thérapeute prévoit toutefois qu'ils auront besoin d'un moyen de contrôle qui leur apparaisse comme plus puissant, et il se prépare donc à aborder avec eux l'aspect « conséquence » de la nouvelle tactique, encore que les conséquences dont ils doivent faire suivre les actes de Suzie soient également de nature non confrontationnelle.

Extrait 17

LA MÈRE : Son anniversaire tombe ce week-end, et elle a l'impression... vous savez, elle débite à toute allure des listes de choses qu'elle veut, vous savez, comme si nous n'avions rien d'autre à faire que de lui acheter ses cadeaux d'anniversaire. Et je suis curieuse de... Pensez-vous que cet anniversaire devrait bien se passer, se passer normalement, comme pour le reste de la famille?

LE THÉRAPEUTE : Eh bien, qu'avez-vous prévu de faire?

LA MÈRE : Eh bien, je vais vous raconter l'histoire, et vous allez probablement mourir de rire.

LE THÉRAPEUTE : J'espère bien que non.

LA MÈRE : Parce que c'est une histoire vraiment sans importance, mais qui m'exaspère. Suzie a une très grosse poitrine et, à cause de cela, il faut lui acheter des soutiens-gorge chers. Pour moi, huit dollars, il me semble que, pour un soutien-gorge, c'est beaucoup d'argent. Au début de l'année scolaire, quand elle n'était pas là, je lui en avais acheté trois, et je lui avais expliqué que, si elle les lavait à la main tous les soirs, vous savez, ils ne se saliraient jamais et dureraient longtemps. Je lui avais fait la leçon sur les raisons pour lesquelles il faut prendre soin de soutiens-gorge à huit dollars, et je la surveillais tout le temps pour voir si elle les lavait à la main. Mais ils vont droit dans la pile de linge sale, vous savez, pour la machine à laver, et ils commencent à être usés. Donc, l'autre jour, elle m'a donc dit avoir besoin de nouveaux soutiens-gorge. J'ai presque envie de lui en acheter un comme cadeau d'anniversaire. Vous savez, ça ne la dérangerait pas de sortir avec moi pour m'en faire acheter trois, et de ne plus jamais y repenser. Ce serait donc une sorte de revanche.

LE THÉRAPEUTE : En quoi... en quoi serait-ce une revanche sur elle que de lui acheter un soutien-gorge?

LA MÈRE : Eh bien, pour elle, c'est utilitaire, vous savez. Ce n'aurait rien à voir avec un cadeau.

LE THÉRAPEUTE : Ah, je vois...

LA MÈRE : J'ai donc envie de le lui acheter comme cadeau.

LE THÉRAPEUTE : Autrement, vous pensez à quoi? Que désire-t-elle le plus?

LA MÈRE : Elle aimerait une stéréo, ou une paire de bottes qui coûtent trent-cinq dollars. Pas vingt-cinq dollars, ou vingt-deux dollars, mais trente-cinq dollars. Voilà. [*Le thérapeute est appelé à l'interphone depuis la pièce d'observation.*]

LE THÉRAPEUTE : Le docteur Fisch a fait un peu d'arithmétique, et il est arrivé à la conclusion que, quatre soutiens-gorge à huit dollars, cela ferait trente-deux dollars, ce qui fait presque autant que les bottes. Et, dans toute sa perfidie, il pense que ce pourrait être une bonne idée que de lui acheter quatre soutiens-gorge, de les mettre dans un joli paquet-cadeau et de les lui offrir en lui disant d'un air très sincère et absolument pas sarcastique : « Nous t'avons acheté quelque chose – un cadeau de valeur. Je sais que tu étais embêtée parce que tu en manquais. » Et, quand elle verra les quatre soutiens-gorge, vous pourrez lui expliquer que, maintenant, elle n'aura plus à se préoccuper de les laver chaque soir : les autres, tu sais, de toute façon ils tombent en morceaux... Mais, vous savez, le succès de l'entreprise dépend énormément de la mesure dans laquelle vous pourrez lui dire... Il faut que vous lui donniez ça, vraiment, en lui semblant franche et sincère. Pas avec un : « Eh bien, que dis-tu de cela! » Vous comprenez?

LA MÈRE : Vous avez raison.

LE THÉRAPEUTE : « Voici quelque chose dont je sais que tu as réellement besoin. Je sais que ça te tracassait. Tiens. » Et j'ajouterais même... ensuite, quand vous verrez son mécontentement, ayez vous-même l'air d'être tout à fait bouleversée.

LA MÈRE : Je vois.

LE THÉRAPEUTE : « Nous espérions vraiment que cela te plairait. Nous ne pensions pas que tu pourrais te le payer toi-même. »

Après avoir écouté le thérapeute décrire sur un plan général les « conséquences » à donner au comportement de Suzie (ce dialogue n'a pas été inclus dans cette transcription), les parents indiquent accepter de continuer dans cette voie et d'appliquer la suggestion du thérapeute. La mère évoquant ensuite l'imminence de l'anniversaire de Suzie, le thérapeute décide de se servir de cette occasion pour leur faire essayer la technique du « sabotage bienveillant ».
Par cette suggestion, le thérapeute compte obtenir deux résultats. D'abord, il espère que les parents auront ainsi l'impression de disposer d'un nouveau moyen de contrôle, plus puissant, n'exigeant d'eux que peu d'efforts verbaux et qui leur évite de se placer encore une fois en position de « supériorité ». Ils pourront ainsi s'apercevoir que, en s'abstenant de « la pousser à la bagarre », ils réussissent à bien mieux la contrôler. D'autre part, il table sur le fait que, dans la mesure où ses parents ne lui opposeront que peu ou

pas du tout de résistance contre laquelle elle puisse lutter, Suzie finira elle aussi par reconnaître la futilité de la position qui consiste à les harceler de ses demandes. Dans ce contexte très particulier du cadeau d'anniversaire, cette tactique permet également de montrer puissamment à Suzie les options dont disposent ses parents : ils peuvent la récompenser ou non, selon ce qu'ils décident.

Extrait 18

LE THÉRAPEUTE : Pour qu'elle se sente un peu moins sécurisée et en position de domination, il faudra que vous lui paraissiez tous deux moins compréhensibles. Et que vous fassiez certaines choses qui l'amènent à se demander ce qui se passe : « Il se passe quelque chose que je ne comprends pas. Je ne suis donc peut-être pas aussi forte que ça. Qu'est-ce qui... qu'est-ce qui se passe? » J'aimerais donc, afin d'injecter cette insécurité salutaire dans son esprit, que vous [le père] fassiez ceci : chaque fois qu'elle sera impertinente avec sa mère, ou lui répondra en lui manquant de respect, ou ne répondra pas à une demande raisonnable que vous lui aurez adressée, chaque fois qu'elle refusera de faire ce que vous lui aurez demandé, chaque fois, en d'autres termes, qu'elle vous manquera de respect, je veux que vous lui tendiez une pièce. Que vous la lui donniez, sans dire un mot. Elle vous dira : « C'est pour quoi? Qu'est-ce que tu fais? » Mais, sans lui expliquer pourquoi vous faites ça, ce qu'il y a derrière votre comportement, ce qui vous fait agir comme ça, vous la lui donnerez. Et, si elle refuse de l'accepter, vous la poserez devant elle. Et vous partirez sans ajouter un mot. [*Autre appel à l'interphone.*] C'est encore le docteur Fisch; il me dit que ça pourrait être encore plus facile si, une fois qu'elle vous aura dit : « C'est pour quoi? », vous lui répondiez : « J'en avais juste envie », et que vous partiez.

Comme suggestion finale, le thérapeute décide d'étendre l'approche non confrontationnelle à une autre dimension du problème, la grossièreté dont Suzie a tendance à faire preuve quand elle s'adresse à sa mère. (La mère a l'habitude de se défendre en bafouillant, en prenant un air impuissant, parfois en pleurant. Le père, naturellement, est incité à s'en mêler pour protéger sa femme, ce qui diminue par là même encore plus l'autorité de la mère aux yeux de Suzie. La discussion de cette difficulté n'a pas été incluse dans cette transcription.) En donnant au père, et en présence de son épouse, les instructions qui précèdent, le thérapeute vise plusieurs buts. L'intervention du père est définie comme un moyen encore plus efficace de saboter et de déjouer les plans de Suzie, ce qui peut donc donner à la mère une sensation de contrôle indirect. Autrement dit, la prochaine fois que Suzie sera insolente avec elle, l'« attitude » de la mère sera vraisemblablement différente; plutôt que de se sentir simplement attaquée et impuissante, elle attendra plus calmement que son mari exécute son « attaque de flanc ». En même temps, le père devra lui aussi prendre une nouvelle attitude, qui lui permettra de se sentir davantage en position de contrôle. Et le père et la mère seront unis dans cette stratégie commune plutôt que séparés par la technique de « diviser pour régner » qu'emploie Suzie.

QUATRIÈME SÉANCE

Extrait 19

LE PÈRE : C'est la première fois que je vois Suzie comme ça : au lieu de batailler pour tout, on dirait qu'elle ne comprend pas ce qui se passe. Vous savez, comme cette pièce – je lui ai tendu une pièce. Quand elle a commencé à discuter, à me dire : « C'est quoi, ça? », je lui ai dit : « C'est pour toi. » Je la lui ai donnée et je suis parti. Et elle n'y comprenait plus rien. C'était comme la fois où Martha [la mère] avait raccommodé sa robe et fait un vrai désastre. Ensuite, nous lui avons donné les soutiens-gorge pour son anniversaire. Elle a ouvert le paquet, et elle les a regardés en disant : « Il y en a quatre? » et : « C'est le même prix que les bottes que je voulais! » Alors, Martha lui a dit :

« Oh, je suis vraiment désolée, je pensais que tu avais dit que tu voulais aussi des soutiens-gorge. » Suzie lui a répondu : « Oui, mais pas comme cadeau d'anniversaire. » Alors Martha a poursuivi : « Eh bien, j'ai pensé que ce serait bien si tu en avais plusieurs; comme ça, tu n'auras pas besoin de les laver à la main et tout ça. » Et Suzie lui a simplement répliqué : « Bon, merci beaucoup. » Vous savez, elle ne savait plus quoi penser... elle ne... Il y a deux ou trois semaines, elle aurait dit : « Je ne veux rien », et elle les aurait tous jetés par terre. Mais, là, justement, elle n'a pas... elle a ramassé tous ses cadeaux, et elle nous a dit : « Merci beaucoup. » Elle les a emportés, et elle est allée dans sa chambre. Et c'est des petites choses comme ça... il y a deux ou trois petites choses qui m'ont réellement stupéfait. La semaine dernière... elle a son argent de poche le samedi, je le lui avais donné et elle voulait aller au magasin et à Christmas Shop. On avait tiré au sort, et c'était elle qui devait acheter le cadeau pour son frère. Elle est allée au magasin, et, quand elle est revenue, je lui ai dit : « Qu'as-tu acheté? » Elle m'a répondu : « Oh, je n'ai rien pu trouver qui me plaise pour Bob. » Alors, je lui ai dit : « Tu as acheté des bonbons, hein? » Et elle : « Oui, je suis allée à Kandy Kitchen, et c'est le genre de bonbons que préfère Maman, alors je lui en ai acheté un peu. » Elle avait dépensé plus d'un dollar pour lui acheter une livre de ces bonbons. Elle les a mis dans le réfrigérateur, et elle a dit aux gosses : « Maintenant, n'y touchez pas, parce que c'est pour Maman, je le lui ai acheté comme petit cadeau spécial. » Ce que je veux dire, c'est qu'elle ne fait jamais de trucs comme ça! Qu'elle fasse quelque chose comme ça, vous savez, ça m'a vraiment laissé baba. Mais elle n'y comprend plus rien. On dirait seulement qu'elle... comme vous dites, elle n'est plus sûre d'elle-même.

Le père raconte les résultats du cadeau d'anniversaire et déclare trouver encourageant le changement intervenu dans le comportement de Suzie. Il est également très satisfait qu'elle ait pensé d'elle-même à acheter les bonbons que sa mère aime. Cet épisode est d'une grande importance, car le père ne dit pas qu'elle est *moins* impertinente ou *moins* exigeante, mais rapporte un changement tangible, ayant réellement modifié la situation. Pour nous, un changement qualitatif est beaucoup plus net que la plupart des changements quantitatifs.

Extrait 20

LE THÉRAPEUTE : Discutons brièvement de la façon dont risque de se passer votre première rechute. Ça ne va pas se passer comme ça, vous savez, surtout pendant les deux semaines qui viennent, avec les vacances et tout ce que ça suppose. Ils sont tous à la maison en vacances, etc., etc. Donc, si vous deviez rechuter, revenir à votre ancien comportement, comment verriez-vous ça? Comment cela risque-t-il d'arriver?

Extrait 21

LE THÉRAPEUTE : Cela nous amène au second point qu'ils ont évoqué, et qui est : une autre éventualité – ou une autre difficulté possible, devrais-je dire, qui pourrait se présenter –, ce serait que, ces sept derniers jours, vous ayez connu une réussite extrême. Je pense que vous pouvez maintenant clairement voir qu'il y a une façon de la manœuvrer – qui est très différente de la méthode que vous vous êtes acharnés à employer jusque-là avec elle, durant si longtemps, d'accord?

LE PÈRE : D'accord.

LE THÉRAPEUTE : Une conséquence de tout ceci, c'est que, si vous continuez à avoir seulement moitié moins de succès que la semaine dernière, Suzie va, peu à peu, se transformer en une enfant très charmante. Elle montre déjà des signes d'attention réelle. Elle vous achète cette boîte de bonbons, ce qui, d'après ce que je comprends, est chez elle une chose sans précédent.

LA MÈRE : Exact! J'en ai été stupéfaite.

LE THÉRAPEUTE : Il y a donc de fortes chances qu'elle continue encore plus dans cette voie si vous continuez à... La question n'est pas tant de savoir où vous allez vous casser le nez, que ce qui va arriver si vous continuez à avoir autant de réussite. Et comme je le disais, il est très possible qu'elle devienne quelqu'un de très, très charmant. Il pourra alors vous devenir assez difficile de la voir grandir. Parce que, vu son âge, bientôt, elle ne sera plus là : ou bien elle ira à l'université, ou bien, vous savez, dans quelques années, elle se mariera, etc. Il pourrait donc vous devenir de plus en plus pénible de « la perdre ». Si bien que ce ne serait peut-être pas une si mauvaise chose que vous ayez une rechute de temps en temps, et voyiez la situation ancienne se rétablir un petit moment. Comme ça, ce ne sera pas pour vous un choc quand le moment sera venu de la voir de moins en moins.

Les parents font état d'un changement important. En même temps, ils indiquent clairement qu'ils sont satisfaits de la manière dont les choses ont tourné. Il y a donc un risque que les parents, dans l'ivresse du succès, veuillent essayer trop fort de garder la situation sous leur contrôle et reviennent à leur ancien type de comportement. Ce risque serait encore plus grand si le thérapeute se montrait trop optimiste et les félicitait – une tentation banale pour les thérapeutes qui débutent dans cette approche. Afin de prévenir une éventuelle rechute, le thérapeute intervient dans deux directions : il prévoit avec eux qu'ils rechuteront; et, en même temps, pour éviter de leur laisser entendre qu'il les *met en garde* contre une telle possible rechute, il définit toute amélioration nouvelle, en tout cas toute amélioration rapide, comme non souhaitable : « Ce ne serait peut-être pas une si mauvaise chose que vous ayez une rechute de temps en temps, et voyiez la situation ancienne se rétablir un petit moment. » Pour rendre son intervention crédible, il a recours au raisonnement selon lequel ils pourront mieux se préparer à la voir abandonner définitivement le « nid ». En outre, en les poussant à « avancer lentement », il les confirme *implicitement* dans l'idée qu'ils sont responsables de la situation – ils peuvent l'améliorer comme l'aggraver.

CINQUIÈME SÉANCE

(dernière séance)

Extrait 22

LE PÈRE : Encore autre chose qui m'a stupéfait, c'est... Vous savez, nous étions en train de dire qu'elle ne s'intéresse jamais à rien. Elle essaie, mais elle ne fait rien, et ainsi... Il y a, je pense, à peu près une semaine, elle a décidé de commencer à coudre. Elle m'a dit : « Je vais apprendre à coudre, même si c'est ce que je sais le moins faire », ou quelque chose comme ça. Martha lui a répondu : « Ce serait vraiment bien », et alors Suzie lui a demandé : « Tu as du tissu? » Martha avait du tissu, avec lequel elle comptait faire une robe pour Suzie. Elle l'a sorti, et elle lui a dit : « Voilà, tu peux te servir de ça. » Et elle s'est mise à coudre, se faisant aider par une de ses amies qui sait coudre. Elle a fait une robe vraiment jolie. Elle vient de la finir l'autre soir. Mais cette fois-ci, vous savez, elle s'est accrochée, elle est allée jusqu'au bout. Elle est allée acheter une fermeture Éclair, elle l'a placée et c'était vraiment du beau travail, on en est restés babas.

LA MÈRE : Baba, c'est le mot.

LE PÈRE : Et, vous savez, maintenant elle ne fait plus... Comme nous vous l'avons déjà dit, quand elle s'asseyait pour dîner, elle n'arrêtait pas de taper du pied, elle mangeait aussi vite que possible et, se levant d'un bond, elle demandait : « Je peux y aller? » Je l'avais surnommée le « fantôme galopant » parce que, chaque fois qu'elle était... si elle n'était pas en train de manger, elle était partie. Ou elle était couchée. Elle était partie. Elle ne pouvait pas rester en place. Mais, maintenant, elle s'assoit et elle mange avec nous, et elle attend pour avoir son dessert. Elle se lève pour allumer la télé, elle fait la vaisselle si elle a à la faire, et elle se rassoit sans jamais demander à aller nulle part. Je veux dire que, de temps en temps, elle nous demande encore : « Je peux aller à tel endroit? » Mais très rarement. Jamais pendant la semaine – vous savez, pendant l'école. Maintenant elle reste assise avec nous en ayant l'air de vraiment faire partie de la famille. Ça me stupéfie. Je ne peux y croire!

LA MÈRE : C'est frappant. Elle a l'air plus heureuse.

LE THÉRAPEUTE : Eh bien, ça doit être dû à quelque chose – comme je vous le disais déjà tout à l'heure –, ça doit être dû à quelque chose que, tous les deux, vous êtes parvenus à faire différemment.

Comme attendu, les parents reviennent (après une interruption de deux semaines) et font état d'une nouvelle amélioration. Les changements intervenus chez leur fille les surprennent agréablement. Le thérapeute est cependant attentif à leur étonnement. Il veut éviter qu'ils aient l'impression que ces changements si remarquables ont été provoqués par quelque chose qui échapperait à leur contrôle; en deux mots, tout le problème de la thérapie a tourné autour de leur première *impression* de perdre le contrôle de la situation, et de leur tentative de « solution » (solution qui consistait à essayer d'établir leur contrôle par des affrontements et des harangues qui ne faisaient que pousser Suzie à la révolte). Il est donc important que, le traitement se terminant, ces parents aient le sentiment que, quoi qu'il se soit passé, ils ne sont pas des spectateurs passifs de la scène mais la contrôlent. Le thérapeute leur fait passer le message par un moyen très simple : après les avoir écoutés rapporter les changements remarquables et mystérieux qui se sont produits en Suzie, il fait ce commentaire : « Eh bien, ça doit être dû à quelque chose que, tous les deux, vous êtes parvenus à faire différemment. »
Il est aussi important de noter que les parents ne sont *pas* devenus dépendants du « sabotage » ou de toute autre manipulation. Quand leur fille leur adresse une demande raisonnable – demande à la mère du tissu pour coudre une robe –, ils réagissent également raisonnablement.

LE PÈRE : On dirait vraiment qu'elle est plus heureuse; j'ai l'impression qu'elle est devenue entièrement différente! Je veux dire que je peux à peine reconnaître en elle la personne qui vivait avec nous il y a un mois et demi. Peut-être, comme vous dites, pensons-nous que c'est trop beau pour être vrai.

LE THÉRAPEUTE : Eh bien, ça se pourrait, voyez-vous? Et mes collègues... Après la dernière séance, mes collègues qui étaient à côté m'ont dit être un peu inquiets : tout semble trop bien se passer. Vous savez, vous pourriez devenir trop confiants. Et oublier que cette réussite n'est pas quelque chose qui est là, une fois pour toutes; qu'elle doit être entretenue, avec esprit de suite. Autrement, vous allez retrouver votre ancien type de comportement; tout vous semblera avoir été perdu. Les chances d'une rechute sont très grandes. Et, là où les chances de rechute sont plus élevées, c'est quand on commence à être si satisfait et si confiant qu'on arrête de faire ce qu'il faut par rapport à la situation, et qu'on recommence simplement à se conduire comme on le faisait avant de découvrir que les choses peuvent changer.

Extrait 23

LE THÉRAPEUTE : Aujourd'hui, je ne ferai que récapituler, parce que je pense que nous avons atteint un point où nous devrions considérer que les cinq séances qui restent sont, pour ainsi dire, en réserve. Je pense que, à l'avenir, il faudrait que, l'un comme l'autre, vous fassiez confiance à votre capacité personnelle de maîtriser la situation, et que vous continuiez à vous conduire comme vous le faites depuis maintenant deux semaines.

Le thérapeute clôt le traitement sur deux interventions. La première – « il y aura des rechutes » – reprend l'intervention de la séance précédente. Ici, il met un peu plus l'accent sur la *menace* de rechute, une position tactique que nous aurions moins tendance à adopter aujourd'hui. Nous insisterions, plutôt, sur le *bénéfice* de la rechute. Sa seconde intervention consiste à rappeler aux parents que, puisque nous étions prêts à leur consacrer dix séances mais n'en avons utilisé que cinq, les séances restantes sont « en réserve » – ils pourront les utiliser à n'importe quel moment, s'ils sentent que c'est nécessaire. Cette intervention rassurante aura un double effet. D'abord, elle aidera ces parents à prendre plus calmement toute éventuelle rechute, et à ne pas tirer la sonnette d'alarme au moindre prétexte, ce qui sera encore une manière de leur éviter de retomber dans leur ancienne façon d'agir. D'autre part, ces séances étant donc « en réserve », ils seront enclins à les réserver pour des occasions sérieuses, et à ne pas faire une *cause célèbre* [1] du moindre petit incident qui pourra se produire. Autrement dit, ils auront tendance à conserver ces séances pour une occasion vraiment grave, et donc à mieux supporter les variations minimes, temporaires, de l'amélioration du comportement de Suzie.

Dans ce cas-ci, les parents n'ont pas senti le besoin de revenir pour utiliser ces séances « en réserve ». Lors de l'entretien de post-observation qui se déroula trois mois plus tard, ils nous firent part de ce que tout continuait à aller bien – à tel point que, pour la première fois depuis de nombreux mois, ils s'étaient sentis libres de partir en vacances ensemble, sans leurs enfants. Et, au cours de l'entretien de post-observation que nous eûmes avec eux un an après, nous apprîmes que la situation avait continué de s'améliorer : Suzie avait de meilleures relations avec ses parents et s'entendait également beaucoup mieux avec ses frères et sœurs. Ses notes enfin – un sujet qui n'avait jamais été particulièrement abordé pendant la thérapie – étaient passées de 4 et 8 à 11 et 14.

---

1. En français dans le texte.

10

Le violoniste anxieux

Le cas que nous allons présenter maintenant pourrait être considéré comme un « mini-cas ». Nous le présenterons presque dans son intégralité. Le thérapeute (John Weakland) dirigeait un atelier de thérapie courte dans un centre de santé mentale. Il fit, à cette occasion, une démonstration de notre approche avec un patient volontaire, en l'occurrence un célibataire de trente-cinq ans qui suivait un traitement régulier dans ce centre. Il avait été prévu initialement que cette personne ne viendrait que pour une seule démonstration, mais l'emploi du temps de l'atelier comme celui du patient permirent qu'un second entretien eût lieu. Le thérapeute fut donc plus libre d'intervenir sur le problème, et en mesure de vérifier les effets de son intervention. La transcription qui suit inclut la totalité de la première séance, exception faite de quelques redondances ou digressions mineures par rapport au sujet, et l'essentiel de la deuxième séance. Paul Watzlawick, qui faisait partie du groupe qui observait cette démonstration grâce à une télévision en circuit fermé, fit de temps en temps quelques suggestions au thérapeute par l'inter-médiaire de l'interphone.

PREMIÈRE SÉANCE

LE THÉRAPEUTE : Je vous remercie d'être venu aujourd'hui. Les gens d'ici auront ainsi l'occasion de voir comment et dans quel esprit nous travaillons. Mais je ne pense pas que *vous* puissiez espérer tirer beaucoup de profit de cet entretien. J'ai cru de toute façon comprendre que vous étiez dans une situation assez difficile. J'ai un petit peu parlé avec le docteur Y [le thérapeute du patient au centre de santé mentale]. Il m'a un peu mis au courant de votre cas et je... eh bien... je ne crois pas que je vais pouvoir changer cela en un tour de main, vous savez... ce ne serait pas très réaliste. Pour commencer, je sais bien que vous allez devoir vous répéter, mais je suis nouveau sur la scène, je n'ai parlé que cinq minutes avec lui. Pourriez-vous donc me dire quel est, pour l'essentiel et en ce moment, le problème qui vous préoccupe et qui vous amène ici?

Cet entretien était une séance de démonstration, réalisée avec un patient déjà en traitement. Le thérapeute se sert ici de ce contexte pour commencer l'entretien sur un pied d'infériorité. Puis, immédiatement, il pose la question : « Quel est le problème? »

LE PATIENT : Je suis professeur de musique, de violon, et je suis un très, très, très piètre violoniste... au point que, quand je joue, mes mains tremblent, transpirent, ce qui ne m'arrive jamais à d'autres moments. En deux mots, voilà le problème.

Le patient répond en donnant un énoncé du problème : sa nervosité le handicape lorsqu'il joue du violon.

LE THÉRAPEUTE : D'accord. Quand vous dites que vous êtes un piètre violoniste, vous voulez dire quand vous vous produisez en public?

LE PATIENT : Oui.

LE THÉRAPEUTE : Quand vous jouez pour vous ou donnez des leçons... ça se passe comment?

LE PATIENT : Ça n'est pas du tout comme quand je joue même devant une ou deux personnes. Comme quand je dois jouer quelque chose du début à la fin, et que ce doit être bien.

LE THÉRAPEUTE : Bien. [*Pause.*] Quand vous parlez de devoir jouer quelque chose du début à la fin, avez-vous jamais été dans la... est-ce que cela n'est pas toujours le cas en public? Ou bien vous est-il jamais arrivé, devant un public, d'essayer de ne jouer un morceau que partiellement?

LE PATIENT : Je ne me rappelle pas avoir jamais essayé.

LE THÉRAPEUTE : D'accord.

LE PATIENT : Sauf pour des mouvements d'œuvres spécifiques. Mais que je considérais en eux-mêmes comme un morceau complet.

LE THÉRAPEUTE : D'accord. [*Pause.*] Quand vous dites : « ne serait-ce que devant une ou deux personnes »... en soi, ça constitue un public?

LE PATIENT : Oui.

LE THÉRAPEUTE : Euh... à partir de là, y a-t-il une progression? Par exemple, quatre personnes, est-ce deux fois plus mauvais que deux ou...

LE PATIENT : Non. Ce n'est pas le cas.

LE THÉRAPEUTE : Donc, quand c'est une ou deux personnes, c'est déjà en bonne voie de...

LE PATIENT *(interrompant)* : Eh bien, ça se pourrait, c'est sûr. Il n'y a pas une progression géométrique.

LE THÉRAPEUTE : D'accord.

LE PATIENT : C'est sûr que si on était dans la situation que cette salle soit pleine, alors ce serait mauvais. Ou, en tout cas, c'est généralement ainsi que cela se passe.

Le thérapeute poursuit une enquête précise et explicite. Peut-être a-t-il un peu trop tendance à chercher la petite bête, mais ce patient emploie tout le temps un langage imprécis qui pourrait laisser dans le vague des aspects du

271

problème potentiellement significatifs, et le thérapeute entend bien que les choses soient tout à fait claires.

LE THÉRAPEUTE : Bon. [*Pause.*] Eh bien, pour parler franchement, je me sens moi-même un peu pareil. Si cette salle était pleine, je serais encore plus nerveux que je le suis en ce moment; et j'ai toujours l'impression que, par l'intermédiaire de la caméra, les gens regardent par-dessus mon épaule... mais je ne veux pas dire que c'est comparable à ce dont vous me parlez, ça s'en rapproche un peu, c'est tout. [*Pause.*] Bon, donc, s'il y a davantage de gens, c'est pire, mais ce n'est pas directement proportionnel.

> Le thérapeute se sert de ce que le patient a dit de sa nervosité pour réaffirmer sa position d'infériorité – il déclare être, en ce moment précis, lui aussi nerveux, même si sa nervosité n'est pas comparable à celle du patient.

LE PATIENT : C'est exact.

LE THÉRAPEUTE : Bien. Il y a autre chose qui aggrave votre problème?

LE PATIENT : Oui, s'il y a quelqu'un qui est en mesure de porter sur mon interprétation un jugement que je respecte réellement, ou que je veux réellement impressionner, alors il me semble que ça va progressivement de mal en pis.

LE THÉRAPEUTE : D'accord.

LE PATIENT : Il est certain que je suis moins satisfait de moi.

LE THÉRAPEUTE : [*Pause.*] Changeons de sujet une minute. Le docteur Y m'a aussi appris que vous avez fait une école d'architecture, mais que vous n'avez jamais exercé. L'architecture, ça a encore de l'importance pour vous?

> Le thérapeute vérifie, par enquête directe, l'information que lui a donnée le thérapeute du patient, puisqu'elle pourrait avoir un rapport avec le problème. Le patient répondra que

ses études d'architecture sont un sujet qui ne lui tient plus à cœur.

LE PATIENT : Non.

LE THÉRAPEUTE : D'accord. Vous êtes... Donc, fondamentalement, c'est de l'histoire ancienne?

LE PATIENT : C'est exact.

LE THÉRAPEUTE : Bon. Si je m'interrogeais là-dessus, c'est que je pensais que vous pourriez vous angoisser au sujet de l'examen qui donne le droit d'exercer, et je me demandais s'il n'y aurait pas un rapport, si vous n'auriez pas eu la pensée de poursuivre...

LE PATIENT : Non, franchement, je ne pensais pas pouvoir être reçu parce que, quand j'ai passé mon diplôme, c'était trop... à l'époque je ne m'y suis pas présenté, et je ne pense pas que je pourrais l'avoir maintenant, à moins de suivre plusieurs cours de bachotage, et je... c'est l'une des raisons pour lesquelles je ne m'y suis pas présenté.

LE THÉRAPEUTE : D'accord. Si vous pensiez que c'est à votre portée, cela vous intéresserait-il de vous présenter à cet examen maintenant, ou bien est-ce vraiment de l'histoire ancienne?

LE PATIENT : Eh bien, si ce problème ne devenait pas d'une certaine manière moins important avec le temps, la seule raison que j'aurais de me présenter à cet examen, ce serait pour essayer de gagner un peu d'argent, mais je n'ai de toute façon que très peu de projets dans cette direction.

LE THÉRAPEUTE : Ce n'était pas ça que vous aviez envie de faire...

LE PATIENT *(interrompant)* : Dans mes préférences, ça venait en troisième, quatrième, cinquième position.

LE THÉRAPEUTE : D'accord. Ce que vous voulez vraiment faire, c'est de réussir dans la musique?

LE PATIENT : Oui. Je veux être un musicien convenable [*dit comme après un temps de réflexion*] quand l'occasion le réclamera.

> Le thérapeute continue à souhaiter que le patient indique plus explicitement que ses études d'architecture et l'examen qui donne droit d'exercer ce métier n'ont pour lui plus d'importance. Le patient le lui confirme et lui confirme également que, tout ce qui l'intéresse, c'est le problème qu'il rencontre lorsqu'il joue du violon.

LE THÉRAPEUTE : Bon. [*Pause.*] Ce serait quel genre d'occasion? Pourriez-vous me donner quelques précisions?

LE PATIENT : Oui, euh... [*soupir*] des événements musicaux divers, euh, des concerts organisés par des sponsors, de petits récitals... le... euh... [*il bégaie légèrement*] l'orchestre symphonique d'ici, au Métropolis, donne quelquefois des concerts l'été. Ils demandent à des artistes de genres variés de jouer avec eux, et ça me plairait bien.

LE THÉRAPEUTE : Bon.

LE PATIENT : Ce serait certainement à ma portée. Au moins, mon essor et ma chute seraient-ils dus à mes mérites de violoniste, et non plus à ma capacité de contenir mon énervement quand je suis dans cette situation particulière.

LE THÉRAPEUTE : D'accord. A la base, de quoi êtes-vous capable? Par exemple... quand vous ne jouez pas devant un public?

> Puisque la qualité d'une interprétation peut aussi dépendre du talent de base du musicien, le thérapeute veut également vérifier ce point.

LE PATIENT *(interrompant)* : Oh, je pense que je suis raisonnablement doué. Mais pas comme... malheureusement je ne suis pas aussi bon que j'aimerais le penser. Je m'enregistre. Ça ne sort jamais tout à fait aussi bien que j'aurais espéré.

LE THÉRAPEUTE : Mais, si vous vous compariez, non pas à l'image que vous avez de vous-même, mais... quand vous écoutez un enregistrement de quelqu'un d'autre, comment cela vous semble-t-il ? En mettant votre problème de côté, de quoi pensez-vous être capable en ce moment ? Quelles sont à votre avis vos potentialités ?

LE PATIENT : Je... J'hésite à répondre.

LE THÉRAPEUTE : Mm-mmm.

LE PATIENT : Elles ne sont pas énormes... non... elles sont pro- bablement *(soupir)*... Mais il y a des gens qui ont déjà fait des carrières à partir de ça... de... euh... dans la musique. Des carrières tout à fait considérables.

LE THÉRAPEUTE : Mm-mmm.

LE PATIENT : Je suis loin d'avoir autant de talent que certains.

LE THÉRAPEUTE : [*Pause.*] Mais vous en avez autant que certains qui ont fait des carrières ?

LE PATIENT : Oui.

Puisque le problème est suffisamment clair, le thérapeute va maintenant demander au patient comment il a essayé de le résoudre.

LE THÉRAPEUTE : Bon. [*Pause.*] Euh... jusque-là, qu'avez-vous essayé de faire par rapport à ce problème, non seulement tout seul, mais aussi en étant aidé par d'autres personnes ?

LE PATIENT : Eh bien, je... [*il s'éclaircit la gorge*], naguère, je ne me préoccupais pas du problème. J'y réfléchis depuis deux ans, mais sans avoir réellement creusé la question, parce que j'ai passé dix ans dans une école d'architecture, et j'ai eu diverses autres activités. Donc, jusqu'à ces derniers temps, je n'ai pas réellement essayé de m'attaquer au problème, et c'est... J'ai essayé de jouer quand je me suis remis à...

LE THÉRAPEUTE *(interrompant)* : D'accord. Ces dix ans furent une sorte de période au cours de laquelle vous ne...

LE PATIENT *(interrompant)* : Exact. Je ne travaillais pas du tout la musique.

LE THÉRAPEUTE : Mm-mmm.

LE PATIENT : Mais, depuis que je m'y suis remis, j'ai essayé plusieurs fois de jouer, et, à chaque fois, ce fut aussi triste que je me rappelle que ça l'était quand j'avais dix-huit ans, et que j'étais si mauvais qu'il avait fallu que j'arrête. J'étais si peu satisfait de moi que j'avais renoncé. A cette époque, j'avais les conseils de professeurs de musique, et c'était tout. Ils me suggéraient de jouer plus, de jouer encore plus, mais je ne jouais pas beaucoup, et, quand je le faisais, c'était complètement raté.

A la question : « Comment avez-vous essayé ou comment d'autres ont-ils essayé de surmonter ce problème ? » le patient répond qu'on lui a donné le conseil de jouer davantage – fondamentalement, d'essayer plus fort de jouer mieux.

LE THÉRAPEUTE : D'accord. Donc, à cette époque, ils ne vous disaient que : « Tu n'as qu'à prendre le taureau par les cornes et travailler... »

LE PATIENT *(interrompant)* : « Jusqu'à ce que ça te devienne aussi naturel qu'un événement ordinaire normal. » Mais, moi, ça ne m'est pas devenu naturel et ça ne le deviendra jamais si je suis tellement mauvais que personne ne veut m'écouter jouer.

LE THÉRAPEUTE : [*Pause.*] Si, à cette époque-là, c'était aussi mauvais, je suis plutôt curieux de savoir pourquoi vous vous y êtes remis.

LE PATIENT : Ça paraît vraiment bizarre.

LE THÉRAPEUTE : Comment est-ce que ça s'est passé ?

LE PATIENT : Je n'ai pas renoncé. Je n'ai pas renoncé en raison de mon talent, je suppose.

LE THÉRAPEUTE : Mm-mmm.

LE PATIENT : C'est peut-être à ça que ça se résume. Il y a aussi d'autres raisons. Je n'étais pas particulièrement content de ce que je faisais – c'était nul – et [*pause*] il fallait que j'embrasse une carrière.

LE THÉRAPEUTE : D'accord. Et... donc vous êtes revenu à la musique en partie parce que vous n'aviez rien d'autre à faire?

LE PATIENT : Oui.

LE THÉRAPEUTE : Mm-mmm. [*Pause.*] D'accord. Donc, à l'époque, ils vous avaient dit : « Eh bien, tu n'as qu'à travailler et travailler encore, et ça finira par changer », mais ça n'a pas changé. Puisque, dernièrement, vous avez essayé de vous attaquer au problème, qu'avez-vous tenté... comment avez-vous essayé de vous y prendre?

LE PATIENT : J'ai commencé une psychothérapie... je vois un thérapeute.

LE THÉRAPEUTE : D'accord.

LE PATIENT : Entre autres. Et j'essaie aussi de jouer davantage. Dans cette dernière direction, ça a plutôt raté.

LE THÉRAPEUTE : Mm-mmm.

LE PATIENT : Quand ça marche, ça... certaines personnes m'ont dit que c'était... euh... que c'était mieux, mais je n'en suis pas sûr.

LE THÉRAPEUTE : [*Pause.*] Eh bien, je ne sais pas qui vous a dit ça, mais [*pause*], sur un plan général, je dirais que, dans votre cas, il serait préférable que vous restiez sceptique sur les appréciations positives que vous pouvez entendre. Du moins, si vous n'êtes pas tout à fait sûr ou bien d'être vous-même d'accord, ou bien que les critères critiques de la personne qui vous donne son avis sont suffisamment sérieux pour qu'elle ne vous raconte pas de blagues dans le but de vous encourager.

Le thérapeute se sert de l'information que le patient vient de lui fournir pour prendre une position pessimiste. Il suggère au patient d'accueillir avec scepticisme les appréciations encourageantes qu'il peut recevoir – et, malgré les réserves du patient, il s'en tient à cette tactique.

LE PATIENT : Dans mon domaine, il est presque impossible d'entendre de quiconque ce genre d'avis.

LE THÉRAPEUTE : Je pense donc que, pour vous, la meilleure chose à faire est d'accueillir avec scepticisme, pour ne pas dire plus, les avis...

LE PATIENT *(interrompant)* : Pas de problème !

LE THÉRAPEUTE : ... dont on vous fait part.

LE PATIENT : Je suis sceptique.

LE THÉRAPEUTE : Parce que la pire des choses, pour vous, ce serait d'avoir l'idée que vous jouez mieux qu'en réalité, ce qui à la base serait une... ce qui vous mettrait dans une position fausse. Cela vous pousserait à essayer trop fort, et vous n'aboutiriez qu'à vous casser la figure.

LE PATIENT : Mais je pense que, dans mon domaine, la plupart des gens reçoivent exactement ce genre de conseils. De pauvres conseils. Des surestimations de leur talent. Ça ne les empêche pourtant pas de poursuivre leur carrière, et c'est assez incroyable de voir comment ils finissent par y trouver leur compte.

LE THÉRAPEUTE : Euh... Bien, d'accord. Peut-être certains d'entre eux s'en sortent-ils, même en recevant ce genre d'avis et de critiques, mais je pense qu'il y a deux ou trois raisons qui... même si eux s'en sortent, je pense que, pour vous, la situation est différente. D'abord, je pense que vous êtes probablement... Il me semble qu'il y a des gens qui non seulement mystifient les autres mais encore sont capables de se mystifier eux-mêmes, et ça ne me semble pas être votre genre. Vous êtes davantage lucide et critique sur vos capacités ; et également, comme vous avez eu ce problème, vous ne voulez pas courir le risque de trop présumer de vos moyens, parce que vous pourriez vous casser la figure et, au minimum, cela vous retarderait encore davantage. Voilà pourquoi, à mon avis, il serait préférable que, dans le cas où quelqu'un vous dira quelque chose qui vous flattera, vous accueilliez plutôt son appréciation avec scepticisme, vous ne l'acceptiez pas sans réserve.

LE PATIENT : Eh bien, je... c'est certainement une position raisonnable, sauf que je suis déjà si incroyablement sceptique sur presque tout que je ne suis pas certain que, dans le domaine qui est le mien, ce soit la meilleure façon d'être. Si j'étais suprêmement sûr de moi, si je ne me préoccupais pas de comment ça pourrait être dans un monde idéal, ce serait mieux, c'est sûr.

LE THÉRAPEUTE : [*Pause.*] Je ne vois pas comment vous pourriez jamais être suprêmement sûr de vous étant donné votre...

LE PATIENT *(interrompant)* : Je ne veux pas l'être...

LE THÉRAPEUTE : ... expérience réelle en...

LE PATIENT : ... Je ne veux pas l'être. Je suis d'accord.

LE THÉRAPEUTE : Bon. C'est bien, parce que, si vous l'étiez, j'aurais... j'aurais sacrément peur de ce qui pourrait vous arriver. [*Le patient rit.*] Euh... d'accord. Donc, d'abord, vous avez reçu le conseil : « Travaille, ça te deviendra naturel et tu ne te sentiras plus le même », mais ça ne s'est pas arrangé, même avec le temps. Ensuite, vous avez fait une thérapie... Qu'avez-vous essayé alors ?

Bien que le patient définisse son manque de confiance en soi comme une « erreur », le thérapeute continue à utiliser la tactique précédente – « être sceptique » –, en redéfinissant l'attitude du patient comme un « scepticisme salutaire ». Le thérapeute demande alors au patient comment lui-même et le thérapeute qu'il consulte au centre de santé mentale ont tenté de venir à bout de son problème.

LE PATIENT : Euh... je ne comprends pas votre question. Je veux dire que je ne suis pas certain de savoir comment y répondre.

LE THÉRAPEUTE : Eh bien, la question de base était : « Comment avez-vous essayé de vous attaquer à ce problème? » Et, quand je vous l'ai posée, vous m'avez dit : « Eh bien, je suis entré en traitement. » Bon, que s'est-il passé alors, comment ce traitement a-t-il marché?

LE PATIENT : Nous avons discuté [*soupir*] de mes espérances et de mes... de mes véritables sentiments quand je joue. Euh... et de mon histoire.

LE THÉRAPEUTE : Mm-mmm.

LE PATIENT : Si ça va mieux ou pas, je ne sais pas trop. Je suis un tel... je ne sais comment... je n'ai pas vraiment l'impression que... j'ai l'impression que quelque chose a commencé.

LE THÉRAPEUTE : Mais qu'il n'y a pas eu de très grand changement?

LE PATIENT : Absolument pas, non.

LE THÉRAPEUTE : D'accord. Faites-vous quelque chose de votre côté pour vous attaquer au problème... en plus de...

LE PATIENT (*interrompant*) : Oui. J'essaie d'avoir des occasions de jouer, pour le meilleur et pour le pire.

LE THÉRAPEUTE : Très bien. Et comment cela marche-t-il?

LE PATIENT : Ces derniers temps, ça n'a pas trop bien réussi.

LE THÉRAPEUTE : Comment cela?

Sans relâche, durant tout l'entretien, le thérapeute demande plus de précisions.

LE PATIENT : Eh bien, je n'ai tout simplement pas... pu avoir l'occasion de jouer en... très souvent. J'ai joué plusieurs fois, mais pas souvent. Pas autrement qu'en accrochant toute personne qui entrait dans ma salle de séjour et en lui disant : « Assieds-toi. »

LE THÉRAPEUTE : D'accord. Euh... à part votre thérapeute, quelqu'un d'autre essaie-t-il de vous aider d'une façon ou d'une autre ?

LE PATIENT : J'ai, comme tant d'autres fois dans le passé, un professeur de violon... mais ses efforts dans cette direction sont inexistants.

LE THÉRAPEUTE : Je m'excuse, là je suis un peu perdu... je ne pourrais pas...

LE PATIENT : J'ai un professeur... Je prends des cours de violon...

LE THÉRAPEUTE : D'accord.

LE PATIENT : ...auprès d'un professeur, et il est... il n'est que trop au courant des difficultés que j'ai. Mais, à part les conseils habituels de jouer davantage, qui ont certainement leur valeur [*il rit*]... voilà à peu près tout ce qu'il sait faire.

> Le patient indique que son professeur de violon a également essayé de l'aider, mais exactement de la même manière que les autres – en lui conseillant : « Joue plus, essaie plus fort ! »

LE THÉRAPEUTE : D'accord. En réalité, il vous dit à peu près la même chose que le professeur que vous aviez il y a des années de cela.

LE PATIENT : Il y a des années de cela, c'est exact.

LE THÉRAPEUTE : D'accord.

LE PATIENT *(interrompant)* : Je suis moi-même professeur, et je n'arrive pas non plus à donner de bien meilleurs conseils.

LE THÉRAPEUTE : D'accord.

LE PATIENT : J'ai un élève qui a... qui me semble avoir quand il joue devant *moi* exactement les mêmes problèmes que j'ai moi-même quand je joue devant d'autres personnes.

LE THÉRAPEUTE : D'accord. Des amis ou d'autres musiciens vous donnent-ils des conseils ou tentent-ils de vous aider d'une manière ou d'une autre?

LE PATIENT : D'autres conseils que les conseils généraux dont on a parlé, non.

> Le thérapeute continue à chercher à savoir ce que le patient et les autres personnes impliquées dans le problème ont essayé de faire, car cette information est capitale pour la définition du problème et constituera le fil directeur de toute stratégie d'intervention. La réponse du patient confirme qu'on ne lui a jamais conseillé que de « jouer plus ».

LE THÉRAPEUTE : [*Pause.*] Mm-mmm. [*Le thérapeute reçoit un message par l'interphone.*] Bon. Euh... il y a quelque chose que mon collègue veut savoir, je ne sais vraiment pas pourquoi. Euh... [*pause*] quand vous avez renoncé à vous orienter vers une carrière dans l'architecture, vous avez dit que ça ne représentait plus grand-chose pour vous. Mais ç'aurait pu représenter quelque chose pour quelqu'un d'autre. Quand vous avez laissé tomber, qui a été le plus déçu?

> Le collègue observateur s'enquiert auprès du thérapeute des raisons pour lesquelles le patient a arrêté son école d'architecture. L'observateur n'est pas sûr que le problème du patient entraîne un conflit entre lui et ses parents. Le thérapeute transmet la question, mais maintient sa propre marge de manœuvre en se « dégageant » de la question : « Il y a quelque chose que mon collègue veut savoir, je ne sais vraiment pas pourquoi. » Puis il pose la question.

LE PATIENT : Peut-être mes parents.

LE THÉRAPEUTE : Autant l'un que l'autre, ou...?

LE PATIENT : Non... c'est difficile à dire. Ma... ma mère a été la plus déçue, parce que c'est probablement elle qui a... qui mise le plus sur ma réussite, plus que mon père.

LE THÉRAPEUTE : Mm-mmm. [*Pause.*] Est-ce que votre mère partage aussi votre goût pour la musique, ou préférait-elle l'architecture?

LE PATIENT : Elle préférerait n'importe quoi.

LE THÉRAPEUTE : Elle voulait seulement vous voir faire quelque chose par vous-même, c'était un peu cela?

LE PATIENT : Oui, et lui aussi, mais dans une, dans une... il considérait vraiment que, faire de la musique, c'était perdre mon temps.

LE THÉRAPEUTE : Mm-mmm.

LE PATIENT : Que c'était une vocation qui ne me convenait pas, et qui n'était pas convenable.

LE THÉRAPEUTE : [*Pause.*] Mais votre mère était d'accord pour la musique?

LE PATIENT : Eh bien, comme je vous le disais, elle serait d'accord pour n'importe quoi.

LE THÉRAPEUTE : Pour autant que vous travailleriez et que...

LE PATIENT : Eh bien, même ce que je fais, si je pouvais en vivre... elle en serait au moins très heureuse.

LE THÉRAPEUTE : [*Pause.*] Elle ne me paraît pas nourrir à votre égard de très hautes espérances.

LE PATIENT : Non, elle a de hautes espérances... de très, très hautes espérances.

LE THÉRAPEUTE : Mais elle ne s'attend pas à les voir comblées?

LE PATIENT : Eh bien, elle n'est pas... elle a très peur d'exposer son point de vue devant moi.

LE THÉRAPEUTE : Mm-mmm.

LE PATIENT : Ou bien, si elle le fait, après avoir écouté mon propre point de vue, elle... en général, j'ai toujours fait ce que j'avais décidé.

LE THÉRAPEUTE : [*Pause.*] Mm-mmm. Euh... votre père et votre mère sont toujours en vie?

LE PATIENT : Oui.

LE THÉRAPEUTE : Et où habitent-ils?

LE PATIENT : Dans une petite ville à environ cent soixante-quinze kilomètres au nord d'ici.

LE THÉRAPEUTE : Mm-mmm. Vous avez beaucoup de contacts avec eux?

LE PATIENT : Euh... ils me donnent de leurs nouvelles une fois par semaine, ou tous les quinze jours.

LE THÉRAPEUTE : D'accord, donc ils sont... ils se tiennent assez au courant de votre situation?

LE PATIENT : [*Soupir.*] Oh... eh bien... ils...

LE THÉRAPEUTE (*interrompant*) : Je ne veux pas dire forcément dans les moindres détails, mais...

LE PATIENT : Non... ils sont... oui, ils... ils savent comment je me débrouille...

LE THÉRAPEUTE : Mm-mmm.

LE PATIENT : ...à partir de ce que je leur dis.

LE THÉRAPEUTE : Euh... que vous disent-ils à ce sujet?

LE PATIENT : Ils n'ont pas idée des problèmes réels qui sont en jeu. Mon père ne sait même pas que j'ai ce problème – je ne le pense pas. Sauf s'il en a parlé avec ma mère, et j'ai du mal à imaginer qu'il se soit jamais suffisamment intéressé à moi pour lui parler de...

LE THÉRAPEUTE : D'accord. Mais elle, elle est au courant de ce que vous êtes...

LE PATIENT *(interrompant)* : Elle sait que je suis nerveux quand je joue, oui, tout à fait.

LE THÉRAPEUTE : Mm-mmm. Que vous dit-elle à cet égard? Elle vous donne des conseils, ou quoi?

LE PATIENT : Pas vraiment. Elle me dit : « Je sais que tu peux y arriver. »

LE THÉRAPEUTE : D'accord. [*Pause.*] Et elle continue à penser qu'elle sait que vous pouvez y arriver, bien que votre problème dure depuis tout ce temps?

LE PATIENT : Je pense que c'est ça, oui.

LE THÉRAPEUTE : Mm-mmm. Eh bien, dites donc, elle pense cela depuis déjà un bon bout de temps...

LE PATIENT *(interrompant)* : Oui, oh oui. Un bon bout de temps.

Les commentaires du patient sur ses parents indiquent qu'ils ne sont pas en ce moment activement impliqués dans le problème – bien que sa mère l'ait « aidé » de la même manière que toutes les autres personnes qu'il connaît. Le thérapeute découvre, au cours de cette discussion, l'une des « positions » du patient : il considère sa mère avec condescendance et son père avec hostilité. (Par la suite, le thérapeute utilisera son attitude envers son père.)

LE THÉRAPEUTE : Mm-mmm. J'ai cru comprendre, d'après ce que le docteur Y m'a dit, que vous partagiez votre appartement avec un camarade. S'intéresse-t-il à votre problème?

LE PATIENT : Non.

LE THÉRAPEUTE : Comment, comme qui dirait, peut-il ne pas s'en rendre compte? Est-ce qu'il...

LE PATIENT : Euh... [*pause*] pour lui, Bach, c'est pareil que Nancy Wilson ou Elton John.

L'information ayant trait à la manière dont le patient et les autres personnes impliquées ont essayé de venir à bout du problème est si centrale que le thérapeute veut s'assurer qu'il possède toutes les données du problème. Le patient déclare partager son appartement avec quelqu'un qui ne se préoccupe pas de son problème.

LE THÉRAPEUTE : Mm-mmm. [*Pause.*] D'accord, mais je me demande un peu... il ne vous voit pas vous démener pour arriver à jouer et rentrer chez vous, l'air crevé, après l'effort que ça vous a demandé et tout ça?

LE PATIENT : Oui, mais il voit ça comme un hobby. Quelque chose dont je tire du plaisir. Une forme de thérapie. Ce que c'est.

LE THÉRAPEUTE : [*Pause.*] Ça ne me paraît pas aussi amusant que ça.

LE PATIENT : Euh, eh bien, ça... je n'ai pas dit que c'était précisément amusant. C'est quelque chose qui... je pense... je suis, vous savez... d'une certaine manière, je prends plaisir à le faire. Ce n'est pas... [*soupir*] je prends plaisir à l'effort que cela me demande. Quoi que cela me coûte.

LE THÉRAPEUTE : Eh bien, il y a un vieux proverbe qui dit que, parfois, mieux vaut voyager avec espoir qu'arriver. Et votre mère a peut-être eu une position semblable pendant longtemps. Permettez-moi de changer de vitesse un petit peu, et de vous poser une question différente. Euh... jusqu'à quel point avez-vous réfléchi aux inconvénients potentiels et probables qu'il pourrait y avoir pour vous à surmonter ce problème?

Ici, le thérapeute commence à lancer des coups de sonde en vue d'une intervention. Il est assez clair que le problème est une angoisse devant le comportement à accomplir, et que la principale, sinon l'unique solution tentée est de « jouer plus » – c'est-à-dire d'essayer plus fort! Le thérapeute commence son intervention par ce qui paraît être un coq-à-l'âne : il cite le vieil adage selon lequel mieux vaut parfois voyager avec espoir qu'arriver, ce qui, dans ce contexte, signifie qu'il n'est pas bon de se précipiter vers un changement qui risque d'être décevant. Ce message débouche sur l'intervention suivante du thérapeute, qu'il introduit en parlant de « changer de vitesse ». Le patient s'entend poser la question inattendue des inconvénients de l'amélioration, qui le prend visiblement au dépourvu. Le but du thérapeute n'est pas de prendre le contre-pied des opinions du patient, mais de lui faire remarquer que l'amélioration n'est pas une bénédiction absolue. Si le patient est capable d'accepter cette idée, il pourra, en continuant dans cette direction, considérer son problème d'un œil moins désespéré et le prendre avec plus de décontraction. Le thérapeute aura donc, par son intervention, commencé à interdire la « solution » d'« essayer plus fort » que le patient avait mise en place.

LE PATIENT : [*Pause.*] Les inconvénients qu'il pourrait y avoir pour moi à surmonter ce problème?

LE THÉRAPEUTE : Oui.

LE PATIENT : J'y ai effectivement pensé, parce que... j'ai l'impression que je pourrais peut-être me décevoir... que je serais déçu par les réactions que j'aurais parce que... Dans mes fantasmes, j'attends vraiment beaucoup de moi. [*Soupir.*] Et j'ai pensé qu'il était très possible que... je ne... bon, c'est épouvantable, en un sens.

Le patient tente de répondre à la question, ce qui veut dire qu'il accepte implicitement la prémisse qui la sous-tend : une amélioration présente aussi, effectivement, des inconvénients; la seule question qui demeure est : sont-ils nombreux, et en quoi consistent-ils?

LE THÉRAPEUTE : D'accord. Suis-je maintenant en train d'apprendre qu'en partie... vous pourriez découvrir, si vous n'aviez pas ce problème, que...

LE PATIENT : Que je n'avais aucun talent.

LE THÉRAPEUTE : Que vous n'aviez aucun talent et que...

LE PATIENT : Eh bien, je ne pense pas que ce serait le cas.

LE THÉRAPEUTE : D'accord. Que vous n'en aviez pas autant que...

LE PATIENT : Autant qu'il me plaisait d'espérer que j'en avais.

LE THÉRAPEUTE : ...autant que vous pouviez toujours l'espérer – quand vous aviez ce problème qui vous gênait.

LE PATIENT : Exact.

LE THÉRAPEUTE : D'accord, et... D'accord, et puisque vous êtes... Je comprends que vous ayez un intérêt pratique à surmonter ce problème – vous pourriez ainsi progresser dans votre carrière –, mais peut-être découvririez-vous que c'est quand même très dur, même si vous le surmontiez.

LE PATIENT : Euh, je ne pense pas que ce serait le cas, dans la mesure où la... la carrière réelle de professeur...

LE THÉRAPEUTE : D'accord, ce serait peut-être plutôt que vous découvririez que vous ne pourriez pas...

LE PATIENT *(interrompant)* : Que je ne pourrais pas m'abandonner aux fantasmes que je me permets normalement, mais, dans la mesure où... je pense que ça me servirait beaucoup dans ma carrière, compte tenu de la ville où je me trouve et des collègues que j'ai, etc. Il n'y a aucun doute.

LE THÉRAPEUTE : D'accord. En pratique, ça vous servirait, mais, pour vos fantasmes, ça pourrait être dur...

LE PATIENT *(interrompant)* : Ça... ça se pourrait, mais, en général, je sais... au moins de temps en temps, faire face à la médiocrité, puisque j'y suis confronté assez souvent.

LE THÉRAPEUTE : Mm-mmm. Vous avez pensé à d'autres inconvénients?

Le patient répond à la question du thérapeute en parlant d'un inconvénient possible, mais conteste ensuite qu'il y ait là un problème – ou du moins, un problème sérieux. Le thérapeute décide donc de poursuivre son intervention et repose la question. (Devant la réponse spécieuse du patient, il aurait pu renoncer, mais il souhaitait tenter le coup au moins encore une fois.)

LE PATIENT : Pas vraiment.

LE THÉRAPEUTE : Mm-mmm. [*Pause.*]

LE PATIENT : Et, vous savez, je n'ai pas... tellement creusé cette question.

LE THÉRAPEUTE : [*Soupir.*] Eh bien, je pense que vous le devriez. [*Pause.*] Vous êtes...

LE PATIENT : Je suis d'accord.

LE THÉRAPEUTE : Vous vous proposez... eh bien, je ne sais pas jusqu'où vous irez ni combien de temps cela vous demandera, mais vous vous proposez d'opérer un changement dans quelque chose qui, dans votre vie, est plutôt central, qui a fait partie de votre vie pendant au moins vingt ans. En un sens, ce problème faisait partie de votre vie même quand vous ne jouiez pas activement, parce que tout ce que vous faisiez n'était, par rapport à lui, qu'un substitut. Si bien que... vous vous proposez de faire un changement énorme. Or, quand on essaie de venir à bout d'un problème, on a naturellement tendance à voir assez clairement les avantages potentiels, mais en même temps à ne pas considérer les inconvénients possibles, alors qu'aucun changement n'est sûr à cent pour cent. Je pense donc qu'il serait raisonnable et prudent que vous considériez un peu les inconvénients possibles. Et, puisqu'il est particulièrement difficile de penser aux inconvénients – on a naturellement tendance à penser autrement –, vous devriez aussi réfléchir à tout ce qui pourrait contrer ce penchant inhérent, en essayant de penser dans cette autre direction, en toute liberté, et sans vous dire : « Eh bien, là-dessus, il faut que je sois froid, calme, calculateur, logique, mais... laissez-moi me servir de mon imagination, et je pourrai toujours débrouiller cela plus tard, parce que le danger, bien plus que d'être débordé, c'est de ne pas penser assez. » Je pense donc réellement que vous auriez intérêt à réfléchir un peu plus aux inconvénients potentiels, peut-être même dès maintenant, mais... il sera utile que vous y pensiez quand vous sortirez d'ici et aurez le temps de le faire comme il faut.

La réponse du patient constitue donc maintenant davantage un « feu vert ». Il reconnaît qu'il n'a pas suffisamment réfléchi à la question, ni même au degré de difficulté du premier problème mentionné. Cette réponse encourage donc le thérapeute à accentuer sa poussée, ce qu'il fait en affirmant simplement que le patient devrait réfléchir davantage à la question, question qu'il justifie ensuite en définissant le problème comme représentant une conjoncture unique et stratégique dans la vie du patient.

LE PATIENT : Ça... [*soupir*] ça pourrait certainement être en rapport avec le problème lui-même. Les inconvénients.

LE THÉRAPEUTE : [*Pause.*] Euh... voyez-vous, je vais juste... en fait, à la base, c'est à vous de réfléchir à cette question. Mais je vais juste vous donner deux ou trois idées qui me viennent à l'esprit, de façon à préciser les choses et définir les enjeux. Une éventualité, ce serait qu'il puisse exister un inconvénient même si vous deviez découvrir que, eh bien, vous avez réellement du talent. Vous pourriez vous tromper dans votre jugement en vous sous-estimant. Et, si c'est le cas, qu'est-ce que cela va entraîner? Cela va vous pousser, ou du moins avoir tendance à vous pousser à multiplier vos prestations, ce qui vous conduira devant un public plus large, qui vous critiquera davantage. Et, d'accord, cela n'arrivera que si, à la base, vous avez surmonté votre problème, mais c'est le genre de problème – c'est l'impression que j'ai, bien que je ne sois sûrement pas expert en musique, à partir, disons, du fait que je travaille moi-même sous observation, que j'ai affaire à des gens qui ont des problèmes similaires à celui-ci – qui comporte un noyau réaliste que personne ne surmonte complètement. Quand vous serez en situation de jouer et que les gens vous regarderont d'un œil critique, il y aura une certaine anxiété que vous ne surmonterez jamais. Par exemple, il est connu que les athlètes ont exactement le même problème. Si bien qu'il y a là un noyau... quels que soient les progrès que vous ferez, il y a un noyau de votre problème qui subsistera toujours.

Le thérapeute continue à légitimer la question des inconvénients de l'amélioration en donnant un autre exemple de problème possible – qui se posera même si le patient possède un talent réel. Il définit aussi comme normal un certain degré – non spécifié – d'anxiété.

LE PATIENT : Eh bien, naturellement, quelquefois je me demande si j'ai réellement un problème, parce que je comprends que tout le monde est nerveux, et, même en ce moment, je le suis un peu. C'est... [*Soupir.*] Mais la nervosité que je ressens en ce moment n'est pas comparable à ma... C'est ce qui me fait penser que, là, il y a réellement un problème [*il rit*], mais il n'est pas comparable à la nervosité que je ressens... euh... quand je dois jouer.

LE THÉRAPEUTE : Mm-mmm.

LE PATIENT : La nervosité... je veux bien être un peu anxieux, je veux bien être un peu nerveux, mais je ne suis pas... mon inquiétude, c'est que cette nervosité me rend incapable de jouer, *ridiculement* incapable de jouer.

LE THÉRAPEUTE : Oui, oui, je pense que je comprends la distinction que vous faites.

LE PATIENT : Au violon, s'accorder 10 à 20 % de ratage par rapport à une exécution parfaite... ne serait pas trop anormal, en fait. Pas du tout.

LE THÉRAPEUTE : [*Il reçoit des directives par l'interphone.*] Mon collègue pose une question qui est en rapport avec ce que vous venez de dire – une question qui tourne essentiellement autour de ce qui distingue la nervosité normale d'un problème. Il aimerait savoir : avez-vous échoué au sens où, en situation de jouer, il vous était tout simplement impossible de jouer, ou alors seulement très mal ?

A nouveau, le collègue observateur demande un éclaircissement sur le problème lui-même; autrement dit, le patient suppose-t-il simplement que, en raison de l'anxiété qui le handicape, il ne peut pas jouer, ou bien a-t-il réellement vécu cette expérience alors qu'il jouait ?

LE PATIENT : Oh, oui.

LE THÉRAPEUTE : D'accord, pourriez-vous me donner un exemple, afin de lui permettre de mieux comprendre ?

LE PATIENT : [*Soupir.*] Oui, je... j'ai vraiment donné un concert, j'ai de fait dû en donner un pendant ma seconde année de conservatoire.

LE THÉRAPEUTE : Mm-mmm.

LE PATIENT : Devant un rassemblement d'étudiants conscrits, et j'ai tout spécialement choisi un morceau qui, musicalement et techniquement, était bien dans mes cordes.

LE THÉRAPEUTE : Mm-mmm.

LE PATIENT : Et j'étais tout à fait persuadé que je serais... que j'aurais été tout à fait sûr de moi si je l'avais joué tout seul, ou devant quelqu'un sans me rendre compte qu'il était là.

LE THÉRAPEUTE : Mm-mmm.

LE PATIENT : Et ce fut... J'oubliai une grande partie du morceau, ma main gauche se mit à trembler tellement que je fus incapable de jouer une gamme correctement. J'en fus, à l'époque, très, très bouleversé.

LE THÉRAPEUTE : Mm-mmm.

LE PATIENT : Ce fut le facteur décisif qui me fit abandonner.

LE THÉRAPEUTE : Mm-mmm. Avez-vous connu par la suite un échec semblable, depuis que vous vous êtes remis à...

LE PATIENT : Non, parce que je n'ai pas joué devant un public aussi important. Mais je joue devant de petits auditoires, exactement de la même manière que, jusqu'à cette époque, je jouais devant des petits publics et devant des grands publics, et j'éprouve maintenant des difficultés que je me rappelle avoir déjà très bien connues dans le passé.

LE THÉRAPEUTE : Mm-mmm. Donc, vous êtes comme... vous êtes dedans... et vous dites que c'est si semblable que vous pouvez à partir de là extrapoler ce que ce serait si vous essayiez de donner à nouveau un vrai concert.

LE PATIENT : Euh... oui. Peut-être suis-je maintenant... cela va sans dire, plus vieux, j'espère un peu plus mûr, et il se pourrait donc... il se pourrait que je sois capable de m'y prendre un petit peu mieux, mais je me demande si je le pourrais ou non.

LE THÉRAPEUTE : Mm-mmm.

LE PATIENT : Euh, j'ai réellement... si ce concert-là m'a autant marqué, ça n'est pas nécessairement parce qu'à cette époque mon incapacité de jouer était plus grande, mais plutôt parce que l'auditoire était important; et aussi parce que j'avais travaillé si dur et si soigneusement organisé cela que ma déception en fut d'autant plus grande. Mon incapacité de jouer est presque aussi grande maintenant qu'à cette époque et avant cette époque, mais cet événement précis se détache dans mon esprit, oui.

Tous les commentaires du patient confirment que l'objet de sa plainte est une extraordinaire anxiété – une anxiété qui le handicape sensiblement dans l'exercice de son art. Il donne aussi, ce qui est intéressant, un aperçu plus détaillé du problème à un stade antérieur : ce qui le démoralisa surtout, ce fut d'échouer dans un domaine où il espérait exceller. C'est souvent ainsi que se déclenchent les anxiétés et les phobies : c'est cet échec dans un domaine que le patient considérait comme facile qui est, dans le développement de ce problème, le facteur sensibilisant. Personne ne devient phobique à la suite d'un échec dans un domaine qui passe pour difficile.

LE THÉRAPEUTE : D'accord. Pouvez-vous, sur ce point, penser à d'autres inconvénients pouvant découler de ce que vous surmontiez ce problème, ou même les imaginer ?

LE PATIENT : Non.

LE THÉRAPEUTE : Mmm. [*Pause.*] Comment pensez-vous que cela... si vous surmontiez ce problème, quelle influence cela aurait-il sur votre relation à vos parents ?

Le thérapeute poursuit sa stratégie (« Il pourrait mieux valoir ne pas jouer mieux »), mais modifie sa tactique en demandant au patient quelle influence une amélioration aurait sur sa relation à ses parents. Le thérapeute ne pose pas cette question pour obtenir une information, mais pour préparer une autre intervention. Il sait déjà ce qu'il va dire, mais il préfère faire en sorte que cette nouvelle tactique semble une continuation de la tactique précédente, qui était centrée sur les « inconvénients de l'amélioration ».

LE PATIENT : [*Soupir.*] Eh bien, à tous égards, ma relation avec eux devrait s'améliorer. Euh... du point de vue de mon père, j'aurais... j'aurais tendance à mieux réussir financièrement. Et je ne... je pense que, pour lui, ce serait ce qui compterait le plus. D'autant que, pour ma mère... je... de ce côté, ça devrait certainement s'améliorer, parce qu'elle veut que je sois davantage satisfait. Si j'étais davantage satisfait, et je pense que je le serais, alors elle devrait théoriquement être plus heureuse.

LE THÉRAPEUTE : Eh bien, théoriquement.

LE PATIENT : Je veux dire que je... Vraiment, je ne vois sincèrement aucune raison pour laquelle elle ne le serait pas.

LE THÉRAPEUTE : Eh bien, moi, j'en vois une ou deux.

LE PATIENT : Oui, je le peux aussi [*il rit*], si vous allez dans ce sens, mais... euh... connaissant notre relation depuis de nombreuses années, la tendance que ma mère a à me couver un peu, oui. Je serais plus indépendant, mais j'aime à penser... si l'on va dans ce sens, je lui laisserais le bénéfice du doute.

LE THÉRAPEUTE : Eh bien, d'accord. Laissons à votre mère le bénéfice du doute, et tournons-nous vers votre père une minute. Évidemment, je vais avancer une hypothèse qui repose sur des preuves un peu minces, mais pensons à votre père : je suppose que, bien qu'il ne cesse de vous dire que vous devriez faire quelque chose de vous-même, son point de vue de base, essentiellement, c'est que vous n'allez rien faire, parce qu'en réalité vous avez loupé tout ce que vous avez essayé. Ce serait donc pour lui un satané choc si vous surmontiez ce problème. Ça lui resterait probablement en travers de la gorge.

LE PATIENT : Mais il ne sait rien de mon problème. D'autre part, je suis d'accord avec ce que vous dites de ses sentiments à mon égard, mais je ne... là où il pourrait y avoir du vrai, ce serait au sens où il aimerait avoir l'impression qu'il réussit mieux que moi...

LE THÉRAPEUTE *(interrompant)* : D'accord.

LE PATIENT : Et ce n'est pas sans raison qu'il a cette croyance que je... je veux dire qu'il aurait une bonne raison d'être choqué si je surmontais ce problème.

LE THÉRAPEUTE : Oui... il aurait une ou deux bonnes raisons. Je ne sais pas jusqu'à quel point il est précisément au courant de votre... de votre problème, mais il sait certainement que... vous savez, que vous ne faites rien de très impressionnant. Si vous surmontiez votre problème, il risquerait donc de constater que vous vous en sortez bien, et que, non seulement vous vous en sortez bien, mais encore vous réussissez dans un domaine dont il ne pense rien de bon. Et tout cela formerait un mélange assez détonant. Ce serait comme un coup de poing sur la figure de ce vieil homme.

> Le patient commence par nier qu'une amélioration interféreerait dans sa relation à ses parents, mais le thérapeute le contraint à reconnaître qu'il pourrait y avoir interférence, surtout par rapport à son père. Par cette intervention, il vise non seulement à établir qu'une résolution du problème comporterait vraisemblablement des inconvénients, mais aussi à montrer au patient qu'il retirerait un bénéfice de certaines conséquences auxquelles il n'avait pas pensé. Le patient ayant exprimé son antipathie envers son père, le thérapeute se sert de cette position en la transformant en un appât supplémentaire. Fondamentalement, le message implicite est : « En triomphant de votre problème, vous pourrez vous retrouver en position de supériorité par rapport à votre père. »

LE PATIENT : Eh bien, naturellement, c'est un... je... un coup de poing que j'aimerais bien donner.

LE THÉRAPEUTE : [*Pause.*] Euh. Eh bien, peut-être.

LE PATIENT : Oh, mais je le voudrais, je... oh, oui.

LE THÉRAPEUTE *(soupirant) :* Bon, d'accord. [*Pause.*] Je ne le nie... je ne le conteste pas, sauf que, je ne sais pas, il se pourrait que, de secouer votre vieux père, cela vous secoue vous-même plus que vous ne voudriez l'imaginer.

LE PATIENT : Eh bien, je l'ai déjà secoué dans le passé par quelques échecs, et aussi par quelques choses positives...

LE THÉRAPEUTE *(interrompant)* : Vous... vu la personnalité de votre vieux père, un échec serait loin de le secouer autant que le ferait un succès [*petit rire*].

> Le patient a mordu à l'hameçon. Le thérapeute, cependant, ne l'encourage pas mais transforme l'offre en un défi, ce qui aura tendance à intensifier la motivation du patient, dans la mesure où il devra maintenant prouver au thérapeute qu'il vient de parler sérieusement, ce qu'il ne pourra faire qu'en résolvant son problème.

LE PATIENT : [*Pause.*] C'est vrai. Mais cela ne me... cela ne me ferait rien de le voir simplement secoué.

LE THÉRAPEUTE : D'accord. [*Pause.*] De l'observation de qui... bon, permettez-moi de revenir en arrière pour vous poser d'abord une question préliminaire. Vous inquiétez-vous seulement de l'idée que l'on est en train de vous observer, ou bien parce que, quand vous jouez mal, on vous fait réellement des critiques?

LE PATIENT : Est-ce que je m'inquiète seulement à l'idée que l'on est en train de m'observer, ou des critiques réelles que l'on me fait?

LE THÉRAPEUTE : Oui. Autrement dit, je me demande s'il y a quelqu'un qui vous fait des observations dans le genre de : « Mon Dieu, là tu te plantes, et tu devrais être capable de réussir ça », ou bien si, ce qui se passe, c'est plutôt que, parce que vous savez que les gens vous observent en train de jouer médiocrement, vous vous mettez à trembler sans qu'ils prononcent un mot?

LE PATIENT : Eh bien, c'est... c'est, plus ou moins, votre deuxième hypothèse qui est la bonne.

LE THÉRAPEUTE : D'accord. De l'observation de qui vous inquiéteriez-vous le plus?

LE PATIENT : [*Soupir.*] De celle des autres professeurs de violon.

LE THÉRAPEUTE : Mm-mmm.

LE PATIENT : De celle des professeurs de violon compétents. Il y en a plusieurs dans cette ville devant lesquels... devant lesquels je serais ravi de pouvoir bien jouer.

LE THÉRAPEUTE : Mm-mmm. [*Pause.*] Savez-vous jouer mal ?

LE PATIENT : Euh, nous avons essayé cela, et sur le moment j'étais si nerveux que je n'étais pas... je n'arrivais pas à me décider à essayer de jouer, mal ou non. Je ne savais pas que vous en aviez discuté avec mon thérapeute.

LE THÉRAPEUTE : D'accord. J'avais compris que... je peux me tromper, mais d'après ce que j'ai compris, il s'agissait de quelque chose d'un peu différent – qu'il vous avait demandé de jouer médiocrement.

LE PATIENT : Mm-mmm.

LE THÉRAPEUTE : Je suis en train de vous parler de quelque chose d'un peu différent. Ce que je vous demande, c'est si vous savez jouer vraiment mal ?

> Le thérapeute essaie maintenant une intervention différente : il suggère au patient qu'il pourrait s'efforcer délibérément de jouer mal. Ce mouvement tactique est toujours en accord avec sa stratégie globale, qui est d'amener le patient à abandonner son ancienne « solution », autrement dit à cesser d'essayer encore plus fort de jouer bien.

LE PATIENT : Non. Probablement pas. Il peut sans aucun doute m'arriver de jouer réellement faux, je suppose, mais je ne suis pas...

LE THÉRAPEUTE : Oh, c'est une supposition.

LE PATIENT : Eh bien, je n'ai jamais essayé de jouer faux.

LE THÉRAPEUTE : Mm-mmm.

LE PATIENT : Ni même médiocrement.

LE THÉRAPEUTE : [*Pause.*] Eh bien, je pense que vous pourriez apprendre quelque chose en... si vous êtes prêt à faire la tentative de jouer réellement faux, mais... je... j'hésite à en dire plus là-dessus, parce que ce serait peut-être avancer trop vite. Je pense que vous n'avez pas encore suffisamment réfléchi aux conséquences que pourrait entraîner le fait que vous surmontiez votre problème. Et, quand je parle de l'éventualité que vous puissiez « surmonter votre problème », je fais tout au plus allusion à la possibilité que vous surmontiez l'anxiété vraiment incontrôlable qui peut s'emparer de vous. Il ne s'agit certainement pas pour vous de surmonter toutes les anxiétés dont nous parlions il y a quelques minutes. Et il est difficile de distinguer la frontière qui sépare la véritable panique de ce type d'anxiété qui, pour un musicien, est naturel, normal et même, jusqu'à un certain point, utile. Pour garder le même exemple, je ne veux naturellement pas dire que jouer du violon soit tout à fait comparable à faire du sport de compétition; mais, comme les athlètes qui ont connu ce problème pourront vous le faire remarquer, pour donner tout ce que l'on a, il faut être un peu anxieux, et ça se rapproche peut-être de... si vous êtes prêt à l'exploiter, ce certain degré d'anxiété peut être un avantage. Mais, fondamentalement, ce que je suis en train de vous dire, c'est que... je sais en tout cas que je n'aimerais pas vous voir apprendre à davantage maîtriser votre anxiété – ce que, pour commencer, vous pourriez faire en apprenant à jouer faux – avant que vous n'ayez beaucoup plus réfléchi aux conséquences potentielles. Parce que, si, dans cette affaire, vous commencez à bouger, c'est... ça fait boule de neige. Boule de neige au sens où une amélioration entraînera de nou-velles améliorations. Et ça fera aussi boule de neige en un sens plus profond : à mesure que vous ferez mieux, vos horizons s'élargiront. Et l'inconvénient, ce sera que l'on vous regardera d'un œil plus sévère et plus critique, et savoir si... savoir comment vos progrès s'accommoderont de ces critiques, c'est difficile à dire. Un autre inconvénient, ce sera qu'en élargissant vos hori-zons, tout un tas de choix se présenteront à vous, des choix qui jusque-là ne s'offraient pas à vous. Et vous devrez donc prendre des décisions dans beaucoup de domaines.

Le thérapeute a décidé de ne pas pousser plus avant sa tactique, du moins explicitement. Il ne l'abandonne pas, mais la laisse plutôt « en suspens », comme une invitation implicite à laquelle le patient pourra répondre s'il le désire. Le thérapeute renforce l'impact de cette invitation en expliquant que, s'il laisse « en suspens » son idée, c'est parce qu'elle pourrait entraîner une amélioration avant que le patient ait suffisamment réfléchi à tous les inconvénients possibles d'une éventuelle amélioration. (Le thérapeute peut quelquefois préférer faire des suggestions implicites que donner des injonctions explicites. Il n'y a pas sur ce point de règle stricte et absolue. C'est en partie une question d'opportunité. Dans cet entretien, par exemple, le thérapeute a déjà pris une certaine direction tactique – il a évoqué les inconvénients de l'amélioration – et introduire ici une injonction supplémentaire risquerait d'atténuer l'impact de cette première tactique. La personnalité du patient, le fait qu'il accepte les suggestions explicites ou, au contraire, répugne à se laisser dire quoi faire est aussi un élément dont il faut tenir compte.) Le thérapeute prend finalement la décision d'élaborer à partir de sa tactique originelle, en exposant un autre inconvénient de l'amélioration, et développe également le thème de la normalité, et même de la valeur positive, de la nervosité.

LE PATIENT : C'est à cela que servent les imprésarios : à aider à décider quand il y a autant de décisions à prendre.

LE THÉRAPEUTE : Bon, d'accord, mais soit il restera tout de même certaines décisions qu'ils vous demanderont de prendre vous-même, soit vous devez au moins prendre la décision : « Qui est-ce que je veux comme imprésario, et fait-il du bon travail ? » Et ça devient, vous savez... à mesure qu'une situation prend de l'expansion, il y a de plus en plus de décisions à prendre, et... Nous allons arrêter bientôt. Laissez-moi vous poser encore une ou deux questions pendant que vous êtes là. D'abord, quelle amélioration, même minime, serait pour vous significative ? Et je veux dire... laissez-moi préciser un peu plus ma question : Qu'est-ce qui, si cela devait arriver, vous amènerait à dire : « Écoutez, je ne suis pas complètement tiré d'affaire, mais j'ai fait un premier pas, c'est très net. »

LE PATIENT : [*Pause.*] Euh...

Le thérapeute est maintenant passé à une autre question : il interroge le patient sur ses objectifs de traitement. Il a déjà obtenu des données suffisantes sur le problème et la manière dont le patient et les autres personnes impliquées ont tenté d'en venir à bout. Comme c'était un entretien de démonstration, et dans la mesure où le problème du patient était localisé, il est déjà intervenu plusieurs fois, mais il revient néanmoins maintenant au rassemblement de données qui caractérise tout premier entretien. Le dernier point abordé, ce sont les objectifs déclarés du patient :

LE THÉRAPEUTE : Et réfléchissez-y, parce que ce sera peut-être très difficile à déterminer, particulièrement si vous voulez arriver à évaluer si vous n'êtes pas simplement en train de vous monter la tête, vous savez.

LE PATIENT : Eh bien, j'y ai pensé. Il est possible qu'un premier pas ne soit pas nécessairement que je réussisse à bien jouer. Un premier pas serait peut-être que quelqu'un, et quelqu'un d'autre que moi, s'intéresse à ce que je réussisse à bien jouer. Que je sois aidé par rapport à mon problème. Que je reçoive par rapport à mon problème l'aide de quelqu'un de compétent.

La réponse du patient indique qu'il confond les moyens et les fins. Le thérapeute lui a demandé quels objectifs minimaux il aimerait atteindre à l'issue de sa thérapie. Le patient, cependant, répond en évoquant ce dont il aurait besoin pour surmonter son problème. Une confusion évidente en découle et, dans les échanges qui suivent, le thérapeute tentera d'amener le patient à préciser son objectif.

LE THÉRAPEUTE : Euh, pourriez-vous m'en dire un petit peu plus à ce sujet? Je ne suis pas sûr de vous suivre.

LE PATIENT : Je disais qu'un premier pas, ou certainement une guérison minimale, qui, je pense, se refléterait dans ma façon de jouer, ce serait que je n'aie plus le sentiment d'être seul.

LE THÉRAPEUTE : Ah, d'accord.

LE PATIENT : Mais quelque part... j'ai eu le sentiment qu'il serait important pour quelqu'un d'autre que moi que ce morceau soit mieux joué que je ne le joue normalement, avec ma nervosité habituelle. Et que... qu'une personne s'intéresse à moi et... je veux dire... ou que ces gens s'intéressent à moi. Ça ne serait peut-être pas rien. Et qu'ils soient à même de juger ce qui se passe.

LE THÉRAPEUTE : [*Pause.*] Très bien. Euh... supposez que ce puisse être votre mère. Cela ferait l'affaire?

LE PATIENT : Ça n'est pas possible... ce n'est guère réaliste. Ça ne pourrait... ça ne pourrait pas être elle.

LE THÉRAPEUTE : Eh bien, d'accord, mais puisque de toute façon nous faisons des hypothèses, euh...

LE PATIENT : Ah! Oui... oui, ce serait raisonnable.

LE THÉRAPEUTE : Mm-mmm. [*Pause.*] Pourquoi, pour revenir au niveau le plus pratique, dites-vous que ça ne pourrait être elle?

LE PATIENT : Pour elle, Elton John et Bach, c'est exactement la même chose.

LE THÉRAPEUTE : [*Pause.*] Bon, d'accord, mais je ne suis pas tout à fait sûr que vous ayez raison, parce que, bien qu'elle puisse ne pas faire de distinction entre Elton John et Bach, elle pourrait tout de même s'intéresser au fait que, quoi que vous jouiez, vous le jouiez mieux.

LE PATIENT : Mais elle n'est pas capable d'en juger.

LE THÉRAPEUTE : D'accord, vous voulez dire...

LE PATIENT *(interrompant)* : Elle ne... elle...

LE THÉRAPEUTE : ...que son opinion... que, de toute manière, son opinion en ce domaine ne vaut pas un clou?

LE PATIENT : Non. Pas un clou.

LE THÉRAPEUTE : Mm-mmm. Donc, il faut que ce soit quelqu'un qui à la fois s'intéresse à votre problème et soit compétent?

LE PATIENT : C'est ce que je souhaiterais.

LE THÉRAPEUTE : Eh bien, alors, selon... j'essaie de voir si j'ai compris votre définition...

LE PATIENT (interrompant) : Très bien. Bon, je veux dire quelqu'un qui soit compétent non seulement dans le domaine musical, mais aussi pour ce qui est de mon problème personnel et de la manière... de l'alléger.

LE THÉRAPEUTE : Mm-mmm.

LE PATIENT : Ce doit être une personne – ou des personnes – qui... doit répondre à plusieurs conditions pas faciles à remplir. L'une de ces conditions, notamment, est de s'intéresser à moi, ce qui, point n'est besoin de le dire, ce qui n'est pas facile à trouver, et d'être compétent... pas facile à trouver...

LE THÉRAPEUTE : Je pourrais voir une... une difficulté potentielle dans ce critère. Supposez simplement, par exemple, que l'âge des miracles ne soit pas passé... et, à certains égards, il ne l'est pas, dans la mesure, où, en ce qui concerne les problèmes, l'une des choses les plus amusantes, c'est que, peut-être pas toujours mais souvent, s'ils apparaissent mystérieusement, ils disparaissent tout aussi mystérieusement. Si le vôtre devait disparaître mystérieusement, et si vous découvriez que vous êtes réellement un bon violoniste... vous pourriez donner un concert qui se passe très bien et soit apprécié, sans que cela corresponde pour autant à vos attentes. Le public pourrait être compétent, vous écouter, apprécier votre concert, mais ne pas l'apprécier au sens où vous l'avez décrit, parce qu'il pourrait très bien complètement ignorer que vous avez eu un problème. Il pourrait n'y en avoir aucun signe. Et la salle apprécierait simplement votre talent de violoniste, sans savoir tout le chemin que, par rapport à votre problème, vous avez accompli pour en arriver là.

Tout en tentant de clarifier les objectifs du patient, le thérapeute intervient à nouveau. Il suggère sur un ton apparemment détaché que le problème du patient pourrait disparaître aussi mystérieusement qu'il avait surgi. Cette intervention est toujours dans le droit fil de la stratégie globale du thérapeute, car l'hypothèse que le problème puisse disparaître de lui-même peut contribuer à interdire la « solution » du patient, lui interdire de continuer à travailler aussi dur à surmonter son problème. Le thérapeute ne s'appesantit pas sur cette intervention, mais la maintient à un niveau implicite, en demandant ensuite comment un public « compétent » saurait qu'un tel miracle aurait eu lieu.

LE PATIENT : Vous pourriez avoir raison. Je ne pense pas que ce serait la pire des choses qui puisse m'arriver.

LE THÉRAPEUTE : [*Il reçoit des instructions par l'interphone.*] Ah, mon collègue a une solution pour ça.

LE PATIENT : Qu'il intervienne donc! [*Il rit.*]

LE THÉRAPEUTE : Quand vous serez dans cette position, au début du concert, vous pourriez vous lever, annoncer à l'auditoire ce que fut votre problème, puis jouer.

Là, le thérapeute a « semé » la graine d'une autre intervention. Parce que le temps prévu pour l'entretien est presque terminé, il ne va pas pouvoir développer cette tactique. Il préfère donc la présenter comme une idée à laquelle le patient pourrait réfléchir tout seul, ou sur laquelle son thérapeute habituel pourrait revenir au cours d'une séance postérieure s'il le jugeait utile. Son intervention repose sur l'idée que, si le patient ne tente pas de cacher sa nervosité, il aura plus de chances d'être détendu quand il jouera car il attendra moins de sa prestation – tout comme le public attendra moins de lui.

LE PATIENT : J'y ai pensé.

LE THÉRAPEUTE : Bien. Euh... très bien, et, en ce qui concerne la question de savoir ce qui pour vous serait l'indice que vous avez fait un premier pas, avez-vous une idée? Pouvez-vous penser à quelque chose qui serait une sorte de signe visible? Ou de signe audible? Qu'est-ce qui, si c'était du domaine de l'observation... à partir de quel indice ou de quel critère estimeriez-vous que vous avez franchi un premier pas – un premier pas qui, même minime, serait pour vous significatif?

Le thérapeute affine maintenant sa question sur les objectifs en précisant qu'il demande des éléments de mesures visibles ou tangibles. Il a compris que les réponses initiales du patient indiquaient une confusion entre les objectifs identifiables et les moyens nécessaires pour les atteindre, et pour atteindre les sentiments qui leur sont liés.

LE PATIENT : Qu'en situation de jouer, j'arrive à jouer tout un morceau sans trou de mémoire d'aucune sorte.

LE THÉRAPEUTE : [*Pause.*] D'accord. Ce qui fait que le premier pas n'est pas loin d'être identique au dernier.

LE PATIENT : Oh, non, non, non...

LE THÉRAPEUTE : Non?

LE PATIENT : ...non, non, non.

LE THÉRAPEUTE : Que serait le dernier pas?

LE PATIENT : Le dernier pas, ce serait que j'arrive à jouer tout un morceau sans aucun trou de mémoire en jouant *bien*.

LE THÉRAPEUTE : Ah, d'accord. Laissez-moi voir si j'ai compris la différence. Si vous arriviez à jouer tout un morceau sans aucun trou de mémoire, mais sans nécessairement jouer bien, ce serait le premier pas?

LE PATIENT : Euh...

LE THÉRAPEUTE : Mm-mmm.

LE PATIENT : « Bien jouer », c'est toute une affaire.

LE THÉRAPEUTE : C'est dommage que vous ne puissiez pas avoir un genre différent de trou de mémoire.

LE PATIENT : [*Pause.*] Comment cela?

LE THÉRAPEUTE : Eh bien, tout... tout ce que vous auriez à faire, ce serait, au lieu d'oublier la musique, d'oublier le public.

> Ici encore, le thérapeute fait une intervention de « sondage ». Sans s'appesantir sur ce point, il laisse cependant entendre au patient qu'il pourrait utiliser le mécanisme même de ses « trous de mémoire » pour surmonter cette anxiété que provoque chez lui le public. En un sens, nous considérerions cette intervention comme une suggestion « hypnotique » sans hypnose. D'autre part, elle redéfinit à tout le moins le problème du patient de manière plus optimiste : elle insinue que ses « trous de mémoire » ne sont pas seulement un problème, mais aussi une aptitude, et lui fait comprendre, en outre, que, si l'*objet* de ses trous de mémoire pouvait changer, son problème lui-même pourrait en être modifié.

LE PATIENT : Oui [*dit doucement*].

LE THÉRAPEUTE : Mais, de toute façon, avant tout – je pense que, le plus important pour vous, c'est de prendre le temps de penser sérieusement aux inconvénients potentiels qui pourraient découler de ce genre d'amélioration. J'aimerais vous demander s'il vous serait possible, au cas où nous pourrions nous arranger avec nos emplois du temps, de revenir encore une fois demain ou après-demain.

> Le thérapeute conclut maintenant la séance, et il le fait en mettant à nouveau l'accent sur les « dangers de l'amélioration ». S'il a d'un bout à l'autre de la séance essayé plusieurs interventions et plusieurs tactiques, cette dernière intervention a été l'axe majeur de sa stratégie, du moins pour cette séance. Il donne aussi au patient une injonction qu'il pourra suivre dans le laps de temps restreint qui séparera cette séance de la prochaine. La possibilité d'une seconde visite

306

n'était pas prévue au début de la séance; mais, vu la nature du problème du patient et l'injonction qu'il lui a donnée, le thérapeute décide de le revoir pour vérifier quel a été l'impact de la séance.

LE PATIENT : Naturellement.

LE THÉRAPEUTE : Très bien. Il faut que je vérifie et que je voie ça. Soit je vous confirmerai moi-même cela, au cas où nous parviendrions à caser ce rendez-vous, soit le docteur Y vous appellera. En attendant, prenez le temps... prenez au moins une demi-heure, asseyez-vous, réfléchissez et notez tous les inconvénients possibles pouvant découler de la résolution de votre problème. Et, quand je dis tous les inconvénients, je vous répète de ne pas les limiter à ce qui vous semble plausible et logique. Même si vous pensez à quelque chose qui vous paraît très tiré par les cheveux, parfait. Parce qu'en tentant délibérément de penser à ce qui est tiré par les cheveux, vous libérerez... votre vision et votre imagination pour tout le reste. Il y a là une sorte de blocage inné que j'ai essayé de vous décrire plus tôt. Donc, voudriez-vous faire comme ça?

LE PATIENT : Bien sûr.

LE THÉRAPEUTE : D'accord. Bien. En ce cas, c'est réellement tout ce qui me vient à l'esprit pour aujourd'hui, sauf à nouveau que je... j'apprécie que vous soyez venu, parce que c'est surtout pour notre profit à nous.

Le thérapeute conclut en quittant le patient sur une position d'« infériorité ». Remercier le patient d'être venu en lui disant qu'il n'en aurait retiré d'autre profit que d'aider des professionnels, c'est le placer en position de « supériorité ». Il est implicitement considéré comme un enseignant par ceux-là mêmes auprès desquels il a cherché de l'aide; il s'est, en quelque sorte, sacrifié, il n'a pas à reconnaître qu'un spécialiste l'a aidé – sa dignité est sauve.

SECONDE SÉANCE

LE THÉRAPEUTE : J'aimerais vous dire d'abord que j'apprécie que vous ayez pris la peine de revenir, surtout à aussi bref délai, et d'autant plus que, vu la manière dont ils ont organisé notre emploi du temps, il va falloir que l'entretien soit assez bref. Ils ont tout juste pu caser cette rencontre, mais j'ai pensé que cela en valait quand même la peine, notamment parce que je voulais vraiment avoir l'occasion de contrôler avec vous si vous avez, comme je vous l'avais demandé, pensé au problème. C'est-à-dire aux inconvénients potentiels du changement et de l'amélioration.

> Ici, également, le thérapeute commence en prenant une position d'infériorité, c'est-à-dire en mettant le patient dans une position de « supériorité » – ce dernier est remercié pour avoir « pris la peine » de revenir. Puis le thérapeute aborde immédiatement le thème de l'injonction qu'il avait donnée au patient au cours de la dernière séance. En règle générale, quand on donne du « travail à faire à la maison », il est presque toujours contrôlé spécifiquement, et généralement en début de séance. Nous ne voulons pas seulement savoir quels ont été les résultats de ce travail que nous avons proposé, mais également faire comprendre au patient que, quand nous lui donnons des injonctions, nous comptons sérieusement qu'elles soient exécutées. Le travail à la maison se voit donc donner la plus haute priorité dans le programme de la séance.

LE PATIENT : D'accord. J'y ai pensé. En fait, j'ai établi une liste.

LE THÉRAPEUTE : Mm-mmm.

LE PATIENT : Mais...

LE THÉRAPEUTE : Vous l'avez sur vous?

LE PATIENT : [*Soupir.*] J'avoue que non.

LE THÉRAPEUTE : D'accord. Mais j'espère que vous l'avez en tête.

LE PATIENT : Oui. Aimeriez-vous qu'en général je vous donne... qu'en quelque sorte je vous la récite [*il rit*], que je récite la liste en général, que je fasse comme ça? J'ai eu du mal à fantasmer sur les inconvénients. Je ne pouvais pas... c'est-à-dire... je pouvais commencer à imaginer des détails, sans me raconter d'histoire, sur ce qui arriverait si je commençais à bien jouer.

LE THÉRAPEUTE : Mm-mmm.

LE PATIENT : Et je voyais, si je faisais mon chemin... par exemple, que j'aurais plus d'élèves, ce que je n'aimerais pas.

LE THÉRAPEUTE : Mm-mmm.

LE PATIENT : Plus de mauvais élèves. Et...

LE THÉRAPEUTE : Oui, des mauvais, ça doit, j'imagine, se trouver plus facilement que des bons, n'est-ce pas?

LE PATIENT : Beaucoup plus facilement. Donc, alors... je serais de temps en temps en position de devoir blesser les gens dans leurs sentiments, ce que je n'aime vraiment pas, quand je suis en face d'eux. En position peut-être d'avoir à séparer les bons élèves des mauvais, et de dire à certains qu'ils feraient mieux de retourner à leurs chères études, ou à autre chose, ce que la plupart devraient faire.

LE THÉRAPEUTE : Mm-mmm.

LE PATIENT : [*Soupir.*] Essentiellement, je me regardais, et je me disais que j'aurais à affronter mes propres insuffisances en tant qu'interprète, et je ne... je ne sais pas encore réellement ce qu'elles sont. Je sais que...

LE THÉRAPEUTE *(interrompant)* : Que vous seriez confronté à ce que vous découvririez, et que vous ne sauriez même pas ce que vous...

LE PATIENT *(interrompant)* : Eh bien, je pourrais être surpris. Je pourrais être tout à fait surpris...

LE THÉRAPEUTE *(interrompant)* : Oui, mais le problème ne pourrait-il être que vous entreriez alors en contact avec quelque chose que, pour le moment, vous ignorez?

LE PATIENT : Oui.

LE THÉRAPEUTE : Mm-mmm.

LE PATIENT : Ça se pourrait. Le plus vraisemblable... ce serait probablement que je sois carrément confronté à du connu.

LE THÉRAPEUTE : D'accord.

LE PATIENT : Ou à ce que je soupçonne, à savoir que mon talent est limité, et qu'il peut très bien être plus limité encore que j'aimerais le soupçonner. [*Pause.*] D'accord. Voilà ce à quoi j'en suis arrivé en essayant de fantasmer, en restant réaliste. Maintenant, quoi que je fantasme à ce sujet, j'en reviens toujours, vous savez, à des problèmes comme celui de trouver un imprésario. [*Soupir.*] Au type de problème dont nous avons parlé la dernière fois.

LE THÉRAPEUTE : Mm-mmm.

LE PATIENT : D'accord. Eh bien, en tout cas, ce que ça m'a fait faire [*il s'éclaircit la gorge*]... Je joue mieux, réellement. Je... je... je joue maintenant mieux en privé qu'avant.

LE THÉRAPEUTE *(qui a poussé quelques petits « ah » de surprise en entendant ce qui précède)* : D'accord, mais c'est en privé.

Quand le patient rapporte le changement intervenu dans sa manière de jouer, le thérapeute le reconnaît, mais seulement par des « ah » peu explicites. Explicitement, il émet une réserve – « D'accord, mais c'est en privé ». A petite échelle, cette réponse extrêmement brève de la part du thérapeute constitue un très bon exemple d'une tactique que nous utilisons souvent, faire passer de l'optimisme au niveau *implicite,* mais l'infléchir à un niveau *explicite* par une déclaration pessimiste. Ce « pessimisme » est aussi conforme à la position précédente du thérapeute, qui insistait sur la nécessité d'« avancer lentement ».

LE PATIENT : C'est en privé.

LE THÉRAPEUTE : Mm-mmm.

LE PATIENT : Mais... j'ai pensé à tout cela... aux autres questions dont nous avons un peu discuté. Est-ce que le... Qu'est-ce que, par rapport à mon désir de surmonter mon problème, ou du moins de me le rendre vivable, je reconnais comme un premier pas minimal? Et... dans une certaine mesure, ce premier pas, étant donné que je joue un peu mieux, je l'ai déjà fait. Je suis un peu plus détendu quand je joue; hier, je jouais quelque chose, et je pense que je jouais avec plus d'enthousiasme encore que quand j'avais seize ans. Ce qui... au début, je ne me le suis pas très bien expliqué.

Pour la première fois, le patient indique (« plus d'enthousiasme ») avoir trouvé un certain intérêt personnel à jouer.

LE THÉRAPEUTE : Eh bien, je ne peux pas non plus vous l'expliquer.

LE PATIENT : Et c'était en privé.

LE THÉRAPEUTE : Ça semble bien, et je ne veux pas vous gâcher ce plaisir immédiat que vous avez ressenti, mais ne vous...

LE PATIENT : D'accord. Donc voici ce que finalement...

LE THÉRAPEUTE : ...attachez pas trop à ce...

LE PATIENT : D'accord. Donc quand... quand j'y ai en quelque sorte pensé un peu. Mais voici ce que... ce que mes fantasmes ont donné.

LE THÉRAPEUTE : Mm-mmm.

LE PATIENT : Ça m'a fait voir mon problème simplement comme... j'ai vu l'autre versant du problème, et j'ai compris qu'il devait nécessairement exister. Les avantages et les inconvénients comme liés à l'existence même du problème. Je veux dire, bien sûr, ce n'est pas le paradis, mais je joue et m'en sors bien. Mais ça semble quelque chose de si facile à faire, si ce n'est pas le paradis, juste de bien jouer. Finalement, ce que j'ai réellement fait, c'est simplement de penser aux inconvénients; j'ai pensé à tout... j'ai envisagé comme possible que je finisse par vaincre mon problème. Et maintenant, je me suis mis dans une position réaliste, sur l'autre versant.

LE THÉRAPEUTE : Mm-mmm.

LE PATIENT : Donc, maintenant, ayant fait cela, je connais les inconvénients qu'il y a à ne fantasmer que sur les bons côtés d'une situation.

LE THÉRAPEUTE : D'accord. Laissez-moi voir si je vous comprends bien. Je... je comprends qu'en réfléchissant ainsi à votre problème, vous êtes passé d'une image dans laquelle la situation présente était potentiellement très noire et une victoire sur votre problème... disons, très blanche, à quelque chose comme : « Eh bien, il n'y a pas tant que ça d'opposition, de différence tranchée entre les deux. Chaque situation a du bon et du mauvais, et donc il n'y a pas cet énorme fossé qu'il y avait auparavant. » C'est cela?

LE PATIENT : Oui.

Bien que le patient ait élaboré avec enthousiasme sur l'amélioration dont il a fait l'expérience, le thérapeute se garde de s'associer à cet enthousiasme, du moins explicitement. Il confirme l'amélioration, mais résiste à la tentation de s'écrier : « C'est formidable! » Après avoir commencé par dire : « Laissez-moi voir si je vous comprends bien », il déclare simplement pour finir : « De toute façon, il ne vous semble plus maintenant qu'il y ait cet énorme fossé ? » Dans la mesure où le thérapeute a adopté une position « pessimiste » – du moins au niveau manifeste – et que cette position a contribué à susciter un changement utile, il ne va pas abandonner cette position à la fin des échanges avec le patient : « Quand on gagne, on ne change pas de jeu. »

Plusieurs années après cet entretien, le thérapeute qui avait dirigé cet entretien de démonstration reçut un complément d'information : sans arrêter formellement sa thérapie, le violoniste y avait progressivement mis fin ; il s'était lancé dans l'immobilier en association avec son propriétaire et avait laissé tomber sa carrière de violoniste, mais continuait à jouer pour son propre plaisir.

11

La famille du cardiaque

Le membre de la famille désigné comme « patient » était un homme de cinquante-huit ans qui venait d'avoir deux attaques. Lorsque nous prîmes pour la première fois contact avec lui, cela faisait six mois qu'il n'avait plus eu d'attaque, et il était partiellement rétabli. Tant son médecin généraliste que son neurologue estimaient qu'une activité physique raisonnable favoriserait son rétablissement, mais il ne « coopérait » pas; il résistait aux pressions de ses docteurs et des membres de sa famille, qui, les uns comme les autres, l'encourageaient à se conformer à ce programme. Il préférait passer la majeure partie de son temps au lit, ou bien à regarder passivement la télévision assis dans un fauteuil confortable.

Ce fut donc dans ces circonstances qu'Eldon Evans, un membre du Centre de thérapie courte qui était à la fois médecin et psychiatre, fut contacté et dirigea un entretien préliminaire avec le patient et les membres de sa famille – sa femme (cinquante-six ans), et leurs trois fils (trente-trois, vingt-neuf et vingt-sept ans), qui vivaient chacun de leur côté mais dans la même région, et restaient en contact avec leurs parents.

Voici d'abord trois extraits de cet entretien, que dirigea le docteur Evans :

315

ENTRETIEN PRÉLIMINAIRE

Extrait 1

LE DOCTEUR : La seconde question est : « Dites ce que vous aimeriez le plus voir changer dans votre famille. »

LE PREMIER FILS : Voulez-vous nous prendre dans l'ordre, ou pouvons-nous parler comme ça vient ?

LA FEMME : Chéri, pourquoi ne commences-tu pas ?

LE PATIENT : Eh bien, vous n'êtes pas ici à cause de *moi*.

LA FEMME : Non ?

LE PATIENT : Non.

LA FEMME : Pour qui sommes-nous ici ?

LE PATIENT : A cause de *vous*. [*Rires.*]

LA FEMME : Eh bien, Don [le deuxième fils], commence.

LE DEUXIÈME FILS : J'aimerais voir mon père aller bien. Ça me serait agréable, parce que je me sentirais beaucoup plus libre d'aller et venir à ma guise.

LE TROISIÈME FILS : Bon, j'aimerais aussi voir mon père bien, pouvoir faire certaines des choses qu'il voulait faire, et profiter davantage de la vie que maintenant.

LA FEMME : Et – il va sans dire que j'aimerais qu'il redevienne comme autrefois, qu'il puisse à nouveau travailler dans l'atelier

316

de menuiserie qu'il a installé dans le garage, bricoler dans la maison, skier et être un être humain normal, qui s'intéresse à la vie – au lieu de se contenter de rester toute la journée assis dans son fauteuil ou couché au lit.

LE PREMIER FILS : Je suis d'accord avec ce qu'ils viennent de dire tous les trois. Je soulignerais aussi que j'aimerais voir mon père recouvrer la santé qu'il avait avant ses attaques, avoir plus de mobilité et d'indépendance et pouvoir se passer de la cellule familiale et surtout de ma mère... pouvoir faire ce que dans le temps *il* voulait faire, y compris monter à la cabane de Squaw Valley, ce genre de chose... Et, bien que je ne croie pas que cela soit réellement une réponse à votre question, je dirais que je suis optimiste, je pense que c'est bien ce qui va se passer ou commencer à se passer, parce que j'ai le sentiment qu'il va mieux.

LA FEMME : Très bien, chéri.

LE DEUXIÈME FILS : Et toi?

LA FEMME : Qu'aimerais-tu voir changer...

LE PATIENT : Eh bien...

LA FEMME : ...à part *moi?*

LE PATIENT : Eh bien, ce qui me tracasse le plus, c'est mon immobilité, ma raideur, etc., et c'est plus un problème médical que psychologique. Si je pouvais lever et bouger cette jambe aussi bien que l'autre, je pourrais... je pourrais même courir. Pour l'instant, j'arrive à peine à marcher. Si... ça n'est pas du tout le cas... bon parfois, j'arrive à marcher très bien; la plupart du temps je n'y arrive pas... je n'arrive même pas à soulever cette jambe.

Extrait 2

LE PREMIER FILS : Si tu veux te sentir mieux physiquement, il faut que tu travailles plus dur, et je pense que...

LE DEUXIÈME FILS : C'est seulement en améliorant ton bien-être physique que tu vas améliorer ton mental, et je pense que tu peux y arriver. Je ne sais pas quel effet ça fait d'éprouver ce que tu ressens dans tes mains et dans ta jambe.

LE PREMIER FILS : Bon, tu sais... je comprends bien que je n'ai pas les limitations physiques que tu as, mais regarde à la télé : on y voit des gens qui peignent des tableaux en tenant le pinceau entre leurs dents; et puis, peut-être bien que tu n'es plus capable de faire les vrais chefs-d'œuvre que tu savais faire quand tu travaillais dans ton atelier, mais je pense réellement que, si tu le voulais, tu pourrais dès maintenant faire tout un tas de choses. Je pense qu'il suffit que tu te dises : « Bon sang, je vais faire ça, parce que je veux le faire. »

Extrait 3

LE PATIENT : Bon, c'est parti... la question, c'est *moi* et les ennuis que j'ai avec tout et tout le monde. Je pense malgré tout qu'en moi il y a tout un tas de choses qui, physiquement, ne vont pas. Ma famille ne le croit pas – ils ne se rendent pas compte...

LA FEMME : Tu me regardes.

LE PATIENT : Oui... C'est de toi que je parle.

LA FEMME : Eh bien...

LE PATIENT : Il me semble que tout le monde... la façon dont je marche...

LA FEMME : Eh bien...

LE PATIENT : Je ne marche pas en traînant la jambe parce que j'aime ça. J'ai un mal de chien quand je traîne cette putain de jambe, et ça n'est pas agréable. J'essaie [*pleurant*].

LA FEMME : Enfin, chéri, quand je te dis de lever la jambe et d'arrêter de la traîner, je ne fais cela que dans *ton* intérêt, parce que je pense que, si tu te concentrais suffisamment *fort* sur l'idée de lever cette jambe droite, tu pourrais y arriver. C'est seulement depuis trois semaines que tu commences à traîner ce pied, et je pense que ça n'est pas uniquement physique, à mon avis c'est un peu aussi de la paresse.

LE PATIENT : Ça n'en est pas. C'est comme ça. Il y a simplement que cette jambe ne veut pas se lever.

LA FEMME : Eh bien, elle se lèvera si tu essaies de la faire se lever.

LE PATIENT : Tu n'as qu'à rester derrière moi et la lever pour moi.

LA FEMME : Bon, nous t'achèterons des souliers plus légers. Ceux-là pèsent une tonne.

Ces extraits montrent clairement que les membres de cette famille – essentiellement la femme et accessoirement ses fils – ont pour position que le problème de leur père est en grande partie d'ordre psychologique : il ne fait pas les efforts qu'il faudrait pour réussir à être plus actif; il n'essaie pas assez fort. Le patient, pour sa part, affirme de façon tout aussi insistante que son problème est de nature physique, que c'est un problème d'incapacité. Il réagit à la pression de sa femme et de ses fils par un mélange d'irritation et de dépression.

Ce problème fut soumis au Centre de thérapie courte. Puisque le patient était manifestement opposé à toute approche « psychologique » de sa situation, et dans la mesure où nous croyons que l'approche interactionnelle permet de changer le comportement d'un patient en modifiant celui des autres membres du groupe, nous avons choisi de ne pas voir le « patient » étiqueté comme tel, mais de travailler plutôt avec les autres membres de la famille concernés par le problème, notamment sa femme. Paul Watzlawick fut le thérapeute principal du cas.

PREMIÈRE SÉANCE

A cette séance, la femme et les trois fils étaient présents.

Extrait 1

LE THÉRAPEUTE : Eh bien, je pense que je devrais commencer avec vous en vous demandant comment vous voyez le problème.

LA FEMME : Eh bien, quand le docteur Evans a posé la question qu'il nous a posée, je n'ai pas pu sur le moment rassembler suffisamment mes idées pour bien y répondre. Je suis donc rentrée chez moi ce soir-là en l'ayant encore en tête, et j'ai écrit une lettre qui réponde à sa question : « En quoi l'attaque de mon mari m'a-t-elle atteinte? » Et je pense que c'est une réponse assez complète. Je veux bien vous lire cette lettre, si vous avez le temps.

LE THÉRAPEUTE : Oui.

LA FEMME *(lisant)* : « Les six ou neuf premiers mois, j'ai passé la plus grande partie de mon temps à tenir Sam dans mes bras, à le réconforter et à pleurer avec lui, tout autant que lui. Je pense que j'ai pleuré plus qu'une personne moyenne ne le fait au cours de toute sa vie. Sa profonde dépression avait une telle emprise sur nous deux que rien ne pouvait en atténuer la douleur. Pendant tous ces mois, j'ai emmené Sam au Lakes Medical Center trois fois par semaine pour des séances d'orthophonie et de rééducation. En ce qui concerne l'orthophonie, je l'ai aidé à faire les exercices qu'il devait faire à la maison : nous nous servions d'un magnétophone pour répéter les phrases, lire et lui réapprendre à prononcer les mots. Pour ce qui est de la thérapie physique, nous y avons aussi travaillé autant que je pouvais l'en persuader. Comme ça ne l'intéressait pas, je lui ai à plusieurs reprises remonté le moral en l'assurant que nous allions vaincre cette affreuse chose qui avait ruiné nos vies, et qu'il pourrait redevenir l'homme qu'il était autrefois. Nous marchions ensemble, et je l'encourageais; mais il passait presque toutes ses journées assis dans un fauteuil à regarder la télévision ou à dormir sur son lit. En quelques heures, mon mari, qui était un homme en bonne santé, fort, intelligent et capable, était devenu un être humain désemparé, physiquement au bout du rouleau. Je ne m'étais pas occupée des questions d'argent ni des impôts et ainsi de suite depuis des années, et, tout à coup, je dus à nouveau plonger dans tous ces problèmes. J'ai passé des heures à faire de la comptabilité, tout en devant comprendre un dédale de formulaire d'hospitalisation et d'assurances, etc., et prendre les dispositions nécessaires pour sa retraite pour invalidité. Je vis dans un vide total. Un silence complet. Parfois, il dit six mots, il lui arrive même de dire une phrase de temps à autre. Mais il me critique parce que j'allume la télé pendant le dîner, alors que c'est la télé ou le silence. Nos amis ont cessé de venir nous voir, et même ses copains ne viennent plus, parce que, comme il ne dit rien, il se crée un vide embarrassant, et c'est moi qui dois tout le temps essayer d'alimenter la conversation. C'est pour cela que mes fils disent que je parle trop. »

> La lettre de la femme indique clairement qu'elle vise à se placer dans une position d'« aide » par rapport à son mari : elle veut l'aider dans ses difficultés, ce qui pour elle signifie d'une part agir à sa place et, d'autre part, le presser de se réadapter. Sa lettre donne également à penser (comme le confirme l'entretien préliminaire) qu'elle en a assez – l'inaction par laquelle son mari répond aux efforts qu'elle déploie pour lui venir en aide la frustre et la rend furieuse.

Extrait 2

LA FEMME : Par exemple, à Noël, l'entreprise où il travaille a donné une petite fête pour son départ. Ils l'ont appelé au micro devant cent cinquante personnes, et il a parlé sans aucune hésitation, sans bredouiller. Il a fait un petit discours, puis s'est promené partout en serrant des mains : il était presque redevenu le même qu'avant son accident.

Ce récit montre que, au moins épisodiquement et en des circonstances particulières, le patient peut fonctionner de façon plus satisfaisante : les incapacités sur lesquelles il a tant insisté ne sont pas immuables.

Extrait 3

LE THÉRAPEUTE : Si nous nous rencontrons ici, il faudrait que ce soit dans le but de découvrir comment, vous qui êtes ses proches, vous pouvez l'aider de votre mieux. Tous, vous avez déjà évoqué les méthodes que vous avez employées pour essayer de l'aider, vous tout particulièrement [la femme]. Vous avez d'abord essayé de le soutenir au maximum, puis vous avez eu l'impression que peut-être ce n'était pas bien, et vous avez changé d'approche. Donc, comme je le disais, s'il sort quelque chose de ces séances que nous avons ici, de ces quelques séances, cela devrait – et espérons que ce sera le cas – concerner la façon dont vous vous conduisez avec lui. Il s'agirait peut-être pour vous de trouver une nouvelle façon de l'aider, que vous n'avez pas encore essayée.

Le thérapeute, bien qu'évitant soigneusement tout optimisme déclaré, définit la nature du travail. Le succès dépendra bien de l'aide qu'ils apporteront au patient – le thérapeute s'appuie sur leur position d'aides – mais il leur faudra procéder différemment.

DEUXIÈME SÉANCE

La femme et deux des fils assistaient à la séance.

322

Extrait 4

LE THÉRAPEUTE : Ce qui serait bien, ce serait d'arriver à changer son attitude...

LA FEMME : Oui...

LE THÉRAPEUTE : ...pour qu'il se remette à faire des choses qu'il ne fait plus, des choses nécessaires, de tous les jours, routinières, qu'il ne fait pas. Qu'est-ce qui vous ferait dire que son attitude a incontestablement changé? Parmi ces actions quotidiennes, évidentes, personnelles que l'on accomplit des douzaines de fois chaque jour et qu'en ce moment il ne fait plus, laquelle pourrait-il commencer à accomplir entièrement par lui-même? [*Les trois personnes parlent en même temps.*]

LE PREMIER FILS : ...une action qui nous indiquerait objectivement... qui serait le signe qu'il recommencerait à faire quelque chose dont il avait l'habitude, ce qui voudrait dire qu'il progresse en direction de son état mental d'avant?

LE THÉRAPEUTE : Exact... que son attitude a changé, et de façon évidente. Oui?

La femme a laissé entendre, lors de la première séance et de l'entretien préliminaire (par exemple, dans ses allusions à la « paresse » de son mari et au fait qu'il pourrait « essayer ») qu'elle a l'impression que, face à ses difficultés, son époux n'a pas l'attitude qu'il faudrait. Le thérapeute soutient ce point de vue, puis s'en sert comme d'un tremplin pour passer à la question du changement de comportement : qu'est-ce qui dénoterait que le changement d'attitude désiré a eu lieu? L'un des fils vient immédiatement appuyer cette tactique. Les fils, qui sont un peu moins impliqués dans le problème, réagissent davantage à ces vues nouvelles que leur mère, mais leur pouvoir de provoquer un changement chez le « patient » est également moins important.

LA FEMME : Bon, maintenant, une remarque... vers quatre heures de l'après-midi, je fais le café, parce que c'est le moment où j'en ai envie; quand je me verse cette tasse de café, il est toujours là, dans la salle de séjour, à regarder la télé, et je lui sers donc toujours une tasse de café que je lui apporte. Or, un jour, il m'a complètement exaspérée, parce que j'étais en train de faire quelque chose qu'il aurait pu m'aider à faire, mais il ne me l'a pas proposé, il ne m'a pas aidée. J'ai donc pensé : « C'est la dernière tasse de café que je t'apporte. Maintenant, si tu veux une tasse de café, il faudra que tu viennes la prendre dans la cuisine. » Et je le lui ai dit. Depuis, il vient se chercher lui-même sa tasse de café.

LE PREMIER FILS : Je ne pense pas que ce soit la réponse à ce que...

LE THÉRAPEUTE : Eh bien, oui et non, parce que je me demande ce qui se serait passé si vous ne lui aviez rien dit, mais ne lui aviez pas non plus apporté sa tasse.

> La femme répond aussi, mais moins clairement que le fils. Elle fournit un exemple de comportement actif chez son mari, ce qui est inhabituel. Son fils commence par rejeter l'exemple comme non pertinent, mais le thérapeute l'arrête : même un assentiment partiel de la part de la mère est bon à prendre et constituera la première pierre sur laquelle, si possible, il bâtira.

LA FEMME : Il ne serait pas venu la chercher.

LE THÉRAPEUTE : Il ne serait pas venu.

LE PREMIER FILS : Tu veux dire qu'il s'en serait passé, bien qu'il sache que tu en avais fait?

LA FEMME : Oui, il s'en serait passé jusqu'au dîner.

LE PREMIER FILS : Tu en es sûre? Il n'aurait pas dit : « Tu veux bien m'apporter une tasse de café? »

LA FEMME : Non, il n'aurait rien dit, et il ne serait pas venu la chercher. Maintenant, hier soir...

LE PREMIER FILS : Pourquoi n'aurait-il rien dit? Est-ce qu'il ne se serait pas étonné : « Voyons, je prends toujours du café quand le café est fait. »

LA FEMME : Non, il n'y aurait même pas pensé. Maintenant, hier soir, après dîner, quand nous prenions, comme toujours, notre seconde tasse de café, il s'est effectivement levé pour s'en servir, au lieu de me la demander comme il a l'habitude de le faire, et j'en ai été surprise.

LE PREMIER FILS : Eh bien, n'est-ce pas là un petit, un très petit exemple de ce que vous...

LE THÉRAPEUTE : Avant que nous en finissions avec cette question, qu'est-ce qui explique qu'il se soit levé pour prendre sa seconde tasse de café?

LA FEMME : Hier soir? Je n'en ai aucune idée.

LE THÉRAPEUTE : Il doit avoir eu l'impression que quelque chose *était* différent.

LA FEMME : C'est probablement que j'avais rouspété toute la journée.

LE THÉRAPEUTE : Je n'en suis pas sûr. Je parle de quelque chose que vous devez avoir fait ou non sur le moment...

LA FEMME : Eh bien, il savait que je...

LE THÉRAPEUTE : ...qui l'a fait changer d'attitude, qui l'a amené à se lever pour se servir lui-même son café.

LA FEMME : Eh bien, il savait que j'étais fatiguée. J'avais travaillé toute la journée et, à six heures, au moment de décider ce que je ferais à dîner, je lui avais dit : « Je suis très fatiguée, et je n'ai pas envie de prévoir un gros repas, ce soir », et je lui avais demandé : « Quel genre de sandwich veux-tu ? » Il savait donc que j'étais fatiguée parce que je ne lui donne *jamais* de sandwich au dîner. Je lui prépare toujours de vrais repas complets. C'est peut-être pour ça qu'il s'est levé – parce qu'il savait que j'étais fatiguée, il est allé se servir son café au lieu de me demander de me lever.

LE PREMIER FILS : Il s'inquiète peut-être aussi pour ta santé. Samedi, Maman a eu une espèce d'évanouissement.

> Le thérapeute fait valoir le caractère inhabituel du geste du mari et, après avoir émis l'hypothèse qu'il devait ainsi répondre à un comportement différent de sa femme, il pose sans attendre la question : qu'avez-vous fait différemment ? Cette demande pressante de renseignements finit par provoquer une réponse. La femme reconnaît avoir été fatiguée et avoir dit ouvertement à son mari que sa capacité de prendre soin de lui avait certaines limites.
>
> Le fils évoque alors lui aussi ce thème de l'« incapacité » de sa mère, et avance l'hypothèse qu'elle explique la réaction de son père ; il indique que, quelques jours auparavant, sa mère s'était évanouie : ayant pris certains médicaments par erreur, elle avait eu une syncope. Cet événement et la réaction qu'il a entraînée chez le patient sont développés dans l'extrait qui suit.

Extrait 5

LA FEMME : Croyez-moi, *jamais* je ne reprendrai un de ces trucs. D'abord, je ne savais même pas comme c'était fort, ou ce que c'était. On ne me fera plus prendre des trucs comme ça !

LE THÉRAPEUTE : Mais considérez le résultat inattendu que ça a eu. Bon, vous pouvez dire que ça a ou que ça n'a pas un rapport avec le comportement de votre mari. A mon avis, ça a eu le résultat inattendu de faire que, ce soir-là, votre mari s'est levé après dîner pour se servir lui-même sa seconde tasse de café.

LA FEMME : Oui, peut-être que ça a eu vraiment un effet sur lui... le fait qu'il savait que...

LE PREMIER FILS : Don a dit que papa était venu ce matin s'asseoir au bord de ton lit pour te parler, parce que tu étais complètement épuisée.

LA FEMME : Oui. Je me reposais au lit avant de prendre ma douche et de m'habiller, et il est venu s'asseoir sur le bord du lit pour me parler, ce qui n'est pas dans ses habitudes. Il n'a pas l'habitude de le faire.

LE PREMIER FILS : La voisine m'a téléphoné au bureau, et j'ai appelé à la maison pour parler à mon père. La voisine était très préoccupée par les symptômes que ma mère avait eus, et elle m'a précisé que Don était en route, ce qui serait... Je pense que tu le lui avais raconté avant, et elle ne t'avait pas parlé de mon coup de fil, mais, de toute façon, j'ai parlé à mon père.

LA FEMME : J'ai dit à Carol [la voisine] que Don était en route et que ça irait très bien.

LE PREMIER FILS : Eh bien, j'ai parlé à mon père. Je lui ai dit : « Bon, de quoi ça a l'air ? Ça ne ressemble pas à une attaque », et je savais que, la cause de tout ça, c'était que tu avais rempli la feuille d'impôts sur le revenu, et que le montant des impôts à payer était considérablement plus important que tu ne l'avais prévu, ce qui t'avait beaucoup inquiétée et t'inquiète encore. Or mon père était très lucide, très calme. Je lui ai dit : « Bon, tu ne penses pas qu'elle ait eu une attaque, n'est-ce pas ? » et il m'a répondu : « Non. Ça ira. » Donc, en tout cas, j'ai pensé qu'il réagissait tout à fait comme il le fallait.

En résumé, ce récit de la réaction qu'a eue l'épouse du patient après s'être trompée de médicament confirme l'incident du café. Quand sa femme lui a semblé ne plus prendre aucune initiative, le patient a réagi activement et à bon escient. On peut en déduire que tout changement utile du comportement de sa femme devra aller dans le sens de la « faiblesse » – il lui faudra abandonner son rôle antérieur d'épouse en position de supériorité, prodiguant soins et encouragements à son mari.

Extrait 6

LE THÉRAPEUTE : Permettez-moi à présent – puisque je me fais maintenant ma petite idée de ce en quoi pourraient consister un ou peut-être deux très petits progrès, permettez-moi de parler de quelque chose d'autre qui, je pense, est très important. J'ai eu l'occasion de regarder l'enregistrement-vidéo qui avait été fait de l'entretien auquel vous avez participé tous les quatre à l'université, et il s'est passé au cours de cette interaction quelque chose d'assez surprenant. En une heure d'entretien, c'est arrivé au moins onze fois. Quelqu'un a-t-il une idée de ce à quoi je fais allusion?

LE PREMIER FILS : Je suppose... Peut-être, onze fois, a-t-il commencé à dire quelque chose, et c'est l'un de nous qui a fini sa phrase pour lui, ou qui lui a donné le mot qui lui manquait.

LE DEUXIÈME FILS : C'est qu'on lui a soufflé probablement.

LE THÉRAPEUTE : Ça s'est effectivement passé, mais ce n'est pas ce à quoi je pensais.

LE PREMIER FILS : C'est qu'on l'a interrompu?

LE THÉRAPEUTE : Non, non.

LE DEUXIÈME FILS : Quoi... C'est quand il s'est effondré et a commencé à pleurer?

LE THÉRAPEUTE : Je pense que cela ne s'est passé qu'une ou deux fois.

LE DEUXIÈME FILS : Une ou deux fois, oui.

LE PREMIER FILS : Permettez-moi de faire moi aussi une remarque, pour votre information. Je pense qu'il était... il semblait... en ces circonstances, avec la caméra ici, et nous autres là, et dans cette espèce de cadre guindé, ses émotions étaient beaucoup plus en surface et il était beaucoup plus agité qu'il ne l'est normalement.

LE THÉRAPEUTE : Je continue à penser que c'est sans doute un modèle d'interaction qui a lieu n'importe quand.

LA FEMME : Bon, alors, est-ce que c'était quand il s'est frotté les mains l'une contre l'autre ?

LE THÉRAPEUTE : Non, non.

LE DEUXIÈME FILS : C'était dans une interaction entre nous, comme groupe ?

LE THÉRAPEUTE : Oui.

LA FEMME : Je n'arrive pas à voir ce que c'était.

LE THÉRAPEUTE : Les petits incidents que j'ai comptés ont tous la même structure, et je vais vous dire de quoi il s'agit. Chaque fois que l'un de vous – ou vous tous – a commencé à dire : « Tu peux y arriver », « Tu pourrais aller mieux si tu voulais seulement faire ceci ou cela », « Si seulement tu voulais arrêter de ne rien faire, si tu t'y remettais, tu constaterais que ça irait mieux » – c'est arrivé très souvent, mais, onze fois au moins, il a réagi d'une certaine manière. Comment pensez-vous qu'il ait réagi ?

LE PREMIER FILS : Il a tourné le dos à celui qui parlait.

LE THÉRAPEUTE : C'est cela, mais il a fait quelque chose de plus.

LE PREMIER FILS : Il a dit quelque chose ?

LE THÉRAPEUTE : Oui. C'était très précis.

LE DEUXIÈME FILS : Nous ne voyons pas.

LE THÉRAPEUTE : Sa réaction... après qu'il l'eut répétée trois ou quatre fois, elle était devenue prévisible. Vraiment, je savais que ça allait arriver cinq, six...

LA FEMME : Ça n'était pas sa main droite?

LE THÉRAPEUTE : Non, non. C'était plus général.

LA FEMME : C'est probablement qu'il a dit : « Je n'y arrive pas. »

LE THÉRAPEUTE : C'est exactement ça. Et ça m'a frappé, parce que je vous ai vus tous quatre vous battre très fort pour lui remonter le moral, pour lui redonner un peu confiance en lui, pour lui faire remarquer qu'il n'est pas inéluctable que ça continue à se passer comme ça s'est passé jusqu'à maintenant, que ça pouvait aller mieux – et, régulièrement, chaque fois, il se tournait vers l'un ou vers l'autre, et il disait : « Tu ne comprends pas. »

LA FEMME : Oui : « Je n'y arrive pas. »

LE THÉRAPEUTE : « Tu ne sais pas ce que ça fait que d'avoir de mauvaises jambes. Tu ne sais pas ce que ça signifie que de sentir ma main comme je la sens », à tel point que l'observateur qui voit cet enregistrement a l'impression qu'il y a quatre personnes qui essaient très, très fort et très sincèrement de provoquer un changement positif et qui, comme par magie négative, obtiennent exactement le résultat inverse. Non seulement vous n'obtenez pas ce que vous voulez, mais encore vous obtenez l'inverse : vous l'amenez à insister encore plus sur le fait qu'il ne peut pas y arriver, qu'il se sent très mal, que vous – vous quatre –, vous ne le comprenez pas. Ça le pousse – bien sûr, c'est une supposition, je ne peux pas lire dans son esprit –, mais ça le pousse à vous démontrer encore plus, à vous prouver encore plus son incapacité...

Se référant à nouveau à l'entretien préliminaire, le thérapeute déclare que, de son œil objectif et expert, il a pu repérer clairement, avec précision, un modèle d'action de la part de la famille, et de réaction de la part du patient, qui s'est passé onze fois. Qu'était-ce? A mesure qu'ils tentent de répondre à cette question, l'épouse du patient et ses fils s'impliquent de plus en plus, au point de finir par attendre impatiemment la réponse du thérapeute. Finalement, la femme trouve la réponse : « Quand nous le poussons à agir, se rappelle-t-elle, il dit : " Je n'y arrive pas. " » Le thérapeute confirme cette réponse et échafaude à partir d'elle. Tout en rendant pleinement hommage à leurs bonnes intentions, il leur fait également remarquer que, « comme par magie négative », leurs actions ne donnent rien. Il ne les en blâme pas; leurs efforts provoquent simplement chez le patient une réaction étrange et regrettable.

LE DEUXIÈME FILS : Cette semaine, pendant que je travaillais à construire une barrière, je lui ai dit – c'est ce que je lui ai dit en premier – que j'en avais marre et que, pour commencer, je ne ferai plus attention à lui. Il est sorti dans la cour pendant que j'y étais, et je ne me suis pas tourné vers lui, je ne lui ai rien dit. Je ne m'intéressais pas à lui, je faisais mon travail. Il est resté là, à me donner des conseils, à m'expliquer ceci et cela sur la façon de construire une barrière, et à me dire qu'il était un charpentier accompli... qui savait de quoi il parlait... qui s'y connaissait encore. Mais il m'a fait remarquer... Pendant que je travaillais à un bout de la barrière, le voilà qui me fait remarquer ces planches là-bas qui ont besoin d'être travaillées, et qui me dit : « Maintenant, va prendre une hachette et un levier, et fais comme ça. » Je lui réponds donc : « Écoute, je suis en train de travailler ici. Si tu veux le faire, vas-y, fais-le, mais, moi, je me tracasserai pour ça quand ce sera le moment. » Il est allé chercher la hachette, il a pris le levier et il me l'a montré, et il a commencé à faire sauter les planches de la barrière en me disant : « Fais ça, maintenant. Il faut que tu fasses comme ça, et puis ensuite tu feras ça pour celle d'en bas », ce que j'aurais fini par faire, mais que je voulais faire en dernier – j'en serais arrivé là tout seul. J'étais en train de fixer les poteaux pour tenir la barrière, et je comptais me préoccuper du reste plus tard. Ce qui, lui, l'intéressait, c'était le problème immédiat des traverses qui tombaient de la barrière, et pas le fait que la barrière était elle-même en train de s'effondrer. Je lui ai donc dit, tout simplement : « Toi, tu fais ce que tu veux, mais, moi, je vais chercher les planches qui doivent aller ici, en bas. » Alors que je ne m'occupais plus de lui, il est allé chercher la hachette, a pris le levier et en a donné de grands coups sur le bas de la planche. Après avoir soulevé et dressé la planche, il m'a dit : « Maintenant, plante un clou là-dedans, là en haut. » Je lui ai dit : « Mettre un clou là en haut ne servirait à rien, nous ferons cela plus tard. Laisse-moi d'abord mettre la barrière en place de façon à ce qu'elle ne retombe pas. » Mais il est allé quand même prendre un clou. Il me l'a apporté pour me montrer ce qu'il voulait dire, parce qu'il ne pouvait pas me l'expliquer. Voilà donc exactement le contraire de ce que nous avions fait jusque-là. Au lieu de lui dire : « Eh bien, comment devrais-je faire ça? », je l'ai ignoré, et il est allé prendre ce qu'il fallait pour me le montrer. Il m'a traité de petit malin et il a presque failli me frapper une ou deux fois.

Cette anecdote que rapporte l'un des fils confirme implicitement qu'il a bien reçu le message du thérapeute et qu'il l'accepte : quand il s'est mis à bricoler à sa manière, sans tenter activement d'y mêler son père, celui-ci lui a offert spontanément ses conseils et sa participation.

Extrait 7

LE THÉRAPEUTE : Je pense que c'est principalement à vous [la femme] qu'il incombe de faire un sacrifice, que cela vous plaise ou non, parce que, voyez-vous, jusque-là vous avez essayé de faire ce que vous dictait votre bon sens – de vous comporter de façon aimante, raisonnable, logique. Qu'est-ce qui pourrait être plus raisonnable et logique, et faire preuve de plus d'amour, que d'encourager votre mari à sortir et à faire quelque chose pour enfoncer la barrière de ses incapacités, ou de ses prétendues incapacités, qui, à en juger d'après ce que le neurologue en a dit, ne sont peut-être pas aussi terribles que ça. Je pense qu'il vous sera presque impossible de changer brutalement, en vous disant : « Jusque-là, j'ai essayé la douceur. Il est peut-être néces-saire que je fasse un sacrifice encore plus grand que jamais auparavant, et que j'adopte une attitude qui aille totalement à l'encontre de ma nature, qui aille totalement à l'encontre de la raison. » Comme je le disais, je ne suis pas très optimiste quant à cette éventualité.

LE PREMIER FILS : Quand vous décrivez cette seconde possibilité, vous dites que ma mère a adopté la première façon d'agir, l'approche aimante...

LE THÉRAPEUTE : L'approche aimante ou optimiste, le type d'approche qui vise à lui redonner courage.

LE PREMIER FILS : ...et l'autre approche, l'approche contraire, ce serait quoi? De le laisser à lui-même?

LE THÉRAPEUTE : Pas seulement...

LE PREMIER FILS : De s'opposer à lui?

LE THÉRAPEUTE : Chacun de vous doit même aller au-delà de cela. Vous m'avez donné deux magnifiques exemples. Je n'aurais pas pu penser à quelque chose de mieux. Vous [la femme], par votre erreur, vous avez été, un court instant, incapable de l'aider. Et, au lieu de paniquer et de penser que c'était la fin du monde, il a soudain commencé à fonctionner d'une manière tellement lucide, rationnelle et opportune que vous en avez été surprise. Vous [le fils], vous construisiez une barrière, et, tout d'un coup, il décide qu'il voulait que vous travailliez ici – vous étiez de l'autre côté. Vous avez donc pris une position différente – vous me l'avez fait remarquer – différente de celle que vous auriez adoptée quelques jours plus tôt. Vous lui avez dit : « Bon, ça m'est égal. Je travaillerai ici, à ma façon », le forçant ainsi à prendre ses outils et à commencer à rectifier la barrière et à travailler comme il faut de son côté. Voilà ce dont je parle. Voilà l'attitude qui va probablement provoquer un changement.

Ayant tracé le canevas de sa stratégie en expliquant à la femme et à ses fils en quoi leurs «Tu peux le faire » produisent des résultats opposés à ceux qu'ils désirent obtenir, le thérapeute amorce l'intervention majeure qui consiste à suggérer qu'une approche différente peut être nécessaire pour aider le patient. Afin de renforcer les chances qu'un tel changement soit accepté, il le définit non comme simple et facile, mais comme un pas très difficile et qui exigera même de leur part un plus grand sacrifice – il s'appuie ainsi sur la position de la femme, qui est d'aider son mari et de le pousser à davantage « essayer ». Il évite également de préciser les changements qu'il propose. Il commence par n'en parler que sur un plan très général. Puis l'un des fils (F1), en avance sur sa mère et sur F2, lui ayant demandé ce en quoi consisterait l'approche opposée, le thérapeute leur fait remarquer qu'ils ont eux-mêmes fait la démonstration de ce qui marche.

Extrait 8

LA FEMME : Vous savez, il a une certaine autonomie, il se lève, se brosse les dents et s'habille tout seul. Le matin, il dormirait aussi tard que je le laisserais le faire, mais je me lève tôt et je lui sers le petit déjeuner à huit heures. J'entre dans la chambre en lui disant : « Le petit déjeuner est sur la table, alors sors du lit. »

LE THÉRAPEUTE : Il le fait ?

LA FEMME : Il se lève, se brosse les dents, s'habille et il vient...

LE THÉRAPEUTE : Très bien. Demain, vous pourriez oublier ?

LA FEMME : De l'appeler ?

LE THÉRAPEUTE : Oui.

LA FEMME : Bon, je le ferai. Je mettrai le petit déjeuner sur la table, et je le laisserai refroidir.

LE THÉRAPEUTE : Et, s'il vous dit : « Pourquoi ne m'as-tu pas appelé ? », que ferez-vous ?

LA FEMME : Je lui dirai : « Tu sais à quelle heure le petit déjeuner est servi, tu n'avais qu'à être là. »

LE THÉRAPEUTE : Oui, c'est bien ce que je craignais.

LA FEMME *(riant)* : Qu'est-ce que je devrais faire, alors?

LE PREMIER FILS : Dis-lui que tu avais oublié.

LA FEMME : Que j'avais oublié de l'appeler?

LE DEUXIÈME FILS : « J'écoutais le débat télévisé, et j'étais complètement absorbée. »

LE THÉRAPEUTE : Dites-lui que vous êtes vraiment navrée : « Je ne sais pas ce qui s'est passé. J'ai simplement oublié de t'appeler. » Dites-lui : « Je ne sais pas ce qui s'est passé. Je m'excuse. »

LE PREMIER FILS : Vous voulez dire qu'elle prépare réellement le bacon et les œufs, qu'elle les pose sur la table et les laisse là jusqu'à ce qu'il se lève, vers onze heures ou par là?

LE THÉRAPEUTE : Peut-être.

LE DEUXIÈME FILS : Laisse venir. Attends de voir à quelle heure il se lèvera.

LE PREMIER FILS : Il pourrait penser que, pour une raison ou une autre, elle a décidé de le priver de petit déjeuner.

LE THÉRAPEUTE : Non, non, non. Il faudrait que son petit déjeuner soit là. Il faudrait qu'il soit là, et que, simplement, vous vous excusiez, car vous avez oublié.

LE PREMIER FILS : Pourquoi ne pourrait-elle pas simplement lui dire, quand elle se lèvera et ira dans la cuisine : « Bon, le petit déjeuner sera prêt dans cinq minutes »?

LE THÉRAPEUTE : Oui, parce que, de toute façon, nous supposons qu'il le sait; c'est une routine qui dure depuis des années.

LA FEMME : Il sait, quand je sors de la chambre à coucher, il sait que je vais à la cuisine préparer le petit déjeuner et qu'il ne sera pas prêt avant dix bonnes minutes.

LE PREMIER FILS : Dix minutes plus tard, il sera là.

LA FEMME : Il sera sur la table.

LE THÉRAPEUTE : Donc, cette fois-ci, vous oublierez et, une demi-heure plus tard, quand les œufs et le bacon seront froids, vous pourrez alors vous confondre en excuses et lui dire : « Je ne sais pas ce qui s'est passé, mais j'ai oublié de t'appeler. »

LE DEUXIÈME FILS : Il faudrait qu'elle attende et laisse tout posé là?

LA FEMME : « J'ai tout simplement oublié. »

LE THÉRAPEUTE : Oui.

LE DEUXIÈME FILS : Eh bien, laissez-moi vous le dire, que ça va le remuer.

> La femme décrit la routine du petit déjeuner familial et le thérapeute lui propose d'« oublier » d'appeler son mari pour le petit déjeuner. Autrement dit, cette situation quotidienne limitée fournit à la femme l'occasion d'amorcer un changement par rapport à l'habitude qu'elle avait de « prendre soin de lui », habitude qui impliquait qu'elle lui dise de se lever. Elle va maintenant le laisser agir, en lui expliquant, si besoin est, ce changement sur la base de *son* erreur ou de *son* incapacité à elle.

LE THÉRAPEUTE : Vous avez aussi la possibilité de lui dire que vous ne vous sentez pas bien. Mais je me demande, indirectement, comme mes collègues, si nous ne sommes pas trop... ne sommes-nous pas en train de nous laisser emporter par notre enthousiasme thérapeutique? Sommes-nous en train de vous demander quelque chose qui est si contraire à votre conception de la manière dont il convient d'aider votre pauvre mari qu'ici, bien sûr, vous nous écoutez, mais dès que vous serez sortie de ce bâtiment...

LA FEMME : Non, je...

LE THÉRAPEUTE : ...vous changerez d'avis.

LA FEMME : Non, écoutez, je serais enchantée d'essayer tout ce que vous me suggérez.

LE THÉRAPEUTE : Vous savez, je n'ai entendu cela que trop souvent : « Docteur, tout ce que vous dites... »

LA FEMME : Non, je suis sérieuse.

LE THÉRAPEUTE : ... « sauf bien entendu, ce dont il a été question. »

LA FEMME : Non, je dis ce que je dis. Tout ce que vous direz qui offre la plus légère, la plus vague possibilité de le tirer de ce...

LE THÉRAPEUTE : Pensez, un moment, à quel point cela va vous être difficile.

La femme ayant accepté de suivre la suggestion d'« oublier » d'appeler son mari, le thérapeute renforce sa motivation en lui laissant entendre qu'elle peut ne pas réussir à mener à bien cette tâche difficile. Toute prête à se dévouer et très désireuse d'aider son mari, elle répond en maintenant qu'elle le fera.

Extrait 9

LE PREMIER FILS : Donc, ce que vous êtes en train de dire, c'est que, le matin suivant, il se lèvera à l'heure.

LE THÉRAPEUTE : Non, je ne dis pas ça. Nous aimerions découvrir ce qui se passera.

LE PREMIER FILS : Bon, alors, le lendemain, faudra-t-il qu'elle continue à oublier – qu'elle recommence la même chose?

LE THÉRAPEUTE : Je ne pense pas que nous puissions répéter le coup du petit déjeuner tous les matins. Ce serait un peu louche. Mais... et le dîner? Il doit bien y avoir d'autres petites choses comparables à faire. Supposez un moment que vous lui disiez : « Sam, quelque chose dont les hommes ne se rendent généralement pas compte, qui peut leur sembler bête, qui peut leur sembler insignifiant et dérisoire, c'est que, pour une femme, il est terriblement difficile d'imaginer un nouveau menu chaque soir. Je ne sais tout simplement pas quoi faire. Pour l'amour du Ciel, donne-moi une idée. » A nouveau, vous jouerez le désarroi, à nouveau vous ferez tout le contraire de ce que vous auriez tendance à faire. « Sam, ce serait bien si tu décidais toi-même ce que tu veux à dîner. » Non, bien sûr, ce n'est pas ce que vous voulez lui dire, mais néanmoins, à partir de maintenant, vous lui direz : « L'une des choses que je trouve de plus en plus difficiles, c'est d'imaginer un menu, d'imaginer un dîner. »

LE PREMIER FILS : Ce que, soit dit en passant, tu as déjà réellement dit.

LE THÉRAPEUTE : Oui, mais, encore une fois, faites-le dans le cadre : « Je ne sais pas; je n'arrive pas à penser; je suis au bout du rouleau. » Vous comprenez? Ça ne doit pas avoir l'air d'être une espèce de ton professoral qui, lui mettant la puce à l'oreille, lui ferait se dire : « Bon, c'est encore une autre tentative pour me bouger, et ils ne comprennent pas à quel point je vais mal. » Non, non, non! Ce qui se passe, c'est que, pour ainsi dire, vous allez encore plus mal que lui. Vous n'arrivez donc pas à penser à ce que vous allez faire à dîner demain soir : « Donne-moi une idée. » Et, s'il ne vous dit rien, alors faites-lui quelque chose que vous savez qu'il déteste.

LA FEMME : Du foie [*ce qui déclenche beaucoup d'éclats de rire*]. Hier soir, je lui en ai donné, et il a fait toute une histoire.

LE THÉRAPEUTE : Ne lui dites pas : « Bon, tu ne m'as pas dit ce que tu voulais. Voilà du foie. » Oh non! Ce que vous devez lui dire, c'est : « Oh, je suis désolée. »

Puisque l'injonction a été acceptée et que les clients demandent : « Et ensuite? », le thérapeute leur propose une tâche nouvelle, du même ordre que l'ancienne.

TROISIÈME SÉANCE

Les fils n'ayant pas pu participer à la séance, la femme était venue seule.

Extrait 10

LE THÉRAPEUTE : Dites-moi, comment cela a-t-il marché?

LA FEMME : Eh bien, ça a continué à peu près pareil. J'ai fait ce que vous m'aviez suggéré, j'ai mis son petit déjeuner sur la table sans l'appeler; il a dû rester installé là pendant, je pense, trois quarts d'heure, et puis il s'est levé, et il n'a vraiment rien trouvé à y redire : c'est ça l'ennui – rien ne l'embête.

LE THÉRAPEUTE : Bien. Mais... et le lendemain matin, que s'est-il passé?

LA FEMME : Eh bien, depuis, chaque matin, il se lève, ce qui n'est pas dans ses habitudes. Je pense que le chien l'a réveillé, et donc il s'est levé et a été à l'heure au petit déjeuner.

Le thérapeute s'informe des suites de son injonction. La femme répond qu'elle a obéi, mais que cela « a continué à peu près pareil ». Le thérapeute sait cependant d'expérience que les réponses très générales peuvent être fallacieuses ou inexactes. Il demande donc plus de renseignements, et découvre que le comportement du patient a, en fait, considérablement changé. La femme du patient essaie encore d'expliquer que c'est dû au chien, et non à l'influence qu'elle a eue sur le comportement de son mari, mais un pas a tout de même été franchi.

Extrait 11

LE THÉRAPEUTE : Permettez-moi alors de revenir à la seconde question. Et le dîner? Rappelez-vous le second accord que nous avions passé : que vous lui demandiez ce qu'il voulait à dîner.

LA FEMME : Eh bien, j'ai acheté ce que je sais qu'il n'aime pas, et je lui ai servi. Il a un peu rouspété, il m'a dit : « Tu sais que je n'aime pas ça. »

LE THÉRAPEUTE : Oui, et vous lui avez dit...

LA FEMME : Je lui ai dit : « Oh, je n'y ai tout simplement plus pensé en faisant les courses. Tu sais, c'est vraiment dur de prévoir un repas différent chaque soir. Ça ne m'est tout bonnement pas venu à l'esprit pendant que je faisais le marché, tu n'as qu'à manger ce que je te sers » – parce que, pour lui, je prévois chaque soir un gros dîner.

LE THÉRAPEUTE : Oui. Avez-vous trouvé le moyen de vous excuser un peu de la grosse faute que vous aviez commise?

LA FEMME : Oui. Je me suis excusée, je lui ai dit : « Je suis désolée, j'essaierai de ne plus te faire ce plat-là, car je sais que tu ne l'aimes pas », et il ne m'a rien répondu. Maintenant, ce matin-là, il s'est levé, et, depuis, quand il se lève, il vient me donner un baiser sur la joue et me dire : « Bonjour », ce qui est une amélioration, parce qu'il n'a jamais eu l'habitude de me dire bonjour ou quoi que ce soit : il avait simplement l'habitude de s'asseoir à table, avec son journal, et c'est tout. Mais, ce matin, il l'a fait. Il m'a dit : « Bonjour. » Puis, il s'est assis à table et il a commencé à lire son journal, sans dire un mot. Alors, finalement, je l'ai regardé et je lui ai crié aussi fort que je pouvais : « Tais-toi! », simplement pour l'amener à se rendre compte, en le faisant sursauter, qu'il n'avait pas dit un mot.

LE THÉRAPEUTE : Ne le prenez pas trop mal. Personne n'est parfait. Nous faisons tous des fautes.

Le thérapeute poursuit son enquête en demandant à la femme du patient ce qu'elle a fait quant à l'injonction du dîner. Elle a aussi accompli cette tâche, et elle fait part d'un changement supplémentaire (son mari lui dit maintenant : « Bonjour »), bien que ne le reliant pas explicitement aux changements à l'origine desquels elle a été.
Elle rapporte également un changement spontané, qui, bien qu'étonnant, est probablement aussi positif : au lieu de se plaindre du silence de son mari quand celui-ci est absorbé dans la lecture de son journal, elle lui a crié : « Tais-toi. »

Extrait 12

C'est à ce moment que John Weakland entre un instant.

JOHN WEAKLAND : Ce que vous avez dit à ce sujet a un rapport avec ce que j'avais en tête en entrant ici. Vous avez indiqué une ou deux fois que votre mari ne parle pas beaucoup, et, vu son silence, je me demande vraiment comment vous pouvez dire en toute certitude quel *est* l'impact des deux actions que vous avez faites la semaine dernière. Vu le genre d'homme qu'est votre mari, j'estime que reconnaître directement devant vous que vous l'avez influencé serait la dernière des choses qu'il ferait.

LA FEMME : Mm-mmm.

JOHN WEAKLAND : En attendant, je pense qu'il est tout à fait possible que vous... la meilleure formule que je trouve pour dire cela, c'est que, réellement, vous ne connaissez pas votre propre force... vous avez sur lui une influence potentielle beaucoup plus grande que vous ne le reconnaissez.

LE THÉRAPEUTE : Nous en étions venus à voir cela très différemment, naturellement.

JOHN WEAKLAND : Et, la seule chose dont je sois sûr, c'est que vous n'entendrez pas votre mari vous dire : « J'ai compris ton message à propos du petit déjeuner et, donc, je me lève. » Jamais vous n'entendriez cela.

LA FEMME : Non.

LE THÉRAPEUTE : Ça, pour l'entendre, vous pouvez attendre jusqu'à la Saint-Glinglin.

JOHN WEAKLAND : Vous ne pouvez donc tabler là-dessus.

LA FEMME : Non.

JOHN WEAKLAND : Il faut par conséquent que vous vous appuyiez sur d'autres genres d'indications.

LE THÉRAPEUTE : Principalement, sur des observations.

LA FEMME : Eh bien, vous savez...

> La femme refuse de reconnaître – ou, en mettant les choses au mieux, ne reconnaît pas suffisamment – le fait que son mari réagit à son comportement, et Weakland s'en inquiète. Pour contrer ou neutraliser cette position, il suggère qu'en fait reconnaître *ouvertement* qu'il est influencé par sa femme serait la dernière des choses que ferait le mari.

LE THÉRAPEUTE : Là où le problème se pose, c'est dans... bon, c'est dans ce que vous faites de cette situation. Et j'ai eu, lors de nos deux premières séances et plus particulièrement la semaine dernière, j'ai eu l'impression pénible que vous étiez un peu trop optimiste au sujet du pouvoir des exhortations simples, directes, raisonnables. A mon avis, ce que vous êtes en train d'essayer de faire, c'est de vous rendre... ce que je vais vous dire va probablement vous blesser, vous peiner, mais je pense que vous êtes en train d'essayer de vous rendre la tâche trop facile. Ce serait merveilleux si vous pouviez simplement vous asseoir en face de lui, lui parler raisonnablement et qu'il vous dise : « Je pense que tu as raison. A partir de maintenant, je vais changer mes habitudes; je ferai ceci, cela, et d'autres choses encore. » Ne serait-ce pas votre plus cher espoir, que d'obtenir ce résultat? Oui, n'est-ce pas?

LA FEMME : Oui.

LE THÉRAPEUTE : Comme John l'a fait remarquer, c'est extrêmement invraisemblable.

LA FEMME : Je le sais bien.

LE THÉRAPEUTE : Par conséquent, votre aide...

JOHN WEAKLAND : Je déteste devoir évoquer cela, mais j'ai l'impression que votre mari est un homme assez entêté.

LA FEMME : Vous tapez dans le mille. Son médecin me l'a demandé un jour, il m'a dit : « Mme N, j'ai dans l'idée que Sam a dû être toute sa vie du genre entêté, et pas seulement depuis son attaque. Ai-je raison? » Je lui ai répondu : « Il est entêté, ça ne fait aucun doute. Je l'ai toujours considéré, depuis trente-cinq ans, ou même avant qu'on se marie, pendant les cinq ans où on est sortis ensemble, comme l'homme le plus entêté que j'aie jamais rencontré. »

LE THÉRAPEUTE : Ah, ce n'est pas simplement un problème de lésion cérébrale...

LA FEMME : Il est *entêté*.

JOHN WEAKLAND : Eh bien, la seule idée qui me vienne qui ait un rapport avec ça, c'est que, je ne sais pas ce qui est possible, ni jusqu'à quel point – et, bien sûr, tout est possible –, mais il me semble que, la tâche à laquelle vous êtes confrontée, c'est de vaincre *d'une certaine manière* – pas nécessairement de front – son entêtement pour son propre bien. Cela dit, même si vous en êtes capable, ne vous attendez pas à ce qu'il reconnaisse ouvertement ce que vous faites pour lui, car ça n'est tout simplement pas son genre.

LA FEMME : Non, je ne pense pas qu'il le fasse.

JOHN WEAKLAND : Peut-être s'approchera-t-il de vous et vous donnera-t-il un baiser mais, si vous lui demandez : « C'est pour quoi, ce baiser? », il ne vous dira pas : « Parce que tu m'as aidé. » Il vous dira peut-être simplement : « C'est juste que j'en avais envie. » [*John Weakland s'en va.*]

> Weakland fait une remarque de caractère plus général. Il renforce l'idée que, si l'aide de sa femme est nécessaire au patient, il a besoin d'une aide d'un type bien particulier. Puisque c'est un homme entêté (elle est tout à fait d'accord), les conseils directs ne sont pas la bonne manière d'influer sur lui. Le refus du mari de reconnaître l'aide qui lui est apportée est donc reconsidéré ici comme prouvant son entêtement, et montrant bien que son épouse doit l'aider en l'influençant indirectement.

Extrait 13

LA FEMME : Mais c'est si difficile! Vous savez, quand je me rappelle l'homme qu'il était...

LE THÉRAPEUTE : L'homme entêté qu'il était, hein?

LA FEMME : Si entêté qu'il était...

LE THÉRAPEUTE : Oui.

LA FEMME : ...il a toujours également été ambitieux, énergique et capable. Et il a suffi de quelques minutes à peine, vous savez, pour que tout cela arrive. A vrai dire, il était bien mieux à l'hôpital, la première semaine après son attaque, que maintenant.

LE THÉRAPEUTE : Oui, parce que, maintenant, il commence à se rendre compte des suites que ça a, etc. Mais, voyez-vous, je repense ici à une autre remarque que mes collègues ont faite après la dernière séance : du fait précisément que votre mari semble être – ou est réellement – un homme si entêté, je pense que l'on peut dire sans risque d'erreur qu'en plus de son entêtement, c'est aussi un homme fier.

LA FEMME : Mm-mmm.

LE THÉRAPEUTE : Et qu'il est probablement très, très déprimé ou attristé quand il pense à toutes ces choses que maintenant il ne peut pas faire, ou ne peut plus faire aussi bien que par le passé. Si bien qu'en un sens, vous savez, je pense qu'il est possible qu'en l'aidant comme vous le faites, en prenant aussi manifestement soin de lui, sans le vouloir, vous le blessiez dans sa fierté.

LA FEMME : Mm-mmm.

LE THÉRAPEUTE : Naturellement, vous voyez cela différemment; vous croyez lui apporter une espèce d'aide bienveillante, désintéressée. Votre consternation peut donc être très grande quand vous constatez que, bizarrement, vous obtenez tout le contraire de ce que vous souhaitez.

LA FEMME : Mm-mmm.

LE THÉRAPEUTE : Mais, si vous obtenez ce résultat, cela tient précisément à sa fierté et au fait que lui voit la situation différemment.

LA FEMME : Mm-mmm.

LE THÉRAPEUTE : Il voit votre attitude comme un rappel assez évident de son propre affaiblissement. Et il peut en être froissé.

LA FEMME : Cela se peut. Je n'y avais pas pensé.

LE THÉRAPEUTE : Donc, dans un cas comme dans l'autre, dans tous les cas, je pense qu'il faudra que vous repensiez le type d'aide que vous pouvez lui donner, et dont il a besoin.

LA FEMME : Mm-mmm.

LE THÉRAPEUTE : Et, pour y parvenir, je pense que vous venez de faire une excellente suggestion. Dites-lui – s'il se plaint de sa douleur –, dites-lui d'aller se coucher tôt : « Pourquoi n'irais-tu pas te coucher tout de suite ? » – en supposant qu'il soit aux environs de cinq heures.

LA FEMME : Oui.

LE THÉRAPEUTE : Ou bien, s'il se plaint encore plus tôt, dites-lui : « Pourquoi ne pas te coucher tôt, aujourd'hui ? » Et ainsi, imperceptiblement, poussez-le dans cette direction.

LA FEMME : Mm-mmm.

LE THÉRAPEUTE : A votre avis, quel pourrait être le résultat ?

LA FEMME : Eh bien, c'est difficile à dire. Je pense que, sans doute, il irait se coucher, il suivrait ma suggestion d'aller au lit, et, vous savez, ça...

LE THÉRAPEUTE : Mais ce ne serait pas le comportement d'un homme entêté...

LA FEMME : Ma foi, c'est vrai ; il pourrait résister et me dire, vous savez...

LE THÉRAPEUTE : ...ni le comportement d'un homme qui a dit au médecin : « J'aimerais qu'elle arrête de faire pression sur moi. »

LA FEMME : Il pourrait me dire : « Non, j'attendrai jusqu'à après-dîner, et j'irai me coucher ensuite. »

> Le thérapeute reprend le thème de « l'homme entêté », y ajoute l'idée apparentée de l'« homme fier », et se sert de ce cadrage pour répéter la nécessité d'une aide différente – au lieu de pousser son mari à être actif, sa femme devrait le pousser à se reposer plus.

QUATRIÈME SÉANCE

A cette séance, seule la femme était présente.

Extrait 14

LA FEMME : Bon, de toute façon, nous pouvons peut-être poursuivre, et peut-être pourront-ils [les fils] venir la semaine prochaine, pour notre dernière séance.

LE THÉRAPEUTE : Notre dernière séance, oui. J'aimerais donc que vous me donniez un compte rendu très détaillé de ce qui s'est passé ces dix derniers jours.

LA FEMME : Eh bien, pour commencer, j'ai fait ce que vous m'aviez suggéré. Après le petit déjeuner, je me suis levée en lui laissant la vaisselle à faire – j'ai tout laissé sur la table. Je lui ai dit qu'il fallait que je file faire une course ou deux. Quand je suis rentrée, c'était toujours là. Je ne lui ai rien dit, j'ai fait ce que j'avais à faire dans la maison. Puis, l'après-midi, après le déjeuner, je lui ai redit que j'avais des courses à faire, et je suis à nouveau sortie en lui laissant la vaisselle. Quand je suis rentrée, vers cinq heures et demie, cette fois, il avait débarrassé la table et il avait mis la vaisselle dans la machine à laver la vaisselle...

LE THÉRAPEUTE : Oui.

LA FEMME : ...ce qui m'a fort surprise. Je l'ai donc remercié de s'en être occupé, et je lui ai dit que j'avais eu une journée très chargée. Depuis ce jour-là, chaque fois, je me lève de table et sors de la cuisine en laissant tout sur la table, et il se lève et range, ce qui pour moi est très encourageant. Une fois, je lui ai

347

dit que je... que j'étais fatiguée de ramasser après lui, et il a débarrassé les restes du déjeuner et enlevé ses affaires du patio. J'ai donc plutôt l'impression qu'il va mieux. Maintenant, permettez-moi de vous raconter ce qui s'est passé dimanche. Ça m'a enthousiasmée comme jamais je ne l'avais été depuis son attaque. Sa sœur était passée nous voir et... pour commencer, dans son entreprise, si vous faites une suggestion qui est acceptée par le comité d'entreprise, ils vous récompensent d'une façon ou d'une autre... tout dépend de combien d'argent ça fait économiser à l'entreprise. Vous pouvez obtenir une voiture, un poste de télévision, une radio fabriquée au Japon, mais au minimum vous avez droit à leur reconnaissance. Or, quand il travaillait – il y a cinq ans –, il a fait une suggestion qui aurait fait économiser à sa société 60 000 $ rien qu'en main-d'œuvre [il n'avait jamais reçu aucune récompense pour ça]. Donc, hier, il a sorti son magnétophone pour commencer à dicter une lettre qu'il voulait écrire, et qu'il m'a demandé de lui taper à la machine et de poster. Je trouve par conséquent son évolution très encourageante. Cette semaine... depuis, il est complètement emballé par cette affaire.

La femme du patient rapporte un nouveau progrès, qu'elle relie maintenant à son comportement, ainsi qu'un nouveau changement spontané : son mari a entrepris des démarches pour que son ancien employeur lui paie ce qu'il lui doit.

Extrait 15

LA FEMME : Je pense vraiment qu'il va mieux. J'ai suivi vos suggestions. Je ne l'ai pas appelé pour le petit déjeuner. Il s'est levé tard trois ou quatre matins, mais il ne m'a jamais rien dit quant au fait que je ne l'ai pas appelé.

LE THÉRAPEUTE : Et le dîner?

LA FEMME : Le dîner, il s'est plaint... il s'est plaint du... « Tu sais bien que je n'aime pas le foie. »

LE THÉRAPEUTE : Nous en avons déjà discuté la semaine dernière. Avez-vous fait quelque chose cette semaine?

LA FEMME : Oui, j'ai fait la même chose, et il s'est de nouveau plaint. Il n'a jamais été homme à se plaindre de quoi que ce soit; je pouvais lui donner n'importe quoi, il le mangeait. Mais, depuis sa maladie, rien ne lui plaît, surtout au déjeuner. J'ai vraiment du mal à trouver quelque chose qui lui plaise pour le déjeuner. En fait, j'ai dit au docteur... que je l'avais épousé pour le meilleur et pour le pire, mais pas pour le déjeuner. [*Elle rit.*]

La femme rapporte à nouveau avoir continué à accomplir fidèlement les tâches qui lui avaient été assignées, et obtenu quelques résultats positifs.

CINQUIÈME SÉANCE

A cette séance, la femme et deux des fils étaient présents.

Extrait 16

LE THÉRAPEUTE : Pouvez-vous me mettre au courant? Cette séance est la dernière, vous savez.

LA FEMME : Eh bien, je peux honnêtement dire que, pour la première fois, je pense qu'on voit une amélioration. Il a montré plus d'intérêt pour la vie, sa perspective a changé; il a montré plus d'intérêt à faire des choses. J'étais justement en train de dire à Jim [le premier fils] qu'hier, il a travaillé avec certains de ses outils dans le garage et que, ce matin, il est même sorti arroser le jardin, il a balayé le chemin qui est derrière la maison et fait d'autres choses du même genre et, vous savez, ça m'a semblé... et il y a eu beaucoup plus...

Extrait 17

LA FEMME : ... que le fait de s'être levé tôt le matin. Ce matin, pour la première fois, il est arrivé le premier à la cuisine. Ce matin, il était effectivement dans la cuisine avant que j'y sois, ce qui chez lui est tout à fait inhabituel.

LE PREMIER FILS : C'est stupéfiant. La dernière fois que ça lui était arrivé, c'était quand?

LA FEMME : Je veux dire que... Depuis son attaque, ça ne lui était plus arrivé. Avant, il se levait toujours tôt, mais, depuis sa maladie, il avait pris l'habitude de rester au lit.

LE PREMIER FILS : Passe-t-il autant de temps au lit?

LA FEMME : Non. Certains jours, il ne rentre même pas faire sa sieste.

Extrait 18

LE THÉRAPEUTE : Donc, qu'est-il arrivé à faire seul, absolument seul? Dites-le-moi.

LA FEMME : Eh bien, j'ai continué à suivre votre suggestion de... puisque nous avions fini par... nous en étions arrivés, nous comme les autres, à la conclusion que c'est une personne très entêtée.

LE THÉRAPEUTE : Et il n'est pas seulement entêté, il est aussi fier.

LA FEMME : Oui.

LE THÉRAPEUTE : Et il souffre beaucoup de son sort.

LA FEMME : Oui, il souffre réellement. J'ai donc continué à le décourager. Par exemple, je pourrais dire... maintenant, certains jours il a envie d'aller faire quatre fois le tour du pâté de maisons, mais je le lui déconseille catégoriquement.

LE THÉRAPEUTE : Pourquoi?

LE PREMIER FILS : Est-ce trop?

LA FEMME : Parce que c'est ainsi que le docteur Watzlawick m'a dit de m'y prendre... je lui dis : « Non, Sam, vraiment, je pense que, pour toi, c'est trop. Je ne suis pas d'accord pour que tu fasses autant de fois le tour du pâté de maisons. Chaque tour fait huit cents mètres, et je pense que tu devrais plutôt venir t'asseoir et te reposer un moment. » Et, en le décourageant, je le rends en fait encore plus déterminé à faire des choses.

LE PREMIER FILS : Ça semble vraiment marcher comme ça?

LA FEMME : Oui.

La femme cite devant le thérapeute et ses fils de nouveaux exemples de progrès de la part de son mari. Les explications qu'elle donne à ses fils sur sa nouvelle façon d'agir, les raisons et les effets positifs de ses actions, consolident encore davantage le changement intervenu dans sa façon d'aider son mari.

Dans le cadre de nos enquêtes de post-observation, nous téléphonâmes quatre mois plus tard à M\ :superscript:me N. Elle nous apprit que le comportement de son mari avait continué de s'améliorer et ses activités de se développer, mais qu'il avait eu une autre attaque à peu près un mois après la fin du traitement. Cette troisième attaque était grave : elle avait entraîné plusieurs semaines d'hospitalisation, et laissé le patient très affaibli et nettement handicapé sur le plan de la parole et du mouvement. M\ :superscript:me N. déclara qu'elle avait apprécié la période d'amélioration dont son mari avait bénéficié et qu'elle essayait simplement maintenant de lui rendre la vie aussi facile et agréable que les circonstances le permettaient.

Peu après, nous apprîmes par le médecin de M. N. que

celui-ci avait eu une quatrième attaque, qui lui avait été fatale. C'est un bien triste dénouement ; mais il eût été bien pire de laisser ce couple, cet homme déprimé et cette femme furieuse mais impuissante, se débattre seuls durant les quelques dernières semaines qu'ils avaient encore à vivre ensemble.

12

La psychothérapie – et au-delà

Le thème de ce livre a été la pratique clinique de la psychothérapie – il y a été question, autrement dit, de la façon dont on peut traiter, par la communication verbale, ces types de difficultés qui sont ordinairement étiquetées comme problèmes psychiatriques ou psychologiques, et auxquelles sont couramment confrontés les praticiens spécialisés dans ces questions ou des domaines apparentés, comme par exemple le conseil conjugal et familial et le travail social clinique. Puisque la psychothérapie – dans chaque cas et pour la totalité de l'entreprise professionnelle – a pour fondement et point de départ la perception que les clients et les thérapeutes ont de l'existence de ces problèmes, nous nous sommes appliqués, dès le début de ce travail, à définir ce que signifie pour nous, dans notre pratique clinique, le mot « problème ». De notre point de vue, un problème (ou, pour être plus précis, une plainte) implique régulièrement les données suivantes : *(1)* un client est préoccupé par un comportement, qui peut être le sien ou celui d'une autre personne avec laquelle il a un lien important, et cela parce que, d'une part, il regarde ce comportement comme *(2)* significativement déviant par rapport à une norme explicite ou implicite et *(3)* immédiatement ou potentiellement perturbant ou dangereux pour lui-même ou pour les autres, et parce que, d'autre part, *(4)* les efforts qu'il a faits pour le modifier n'ont donné aucun résultat. *(5)* En conséquence, il demande de l'aide à un professionnel.

En relation directe avec cette conception de la nature des problèmes – et nous soulignons à nouveau explicitement que les propositions que nous formulons ici ou avons avancées dans ce livre ne sont qu'un ensemble de points de vue pratiques, et ne prétendent aucunement se poser comme vérité ou réalité –, nous avons présenté une théorie de la manière dont les problèmes naissent et, en général, persistent. Pour nous, même si ces deux processus sont similaires, la question de la persistance des problèmes est fondamentale. Par cette position, nous nous démarquons donc sensiblement de ces thérapeutes dont le premier souci est d'étiqueter la nature du problème rencontré (« diagnostic »), pour rechercher ensuite son origine (« étiologie »). L'importance que nous accordons à la manière dont les problèmes persistent est étroitement reliée à deux orientations de notre point de vue de base. *(1)* Notre vision des problèmes est essentiellement comportementale. Nous pensons donc que, pour exister, tout problème doit, de façon continue ou répétée, être actualisé; un problème consiste pour nous en quelque chose qui est *fait,* et non pas simplement en quelque chose qui *est. (2)* Nous constatons que cette actualisation continue en dépit des efforts visant à y mettre fin, qui incluent souvent les efforts du sujet qui est lui-même à l'origine du comportement en question. C'est la raison pour laquelle nous considérons que, quelle que soit la manière dont un problème a commencé, c'est sa persistance qui est la question centrale, celle qu'il faut prioritairement comprendre et traiter.

Nous avons, sur la persistance des problèmes, une théorie de base qui est extrêmement simple. Notre hypothèse a été que, sauf là où existent des anomalies organiques nettes et définies, tout comportement, y compris ces types de comportements qui sont étiquetés comme problèmes, est primitivement formé et maintenu (« renforcé », en un sens général) par un autre comportement qui a cours dans son environnement immédiat; autrement dit, par une interaction qui a lieu ici et maintenant, dans le cadre de relations significatives se déroulant dans le présent. Jusqu'ici, nous sommes en accord avec les conceptions générales du mouvement de la thérapie familiale, telles que celui-ci les a exposées et développées depuis maintenant plus de vingt-cinq ans. Mais nous sommes cependant allés plus loin : nous avons également émis l'hypothèse que le lieu géométrique spécifique des comportements qui entretiennent le problème pourrait régulièrement résider dans ces comportements mêmes qu'engendrent les tentatives de contrôle ou de résolution du problème auxquelles s'appliquent le patient et toutes les autres personnes concernées. Nous avons, autrement dit, avancé l'idée que la persistance (et donc, en réalité, l'existence) des problèmes pourrait reposer sur un cercle vicieux de renforcement réciproque entre, d'une part, le comportement qui est vécu comme un problème et, d'autre part, le comportement qu'entraînent les tentatives de « solution ».

Mais pourquoi quelqu'un persisterait-il à essayer des solutions qui ne marchent pas et qui, en fait, aggravent même progressivement sa situation? Dans toutes les théories des problèmes, même dans celles qui, explicitement, attachent une importance essentielle à l'origine et à l'étiologie, la question de savoir pourquoi un comportement improductif ou autodestructeur se perpétue est un débat crucial. Le concept de « maladie mentale » lui-même propose la réponse la plus courante et la plus générale : si des individus persistent dans leurs comportements improductifs, c'est parce qu'ils ont l'esprit faussé et pensent de manière illogique. Mais c'est là une réponse artificielle, qui n'explique en rien la maladie mentale posée comme postulat.

Nous proposons quant à nous une explication de la persistance du comportement improductif qui s'appuie sur quelques observations simples, faisant intervenir un minimum d'inférence et de constructions théoriques. *(1)* Dès le tout début de notre vie, nous apprenons tous des solutions standard, culturellement définies comme telles et applicables à des problèmes culturellement définis. Ces solutions standard marchent souvent, mais quelquefois aussi ne marchent pas. Dans la mesure où elles ont été largement apprises à un niveau inconscient ou implicite, il est très difficile de les remettre en question ou de les modifier. *(2)* Lorsqu'un individu se trouve dans des situations stressantes – quand, par exemple, il affronte tel ou tel problème –, son comportement devient en général *plus* étroit et *plus* rigide. *(3)* Contrairement à l'opinion largement répandue selon laquelle les gens seraient illogiques, nous pensons pour notre part qu'ils sont *trop* logiques; autrement dit, qu'ils agissent logiquement à partir de prémisses de base sur lesquelles ils ne s'interrogent pas, ce qui les conduit, lorsqu'ils sont confrontés à des résultats qu'ils n'escomptaient pas, à recourir, plutôt que de réviser leurs prémisses, à de nouvelles opérations logiques pour expliquer la contradiction.

C'est là un point de vue qui ne plaira sans doute pas à tous. Beaucoup seront choqués par le scepticisme avec lequel nous considérons la vérité et la raison, par la simplification drastique qu'une telle conception entraîne à l'égard de problèmes traditionnellement tenus pour des dilemmes humains profonds et complexes, et par le regard ironique enfin que nous portons sur maints efforts bien intentionnés et se voulant bienveillants. Cette vision des problèmes présente néanmoins de grands avantages potentiels, qui tiennent précisément aux limites de son optique. Si l'on considère que la tâche fondamentale du thérapeute est bien de résoudre des problèmes de manière efficace et dynamique, la conception que nous venons d'exposer redéfinit justement cette tâche comme beaucoup plus simple et limitée qu'elle n'apparaît lorsqu'elle est envisagée du point de vue des conceptions plus traditionnelles des problèmes psychiatriques. Il n'y a plus, pour nous, de déficits à réparer ou à compenser chez le patient, plus d'« hostilité inconsciente » à mettre en évidence et à changer chez les autres personnes concernées, ni non plus d'homéostasie familiale en général, ou de rentabilité spécifique des symptômes en termes de pouvoir interpersonnel, à voir comme des obstacles majeurs au changement. Tout comme n'existent plus ces innombrables difficultés indépendantes dont il faudrait venir à bout une à une, ni tous ces antécédents traumatiques dont les influences morbides perdureraient à jamais s'ils n'étaient de quelque manière surmontés par des efforts thérapeutiques massifs. Il n'existe, pour nous, que des cercles vicieux entre tel ou tel comportement vécu comme problématique et des solutions inappropriées qui le perpétuent. Il s'ensuit que *tout* problème est potentiellement susceptible d'être résolu si la solution qui l'entretient se voit interdite. En outre, il est toujours possible, lorsque le cycle qui entretient le problème peut être interrompu et une nouvelle réponse, plus appropriée, amorcée par rapport au comportement problématique, que se mette en place un cercle positif ou « vertueux ». Le thérapeute peut très bien se contenter d'*amorcer* un changement positif; il n'est pas nécessaire que son engagement dure jusqu'à la résolution de toutes les difficultés initiales.

Si simple que soit le modèle des problèmes et de la résolution des problèmes que nous proposons ici, nous ne prétendons pas pour autant qu'il soit, dans la pratique réelle et face à des cas précis, facilement et automatiquement applicable. Comme nous l'avons déjà souligné, les clients nous exposent souvent leurs problèmes et les solutions qu'ils ont essayées de manière bien obscure; ils envisagent quelquefois des objectifs particulièrement grandioses et irréalisables; et il n'est pas rare que, tant ils jugent leurs solutions essentielles, non seulement ils s'y accrochent, mais encore ils fassent puissamment pression sur le thérapeute pour qu'il ne tente pas de les leur faire abandonner. Il existe donc des obstacles, et c'est pourquoi nous nous sommes autant attachés, dans ce livre, à bien décrire les types de difficultés que le thérapeute rencontrera le plus fréquemment et à suggérer des moyens de les traiter – nous avons d'abord analysé, étape après étape, ces problèmes tels qu'ils peuvent se manifester au cours du traitement, puis nous les avons abordés sous un angle plus synthétique, en présentant et en commentant assez longuement trois cas.

Nous ne pensons pas qu'il soit utile de résumer ici ce que, tout au cours de ce livre, nous avons dit de notre pratique; la trop grande simplification qu'une telle démarche entraînerait nécessairement ne pourrait qu'être dangereuse. Nous préférons insister à nouveau sur l'idée que, pour pouvoir avoir une efficacité pratique, nos principes doivent être adaptés tant aux particularités cliniques de chaque cas qu'aux situations spécifiques qui, à mesure que le traitement progressera, ne manqueront pas de surgir. Quels que soient les principes généraux que l'on peut formuler, toute pratique est, par définition, spécifique et, par conséquent, plus sujette à variations et moins susceptible d'être définie à l'avance. Il ne faudrait donc pas voir les descriptions approfondies et précises de notre pratique que contient ce livre comme un état de la question qui serait final ou définitif. Nous nous sommes appliqués à exposer (en présentant également des alternatives possibles) une manière de mettre en pratique nos principes de base. Nous avons pu constater l'efficacité des diverses techniques que nous avons décrites, et nous estimons donc qu'il serait imprudent de s'écarter à la légère de ce distillat de notre expérience. Mais il existe forcément d'autres façons de mettre utilement nos principes en pratique, et nous nous réjouissons d'avance à l'idée que d'autres thérapeutes sauront les explorer et les développer.

Enfin, nous tenons à préciser que nous ne pensons pas que notre approche des problèmes doive se limiter au seul domaine, conventionnellement circonscrit, de la maladie mentale. Nous n'avons abordé dans ce livre qu'un sous-ensemble des problèmes interactionnels, celui de ces problèmes qui sont habituellement définis comme cliniques, psychiatriques ou psychologiques, mais nous nous intéressons aux problèmes interactionnels dans la plus large acception du terme. Nos concepts de base n'ont pas pour objet des syndromes spécifiques, la maladie, la pensée irrationnelle, ni même la famille en tant que telle, mais sont généraux : ils visent à rendre compte de la manière dont *un comportement quelconque* est maintenu ou modifié à l'intérieur d'un système *quelconque* d'interaction sociale. Tout en n'ignorant pas que, conventionnellement, les problèmes cliniques sont définis comme des problèmes très spécifiques, distincts des difficultés humaines « normales », nous les voyons essentiellement en ce qui nous concerne comme des variantes de ces problèmes interactionnels que tout homme affronte dans sa vie quotidienne. Et nous regardons par conséquent notre approche comme susceptible d'être appliquée – comme immédiatement applicable en principe et potentiellement applicable en pratique – à toute espèce de problème persistant impliquant un comportement humain, quelle que soit la nature ou la dimension du contexte social/organisationnel au sein duquel il se manifeste.

Nous avons deux raisons de faire ici cette mise au point. D'abord, elle nous donne l'occasion de rappeler explicitement aux cliniciens une donnée sur laquelle, bien qu'elle fût implicite dans tous les chapitres qui précèdent, nous ne saurions trop insister : notre conception des problèmes est comportementale et, de notre point de vue, le comportement qui se manifeste dans le cadre de tel ou tel problème psychiatrique n'est pas fondamentalement différent d'un quelconque autre type de comportement – nous nous occupons de comportements, de comportements parfaitement compréhensibles lorsqu'on les replace dans un contexte interactionnel. Nous sommes donc à cet égard loin de partager le point de vue traditionnel – répandu dans notre profession mais également parmi le public – que reflète la terminologie de la maladie mentale et de la pathologie conçues comme opposées à la normalité. Selon ce point de vue traditionnel, l'origine des problèmes résiderait *à l'intérieur* des individus plutôt que dans les interactions entre des personnes, et un problème, non seulement serait la résultante de quelque déficit ou déficience, mais encore impliquerait une pensée et un comportement qui seraient différents et au-delà de l'expérience et de la compréhension ordinaires. Nous pensons quant à nous qu'une vision aussi séparatiste des problèmes rend leur compréhension et leur traitement encore plus complexes, plus difficiles et plus aléatoires. En fait, en décrivant le comportement *ordinaire* comme individualiste et rationnel à un degré irréaliste, une telle vision aboutit même à le rendre lui-même plus difficile à comprendre.

D'autre part, nous estimons que nos conceptions générales de la formation et de la résolution des problèmes peuvent être utilement appliquées à toutes sortes de problèmes non psychiatriques – au moins conceptuellement et, en dernier lieu, nous l'espérerions, pratiquement. En raison de l'indigence des cadres conceptuels généraux dont on disposait, on s'est jusque-là représenté ces problèmes comme indépendants et distincts, et on ne les a donc abordés que de manière fragmentaire et souvent erronée. En guise de première tentative de délimitation de quelques-uns des territoires que nous évoquons, nous distinguerons les comportements difficiles, les problèmes cliniques somatiques et les problèmes organisationnels. Nous définirons plus longuement ces termes ultérieurement. Par ailleurs, certains de ces problèmes non cliniques coïncident déjà partiellement avec les sphères d'activité de beaucoup de thérapeutes ou de conseillers, ou les affectent directement. Pour toutes ces raisons, sans essayer d'être exhaustifs ni prétendre traiter le sujet en détail, nous aimerions maintenant signaler certains de ces problèmes, et suggérer de manière assez générale en quoi notre approche pourrait ici être pertinente. Bien qu'un tel projet puisse sembler impliquer une extrapolation optimiste à partir de nos idées et de nos pratiques, nous demandons au lecteur de prendre patience et de suspendre provisoirement son jugement. Après tout, il y a tout juste vingt ans, l'idée selon laquelle l'approche interactionnelle pouvait être appliquée aux problèmes manifestement cliniques était tenue pour une vue bien audacieuse. Depuis, cette approche a néanmoins largement apporté la preuve de sa valeur et de son pouvoir – dont la moindre n'est pas d'avoir promu une vision et un traitement plus unifiés de nombre de problèmes qui étaient auparavant abordés comme des entités cliniques tout à fait indépendantes. La possibilité d'étendre cette approche à de nouveaux et plus vastes territoires vaut donc la peine d'être maintenant envisagée.

Le territoire que nous avons dénommé *comportements difficiles* inclurait toutes ces interactions dans lesquelles interviennent des comportements difficiles ou « déraisonnables » – des comportements qui, bien que n'étant pas d'une nature ni poussés à un degré qui leur vaillent l'honneur de figurer dans la nosographie psychiatrique, constituent cependant de sérieux obstacles à l'accomplissement de quelque tâche commune. Bien que la situation dont il est question ici puisse apparaître dans le cadre de presque toute interaction supposée impliquer une coopération, elle est particulièrement évidente dans ces contextes où un individu est formellement reconnu comme le spécialiste ou celui qui peut apporter de l'aide, et l'autre comme celui qui a besoin des connaissances ou de l'assistance du premier participant. Un exemple de problème social (en l'occurrence, peu urgent) de ce type, c'est le cas du client qui, tout en rejetant activement ou passivement les conseils qu'il a demandés à son avocat, n'en continue pas moins à conserver ce même avocat. On pourrait aussi citer le problème que pose le « patient qui ne coopère pas », autrement dit le patient qui, au détriment de sa santé, néglige de suivre les recommandations de son médecin. Étant donné les graves conséquences qui, lorsque le contexte médical impliqué est sérieux (on peut penser par exemple au patient qui, à la suite d'une attaque, doit particulièrement surveiller sa santé), peuvent découler de ce type d'attitude, les médecins se sont beaucoup intéressés à la question, et l'on ne compte plus les articles qui traitent de ce sujet. A de rares exceptions près, cependant, les approches médicales du problème se sont bornées à développer le point de vue qui est implicite dans l'expression de « patient non coopératif ». En d'autres termes, le problème a été vu comme individuel et résidant dans le patient lui-même, et non comme un problème interactionnel, qui se pose entre le médecin et le patient. Les solutions proposées se sont en grande partie cantonnées au domaine des mesures directes et logiques – par exemple, expliquer aux patients pourquoi ils doivent suivre un régime, faire de l'exercice ou prendre des médicaments –, ce qui n'a pas donné de très bons résultats. Nous pensons que, pour aborder ce type de problème, il faut d'une part le considérer sur un plan interactionnel et, d'autre part, veiller tout particulièrement à ne pas tenter d'amener le patient à coopérer en employant des méthodes dont on a pu constater l'échec. L'un de nos confrères (Hoebel, 1976) a en fait déjà essayé l'approche que nous préconisons sur une échelle pilote, et il a obtenu des résultats encourageants. Le fait est qu'il existe probablement beaucoup de problèmes de ce type (les problèmes, par exemple, qui peuvent se poser dans le cadre de l'aide aux personnes âgées, de l'aide sociale, de l'assistance publique, de l'administration des systèmes de justice pour adultes et adolescents) auxquels notre approche pourrait être utilement appliquée, sans qu'il soit nécessaire de trop la modifier.

A l'intérieur du second territoire, on retrouvera certains problèmes qui ne sont en général pas vus comme des maladies et des affections psychologiques. Bien des études ont déjà été consacrées aux maladies psychosomatiques; mais, ainsi que le terme même de maladie psychosomatique le laisse entendre, elles ont été essentiellement orientées vers l'individu et son registre intérieur. Elles ont traité de l'esprit et du corps plutôt que du comportement, de l'interaction et du corps. Nous pensons qu'une approche ayant explicitement pour objet l'interaction – ainsi que les tentatives de solutions afférentes aux problèmes de maladie – ne pourrait que venir utilement compléter tous les travaux qui existent déjà sur la psychosomatique. Au-delà de cette catégorie de problèmes, une telle approche pourrait nous aider à comprendre et à traiter les maladies indiscutablement organiques. Après tout, même les maladies organiques apparaissent dans un certain contexte ou un certain environnement, et leur reconnaissance et leur traitement au moins sont largement influencés par les interactions comportementales. Mais nous touchons là à un domaine si important, si nouveau et si complexe que nous nous bornerons ici à le repérer comme étant potentiellement de la compétence de travaux futurs. (Weakland, 1977, a développé plus longuement cette question.)

Enfin, il existe une classe de problèmes « métacliniques » qui comprend les comportements difficiles impliquant des systèmes sociaux plus vastes que la famille. Les problèmes en jeu ici sont tout à fait fréquents et auront souvent, du fait de l'effet multiplicateur que peuvent provoquer la taille et la puissance d'une organisation, de graves conséquences pratiques.

Les problèmes afférents à cette classe générale peuvent aussi bien impliquer une interaction intervenant à l'intérieur d'une organisation sociale unique qu'une interaction se produisant entre plusieurs organisations sociales. Comme exemple de problème en rapport avec le premier type de contexte et directement lié au travail clinique des thérapeutes, nous rappellerons simplement que beaucoup de thérapeutes n'exercent pas individuellement, mais au sein de centres thérapeutiques. Ils peuvent être amenés à constater que l'organisation ou les procédures collectives gênent ou compliquent leur travail thérapeutique – notamment lorsque le thérapeute aura des idées neuves ou originales sur la forme du traitement qui est approprié au cas. Placé dans une telle situation, le thérapeute risque ou bien d'adopter la position que « l'administrateur X n'est qu'un vrai salaud, une peau de vache rigide », ou bien de s'enfermer dans le point de vue selon lequel « c'est le système – tout est pourri ». Et il finira probablement soit par sombrer dans un état de frustration apathique, soit par se laisser entraîner dans des discussions et des protestations aussi stériles les unes que les autres. Bien qu'il ne nous soit pas possible de traiter ici en détail de la manière dont on peut aborder ce genre de problèmes – un autre livre n'y suffirait peut-être pas – nous avancerons tout de même l'idée que certaines possibilités de résolution ou d'amélioration pourraient apparaître si l'on voulait bien considérer ces types de situations de la même manière que les situations cliniques dont nous avons discuté dans ce livre : comme un problème d'interaction à l'intérieur d'un système. Une telle position conduira à réexaminer les caractéristiques spécifiques du problème et des solutions tentées, tout en envisageant également quelles sont les autres voies possibles. Dans la pratique clinique courante, ce type de problème – qui implique donc, à la base, un individu se sentant en « position d'infériorité » et impuissant par rapport à telle organisation dont il fait partie – pourra aussi se rencontrer chez les clients qui ont des problèmes de travail, ou même chez ces individus qui se voient comme impuissants par rapport à « la famille ».

C'est presque un problème inverse qui se pose lorsqu'un dirigeant d'entreprise se heurte à des difficultés persistantes qui nuisent au bon fonctionnement de l'organisation qu'il est censé diriger – tout n'est pas non plus nécessairement parfait au sommet. Toute organisation, quelles que soient sa nature ou sa dimension et qu'elle soit privée ou publique, peut connaître ce genre de problème. Comme exemple, nous citerons un genre de problème organisationnel qui, de nos jours, est de plus en plus courant : tel haut dirigeant, bien que se faisant une idée assez précise de la manière dont son entreprise ou son service devrait fonctionner, a l'impression que l'appliquer équivaudrait à « contraindre » ses subordonnés. Il décide donc, pour prendre sa décision, de suivre une procédure de « concertation » – autrement dit, une procédure supposant que les décisions soient prises à la suite de discussions entre égaux, et à partir du consensus volontaire du groupe. Dans ce type de situation, bien des difficultés peuvent surgir : les discussions peuvent patauger interminablement en raison d'un manque de direction claire, ou les subordonnés peuvent proposer des orientations allant à l'encontre des projets du dirigeant. Celui-ci n'aura plus dès lors qu'à choisir entre : sembler accepter une orientation avec laquelle il n'est pas d'accord; négliger les avis qui lui auront été donnés en espérant un accord de dernière minute (autrement dit, piétiner); ou bien encore rendre effective sa propre décision, mais en prétendant qu'elle représente le point de vue du groupe. Chacune de ces solutions, non seulement gênera le travail de l'organisation, mais créera également des sentiments négatifs chez ses membres. Dans la plupart des cas, si ce n'est toujours, tout cela se terminera par la conclusion qu'il y a eu « conflit de personnalités », et un agent extérieur sera introduit pour aider chacun à réfléchir à ce soi-disant conflit, en général dans le cadre d'une discussion de groupe – ce qui ne servira probablement à rien, et risquera même d'aggraver encore la situation. Pour que le problème trouve une solution, il suffirait en fait d'amener ce dirigeant à exiger de ses subordonnés qu'ils se soumettent aux décisions qu'il estime justifiées, même s'ils ne sont pas d'accord. Bien qu'il se situe à un niveau d'organisation différent et supérieur, ce problème peut être rapproché de celui de l'autorité parentale – ou de son absence – dans le système familial.

Le second grand type de problème organisationnel implique des conflits de points de vue et d'intérêts entre groupes organisés, pouvant se déclencher à n'importe quel niveau d'une organisation, quelle que soit sa taille. Appartiennent par exemple à cette catégorie de problèmes les conflits que les conseillers scolaires peuvent constater entre la famille et l'école, ou ceux qui peuvent les opposer aux professeurs lorsqu'il s'agit de déterminer qui est responsable de la discipline de la classe et comment il convient de comprendre et de traiter les comportements difficiles. Pour ce qui est des organisations encore plus grandes, ces types de conflits s'observeront souvent entre différents organismes sociaux impliqués dans un même cas – disons, par exemple, entre un organisme privé et un service administratif s'occupant de la protection de l'enfance. Exactement comme des parents qui auraient chacun des idées différentes sur la conduite à adopter par rapport à leur enfant, les services en désaccord se mettront en général ici à discuter entre eux pour déterminer qui a *raison* – ce qui ne débouchera le plus souvent que sur un échange de récriminations à l'issue duquel chacun durcira ses positions, et tout le monde se retrouvera dans une impasse. Là encore, nous suggérerons que les chances de sortir de ce genre de cul-de-sac seront accrues si l'un des partis en présence est capable de cesser d'affronter l'autre pour lui prouver qu'il a *tort,* de voir la situation comme interactionnelle et de rechercher enfin une nouvelle approche. Nous ne prétendons pas que cela soit facile – et, plus on s'élèvera dans l'échelle des systèmes en conflit jusqu'à en arriver au niveau ultime des relations entre nations, plus il deviendra difficile aux parties en présence de modifier leurs positions ou de trouver un agent extérieur qui puisse les y aider. Nous disons simplement que, dans beaucoup de situations de ce type, il est évident que la confrontation, non seulement est inefficace, mais encore entretient ou accroît le problème; et que notre approche, par conséquent, pourrait là aussi aider à imaginer des solutions de rechange potentiellement utiles.

En conclusion, nous tenons à préciser que nous n'avons pas présenté ces vues assez générales pour apporter notre quote-part à cette tendance à la « psychiatrisation » des problèmes humains qui, ces dernières années, semble avoir pris de plus en plus d'essor. Fondamentalement, notre position se situe tout à fait à l'opposé : nous envisageons les problèmes humains en général, y compris ceux qui sont d'ordinaire étiquetés comme psychiatriques, en termes d'interaction humaine ordinaire, et considérons quels peuvent être les résultats de cette interaction, pour le meilleur ou pour le pire.

Bibliographie

Haley, J., *Uncommon Therapy : The Psychiatric Techniques of Milton Erickson, M. D.*, New York, Norton, 1973.
– *Problem-Solving Therapy : New Strategies for Effective Family Therapy*, San Francisco, Jossey-Bass, 1976 [trad. fr., *Nouvelles Stratégies en thérapie familiale : le* problem-solving *en psychothérapie*, Paris, Éd. Universitaires, 1979].
– « Ideas Which Handicap Therapists », in *Beyond the Double Bind : Communication and Family Systems, Theories, and Techniques with Schizophrenics*, collectif, dirigé par M. M. Berger, New York, Brunner/Mazel, 1978.
Herr, J. J., et Weakland, J. H., *Counseling Elders and Their Families : Practical Techniques for Applied Gerontology*, New York, Springer, 1979.
Hoebel, F. C., « Brief Family-Interactional Therapy in the Management of the Cardiac-Related High-Risk Behaviors », *Journal of Family Practice*, 1976, 3 (6), 613-618.
Maruyama, M., « The Second Cybernetics : Deviation-Amplifying Mutual Causative Processes », *American Scientist*, 1963, 51, 164-179.
Segal, L., « Focused Problem Resolution », in *Models of Family Treatment*, collectif, dirigé par E. Tolson et W. J. Reid, New York, Columbia University Press, 1981.
Segal, L., et Watzlawick, P., « The " D " Family : A Failure to Assess Customership », in *Failures in Family Therapy*, collectif, dirigé par S. B. Coleman, New York, Guilford Publications, en cours d'édition.
Spiegel, H., « A Single Treatment Method to Stop Smoking Using Ancillary Self-Hypnosis », *International Journal of Clinical and Experimental Hypnosis*, 1970, 18, 235-250.
Watzlawick, P., Weakland, J. H., et Fish, R., *Change : Principles of Problem Formation and Problem Resolution*, New York, Norton, 1974 [trad. fr., *Changements : paradoxes et psychothérapie*, Paris, Éd. du Seuil, 1975].
Weakland, J. H., « " Family Somatics " – A Neglected Edge », *Family Process*, 1977, 16 (3), 263-272.
– « Pursuing the Evident into Schizophrenia and Beyond », in *Beyond the Double Bind : Communication and Family Systems, Theories*

and Techniques with Schizophrenics (collectif, dirigé par M. M. Berger), New York, Brunner/Mazel, 1978.

– *et al.,* « Brief Therapy : Focused Problem Resolution », Family Process, 1974, 13 (2), 141-168 [trad. fr., Thérapie courte : résolution d'un problème circonscrit », in *Sur l'interaction,* Paris, Éd. du Seuil, 1977].

Wender, P. H., « Vicious and Virtuous Circles : The Role of Deviation Amplifying Feedback in the Origin and Perpetuation of Behavior », *Psychiatry : Journal for the Study of Interpersonal Processes,* 1968, 31 (4), 309-324.

Whitaker, C., The Hindrance of Theory in Clinical Work », in *Family Therapy : Theory and Practice,* collectif, dirigé par P. J. Guerin, Jr., New York, Gardner Press, 1976.

Index

absence de maîtrise : directives mettant le client en face de la tâche qu'il redoute tout en exigeant une –, 173-174.

acceptation, *voir* accusation(s).

accord, *voir* conflit(s).

accusation(s) : acceptation des – par le défenseur, 194; « brouillage », *194-197;* exemple, *194-195;* intervention lorsque le patient confirme les soupçons de l'accusateur en se défendant, *193-197.*

acquiescement : exemples de demandes d' – génératrices de problèmes, 190-192; *voir aussi* coopération *et* volontarisme.

adolescente rebelle : arrêt du traitement, 266-267; description du problème, 234-235; étude du cas, 233-267; injonction d'avancer lentement, 245, 263; interventions, 240-267; position des parents, 235, 250-253; position d'infériorité, 250-253, 255-256; recadrage, 240-243, 248, 250; sabotage bienveillant, 253, 258, 265; solution tentée, 236-241.

alcoolisme, *voir* boisson.

amélioration, *voir* dangers de l'amélioration.

arrêt du traitement, 217-232; dans la thérapie en temps limité, 226-227; demandé par le client, 228-231; demandes de noms d'autres thérapeutes, 229; doutes et inquiétudes au moment de l' –, 219-231; et changements imprévus, 230; et objectifs thérapeutiques, 218; face au patient restrictif, 46, 74, 76; face au « touriste », 70-71; exemples, 224-225,

228-229, 231; mise en question de l'opportunité de l' –, 222-223; quand ce dont se plaignait le client est résolu, 219-226; sans que ce dont se plaignait le client soit résolu, 226-232; temporaire, 223-224; travail sur un nouveau problème, 225.

avancer lentement, injonction d' – : comme intervention générale, *197-201;* et arrêt du traitement, 220-221; exemples, *198-199, 199-201.*

boisson : exemples de client(e)s ayant des problèmes de –, 66, 68-69, 100-102, *194-195, 202-204.*

Brast, N., 15.

« brouillage » : comme intervention pouvant mettre fin au jeu de l'accusateur/défenseur, *194-197.*

cas, études de – : l'adolescente rebelle, 233-267; la famille du cardiaque, 315-352; le violoniste anxieux, 269-313.

Centre de thérapie courte, 10, 15, 30-31.

changement, techniques productrices de –, 31.

client, *voir* patient.

colère : chez le patient restrictif, 74-76; et position d'infériorité, 75-76; exemples, 71-72, 75-76, *211-214.*

comment aggraver le problème : comme intervention générale, 210-215; exemples, 153-154, *212-214.*

comportement(s) : concept de –, 33-34; contexte interactif du –, 34-35; problème(s) de –, *voir* problème(s) de comportement – s'excluant mutuellement, comme type d'intervention, 165-166.

conciliateur : position de – face aux protagonistes d'un conflit, 187-189.

conflit(s) : exemples, 178-183, 184-186 ; intervention lorsque le patient tente de parvenir à un accord dans le conflit, 175-189 ; sabotage bienveillant, 183-184.

contacts sociaux, angoisse provoquée par les – : exemple, 164-167.

contrainte, *voir* spontanéité.

coopération : accroissement de la – du patient et respect de ses positions, 133-142 ; cas dans lesquels l'esprit de – du patient sera le plus développé, 162.

Coyne, J., 15.

dangers de l'amélioration : comme intervention générale, *201-205 ;* dans le cas du violoniste anxieux, 287-291, 294, 299-300, 306-307, 308 ; exemple, *202-204.*

délinquance : parents essayant de mettre au pas leur enfant délinquante, 38-40.

dépendance(s) : interventions appropriées aux problèmes étiquetés comme –, 170-171.

« demi-tour » : comme intervention générale, *205-210 ;* exemples, *206, 207-210.*

dépression : exemples de client(e)s dépressifs(ves), 21-25, 198-199, 199-201.

échec : injonction d'échouer, 166-169.

enfant(s) : exemples de clients ayant des difficultés avec leur(s) enfant(s), 80-81, 98-99, 105-107, 124-125, 132, 134-135, 140-142, 178-183, 184-185, 187-189, 190, *207-210, 214-215,* 224-225.

Erickson, M., 10, 31.

évaluation, – des résultats du traitement, *voir* résultats du traitement, évaluation des –.

événement, intervention lorsque le patient tente de surmonter la crainte d'un – en le différant, 171-175 ; exemples, 173-174.

Evans, E., 15, 315.

famille : du patient restrictif, 72-74 ; thérapie familiale, *voir* thérapie familiale.

famille du cardiaque : étude du cas, 315-352 ; injonctions, 336-339 ; interventions, 333-346 ; position d'infériorité, 327-328 ; positions des membres de la –, 319, 321, 322 ; représentations du problème, 318-319 ; solution tentée, 330-331.

Fisch, R., 17, 26, 257, 259, 365.

Goldwyn, S., 121.

Haley, J., 26, 31, 35, 365.

Herr, J. J., 26, 365.

Hœbel, F. C., 360, 365.

horaire et fréquence des séances : tentatives d'imposer des conditions quant à l'heure et la date des rendez-vous, 89-90.

hypnose : emploi de la technique autohypnotique dans les problèmes de dépendance, 170-171 ; procédure progressive employée en –, 47.

imprécision : exemples de clients imprécis, 109-110, 112-117.

impuissance : exemple de client se plaignant d'être impuissant, 166-167.

injonctions : précision des informations sur la façon dont les – ont été exécutées et marge de manœuvre, 57.

information(s) : « adéquate », 97 ; demandes d' – par téléphone, 91-92 ; perturbation du processus de rassemblement des –, 112-115 ; sur la position du patient, 119-142 ; sur le problème, 97-105 ; venant du thérapeute précédent, 83-84.

intervention(s), 161-215 ; avancer lentement, 197-201 ; comment aggraver le problème, *210-215 ;* coopération du patient avec les – du thérapeute, 162 ; dangers de l'amélioration, *201-205 ;* dans le cas de l'adolescente rebelle, 240-267 ; dans le cas de la famille du cardiaque, 333-346 ; dans le cas du violoniste anxieux, 287, 288, 304, 306 ; demandes de types d' – précis, 88-89; exemple d' –, 21-25; générales, *197-215;* lorsque le patient confirme les soupçons de l'accusateur en se défendant, *193-196;* lorsque le patient tente de parvenir à un accord dans le conflit, 175-189; lorsque le patient tente de se contraindre à faire quelque chose qui ne peut survenir que spontanément, 163-171; lorsque le patient tente de surmonter la crainte d'un événement en le différant, 171-175; lorsque le patient tente d'obtenir l'acquiescement par le volontarisme, *190-193;* obstacles à l' –, 356; majeures, 163-197; recadrage, 169-170, 177-184, 185-187, 189, 192-193; savoir faire « demi-tour », 205-210;

intimidation : tentatives d' –, chez le patient restrictif, 74-77.

Jackson, D., 31.

Lucas, S., 15.
langage réservé, 54-55.

marge de manœuvre, 43-77; adopter une position d'infériorité, 58-60; amener le client à être précis, 55-57; concept de –, 43; moyens d'augmenter la –, 46-63; patients restrictifs, 71-77; prendre son temps, 50-53; séances individuelles et séances collectives, 60-63; savoir choisir son moment, 46-50; tactiques à employer avec les patients difficiles, 63-72; « touristes », 64-71; user d'un langage réservé, 54-55.
Maruyama, M., 35, 61, 365.
Mental Research Institute (MRI), Centre de thérapie courte du –, 10, 15, 30-31.
Moley, V., 15.

non-client : mise au travail du –, 129.

objectifs thérapeutiques : et planification, 154-159; exemple de parents amenés à préciser leurs –, 56-57; – minimaux, 108-118.

patient(s) : accroître la coopération du –, 133-142; amener le – à être précis, 55-57; idéal, 43; sensibilité du –, 119-142; tactiques à employer avec les – difficiles, 63-77; « touriste », 64-71; *voir aussi* patient(s) restrictif(s).

patient(s) restrictif(s) : 71-77; colère, 74-76; conspiration du silence, 72-73; exemples, 45-46, 71-72, 75-76, 90; implication des membres de la famille dans le traitement, 73-74; marge de manœuvre du thérapeute, 71-77; menaces d'agression physique, 76-77; position du, 129-130; problèmes liés à la fixation du rendez-vous, 89-91; tentatives d'intimidation, 74-77.

perfectionnisme : exemple de cliente perfectionniste, 168-169.

persistance : des problèmes, 34-41, 354-355; exemples de – dans l'erreur, 36-40.

pessimisme : dans le cas du violoniste anxieux, 277-279, 311, 313; exemple de client pessimiste, 124.

peur des examens : exemple d'étudiant ayant –, 173-174.

phobie(s) : exemple de client souffrant d'une – de la conduite, 174; interventions appropriées, 173, 175.

plaignant : nécessité de travailler avec le –, 68; position de – et engagement dans la recherche du changement, 80; *voir aussi* problème(s).

plainte, *voir* problème(s).

planification : 143-159; comme tâche qui rebute le thérapeute, 143; comprendre la plainte du client, 144-145; comprendre la solution tentée par le client, 145-146; de l'approche stratégique, 147-148; des actions du client, 148-150; des tâches verbales, 150-151; des tactiques spécifiques, 148-151; et conseils « négatifs, » 153-154; et recadrage, 151-154; évaluation des résultats, 156-159; formulation des objectifs, 154-156; savoir ce qu'il faut éviter, 146-147.

position(s) : à l'égard du problème, 122-126; à l'égard du traitement, 126, 127-130; concept de –, 120; consistant à se définir ou non comme le client, 128-129; consistant à se définir ou non comme le patient, 126; dans le cas de l'adolescente rebelle, 235, 250-253; dans le cas de la famille du cardiaque, 319, 321, 322; dans le cas du violoniste anxieux, 285, 296; du patient, 119-142; et accroissement de la coopération du patient, 133-142; et évitement de la résistance, 131-133; et recadrage, 136, 139; évaluer la – du patient, 121-126; exemples, 122-123, 124-126, 132, 134-135, 136-142; importance des formulations du patient, 121-126; incidence des valeurs personnelles, 127; pessimiste ou optimiste, 126-127; se servir de la – du patient, 130-142, 151-154; types de –, 126-130; vérification du passage d'une – de plaignant à une – de non-plaignant, 157-158.

position d'infériorité : dans le cas de l'adolescente rebelle, 250-253, 255-256; dans le cas de la famille du cardiaque, 327-328; dans le cas du violoniste anxieux, 270, 272, 307, 308; et conflits, 176-185; et colère, 75-76; et marge de manœuvre du thérapeute, 58-60.

position de supériorité : emploi et abus de la –, 58-59.

premier entretien, 97-98; choisir le « moment opportun », 49-50; exemples, 98-99, 100-102, 103-105, 105-107, 109-110, 112-115, 116-117; importance de la précision, 57; objectif du thérapeute au cours du –, 97; procédures de rassemblement des données lors du –, 50.

prendre son temps : adoption d'une position de stupidité apparente, 53; comme moyen d'augmenter la marge de manœuvre, 50-53; exemples, 51-52; quand quelqu'un demande un rendez-vous pour un tiers, 52.

prétraitement : demandes d'informations, 91-92; demandes de consultation familiale, 86-88; demandes de traitements précis, 88-89; exemples, 81, 84-85, 86, 90, 92-93, 94-96; informations venant du thérapeute précédent, 83-84; mise en place de la scène du traitement, 79-96; rendez-vous pour un tiers, 79-83; problèmes liés à la fixation du rendez-vous, 89-91; thérapie par téléphone, 84-86.

problème(s) : aggravation du –, voir comment aggraver le problème; arrêt du traitement quand le – est résolu, 219-226; arrêt du traitement sans que le – soit résolu, 226-232; centrage de la thérapie sur l'énoncé du –, 154-156; circonstances ayant « cristallisé » le –, 103-105; comment une situation est un –, 100-103; compréhension du – du patient et planification, 144-145; concept de –, 32-34, 353-354, 358; conception comportementale des –, 32, 354, 358; conjugaux, exemples, 92-93, 125, 136-140, 186-187; dans le cas de l'adolescente rebelle, 234-235; dans le cas de la famille du cardiaque, 318-319; dans le cas du violoniste anxieux, 270-275; de boisson, voir boisson; de comportement, voir problème(s) de comportement; étiquetés comme « dépendances », voir dépendance(s); glissement d'un – à un autre, 110-111; imprécision dans la formulation du –, 116-118; interruption du cercle vicieux engendrant et maintenant le –, 41; obtention d'informations sur le –, 97-105; non psychiatriques, 359-364; persistance des –, 34-41, 354-355; redéfini comme ne constituant plus un –, 158-159; réflexions d'ordre causal sur le –, 108-110; solutions tentées pour résoudre le –, 105-107.

problèmes(s) de comportement : exemple, 103-105; problèmes étiquetés comme « dépendances » vus comme des –, 170-171; interventions appropriées, 163-171.

psychanalyse : aspects « directifs » de la –, 44.

psychothérapie courte : application à des problèmes non cliniques, 357-364; arrêt du traitement dans la –, 217-232; concept de –, 9-10; études de cas, 233-252; importance de la position du patient dans la –, 119-142; interventions dans la –, 161-215; marge de manœuvre du thérapeute dans la –, 43-77; métaproposition de la –, 32-33; mise en place de la scène du traitement dans la –, 79-96; modèle non pathologique des problèmes humains, 10; objectif de la –, 156, 161, 232; planification dans la –, 143-159; pour les comportements difficiles, 359-361; pour les problèmes organisationnels, 361-364; pour les problèmes psychosomatiques et les maladies organiques, 361; premier entretien, 97-118; théorie de la –, 21-42.

recadrage : dans le cas de l'adolescente rebelle, 240-243, 248, 250; dans le cas du violoniste anxieux, 306; interventions employant le –, 169-170, 177-184, 185-187, 189, *192-193*.

rendez-vous : arrêt du traitement et fixation d'un dernier –, 221-222; difficulté de prévoir des – avec le non-client, 129; pour un tiers, 79-83; problèmes liés à la fixation du –, 89-91.

renégociation du contrat : avec le touriste, 65-68.

réserves : de langage, *voir* langage réservé.

résistance(s) : et choix du *moment opportun* pour intervenir, 25; éviter la –, 131-133.

résultats du traitement : évaluation des –, 156-159; à partir des déclarations du client, 156; et passage d'une position de plaignant à une position de non-plaignant, 157-158; et recherche d'une nouvelle thérapie, 159.

rituel d'aversion : pour les problèmes étiquetés comme « dépendances », 171.

ruminations obsessionnelles : exemple de patient souffrant de –, 167-168.

sabotage bienveillant : dans le cas de l'adolescente rebelle, 253, 258, 265; lorsque le patient tente de parvenir à un accord dans le conflit, 183-184.

Sabourin, R., 15.

Salomon, V., 15.

savoir choisir son moment : comme moyen d'augmenter la marge de manœuvre, 46-50; concept de « moment opportun », 49-50; exemples, 47-49.

Segal, L., 365.

séances : individuelles et – collectives, 60-63; problèmes posés par les séances collectives, 62.

sexualité : inquiétude liée à la –, 36-37.

silence : demande d'entrer dans une conspiration du silence de la part du patient restrictif, 72-73.

solutions(s) tentée(s) : confirmer les soupçons de l'accusateur en se défendant, 193-197; dans le cas de l'adolescente rebelle, 236-241; dans le cas de la famille du cardiaque, 330-331; dans le cas du violoniste anxieux, 275-277, 279-282; dynamique fondamentale de la –, 145-146; et comportement problématique chez un enfant, 88; et persistance du problème, 34-42, 354-355; et planification, 145-146; principales –, 162; tenter d'obtenir l'acquiescement par le volontarisme, 190-193; tenter de parvenir à un accord dans le conflit, 175-189; tenter de se contraindre à faire quelque chose qui ne peut survenir que spontanément, 163-171; tenter de surmonter la crainte d'un événement en le différant, 171-175.

Spiegel, H., 170-171.

spontanéité : intervention lorsque le patient tente de se contraindre à faire quelque chose qui ne peut survenir que spontanément, 163-171; exemples, 164-165, 166-169.

stratégie(s) : dans la phase de prétraitement, 79-96; de « neutralité », 148; planification des –, 147-148.

tactiques : planification des –, 148-151.

téléphone : exemples de demandes d'intervention par –, 84-85, 94-96; thérapie par –, 84-86.

théorie : comme carte conceptuelle, 27; de la promotion du changement, 21-42; développement de notre –, 28-31; difficultés et erreurs auxquelles la – peut aboutir, 26-27; objet de la

– psychodynamique, 28; relation entre – et pratique, 25-26, 357.

thérapeute : capacité de faire « demi-tour », 205-210; comme agent actif du changement, 41-42; contrôle du traitement par le –, 43-77; informations venant du – précédent, 83-84; marge de manœuvre du –, 43-77; responsabilité du –, 44.

thérapie courte, *voir* psychothérapie courte.

thérapie familiale : axe et orientation de la –, 29-30; demandes de –, 86-88.

tiers : rendez-vous pour un –, 79-83.

« touriste(s) » : concept de –, 64-65; exemples, 66, 67, 68-69; marge de manœuvre du thérapeute face au –, 64-71; mettre le – au travail, 69-70; renégocier le contrat, 65-68; travailler avec le plaignant, 68-69.

traitement, *voir* objectifs thérapeutiques *et* intervention(s).

travail : exemple de client ayant tendance à « remettre son – au lendemain », 230-231.

Vanderwell, A., 15.

violoniste anxieux : aggravation du problème, 298-299; dangers de l'amélioration, 287-291, 294, 299-300, 306-307, 308; description du problème, 270-275; étude du cas, 269-313; injonctions, 306-308; interventions, 287, 288, 304, 306; marge de manœuvre du thérapeute, 282; objectifs thérapeutiques, 300-305; pessimisme, 277-279, 311, 313; position d'infériorité, 270, 272, 307, 308; positions du patient, 285, 296; recadrage, 306; solution tentée, 275-277, 279-282.

volontarisme : intervention lorsque le patient tente d'obtenir l'acquiescement par le volontarisme, 190-193.

Watzlawick, P., 15, 26, 234, 269, 319, 365.

Weakland, J. H., 15, 26, 35, 269, 341, 342, 343, 344, 361, 365.

Wender, P. H., 35, 61, 366.

Whitaker, C., 26, 366.

Table

PRÉFACE   9

LES AUTEURS   17

1. Pratique – et théorie   21

2. La marge de manœuvre du thérapeute   43

Les moyens d'augmenter la marge de manœuvre   46
Savoir choisir son moment, 46. – Prendre son temps, 50. – User d'un
langage réservé, 54. – Amener le client à être précis, 55. – Adopter
une position d'infériorité, 58. – Séances individuelles et séances
collectives, 60.

Tactiques à employer avec les patients difficiles   63
Le « touriste », 64. – Le patient restrictif, 71.

3. Mise en place de la scène du traitement   79

Rendez-vous pour un tiers   79
Informations venant du thérapeute précédent   83
Thérapie par téléphone   84
Demandes de consultation familiale   86
Demandes de traitement précis   88
Problèmes liés à la fixation du rendez-vous   89
Demandes d'informations   91

4. Le premier entretien   97

5. La position du patient   119

Évaluer la position du patient   121

Types de positions 126

Se servir de la position du patient 130

Éviter la résistance, 131. – Accroître la coopération du patient, 133.

6. *La planification du cas* 143

Comprendre la plainte du client 144

Comprendre la solution tentée par le client 145

Savoir ce qu'il faut éviter 146

Formuler une approche stratégique 147

Formuler des tactiques spécifiques 148

Cadrer la suggestion : « convaincre » de la nécessité de la tâche 151

Formuler les objectifs et évaluer le résultat 154

7. *Interventions* 161

I. Interventions majeures 163

1. Le patient tente de se contraindre à faire quelque chose qui ne peut survenir que spontanément, 163. – 2. Le patient tente de surmonter la crainte d'un événement en le différant, 171. – 3. Le patient tente de parvenir à un accord dans le conflit, 175. – 4. Le patient tente d'obtenir l'acquiescement par le volontarisme, 190. – 5. Le patient confirme les soupçons de l'accusateur en se défendant, 193.

II. Interventions générales 197

1. Avancer lentement, 197. – 2. Les dangers de l'amélioration, 201. – 3. Savoir faire « demi-tour », 205. – 4. Comment aggraver le problème, 210.

8. *L'arrêt du traitement* 217

Arrêter quand ce dont se plaignait le client est résolu 219

Arrêter sans que ce dont se plaignait le client soit résolu 226

9. *Étude de cas : L'adolescente rebelle* 233

Première séance, 234. – Deuxième séance, 245. – Troisième séance, 253. – Quatrième séance, 260. – Cinquième séance, 264.

10. *Étude de cas : Le violoniste anxieux* 269

Première séance, 269. – Seconde séance, 308.

11. *Étude de cas : La famille du cardiaque*   315

Entretien préliminaire, 316. – Première séance, 320. – Deuxième séance, 322. – Troisième séance, 339. – Quatrième séance, 347. – Cinquième séance, 349.

12. *La psychothérapie – et au-delà*   353

BIBLIOGRAPHIE   365

INDEX   367

IMPRESSION : CPI FRANCE
DÉPÔT LÉGAL : OCTOBRE 1986. N° 9354-7 (142935)
Imprimé en France